Facultas vel licentia imponendi
tributa sacerdotibus

ADNOTATIONES IN IUS CANONICUM

Hrsg. von Elmar Güthoff und Karl-Heinz Selge

Band 5

PETER LANG

Frankfurt am Main · Berlin · Bern · New York · Paris · Wien

Burghard Pimmer-Jüsten

FACULTAS VEL LICENTIA IMPONENDI TRIBUTA SACERDOTIBUS

Partikularrechtliche Untersuchung zu den diözesanen "Pflichtabgaben" der Kleriker

PETER LANG
Europäischer Verlag der Wissenschaften

Die Deutsche Bibliothek - CIP-Einheitsaufnahme

Pimmer-Jüsten, Burghard:

Facultas vel licentia imponendi tributa sacerdotibus : partikularrechtliche Untersuchung zu den diözesanen „Pflichtabgaben" der Kleriker / Burghard Pimmer-Jüsten. - Frankfurt am Main ; Berlin ; Bern ; New York ; Paris ; Wien : Lang, 1997

(Adnotationes in ius canonicum ; Bd. 5)
Zugl.: München, Univ., Diss., 1997
ISBN 3-631-32508-8

D 19
ISSN 0946-9176
ISBN 3-631-32508-8

Printed in Germany 1 2 4 5 6 7

Vorwort

Vorliegende Untersuchung wurde im Sommersemester 1997 als kanonistische Dissertation zur Erlangung des akademischen Grades Lizentiat des kanonischen Rechtes vom Kanonistischen Institut der Ludwigs-Maximilians-Universität München angenommen.

Mein besonderer Dank gilt Herrn Prof. Dr. Heribert Schmitz MdS, der das Thema "Pflichtbeiträge" anregte, die Entstehung der Arbeit kritisch begleitete und das Erstgutachten erstellte. Wertvolle Hinweise verdanke ich dem von Privatdozent Dr. Stephan Haering OSB angefertigten Zweitgutachten.

Zugleich nutze ich die Gelegenheit, meinen Lehrern am Kanonistischen Institut, Prof. Dr. Winfried Aymans, Prof. Dr. Karl-Theodor Geringer und Prof. Dr. Heribert Schmitz, für meine kanonistische Fachausbildung zu danken.

Für die Aufnahme der Abhandlung in die Reihe "Adnotationes in Ius canonicum" bin ich den Herausgebern, vor allem Herrn DDr. Elmar Güthoff zu Dank verpflichtet.

Widmen möchte ich die Untersuchung meiner Frau, ohne deren Unterstützung und Verständnis das Buch nicht zustandegekommen wäre.

München, im August 1997
Burghard Pimmer-Jüsten

Inhaltsverzeichnis

Einführung

II. Diözesanrecht

Einführung

Diözesanpriester leisten oder leisteten eine Reihe von diözesanen "Pflicht-abgaben", die grundsätzlich durch Gehaltsabzug eingehoben werden, wie vor allem die Beiträge zur Ruhegehaltskasse, Diasporapriesterhilfe und Haushälterinnen-zusatzversorgung, aber auch für das Priesterseminar u.a. In der Summe belief sich diese zusätzliche Belastung zeitweise auf bis zu 10% des Gehalts. Das Gehalt richtet sich in der Regel nach der diözesanen Besoldungs- und Versorgungsordnung. Gehaltszahlungen sind aber nicht die einzige mögliche Grundlage für den Lebensunterhalt von Diözesanpriestern, weil viele von ihnen Inhaber von Benefizien sind und deshalb ein Recht auf den Genuß der Benefizialerträge haben. In gewisser Weise besteht das Benefizial- neben dem Gehaltssystem, und beide gehen ineinander über, doch liegt ein Wandel vom Pfründe- zum Gehaltssystem vor. Vor dem Hintergrund dieses Wandels müssen Abgabe und Abzug von Gehalt und Pfründeeinkünften gesehen werden.

§1. Wandel vom Benefizial- zum Gehaltssystem

Der Wandel vom Benefizialsystem zum Gehaltssystem ist eine Entwicklung vor allem der letzten beiden Jahrhunderte. Als Benefizialsystem (auch Pfründesystem) wird eine Sicherung des Lebensunterhalts kirchlicher Amtsträger bezeichnet, bei welcher der Amtsinhaber das Recht besitzt, aus den Erträgnissen des mit dem Amt verbundenen Vermögens ein ständiges Einkommen zu beziehen. Im Gegensatz dazu wird bei dem sich später entwickelnden Gehaltssystem ein festes Gehalt gezahlt, unabhängig davon, ob mit dem Amt ein Vermögen verbunden ist und dieses hinlängliche Erträge erbringt. Während im Bereich der evangelischen Kirchen das Pfründesystem vollständig durch das Gehaltssystem ersetzt wurde, hatten sich die katholischen Bischöfe unter Hinweis auf das kanonische Recht stets dafür eingesetzt, das Benefizialsystem als Grundlage der Priesterbesoldung und -versorgung beizubehalten.[1]

---

[1] Vgl. zum Wandel der Besoldung und Versorgung des Diözesanklerus im 19. und 20. Jahrhundert H. SCHMITZ: Diözesanklerus. Zur Begriffsbestimmung vgl. nur ebd. 11f. und P. LANDAU: Benefizium. "Benefizium (*beneficium*) oder Pfründe (*praebenda*) bezeichnete zunächst das mit einem Kirchenamt verbundene Recht, aus einem bestimmten Vermögen Einkünfte zu erzielen, später das (bepfründete) kirchliche Amt selbst ..." H. SCHMITZ: Ebd. Vgl. auch W. SCHWICKERATH: Finanzwirtschaft 140 Fn.74. Zur vollständigen Umwandlung im Bereich der evangelischen Kirchen vgl. SCHMITZ: Ebd.23. In der anglikanischen Kirche scheint das Pfründesystem noch zu bestehen. Vgl. D. MCLEAN: Staat und Kirche im Vereinigten Königreich 346.

Auch für die katholischen Geistlichen verlor jedoch das Benefizialsystem im deutschsprachigen Bereich seine tragende Funktion für den Lebensunterhalt (Sustentation) des Diözesanklerus. Ein wesentlicher Grund lag in der Änderung der wirtschaftlichen Grundlage dieses Systems durch die Säkularisation, den Wandel vom Agrar- zum Industriestaat und die Inflationen. Die Säkularisation traf in beträchtlichem Umfang das Benefizialvermögen, auch das Vermögen der Pfarrpfründen und sonstigen Benefizien auf ortskirchlicher Ebene, zum einen durch die napoleonischen Enteignungen in den linksrheinischen Gebieten, zum anderen durch die Säkularisation der Klöster und Stifte, denen viele Pfarreien inkorporiert waren. Der Wandel von der Agrar- zur Industriewirtschaft führte dazu, daß das Grundvermögen zunehmend weniger Erträge einbrachte. Das vor diesem Hintergrund zunehmend wichtigere Kapitalvermögen wurde durch die Inflationen nahezu vernichtet.[2]

Die Entwicklung führte in den preußischen Diözesen zunächst zu einem Bezuschussungssystem, da die vorhandenen Pfründen oft ihren Inhabern keinen ausreichenden Lebensunterhalt gewährten und die vom Staat zugesagten Dotationen durch Zuschüsse ersetzt wurden. Eine Kombination von Pfründe- und Gehaltssystem, die im wesentlichen bis nach 1945 andauerte, entstand seit 1898, als in Ergänzung des Stelleneinkommens (Pfründeerträgnisse) staatliche und sonstige Ergänzungszahlungen den Pfründeinhabern ein festgelegtes Mindesteinkommen verschafften. Auch das Besoldungswesen der Pfarrer in Bayern prägte eine Kombination von Pfründe- und Gehaltssystem. Dort erfolgte bereits seit 1849 eine staatliche Einkommensergänzung, wenn das Pfründeeinkommen die Kongrua - eine vom Staat festgesetzte Höhe - nicht erreichte (bis 1939)[3]. Auch in den anderen deutschen Ländern blieb das Benefizialsystem die Grundlage der Pfarrbesoldung, wobei die Ergänzung des Einkommens der Benefiziaten bereits im 19. Jahrhundert weitgehend erforderlich war, die Staaten aber nur teilweise Zuschüsse dazu leisteten. Zur Zeit des Inkrafttretens des CIC/1917 ist demnach in Deutschland bei der Sustentation des Diözesanklerus eine Kombination von Pfründe- und Gehaltssystem festzustellen[4]. Die Systeme bzw. ihre Kombination

---

[2] Vgl. H. SCHMITZ: Diözesanklerus 19-31 und W. SCHWICKERATH: Finanzwirtschaft 95-123.

[3] Das System der staatlichen Einkommensergänzung wurde später als kirchliche Einkommensergänzung mit Modifikationen weitergeführt. Vgl. GV.23.11.64. In: Abl Augsburg [1964] 344-347, 344: Nr.1 vor Ziff.I Abs.2. Vgl. für die jüngere Zeit die Vereinbarung zwischen dem Freistaat Bayern und den sieben katholischen Diözesen in Bayern über Leistungen des Freistaates Bayern etc. vom 18.3./9.4.1964 Nrn.1f (Zuschuß zur Besoldung der Seelsorgegeistlichen und zu den Emeritenpensionen), Nr.5 (Anpassung an die jeweilige Beamtenbesoldung). In: J. LISTL: KuK I 369-373, 370f.

[4] Die Entwicklung ist hier zum Verständnis der verschiedenen Besoldungssysteme grob angedeutet. Zu beachten ist außerdem nicht nur die Stellung bepfründeter Geistlicher, die kein Pfarrbenefizium haben, sondern auch die Lage unbepfründeter Geistlicher. Vgl. nur H. SCHMITZ: Diözesanklerus v.a. 19-31 und passim.

bestehen bei der Besoldung der einzelnen Geistlichen nebeneinander fort[5]. Als Fazit der Entwicklung bis zur Rechtslage nach Inkrafttreten des CIC/1983 stellt H. Schmitz fest, daß das "Pfründesystem zwar nominell beibehalten ist, sich faktisch aber als historisches Relikt darstellt. Das Besoldungswesen für den diözesangeistlichen Seelsorgeklerus ist zu einem reinen Gehaltssystem geworden."[6]

Geändert hatte sich während dieses Wandels vom Benefizial- zum Gehaltssystem auch die gesamtkirchliche Rechtsgrundlage der Sustentation, die zunächst auf dem Weihetitelrecht beruhte. Der Weihetitel sicherte die Sustentation, und ordentlicher Weihetitel war seit dem Tridentinum wieder das Benefizium (*titulus beneficii*). Der Titel des Diözesandienstes (*titulus servitii dioecesis*) war nur aufgrund - im 19. Jahrhundert durchweg erteilter - päpstlicher Privilegien möglich[7]. Dieser *titulus servitii dioecesis* stellte die Zusage des Diözesanbischofs dar, jenen Priestern den Lebensunterhalt zu gewähren, die sich zum Dienst in der betreffenden Diözese verpflichteten. Der CIC/1917 behielt mit dem Benefizialwesen das Benefizium als regelmäßigen Weihetitel bei, ließ aber den Titel des Diözesandienstes als Ersatztitel zu. Schon vor Inkrafttreten des CIC/1983 hatte sich als allgemeine Auffassung durchgesetzt, daß die Inkardination unabhängig vom Weihetitel ein Recht auf angemessenen Lebensunterhalt gibt. Der CIC/1983 hat das Weihetitelrecht abgeschafft und das Recht des Weltklerikers auf Sustentation im Inkardinationsverhältnis verankert, das durch die Inkardination in einen weltgeistlichen Klerikerverband (Inkardinationsverband) begründet wird. "Der Inkardinationsverband hat die Sustentation zu gewährleisten. Der Inkardinationsordinarius hat für die Verwirklichung der Sustentation die rechtliche Sorgepflicht."[8]

Auf dem Weg vom Pfründe- zum Gehaltssystem wurde das immer größer werdende Ungenügen des Benefizialvermögens aufgefangen und die der Höhe nach sehr unterschiedliche Sustentation vereinheitlicht. Dabei sind die diözesanen Ab-

---

5 Am Beispiel des preußisch geprägten Rechtskreises sind die Möglichkeiten knapp wie folgt zu charakterisieren: "1. Das reine Gehaltssystem. Alle Zahlungen aus öffentlichen Kassen (Kirchen-, Verbands-, Staats-, Gemeindekasse), sowie sämtliche Teile des örtlichen Stelleneinkommens einschl. Stolgebühren fließen in die Kirchenkasse; diese zahlt dem Pfarrer das gesetzliche Diensteinkommen lediglich in Form von Barbezügen. 2. Das reine Pfründesystem. Der Pfarrer hat keine unmittelbaren Bezüge aus öffentlichen Kassen; er bezieht als Diensteinkommen die Stolgebühren und die Einkünfte aus dem Pfründenvermögen. 3. Das gemischte System. Das Diensteinkommen fließt zum Teil aus den Barbezügen öffentlicher Kassen, zum Teil aus Stolgebühren und den Erträgen des Pfründenvermögens." So gelegentlich der Mitteilung der Richtlinien über die (staatliche) Besteuerung des Pfarrereinkommens GV.12.11.26. In: Abl Köln 66 (1926) 121f, 121: Nr.225 Ziff.I. Festgestellt wird allerdings gleichzeitig, es gebe gegenwärtig keine Pfarrstellen mit ausreichendem Pfründevermögen. Vgl. ebd.

6 H. SCHMITZ: Diözesanklerus 103.

7 Vgl. W. SCHWICKERATH: Finanzwirtschaft 159. Vgl. zum Weihetitelrecht allgemein W. ÜLHOF: Weihespendung.

8 H. SCHMITZ: Diözesanklerus 98. Zur Durchsetzung dieser Auffassung im nachkonziliaren Recht vgl. H. SCHWENDENWEIN: Aufnahme unter die Kleriker 143 mit Fn.26.

gaben und Abzüge von Gehalt und Pfründeeinkünften von Bedeutung, die in bestimmtem Umfang einen Einkommensausgleich zwischen verschiedenen (Einkommens-) Gruppen der Priester bewirken. Soweit dabei das bestehende Benefizialsystem mit der Erhebung von Pflichtabgaben durchbrochen wurde, müßten Indulte oder sonstige Rechtsakte des Apostolischen Stuhls ergangen sein, die die Durchbrechung des Pfründesystems ermöglichten bzw. erlaubten. Ziel der Untersuchung ist es, vor dem genannten Hintergrund die partikularrechtliche Entwicklung der diözesanen "Pflichtabgaben" nachzuzeichnen.

§2. Gegenstand und Gang der Untersuchung

a) Gegenstand der Untersuchung

Eine eingehende Studie zu den partikularrechtlichen Pflichtabgaben der Kleriker ist bisher nicht vorhanden[9]. Detaillierte Angaben finden sich in der Literatur v.a. für die Zeit bis zum Anfang des 20. Jahrhunderts (M. Erzberger 1908, E. Gatz 1983), für die Zeit danach einige, aber aber nicht sehr viele Mitteilungen zum Diözesanrecht bis 1939 (J. Linneborn 1927, W. Schwickerath 1942). Das Partikularrecht des Apostolischen Stuhls (Indulte etc.) ist dabei nicht berücksichtigt[10].

Der Untersuchungszeitraum beginnt daher im wesentlichen mit dem Inkrafttreten des CIC/1917. Abgaben für die Diasporahilfe und Angehörige des geistlichen Haushalts werden erst danach erhoben. Die Entwicklung der Beiträge für die Altersversorgung der Geistlichen vor Inkrafttreten des CIC/1917 ist insoweit einbezogen, als die betreffenden Regelungen im Untersuchungszeitraum fortgelten[11]. Dasselbe gilt für die Abschöpfung von Mehreinnahmen aus den Pfründen. Der untersuchte Zeitraum erstreckt sich bis einschließlich 1992/3, ein Jahrzehnt nach Inkrafttreten des CIC/1983. Spätere Regelungen sind vereinzelt aufgenommen.

Territorial bezieht sich die Untersuchung auf die Gebiete der Diözesen in Deutschland. Die Jurisdiktionsbezirke in ehemals deutschen Gebieten sind mit erfaßt, soweit sie die Darstellung abrunden[12].

An Unterlagen verwendet die vorliegende Arbeit lediglich veröffentlichte Quellen[13]. Die Amtsblätter der deutschen Diözesen und Jurisdiktionsbezirke sind seit

---

9 Zum Forschungsstand vgl. H. SCHMITZ: Diözesanklerus 31f, 34-43, 51.

10 Vgl. die Hinweise bei E. EICHMANN: Lehrbuch II 158 mit Fn.1; J. WENNER: Vermögensrecht 121; H. SCHMITZ: Diözesanklerus 31, 37.

11 Von der Ruhegehaltskasse, die "mit der Aushöhlung des Benefizialwesens im teilkirchlichen Recht der Lateinischen Kirche längst heimisch geworden[.]" sei, sagt K. Mörsdorf allerdings noch 1957, sie stecke "ganz in den Kinderschuhen ihrer rechtlichen Entwicklung". Vgl. K. MÖRSDORF: Streiflichter 239.

12 Von den (Erz-) Diözesen Gnesen-Posen und Kulm wurde nur der zunächst deutsch gebliebene spätere Jurisdiktionsbezirk Tütz/Schneidemühl berücksichtigt.

1947/48 vollständig, in der Zeit davor ausgewählt - auf der gezielten Suche nach Indulten - ausgewertet. Das gleiche gilt für Berichte und Protokolle von Diözesansynoden und Diözesankonferenzen, für Diözesanstatuten und Synodalstatuten. Diözesane Rechtssammlungen und die Jahresberichte der Diasporapriesterhilfe im Priesterjahrheft wurden ergänzend herangezogen.

Die Untersuchung zeichnet die partikulare Rechtsentwicklung nach. Damit ist gleichsam der Sachverhalt (*species facti*) skizziert, um am Maßstab der gesamtkirchlichen Rechtslage (*in iure*) eine Bewertung des Partikularrechts vorzunehmen (*in facto*). Die Darstellung der gesamtkirchlichen Rechtslage im Untersuchungszeitraum würde bei wissenschaftlicher Behandlung den Rahmen der Arbeit sprengen[14]. Erst recht gilt das für die Bewertung des Partikularrechts am Maßstab des gesamtkirchlichen Rechts, da die Ermittlung der partikularrechtlichen Entwicklung lediglich schriftliche veröffentlichte Quellen umfaßt[15]. Praktisch wäre diese Prüfung z.B. in einem Normenkontrollverfahren vor dem PCI nach Art.158 PB vorzunehmen[16].

---

13 Um Einsicht in Akten der Bischofskonferenzen und bischöflichen Behörden wurde nicht gebeten. Das ist bei der Verwendung der Ergebnisse zu beachten, weil die einschlägigen Regelungen vielfach direkt den Betroffenen mitgeteilt werden und nicht im Amtsblatt erscheinen. Gerade bei Fragen, die den Lebensunterhalt der Geistlichen betreffen, bietet sich der Weg über Dekane und Dekanatskonferenzen oder direkt an die Kleriker an. Erst recht gilt dies bei der Abschöpfung von Pfründemehreinnahmen, die nur in verhältnismäßig wenigen Fällen vorhanden (gewesen) sein werden. Im vorliegenden Zusammenhang richten sich die Indulte des ApStuhls ebenso wie die Beschlüsse der Bischofskonferenzen an die Bischöfe selbst und sind daher nicht ohne weiteres im Amtsblatt veröffentlicht. Ebenso verhält es sich mit Protokollen von Dekane- oder Dechanten- und Dekanatskonferenzen sowie von Ordinariats- und Priesterratssitzungen.

14 Die gesamtkirchliche Rechtslage wird angesprochen, wo die partikularen Rechtsquellen dies selbst tun, und um, wo ein Indult des ApStuhls eingeholt wurde, dessen Erforderlichkeit im jeweiligen partikularen Kontext zu erläutern. Vgl. vor allem §3 bei Fnn.45-51, §4 bei Fnn.64-70, 82f, §9 bei Fnn.85-92 und bei Fnn. 139f sowie Fnn. 159/62, §12 bei Fn.274.

15 Nicht veröffentliche schriftliche Quellen wären etwa Akten des ApStuhls, der BischKonferenzen, der Diözesanbischöfe und ihrer Ordinariate bzw. Generalvikariate und der Dekanate. Mündliche Quellen könnten im Zusammenhang mit der Ermittlung von Gewohnheit (vgl. etwa c.1263 CIC/1983 a.E.) herangezogen werden, etwa Befragung von Dekanen, Dekanatskonferenzen, Dekanekonferenzen über die herrschenden Rechtsanschauungen, soweit keine ausreichenden schriftlichen Quellen in Form von Berichten und Protokollen früherer Dekanats-, Dekane- und Diözesankonferenzen bzw. Diözesansynoden vorliegen.

16 Art.158 PB lautet: "Iis quorum interest postulantibus, decernit utrum leges particulares et generalia decreta, a legislatoribus infra supremam auctoritatem lata, universalibus Ecclesiae legibus consentanea sint necne."

b) Gang der Untersuchung

Die Binnengliederung bei der Darstellung des jeweiligen Diözesanrechts ergibt sich aus dem Ziel, die in der Praxis sogenannten "Pflichtabgaben" zu untersuchen und aus der Reihenfolge ihrer Entstehung (*Gliederungspunkte litt.a-c*). Dabei haben sich verschiedene allgemeine Gesichtspunkte ergeben, die alle drei Abgaben betreffen (*lit.d Regelungen, die alle Pflichtabgaben betreffen*). Hier geht es erstens um Regelungen, die mitunter gemeinsam für alle drei Abgaben erlassen wurden, wie Indulte etc. des Apostolischen Stuhls, allgemeine Regelungen in der diözesanen Gehaltsordnung, das Verfahren von Festsetzung und Einhebung etc. Zweitens ist die Gesamthöhe der Diözesanabgaben, die als Gesamtbelastung der Priester immer wieder auf die Festsetzung der Höhe der einzelnen Abgaben zurückwirkt, als allgemeiner Aspekt ebenfalls *unter lit.d* zu behandeln. Deshalb führt die vorliegende Arbeit hier auch andere Abgaben bzw. Gehaltsabzüge wie das Seminaristikum[17] an, allerdings nur exemplarisch und vor allem, soweit sie im Zusammenhang mit den Pflichtabgaben der Priester genannt werden. Schließlich ist drittens die Entwicklung der Pflichtabgaben mit allgemeinen Gehaltskürzungen (z.B. infolge der sogenannten Notverordnungen des Reichspräsidenten) oder Gehaltsverrechnungen (etwa Abzug der Pfründeerträge von der Gehaltszahlung[18]) verwoben. Abschluß und Gegenstück zu den im Ergebnis eher als Gehaltsabgaben zu qualifizierenden Pflichtabgaben bildet *lit.e) Abgabe von Mehrerträgen aus den Benefizien.*

Die Darstellung teilkirchlichen Vermögensrechts in Deutschland nach den sogenannten "Rechtskreisen", dem "preußisch geprägten", dem bayerischen und dem oberrheinischen ist üblich und folgt der Bedeutung staatlicher, vor allem staatskirchenrechtlicher Regelungen für das Vermögensrecht. Zwar beruhen die verschiedenen "Pflichtabgaben" auf kirchlichem Recht. Doch ergaben sich wichtige Umstände für die kirchliche Regelung im Hinblick auf Grund, Höhe und Leistungsmodalitäten für Abgabe, Abzug und Ausgleich von Gehalt und Pfründeeinkünften immer wieder aus Änderungen von Recht und Verwaltungspraxis der Staatsleistungen. Das gilt vor allem für die Abgaben zur Altersversorgung, für die (Verringerung der) Höhe von Staatsleistungen und für deren Zahlung direkt an die Geistlichen oder über die Diözesen bzw. Kirchengemeinden. Weil diese Verhältnisse sich in der Regel auf das Gebiet der Bundesstaaten bzw. der Länder bezogen, sind sie in der Darstellung gleichsam vor die Klammer gezogen. Daher ist es auch in der vorliegenden Untersuchung sachgerecht, die einzelnen Diözesanrech-

---

17 "Seminarstikum", "Kathedratikum", "Alumnatikum" wird in den deutschsprachigen teilkirchlichen Verlautbarungen sehr häufig nicht mit "c", sondern mit "k" geschrieben. Daher wird diese Form im folgenden durchgängig verwandt, es sei denn im Schrägdruck erscheint die lateinische Form (*seminaristicum, cathedraticum*).

18 Wegen des Sachzusammenhangs wird auch die Abgabe bzw. Ablieferung der Pfründeerträge beim System der vollen Einkommensbevorschussung hier und nicht bei der Abgabe der Pfründeerträge mitbehandelt.

te nach den "Rechtskreisen" zu gliedern. Die Reihenfolge der Behandlung der Rechtskreise ist nicht zwingend[19].

Die Diözesen und Jurisdiktionsbezirke ehemals deutscher Gebiete, die während der Zugehörigkeit zu Deutschland dem "preußisch geprägten Rechtskreis" angehörten, wurden ausgegliedert, aber wegen des Zusammenhangs nach dem preußisch geprägten Rechtskreis und vor den Diözesen der ehemaligen Berliner Bischofskonferenz behandelt. Letzteres ist vor allem wegen des Einflusses von Breslau auf den Delegaturbezirk bzw. auf das Bistum Berlin sinnvoll.

Die Diözesen der ehemaligen Berliner Ordinarien- bzw. Bischofskonferenz haben gerade auch im Hinblick auf das vorliegende Thema in der Zeit nach 1945 gemeinsame Besonderheiten. Deshalb und weil dieses Konferenzgebiet großenteils (vor allem Thüringen und Sachsen) nicht zum preußisch geprägten Rechtskreis gehört, wurden auch das Bistum Berlin sowie die anderen im Konferenzgebiet liegenden Diözesananteile für die Zeit nach 1945 aus dem preußisch geprägten Rechtskreis ausgeklammert.

Da sich der interdiözesane Diasporaausgleich im Zusammenwirken von Bonifatiusverein, den Konferenzen des deutschen Episkopats und allen deutschen Bistümern entwickelt hat, entzieht sich seine Darstellung der Aufgliederung in die einzelnen "Rechtskreise" und Diözesanrechte insoweit, als es um die gemeinsamen Richtlinien zu den diözesanen Abgaben für inner- und interdiözesanen Diasporaausgleich geht.

Innerhalb der Rechtskreise sind die Diözesanrechte grundsätzlich nach Kirchenprovinzen geordnet, da auch eine alphabetische Behandlung keinen besseren Ansatz geboten hätte[20].

Das festgestellte Partikularrecht des Apostolischen Stuhls[21] betrifft immer einzelne Diözesanbischöfe, ihren Diözesan- oder sonstigen in ihrem Auftrag tätigen Klerus und wird daher im Zusammenhang mit dem jeweiligen Diözesanrecht erörtert.

---

19 Vgl. zu den Gründen *unten §4. Freiburg Fn.1* und *§8. Osnabrück etc. Fn.1.*

20 Zur Reihenfolge der Darstellung innerhalb des preußisch geprägten Rechtskreises siehe unten *§8 a.Anf.* Vgl. auch *§§18 und 21 jeweils Fn.1f.*

21 Es handelt sich um Dekrete, v.a. Reskripte der SCConc bzw. SCCler bzw. CCler. Die Bezeichnung änderte sich mit der Kurienreform 1967 bzw. zeitgleich mit Inkrafttreten des CIC/1983. Vgl. AnPont [1995] 1731, 1738f. Die Änderung im Spachgebrauch erfolgte nach und nach. Vgl. nur AAS 1983, 1984 und AnPont 1983, 1984, 1985. Dennoch wird die Bezeichnung der jeweils zitierten Texte wörtlich übernommen.

1. Teil - "Rechtskreis"-übergreifende Regelungen

§3. Bonifatiusverein und deutscher Episkopat zur Abgabe für die Diasporahilfe[1]

Bei den Abgaben für inner- und interdiözesanen Diasporaausgleich, für die auch der mehrdeutige Begriff "Priesterhilfe"[2] gebraucht wird, handelt es sich um

---

[1] Zu inner- und interdiözesanem Ausgleich siehe H. SCHMITZ: Diözesanklerus 31f.

[2] Das DiaspPriesterhilfsW ist zu unterscheiden von PriesterhilfsW, Ostpriesterhilfe und PRIM. Am ähnlichsten sind einander DiaspPriesterhilfsW und PRIM, beide Hilfe von Priestern für Priester, während in den anderen beiden Werken Nicht-Priester (angehenden) Priestern helfen. Vgl. auch den Appell der Priesterräte Deutschlands an die Priester, der PRIM und Diasporapriesterhilfe gleichbehandelt. Vgl. Passauer Bistumsblatt Nr.14 vom 6.4.1997 S.11. Insofern ist die Hilfe für Priester anderer Kontinente (v.a. Afrika) neben die Hilfe für Priester in Europa (Nord-, Mittel- und Osteuropa) gestellt. Zur Diaspora-Priesterhilfe vgl. J. WENNER: Diaspora-Priesterhilfe.

Das "Priesterhilfswerk" ist das am 4.11.1941 von Pius XII. eingerichtete "Päpstliche Werk für Priesterberufe" und dient der Förderung des Priesternachwuchses. Vgl. Abl Eichstätt 91 [1944] 77. Die FuldBischKonf hat die Freiburger Diözesanstelle des Päpstlichen Werkes für Priesterberufe als "Vorort für Deutschland" aufgestellt und beschlossen, das Werk schrittweise in allen Diözesen einzuführen. Dieses Werk darf als Fortsetzung und Erweiterung des früheren, auch eingeführten "Frauenhilfswerk für Priesterberufe" betrachtet werden, das 1939 von der Geheimen Staatspolizei verboten worden war. Im Bistum Eichstätt etwa wurde das FrauenhilfsW neben dem schon lange bestehenden diözesanen St.-Willibaldverein, der die gleiche Zielsetzung hatte, durch den Bischof dem Päpstlichen Werk für Priesterberufe an- bzw. eingegliedert (vgl. Abl 91 [1944] 76) und dieses damit in der Diözese eingeführt. Vgl. BISCH. v.EICHSTÄTT.29.6.50. In: Abl Eichstätt 97 (1950) 86-88, 86: [Päpstliches W etc.] [Vorbemerkung]. Vgl. J. SCHÄUBLE: PriesterhilfsW 750f.

Die Ostpriesterhilfe konkurrierte nicht mit dem DiaspPriesterhilfsW, sondern mit dem Bonifatiusverein. Um Überschneidungen zu vermeiden wurden von einzelnen Diözesen und mehrfach von der "westdeutschen" Bischofskonferenz Richtlinien erlassen, wonach dem Bonifatiusverein nach seinem Auftrag und seinem mehr als hundertjährigen Wirken für die deutsche Diaspora die Vorrangstellung gebührt. Es gibt keine regelmäßigen Beiträge, sondern einzelne Aktionen. Vgl. Abl. Paderborn 98 (1955) 41: Nr.90 Ziff.1. Vgl. auch A. KINDERMANN: Ostpriesterhilfe 1292.

Die Aktion PRIM im Päpstlichen Werk für Glaubensverbreitung wurde 1970 ins Leben gerufen und von der DBK/Herbst1971 empfohlen: "Die DBK nimmt Kenntnis von der Aktion 'Priester helfen Priestern in den Missionen'. Sie empfiehlt den Priesterräten in den deutschen Bistümern, die Aktion einzuführen und ihre Mitbrüder anzuregen, 1% des Gehaltes und einen Teil der Einnahmen aus den Meßstipendien an einen gemeinsamen Fonds abzuführen." Zit. nach: DBK.v.20.-23.9.71. In: Abl Mainz 113 (1971) 109: Nr.230 Abs. 1 Satz 1f. Vgl. auch Abl Aachen 41 (1971) 175: Nr.325. Die Aktion wurde von den einzelnen Priesterräten wiederholt weiter an die Priester "empfohlen", "voll unterstützt", "besonders empfohlen" und so entstand eine gemeinsame Solidaritätsaktion der Arbeitsgemeinschaft Priesterräte Deutschlands, die auf freiwilliger Basis einen wirksamen Beitrag zum Lebensunterhalt einschließlich Alters-

Maßnahmen zum Gehaltsausgleich[3]. Abgaben für eine Art innerdiözesanen Gehaltsausgleich gab es schon vor der "Priesterhilfe" in der Form einer Abschöpfung von Mehreinnahmen aus den Pfründen. Nach dem Inkrafttreten des CIC/1917 bzw. dem Ende des 1. Weltkriegs kam es in verschiedenen deutschen Diözesen zur Auflage von Abgaben auf besser dotierte Stellen. In der Erzdiözese Freiburg hatte dies schon längere Tradition, in anderen Diözesen, etwa in Köln, Breslau und Paderborn, handelte man nach "reifer Erwägung unter den auf den Fuldaer Bischofskonferenzen vereinigten Oberhirten" und "wie auch in mehreren anderen Diözesen beschlossen"[4]. Diese Abgaben sind jedoch zu unterscheiden von den durch spezifische Diasporabedürfnisse motivierten Abgaben. Die Entwicklung der Abgaben für inner- und interdiözesanen Diasporaausgleich wurde in allen Diözesen in Deutschland vor allem zusammen vom Boni-fatiusverein und seinem Generalvorstand in Paderborn sowie von den Bischofskonferenzen[5] vorangetrieben[6].

---

versorgung der Priester in den ärmsten Ländern der Welt (Afrika und Asien) leistet, die keine einträglichen Beziehungen in die reichen Länder haben. Sachprojekte werden nicht unterstützt. Die Spenden werden von MISSIO-Aachen und MISSIO-München verwaltet und für die Vergabekommission der Priesterräte vorbereitet. Über Spendenzahlen berichtete etwa das Päpstliche Werk der Glaubensverbreitung in Aachen, das einen Zweig der Päpstlichen MissionsW bildet (vgl. deren Statuten Kap.1 Ziff.1 Abs.1, abgedr. in: Abl Freiburg [1981] 127-133, 127: Nr.79). Vgl. zur Aktion PRIM etwa Abl Mainz 113 (1971) 109: Nr.230; Abl Aachen 41 (1971) 175: Nr.325; Abl Freiburg [1978] 463: Nr.146; Abl München [1980] 255: Nr.161; Abl Augsburg 102 (1992) 560f: Nr.77.

3 Gehaltsausgleich, aber keine Abgabe liegt in folgendem Sachverhalt: Die staatliche oder kirchliche Einkommensergänzung bzw. Aufbesserung der Seelsorgergehälter auf ein bestimmtes Niveau führt zu einem unsichtbaren Gehaltsausgleich der Pfründeeinkommen unterhalb der Schwelle des durch diözesane Gehaltsordnungen bestimmten "Normalgehalts", ohne daß es sich um eine Abgabe der insoweit besser dotierten Pfründen handelt. Dieser Ausgleichseffekt ist vor dem Hintergrund des Wandels vom Benefizial- zum Gehaltswesen zu sehen. Siehe *oben §1. Wandel etc.*

Abgaben für innerdiözesanen Ausgleich liegen auch vor bei der DiözAbgabe für Diasp-Geistliche, die in DiaspDiözesen den normal oder auskömmlich Besoldeten zugunsten der DiaspKleriker desselben Bistums auferlegt werden. Diese Abgaben sind *gleich lit.a Von den Anfängen etc. a.Anf.* bzw. beim jeweiligen Diözesanrecht *unter lit.b Abgabe für die Diasporahilfe o.ä.* mitbehandelt.

4 Vgl. nur FÜRSTBISCH.v.BRESLAU.1.1.23. In: Abl Breslau [1923] 1f: Nr.2 Abs.2 Satz 6. Ähnlich aber die Verlautbarungen in Köln und Paderborn. Siehe *unten §9. Paderborn, §13.Köln und §18.Breslau jeweils lit.e a.Anf.* Wieweit die Freiburger Regelung Vorbild für die anderen war, ist u.U. aus den einschlägigen Akten der FuldBischKonf zu ermitteln.

5 V.a. sind zu nennen FuldBischKonf vor 1933 (also ohne Bischöfe der FreisBischKonf), FreisBischKonf, FuldBischKonf ab 1933 bzw. DBK (also mit Bischöfen der FreisBischKonf).

6 Daher entzieht sich die Darstellung der Priesterhilfe teilweise der Aufgliederung in die "Rechtskreise" und das Diözesanrecht.

a) Von den Anfängen bis 1945[7]

Zur Zeit der Inflation war in den Diasporabistümern das - innerdiözesane - HilfsW der Diasporapriesterhilfe eingerichtet worden[8]. Hatte die Inflation allgemein das kirchliche Vermögen "wie eine zweite Säkularisation" getroffen, so schmerzte sie besonders die Diasporapriester der nord- und mitteldeutschen Diaspora[9]. Als Ursachen der Priesternot nannte man Entwertung der häufig bereits unzureichenden Pfründe- und Stiftungskapitalien sowie des Kapitalvermögens des Bonifatiusvereins, Versagen der Kirchensteuer, die nicht im vorgesehenen Maß einkam, Fehlen der Staatsbeihilfe, seelsorglich veranlaßte rein kirchliche Gründung von Seelsorgestellen ohne staatliche Anerkennung, Zurückgehen der Einnahmen der Diözesankomitees des Bonifatiusverein, die früher fast die Hälfte der Gehälterlast aus den Sammelerträgen bestritten hatten[10]. Doch reicht die innerdiözesane Hilfe der Diasporadiözesen nicht aus[11]. Ein "alter Grundsatz des Bonifatiusvereins" war es gewesen, die einzelnen Stände für die Not ihrer Glaubens- und Standesgenossen in der Diaspora um Hilfe zu rufen - über die Diözesangrenzen hinweg; ein Beispiel ist der 1921 eingeführte Schutzengelverein der Schulkinder der "katholischen Heimat", der den Diasporakindern die Wohltat ei-nes katholischen Religionsunterrichts vermittelt[12], und zwar durch Gebet und

---

[7] Vgl. für die Anfänge auch J. LINNEBORN: Frage der Besoldung 92f. Für die Zeit bis 1940 vgl. ausführlicher W. SCHWICKERATH: Finanzwirtschaft 163-167.

[8] Vgl. RÖSGEN: Priesterhilfe des katholischen Landes. In: PJH [1935] 68-71, 68 und im einzelnen unten den 2. Teil - "Rechtskreise und Diözesanrecht", v.a. *§8. Osnabrück und §9. Paderborn, jeweils lit.b. a.Anf.*

[9] Vgl. A. KÖTTER: DiaspPriesterausgleichsK 7.

[10] Vgl. ebd. und W. FRECKMANN: Ausgleichskasse 37 sowie W. SCHWICKERATH: Finanzwirtschaft 163f.

[11] Im Bonifatiusblatt wurden 500 Berichte über die Wirtschaftslage in Existenznot geratener Diasporapriester auszugsweise mitgeteilt. Vgl. Bonifatiusblatt [1924] 46ff, zit. bei: W. FRECKMANN: Ausgleichskasse 37 Fn.1. Etwa 500 DiaspPriester waren durch die genannten Ursachen in ganz ungeregelte Gehaltsverhältnisse gekommen: 69 im Fürstbistum Breslau und in der Delegatur Berlin, 23 im Bistum Ermland (Ostpreußen), 46 in Fulda (Hessen und Thüringen), 24 in Hildesheim (Braunschweig und Hannover), 145 in Meißen (Freistaat Sachsen), 76 in Osnabrück (Norddeutsche Missionen), 113 in Paderborn (Provinz Sachsen, Anhalt, Gotha, Lippe und Waldeck). Vgl. ebd.37. In anderen Diözesen mit Diaspora wie Rottenburg, Freiburg und Mainz opferten die Priester der katholischen Gegenden insofern für die DiaspPriester der eigenen Diözese, als durchgängig die Gehälter niedriger gehalten wurden, um so den Gehaltsbedarf für die Diaspora aufzubringen. Vgl. ebd.38f.

[12] Vgl. ebd.37. 1921 hatte Kardinal Bertram namens des deutschen Episkopates die Einführung des Schutzengelvereins (heute BonifatiusW der Kinder) in allen katholischen Kirchengemeinden parallel zum Kindheit-Jesu-Verein verfügt, um den Fortbestand der DiaspSchulen, Kommunikanten-Anstalten und Kinderheime zu sichern. Der Mitgliedsbeitrag der Kinder wurde mit jeweils 5 Pfennigen festgesetzt. Vgl. A. KÖTTER: Zeittafel 51.

Spenden, so wie das generell der Doppelpflicht der Mitglieder entsprach[13]. 1922 erst war der Bonifatiusverein in allen deutschen Diözesen eingeführt[14]. In diese Zusammenhänge fügt sich 1923 die Gründung eines interdiözesanen Diasporapriesterhilfswerks (DiaspPriesterhilfsW), an dem alle deutschen[15] Diözesen teilnehmen sollten.

Als Geburtsstunde dieses Werkes ist die Generalversammlung des Bonifatiusvereins/Mai1923 anzusehen[16]. Die Gehaltsfrage als Angelpunkt der Unterstützungstätigkeit der nächsten Jahre vor Augen, stieß diese Versammlung auf der Suche nach neuen Wegen auf das Paderborner Beispiel[17] - anwesend war auch der dortige Dompropst und Kirchenrechtler Johannes Linneborn[18]. Dort "verpflichteten" sich seit 1922 die staatlich besoldeten Geistlichen "dem Bischöflichen Ordinariat gegenüber ... , von ihrem Gehalt 7% zugunsten der Diasporageistlichen abzutreten", wodurch diesen eine "auskömmliche Besoldung" sichergestellt sei[19]. Da nun die Hilfe die Diözesangrenzen überschreiten sollte[20], war

---

[13] Die "Doppelpflicht der Mitglieder" formulierte der Gründungspräsident in seinem Vorwort zur Satzung so: "Durch gemeinschaftliche Vereinigung im Gebete und durch gemeinschaftliche Übung der Liebe" solle der Bonifatiusverein wirken. In der Sprache der Satzung - bis 1940 in einem eigenen Paragraphen - heißt das: "Die Mittel des Vereins sind Gebet und Almosen." Später baute man statt dessen Kurzformeln wie "mittels (bzw. durch) Gebet und Almosen" in den Zweckparagraphen ein. Die Verpflichtung zu einem bestimmten *Vereinsgebet* stand lange in der Satzung. Jedes Mitglied sollte "täglich ein Vaterunser und Ave Maria mit dem Zusatz `Heiliger Bonifatius, bitte für uns!´" beten. 1931 ist dann nur noch die Rede von "kirchlich vorgeschriebenen Gebeten". Vgl. A. KÖTTER: Satzungsänderungen 51 f.

[14] Zuletzt 1922 in Danzig und Passau. Vgl. A. KÖTTER: Zeittafel 51.

[15] Berücksichtigt werden im folgenden auch die damals noch deutschen Jurisdiktionsbezirke. Vgl. die *§§18/20. Breslau, Ermland und Tütz bzw. Schneidemühl.* Umgekehrt wurden die außerhalb Deutschlands gelegenen Diözesangebiete nur vereinzelt berücksichtigt. Vgl. *§18. Breslau lit.a a.E.*

In der Schweiz gibt es seit 1976 eine "Solidarität der Priester der Schweizer Diözesen", für die alle Priester, die jährlich über 24 000 Franken Gehalt empfangen, freiwillig 1% ihres Einkommens für schwächer besoldete Mitbrüder abgeben. Vgl. BONIFATIUSHAUS. In: PJH [1978] 34 f. Vgl. auch H. SCHMITZ: Diözesanklerus 84 mit Fn.304. Zu Einzelheiten, etwa dem Vereinscharakter, der Beteiligung von Priesterräten und Ordinariaten, der Bedürftigkeit v.a. pensionierter Priester, das Problem des schwankenden Aufkommens, Berufung auf Nr.20 PO etc. vgl. K. SCHULER: Solidarität und DERS.: Solidarität in der Bewährung.

[16] Vgl. die Zusammenfassung und Wertung bei A. KÖTTER: DiaspPriesterausgleichsK4-7.

[17] Im einzelnen dazu unten *§9. Paderborn lit.b.*

[18] Vgl. die Teilnehmerliste im Protokoll der Generalversammlung [1923] 1, abgedr. bei: A. KÖTTER: DiaspPriesterausgleichsK 5.

[19] Vgl. Protokoll Generalversammlung [1923] 7f. Zit. nach: Ebd.6f.

[20] Der diözesangrenzüberscheitende Charakter der Aufgabe wurde damit begründet, daß die Diaspora Sache des ganzen Deutschland, nicht nur der DiaspDiözesen sei. Vgl. A. KÖTTER: DiaspPriesterausgleichsK 5f und DERS.: Sechs Jahrzehnte 26. Ende der zwanziger Jahre galt das Argument entsprechend für die Wanderungsbewegungen, als 1929 durch Wirtschafts-

es nur natürlich, daß der 1917 für den Bonifatiusverein beschlossene Grundsatz der Hilfe nur zur Selbsthilfe[21] in irgendeiner Weise zur Sprache kam:

"Es ist aber nicht zu leugnen, daß diejenigen Diözesen, deren staatlich besoldete Geistliche mit einer prozentualen Abgabe belastet sind, es als eine Ungerechtigkeit empfinden müssen, wenn andere Diasporadiözesen Unterstützungen erhalten, ohne in obiger Weise zur Selbsthilfe geschritten zu sein. Es wurde da-rum einstimmig folgender Antrag angenommen:

"1. Aus einer noch zu bildenden Ausgleichskasse erhalten nur die Diasporadiözesen Unterstützung, die ebenfalls einen bestimmten Prozentsatz von ihren staatlich besoldeten Geistlichen erheben.

2. An die Bischofskonferenz wird der Generalvorstand ein Gesuch richten, dahin lautend, daß die Hochwürdigsten Bischöflichen Ordinariate, besonders die von Diasporadiözesen, von ihren staatlich besoldeten Geistlichen nach dem Beispiele des Bistums Paderborn einen bestimmten Prozentsatz zum Unterhalt der Diasporageistlichen erheben möchten."[22]

Nach allgemeiner Ansicht der Generalversammlung war die Ausgleichskasse (AusgleichsK) am zweckmäßigsten beim Generalvorstand des Bonifatiusverein (im folgenden wird lediglich vom Bonifatiusverein gesprochen) einzurichten. Sie sollte ihre Ausgleichsmittel aus den sog. Hinterlandsdiözesen erhalten, jenen Diözesen, die fast gar keine Diaspora haben[23]. Wichtig für das Verhältnis der neuen Kasse zu Bischöfen und Bistümern war folgender Grundsatz:

"Grundsätzlich mußte hier aber zum Ausdruck gebracht werden, daß der Generalvorstand durch Übernahme der Ausgleichskasse nicht mit seiner bisherigen Gewohnheit bricht, keinerlei Verpflichtungen für Gehaltszahlungen zu übernehmen. Selbstverständlich wird der Generalvorstand wie bisher nach Maßgabe seiner Mittel seine Unterstützung nicht ablehnen, aber es entsteht keinerlei neue Verpflichtung für ihn."[24]

---

krise und Arbeitslosigkeit eine Abwanderung und Neusiedlung in Richtung West-Ost verursacht wurde. Vgl. A. KÖTTER: Zeittafel 51f.

21 Ob - neben dem Begriff "Selbsthilfe" - das heute vielfach gebräuchliche Schlagwort der "*Hilfe zur* Selbsthilfe" benutzt wurde, wurde nicht ermittelt. Doch beschloß 1917 der Generalvorstand, nur solche Diasporagemeinden zu unterstützen, die selbst das leisten, was in ihren Kräften steht. Vgl. A. KÖTTER: Zeittafel 51. Vgl. auch für die folgende Zeit etwa folgende Regelung: "In allen Unterstützungsgesuchen an das Diözesankomitee des Bonifatiusverein ist in Zukunft ein Vermerk aufzunehmen, daß ein Ortsverein des Bonifatiusverein vorschriftsmäßig eingerichtet ist, und daß regelmäßige Sammlungen (außer den beiden vorgeschriebenen Sammlungen) für den Bonifatiusverein in der Gemeinde stattfinden. Gesuche, die diesen Hinweis nicht enthalten, bleiben unbeachtet. Ausnahmen werden nicht zugelassen." Abl Meißen 5 (1926) 23: Nr.99.

22 Vgl. GEN.VERS. In: Protokoll [1923] ebd.

23 Vgl. ebd.

24 Ebd.

Begründet wurde dies mit dem Weihetitel des Diözesandienstes, in Deutschland bereits zu dieser Zeit die Regel beim Weltpriester, aus dem sich die Zuständigkeit von Bistum und Bischof für die Besoldung ergibt; daher wurden im Laufe der Entwicklung der AusgleichsK wichtige Entscheidungen des Generalvorstandes nie ohne Abstimmung mit den Bischofskonferenzen getroffen, von der BischKonf gegebene Richtlinien nicht eigenmächtig[25] geändert; auch die Generalversammlung des Bonifatiusvereins erarbeitete und verabschiedete lediglich Empfehlungen an die Bischofskonferenz (BischKonf).

So wurde auch 1923 von der Fuldaer Bischofskonferenz (FuldBischKonf) der Vorschlag des Bonifatiusvereins gutgeheißen und ein entsprechender Aufruf beschlossen; noch im gleichen Jahr hat die `Ausgleichskasse der Gehälter für Diasporageistliche´[26] Gelder verteilt[27]. 1924 wurde dann folgender Beschluß der FuldBischKonf in allen Diözesen ihres Bereiches veröffentlicht:

> "Allen Priestern der Diözese wird aufs dringlichste empfohlen, regelmäßig wenigstens 1% ihres Gehaltes zur Unterstützung ihrer geistlichen Mitbrüder in der Diaspora dem Bonifatiusverein zu überweisen."[28]

1924 empfahl auch die FreisBischKonf dem Klerus dringlich den Beitritt zum Priesterverein zur Unterstützung der Diaspora mit einem Jahresbeitrag von 10, für Hilfsgeistliche von 5 Goldmark[29]. 1926 erließ die FuldBischKonf folgende, wenigstens für die Zeit bis 1947 grundlegende Anordnung, die immer wieder auch als "Richtlinie" bezeichnet wird[30], für den interdiözesanen Ausgleich[31]:

> "Es ist für den hochwürdigen Klerus eine vordringliche Standessache und Liebespflicht, für die darbenden geistlichen Mitbrüder der Diaspora zu sorgen. Wir bestimmen deshalb, daß

---

[25] Was bei der Verteilung der bereits zum BonifatiusV gelangten Mittel theoretisch vielleicht möglich gewesen wäre. Vgl. die Diskussion zu den Bewilligungsgrundsätzen. In: GEN.VERS. In: Protokoll [1928]. Zit. bei: A. KÖTTER: DiaspPriesterausgleichsK 17. Gar nicht möglich war für den BonifatiusV die Schaffung einer "rein behördlichen Regelung" der Erhebung bzw. eine rechtlich verbindliche Anordnung der Abgabe. Vgl. GEN.VERS. In: Protokoll [1930] 14. In: ebd.

[26] Daneben lauteten die verschiedenen Bezeichnungen im Lauf der Jahre "Diaspora-Priesterhilfe", "Diaspora-Besoldungskasse", "Priester-Ausgleichskasse", "Diaspora-Priesterausgleichskasse". So A. KÖTTER: DiaspPriesterausgleichsK 19. Hier wird in der Regel von der "DiaspAusgleichskasse" gesprochen.

[27] Vgl. Jahresber.1923. Zit. nach: A. KÖTTER: DiaspPriesterausgleichsK 7.

[28] Jahresber.1925. In: PJH [1926] 8-16, 10f. Der Appell wurde 1925 wiederholt. Vgl. ebd.

[29] Vgl. dazu KONF.d.BAY.EPISKOPAT.10.9.24. In: Protokoll d.Konf.v.9.-10.9.1924. In: L.VOLK: Faulhaber-Akten 339-347, 345: Ziff.4.

[30] Vgl. etwa GV.15.12.1926. In: Abl Köln 66 (1926) 127: Nr.246 Abs.1 Satz 1.

[31] Den Begriff `interdiözesaner Ausgleich´ verwendet hier H. SCHMITZ (Diözesanklerus 31f) als Gegenbegriff zum `innerdiözesanen Ausgleich´.

1. in den Diasporadiözesen, soweit sie die Ausgleichskasse in Anspruch nehmen, alle auskömmlich besoldeten Priester 3% ihres Gehaltes für die minderbesoldeten Diasporapriester der eigenen Diözese abgeben;

2. in allen übrigen Diözesen die auskömmlich besoldeten Priester wenigstens 1% ihres Gehaltes an die Ausgleichskasse des Generalvorstandes zu Paderborn abführen.

Eine auskömmliche Besoldung beziehen auch diejenigen preußischen Pfarrer, die Ausfälle an ihrem Gehalt erleiden. Abgabepflichtig sind nicht bloß die Pfarrer, sondern auch die Domkapitulare, die Schul- und Anstalts- oder sonst freigestellten Geistlichen sowie die Hilfsgeistlichen, soweit sie das von der Bischofskonferenz festgesetzte Gehalt beziehen. Die Bischöfe werden mindestens mit dem gleichen Satze an dieser Abgabe sich beteiligen!"[32]

Im November 1926 beschließt der bayerische Episkopat:

"Die Konferenz steht einhellig auf dem Standpunkt, daß eine solche Ausgleichskasse eine Pflicht konfraterner Liebe ist und daß der Bayrische Klerus sich nicht ausschließen soll ... Die bayrischen Bischöfe haben sich deshalb dahin geeinigt, daß es angemessen erscheine, wenn die Hilfspriester im Jahre 10,- RM, die Pfarrer 20,- RM, die Domherren und Professoren etwa 30,- RM für die Priesterhilfs- und Ausgleichskasse abgeben würden."[33]

Die Umstände dieser beiden Beschlüsse liegen in der Entwicklung des Hilfswerks (HilfsW) begründet. Die mangelnde oder ungleichmäßige Beteiligung - v.a. in der oberrheinischen Kirchenprovinz und in mehreren bayerischen Diözesen fehlte noch die Organisation - drohte die Opferfreudigkeit in den Diözesen, wo sich der Klerus gleich anfangs angeschlossen hatte, lahm zu legen; zu einer "allgemeinen und gleichmäßigen Besteuerung" schien das "Eingreifen der Bischofskonferenz" unerläßlich zu sein, weshalb sich die Generalversammlung des Bonfatiusvereins an die Konferenzen zu Fulda und Freising mit der Bitte um wirksamere Unterstützung gewandt hatte[34].

Ein päpstliches Empfehlungsschreiben für den Bonifatiusverein lobte 1928, daß der Bonifatiusverein für den Lebensunterhalt von rund 400 Diasporapriestern

---

32 Zit. nach A. KÖTTER: DiaspPriesterausgleichsK 7f.

33 Zit. nach A. KÖTTER: DiaspPriesterausgleichsK 8. Das von L. VOLK aus den Faulhaber-Akten edierte Protokoll der Konferenz des bayerischen Episkopats in Freising vom 7.-9.9.1926 enthält diesen Beschluß nicht. Vgl. L. VOLK: Faulhaber-Akten 393-402. Für das ganze Jahr 1926 ist in diesen Akten nichts diesbezügliches ersichtlich. Vgl. ebd. passim. Die Mitteilung des genannten Beschlusses erfolgte mit dem Schreiben Kard. Faulhabers an den BonifatiusV vom 11.11.1926, wo es u.a. heißt: "... Die von den Hochwürdigsten Oberhirten vorgeschlagene Abgabe empfahl sich besonders dadurch, daß dem Gesamtklerus vom Bischof bis zum Neupriester das Liebesopfer nahegelegt wurde. Bei dem Fuldaer Beschluß ist die Begriffsbestimmung der 'auskömmlichen' Besoldung (im Unterschiede zu der normalen) beachtenswert. Bekanntlich hatten die preußischen Staatspfarrer 1925 sehr hohe Gehaltsausfälle. ...". Zit. nach Jahresber.1926. In. PJH [1927] 53-68, 60f.

34 Vgl. Jahresber.1926. In: PJH [1927] 53-68, 60f.

große Mittel aufbringt[35]. Dennoch schien die Priesterhilfe ihren Höhepunkt erreicht zu haben, wenn nicht 1. statt der nach unten abgerundeten festen Beiträge die prozentuale Abgabe durchgeführt werde und 2. die Einziehung der Beiträge in einigen Diözesen nachdrücklicher geschähe[36]. Die Generalversammlung des Bonifatiusvereins faßte daher 1929 folgende Entschließung:

"Die Hochwürdigste Bischofskonferenz zu Fulda soll gebeten werden, die Verordnung von 1926 betreffs Abgabe eines vollen Prozents vom Jahresgehalt für die Ausgleichskasse in den angeschlossenen Hinterlandsdiözesen bei den auskömmlich Besoldeten zur Ausführung zu bringen. Die Hochwürdigste Bischofskonferenz zu Freising soll gebeten werden, die 1926 angegebenen Beiträge des Klerus zur Ausgleichskasse mit Rücksicht auf die inzwischen eingetretene Gehaltsaufbesserung möglichst auf ein volles Prozent des Jahresgehaltes zu erhöhen."[37]

Auf die Eingabe des Bonifatiusvereins beschloß die FuldBischKonf:

"Auf Anregung des Bonifatiusvereins beschließt die Bischofskonferenz, daß die zur Gehaltsaufbesserung der Diasporageistlichen von der Konferenz schon 1926 beschlossene 1%ige Gehaltsabgabe den auskömmlich besoldeten Priestern in den Diözesen des preußischen Hinterlandes (Köln, Münster, Trier, Glatz, Katscher) nochmals in amtlicher Form nahegelegt wird. Dabei möge betont werden, daß die jetzt vielfach üblichen nach unten abgerundeten festen Sätze (50 bezw. 25 RM.) in Anbetracht der Gehaltsaufbesserung nicht mehr als ein volles Prozent des Jahresgehaltes gelten können, daß deshalb die schon 1926 vorgesehene prozentuale Abgabe (1%) wieder aufgenommen werden solle."[38]

Die Freisinger Bischofskonferenz (FreisBischKonf) empfahl 1929 nach einem Bericht des Bischofs von Speyer über die in den meisten Diözesen fast vom gesamten Klerus geleisteten Beiträge zum Bonifatiusverein die Abgabe dem Klerus aufs neue, hielt aber an der Freiwilligkeit der Beiträge fest; weiter empfahl sie die Einhebung der Beiträge durch die bischöflichen Finanzämter[39], "soweit nicht einzelne Geistliche direkt widersprechen"[40].

---

[35] Vgl. Jahresber.1927. In: PJH [1928] 39-45, 44 und aus dem Text des Schreibens: "... Parvis, ut plerumque evenit, initiis orta, per tam diuturnam annorum seriem (etenim septuaginta novem ante annos est condita) non modo sodalium numero, sed etiam bonorum magnitudine operum ita crevit ut ... quadringentis denique - ut de aliis taceamus presbyteris ea quae sunt vitae necessaria munifice suppeditet. ...". Ebd.1.

[36] So die Jahresber.1928 und 1929. Vgl. PJH [1930] 67-77, 73.

[37] GEN.VERS. In: Auszug aus dem Bericht der 26. Ordentlichen Generalversammlung des BonifatiusV zu Regensburg am 30.6. und 1.7.1929. In: PJH [1929] 91-101, 101: Entschl. Ziff.10.

[38] So die Antwort KARD. BERTRAMs mit Schr.v.28.8.1929. Zit. nach Jahresber.1929. In: PJH [1930] 67/77,73.

[39] Zur Entwicklung einer Finanzverwaltung als besonderer Zweig der Bistumsverwaltung, die in Bayern vielfach Bischöfliche Finanzämter genannt wurden, vgl. W. SCHWICKERATH:

Während danach im Gebiet der FreisBischKonf die - allerdings bescheidenen - Sätze der Abgabe gut einkamen, wenigstens wo die bischöflichen Finanzämter die Einziehung vornahmen, sollte angesichts größerer Ausfälle in den Überschußdiözesen der FuldBischKonf sowie wegen anstehender Gehaltskürzungen und Gründung neuer Seelsorgestellen, v.a. für neue katholische Siedlungen in der Diaspora, 1932 erneut eine Eingabe an die FuldBischKonf gerichtet werden, damit das HilfsW in allen angeschlossenen Diözesen wieder eindringlich empfohlen und reorganisiert werde[41]. Dem möglichen Einwand, angesichts der Kürzungen und Ausfälle betrügen die in einigen Diözesen (Aachen, Köln, Trier) eingeführten abgerundeten Sätze jetzt mehr als 1%, wurde der Wortlaut der Anordnung der FuldBischKonf/1926 entgegengehalten, wonach in den Überschußdiözesen die auskömmlich besoldeten Priester als Abgabe "wenigstens" 1% ihres Gehaltes abführen sollten[42].

Im Dezember 1929 war auf einer Vertreter-Konferenz der Zuschußdiözesen in Berlin empfohlen worden, die Diasporaordinariate sollten sich von der SCConc die Ermächtigung zur Auferlegung der Diasporaabgabe als Pflichtabgabe einholen[43]. Der Bonifatiusverein hielt sich in der Frage zurück:

> "Sie [gemeint ist die Generalversammlung] erachtet aber den Bonifatiusverein in Anbetracht seines caritativen Charakters nicht für zuständig, auf eine rein behördliche Regelung der Priesterhilfe hinzuarbeiten ... Die behördliche Regelung der Abgabe in Zuschußdiözesen ist also dem Ermessen und Einvernehmen der hochwürdigsten Diaspora-Ordinariate selbst überlassen."[44]

Warum zur pflichtmäßigen Erhebung die Ermächtigung des Apostolischen Stuhls erforderlich war, sagen die verschiedenen Quellen nicht[45]. E. Eichmann[46] und K. Mörsdorf[47] verorten die Frage bei can.1505 CIC/1917. Die sogenannte

---

Finanzwirtschaft 110, 114-123, v.a. 121 mit Fn.652: Einführung des Bischöflichen Finanzamtes zur Verwaltung der LandeskirchenSt.

40 Vgl. dazu KONF.d.BAY.EPISKOPAT.11.9.29. In: Protokoll d.Konf.v.10.-11.9.1929. In: L. VOLK: Faulhaber-Akten 472-481, 478.

41 So die Hauptversammlung des BonifatiusV in Bamberg am 5./6.6.1932. In: PJH [1932] 84-92, 88.

42 Vgl. Jahresber.1931. In: PJH [1932] 78-83, 83.

43 Vgl. GEN.VERS. In: Protokoll [1930] 14. Zit. bei: A. KÖTTER: DiaspPriesterausgleichsK 12.

44 So die Entschl. der GEN.VERS. In: Protokoll [1930] 14. Zit. bei: A. KÖTTER: DiaspPriesterausgleichsK 17.

45 Vgl. auch *unten §36. Zusammenfassung lit.b - 9° a.E. (S.219)*. Die auf die einzelnen Diözesen bezogenen Quellen sind bei den Diözesanrechten angeführt. Siehe *unten II. Diözesanrecht §§.8ff.*

46 Vgl. E. EICHMANN: Lehrbuch II 158.

47 Vgl. E. EICHMANN; K. MÖRSDORF: Lehrbuch II 475 und ebenso K. MÖRSDORF: Lehrbuch II 506.

Nothilfe (*subsidium caritativum*) kann der Ortsordinarius allen Benefiziaten, den welt- wie den ordensgeistlichen, als außerordentliche mäßige Abgabe (*extraordinaria et moderata exactio*) auferlegen (*imponere*)[48]. Die Vorschrift betrifft nach Eichmann nur die Auferlegung von Abgaben für die eigene Diözese, so daß Abgaben für andere Diözesen, etwa der Diaspora, nur bei besonderem Indult möglich seien[49]. Allerdings konnten Indulte 1930/31 nur für Diasporadiözesen festgestellt werden, die nach dem Beschluß der FuldBischKonf/1926 die 3%ige Abgabe als Selbsthilfe (minderbesoldete Diasporapriester der eigenen Diözese) einzuführen hatten[50]. Insofern wäre also ein Indult nicht erforderlich gewesen. Entscheidend dürfte gewesen sein, daß die Abgabe nicht den von can.1505 CIC/1917 vorgesehenen Charakter einer außerordentlichen (*extraordinaria exactio*) hatte oder zumindest Zweifel daran bestanden[51], so daß ein Indult zur Sicherheit nützlich war.

Nachdem mehrere Diasporaordinariate die Diasporaabgabe aufgrund von Indulten des Apostolischen Stuhls ihrem Klerus als Pflichtabgabe auferlegt hatten, diese also in den betroffenen Diözesen den Charakter eines Almosens verloren hatte, wurde schon 1930/31 die Verbindung der AusgleichsK zum Bonifatiusverein überdacht[52]. Die Satzung/1931 des Bonifatiusvereins, in der das Werk erstmals behandelt wird, qualifiziert dagegen die Beiträge zur Priesterhilfe als Almosen[53].

In der nationalsozialistischen Zeit war der Bonifatiusverein und damit die DiasporaausgleichsK durch den Staat und die nationalsozialistische Partei bedrängt und mit Auflösung bedroht, und so suchte man alle aus öffentlich-rechtlichen Quellen stammenden Mittel für die Diaspora Zugriffen zu entziehen, indem sie aus der Verwaltung des kirchlichen Vereins herausgenommen und der BischKonf

---

48 Can.1505 CIC/1917:

"Loci Ordinarius, praeter tributum pro Seminario, de quo in can.1355, 1356, aut beneficialem pensionem de qua in can.1429, potest, speciali dioecesis necessitate impellente, omnibus beneficiariis, sive saecularibus sive religiosis, extraordinariam et moderatam exactionem imponere."

49 Vgl. E. EICHMANN: Lehrbuch II 158. Für die Entscheidung der FuldBischKonf/1947 und ihre Umsetzung in den einzelnen Diözesen (siehe *gleich lit.b a.Anf.*) weist das Lehrbuch nicht auf Genehmigungen des ApStuhls hin. Vgl. E. EICHMANN; K. MÖRSDORF: Lehrbuch II 475. Vgl. ebenso K. MÖRSDORF: Lehrbuch II 506.

50 Siehe *unten die §9. Paderborn, §10. Fulda, §18. Breslau, §19. Ermland, §20. Schneidemühl, §21. Berlin und §22. Meißen jeweils lit.b.*

51 Vgl. *unten §9. Paderborn bei Fn.118*: Zweifel an der Rechtsverbindlichkeit beheben.

52 So war offenbar die Frage gestellt worden, ob angesichts der Pflichtmäßigkeit der BonifatiusV die 3%ige Abgabe weiter in seinen Berichten aufführen sollte, was die "Konferenz" bejahte. Vgl. Protokoll der Generalversammlung [1931] 3. Zit. nach A. KÖTTER: DiaspPriesterausgleichsK 13.

53 "Die Priester ... brauchen ein weiteres Almosen als den Beitrag zu der `Priesterhilfe des Bonifatiusvereins´ nicht zu entrichten." (Satzung §22). Zit. bei: A. KÖTTER: Satzungsänderungen 55. Zur Doppelpflicht von Gebet und Almosen siehe *oben in diesem §3 bei Fn.13f.*

zugeordnet wurden[54]. Im März 1940 macht eine Vertreter-Konferenz der acht größten Diasporadiözesen in Paderborn Vorschläge zur Diasporafürsorge durch die Diözesanverwaltungen und zur Errichtung eines Diasporakommissariates der deutschen Bischöfe, deren Annahme die Konferenz der westdeutschen Bischöfe in Bonn im Juni 1942 empfiehlt[55]. Im August 1942 beschließt dann die Plenarkonferenz des deutschen Episkopats in Fulda:

> "... betr. den Bonifatiusverein: 1) In Paderborn wird das Diasporakommissariat der deutschen Bischöfe ins Leben gerufen. 2) Mit seiner Leitung beauftragen die Bischöfe den Erzbischof von Paderborn. 3) Aufgabe des Kommissariates ist die Verteilung der bei den Bischöflichen Ordinariaten (Generalvikariaten) eingehenden Mittel für die Diaspora[56]. 4) Der Leiter des Kommissariates legt alljährlich der Fuldaer Bischofskonferenz Rechnung ab. 5) Dort, wo die Diasporafürsorge bereits als Abteilung der Diözesanverwaltung eingerichtet ist, können diese Einrichtungen bestehen bleiben. Jedoch soll von deren Einahmen und Ausgaben dem Diasporakommissariat der deutschen Bischöfe regelmäßig Kenntnis gegeben werden."[57]

Lediglich die Gesuche der Diasporagemeinden werden auch weiterhin vom Bonifatiusverein und seinen Hilfsvereinen bearbeitet, während alle sonstigen Organisationen, die in der Diasporafürsorge mitarbeiten wollen, an das Diasporakommissariat verwiesen werden[58].

---

54 Vgl. A. KÖTTER: DiaspPriesterausgleichsK 17f. Vgl. auch EB.4.3.71. In: Abl Paderborn 114 (1971) 78f,78 Nr.110.

55 Vgl. KONF.d.WESTDT.BISCH. In: Protokoll d. Konf. der westdt. Bischöfe in Bonn am 1.-2.6.1942. In: L. VOLK: Akten V 754-761, 755: Ziff. 4.

56 An einschlägigen Mitteln werden genannt: a) die Erträgnisse der in den deutschen Diözesen für die Diasporafürsorge veranstalteten Kirchenkollekten, b) die Erträgnisse der sogenannten Diasporasonntage (Bonifatiussonntage), c) einzelne freie Gaben und Vermächtnisse für die Diaspora, d) die Erträgnisse der Priesterhilfe. Die zur Förderung der Diaspora abzuhaltenden Kirchensammlungen und die einschlägigen Vermächtnisse und Schenkungen waren daher nicht mehr für den BonifatiusV, sondern für das DiaspKomm abzuhalten bzw. zu bestimmen. Vgl. ORD. In: Abl Passau [1942] 122f, 122: Nr.127 Abs.1f.

57 Vgl. FULD.PLENARKONF.20.8.42. In: Protokoll d. Plenarkonf. des dt. Episkopats am 18.-20.8.1942. In: L. VOLK: Akten V 834-853, 847: Ziff.18. Vgl. auch die Tagesordnung ebd.830-833, 831.

58 Vgl. FULD.PLENAR.KONF.18.8.43. In: Protokoll d. Plenarkonf. des dt. Episkopats am 17.-19.8.1943. In: L. VOLK: Akten VI 131-146, 143: Ziff.3. Vor dem Beschluß wurde über das DiaspKomm referiert. Vgl. ebd. Die Trennung der Aufgabengebiete zwischen BonifatiusV und DiaspKomm wurde am 24.3.1943 in Paderborn von Vertretern der einzelnen deutschen Ordinariate vorläufig bis zum Kriegsende vereinbart, eine Anschluß-Konferenz der Ordinariatsvertreter im August 1946 war die letzte dieser Art und faßte keine nennenswerten Beschlüsse. Vgl. A. KÖTTER: DiaspPriesterausgleichsK 18.

b) Die Zeit von 1945 bis 1994

Nach Kriegsende wird dann von der PlenarKonf/August1945 unter dem Tagesordnungspunkt "Überdiözesane Einrichtungen. Kommissariat Berlin. Diasporakommissariat. [etc.]"[59] einstimmig[60] beschlossen:

"Ebenso soll nach dem Beschluß der Konferenz das Diasporakommissariat bestehen bleiben zur Verwaltung der Gelder aus öffentlich-rechtlichen Mitteln (Kirchenkollekten usw.) und für die Führung der Ausgleichskasse (Diasporapriesterhilfe). Die bei dem Diasporakommissariat eingehenden Gelder sollen admassiert werden, damit für die in nächster Zukunft vielleicht schon zu lösenden Aufgaben Mittel vorhanden sind."[61]

Derselbe Beschluß sagt:

"Von den russisch besetzten Diözesen werden keine Zahlungen für die überdiözesanen Einrichtungen verlangt...."[62]

Umgekehrt war es im folgenden Jahr möglich gewesen, größere Summen in die russische Besatzungszone zu transferieren[63].

Als größte Aufgabe des Werkes wurde bezeichnet, in der Nachkriegszeit die Existenz der "vertriebenen und verwiesenen" Priester in allen deutschen Diözesen - in Ost und West - zu sichern[64]. Die FuldPlenarKonf/1947 wollte eine Erhöhung der Abgabe auf 3% für alle Geistlichen der deutschen Diözesen, also nicht nur für die auskömmlich besoldeten der Diasporadiözesen:

"Angesichtes der furchtbaren Notlage der Flüchtlingsgeistlichen haben die Oberhirten der bei den Fuldaer Bischofskonferenzen vertretenen Diözesen beschlossen, den von den Bischöfen persönlich und von den Priestern ihrer Di-

---

[59] Vgl. Tagesordnung der Plenarkonferenz des deutschen Episkopats. In: L. VOLK: Akten VI 669-671, 671: Ziff.X. [Hervorhebung im Orginal].

[60] So A. KÖTTER: DiaspPriesterausgleichsK 18f.

[61] FULD.PLENAR.KONF.23.8.45. In: Protokoll der Plenarkonf. des dt. Episkopats in Fulda am 21./23.8.1945. In: L. VOLK: Akten VI 671-683, 680.

[62] FULD.PLENAR.KONF.23.8.45. In: Protokoll der Plenarkonf. des dt. Episkopats in Fulda am 21./23.8.1945. In: L. VOLK: Akten VI 671-683, 681. Der Beschluß hat eine Parallele in der Auswirkung der deutschen Teilung auf die Satzung des Bonifatiusvereins bzw. -werkes. So heißt es in der Entschl. Nr.3 der Generalversammlung 1947 in Limburg: "Da in der russischen Besatzungszone die Bezeichnung `Verein´ unerwünscht ist, empfiehlt es sich, die Diasporafürsorge dorthin nicht unter der Bezeichnung `Bonifatiusverein´ zu leisten [,sondern] zweckmäßig unter der Bezeichnung `St.-Bonifatius-Hilfswerk´." Zit. nach: A. KÖTTER: Satzungsänderungen 47f. Vereinsrechtlich bedeutete diese, im Dezember 1976 auch von der BerlBischKonf ausdrücklich bejahte Interpretation der Satzung, daß die Diözesen zwischen Elbe und Oder reine Empfängerdiözesen wurden und die dortigen Jurisdiktionsbezirke Sitz und Stimme auf der Generalversammlung verloren, mit Ausnahme des Bischofs von Berlin wegen seiner Jurisdiktion im Westteil der Stadt. Vgl. ebd.

[63] Vgl. Protokoll der DiaspTagung am 18.-19.8.1946 in Fulda (Lippstadt) [1947] 47. Zit. nach: A. KÖTTER: DiaspPriesterausgleichsK 9 Fn.13.

[64] Vgl. DIASP.KOMM.4.3.1971. In: Abl Münster 105 (1971) 49: Art.82 Abs.5.

özesen zu zahlenden Beitrag zur Diasporapriesterhilfe von 1% auf 3% des Bruttoeinkommens zu erhöhen. Sie gingen dabei von der Voraussetzung aus, daß die Priester ihrer Diözese es als selbstverständliche Ehren- und Liebespflicht betrachten, den notleidenden priesterlichen Mitbrüdern aus dem Osten auch unter persönlichen Opfern nach Kräften zu Hilfe zu kommen."[65]

Als Grund wurde allein der Zustrom der Geistlichen aus dem Osten genannt. Die Not der mitteldeutschen Diaspora hing außerdem auch mit den Maßnahmen der russischen Besatzungsmacht zusammen, die in ihrer Zone am 8. Mai 1945 alle bestehenden Konten und vorhandenen Wertpapiere annulliert hatte, wovon auch in den Jahren zuvor angelegte Dotations- und Sicherungsfonds betroffen waren[66]. Zusätzlich geriet - was wohl auch abzusehen war - die Besoldung der "Heimatberaubten-Seelsorger" durch die Währungsreform in massive Schwierigkeiten[67]. Die auf der FuldBischKonf/1948 versammelten deutschen Bischöfe riefen angesichts der inzwischen verschärften Notlage und da nur wenige Diözesen den Beschluß von 1947 durchführten, die 3%ige Gehaltsabgabe in Erinnerung[68], wohl auch auf Drängen des Bonifatiusvereins[69].

---

[65] GV.17.11.47. In: Abl Köln 87 (1947) 284: Nr.350 Satz 1f. Vgl. von den anderen Diözesen nur Abl Osnabrück 64 (1948) 126: Art.123 Abs.1. Zur Bezeichnung als Liebes- und Ehrenpflicht vgl. den Ausdruck "*officium nobile et caritativum*" im Indult für Breslau. Siehe SCCONC.24.5.30. In: FÜRSTBISCH.9.6.30. In: Abl [1930] 72f: Nr.102. Abgedr. auch im AfkKR 110 (1930) 665f. Vgl. den Wortlaut unten *§18. Breslau lit.b.*

[66] Vgl. Protokoll der DiaspTagung am 18.-19.8.1946 in Fulda (Lippstadt) [1947] 47. Zit. nach: A. KÖTTER: DiaspPriesterausgleichsK 9 Fn.13.

[67] Nach der Begründung im Abl Trier betrugen die Zuschußforderungen das Zwanzigfache der Einnahmen, die Rücklagen des DiaspKomm waren verbraucht, und die BistumsK der DiaspBistümer hatten alle Fonds geopfert. So Abl Trier 93 (1949) 59: Nr.80 Abs.1. Diese Probleme wurden nach und nach gelöst:

Auf Wunsch der päpstlichen (Sonder-)Beauftragten für die katholischen Flüchtlinge Deutschlands bzw. für die Seelsorge der Heimatvertriebenen sollten alle im Seelsorgedienst stehenden heimatvertriebenen Geistlichen nach Maßgabe der DiözBesoldungsO besoldet werden. Vgl. GV.28.11.50. In: Abl Osnabrück 66 (1950) 146f, 146: Art.197 Ziff.I. Eine erste BesoldungsO für die Flüchtlingsseelsorge war von Bischof M. Kaller 1947 in Zusammenarbeit mit dem DiaspKomm aufgestellt und die Ordinariate um die Durchführung ersucht worden. Geistliche aus dem Osten, welche eine schon bestehende Seelsorgestelle inne haben, wurden danach aus Mitteln der betreffenden Seelsorgestelle und Diözese (in DiaspGemeinden gegebenenfalls unter Hilfeleistung der Priesterhilfe bzw. der AusgleichsK) gemäß der BesoldungsO des Bistums besoldet. Vgl. GV. In: Abl Osnabrück 63 (1947) 175f, 175: Art.203 Ziff.1. Für Geistliche in Seelsorgegebieten, die lediglich zur Betreuung der Heimatvertriebenen neu eingerichtet worden sind, wird auf Antrag der DiözVerwaltung das Gehalt aus den Mitteln geleistet, die vom DiaspKomm der deutschen Bischöfe verwaltet werden. Vgl. ebd. Ziff.2.

[68] FULD.PLENAR.KONF.1.7.1948. In Bezug genommen etwa in: Abl Trier 93 (1949) 59: Nr.80 Abs.3.

[69] Etwa durch die Generalversammlungen 1948 und 1949. So A. KÖTTER: DiaspPriesterausgleichsK 10.

Nach starken Eingangsrückgängen 1964 und 1965[70] wurden die Bischofskonferenzen 1965 erneut tätig. Die FreisBischKonf bekundete im August 1965 ihre Absicht, die Beiträge der bayerischen Priester auf das Doppelte zu erhöhen, die FuldBischKonf setzte im Herbst 1965 die Beiträge zur AusgleichsK nochmals einheitlich auf 3% vom Bruttogehalt fest[71]. Noch im April 1965 hatte es in Freising geheißen:

> "Die Bischofskonferenz beschließt, den Beitrag, welchen die Diözesanpriester zur Priesterausgleichskasse beim Diasporakommissariat (Diaspora-Priesterhilfe) leisten, einheitlich auf 3% vom Bruttogehalt festzusetzen. Die Finanzreferenten-Konferenz wird beauftragt, zu prüfen, in welcher Weise die Beitragsleistung durchgeführt werden soll."[72]

Aufgrund von Befragungen stellte es sich "als ziemlich unmöglich" heraus, daß die Bischöfe die Erhöhung der Abgabe ihrem Klerus pflichtmäßig auferlegten, so daß es der Entscheidung jedes einzelnen Priesters anheimgestellt wurde, ob er eine erhöhte Abgabe entrichten wollte; daher wandte sich das Diasporakommissariat mit einer Petition an die Priesterräte der Bistümer der FreisBischKonf, und die Bischöfe Bayerns befaßten sich erneut mit der Erhöhungsfrage[73]. 1968 wurde dann die bis dahin pauschal bemessene Abgabe durch eine prozentuale ersetzt[74]. Im Ergebnis zahlten seit 1969 die meisten Priester der bayerischen Diözesen 1% ihres Bruttogehaltes[75].

1972 war überall der prozentuale Hebesatz eingeführt, mit dem ein ausgewogenes Verhältnis zwischen den Priester-Gehältern in mehrheitlich katholischen und denen in Minderheitsgebieten geschaffen bzw. aufrechterhalten werden kann[76]. Die gerechte Verteilung der Gelder sollte ein Verteilungsschlüssel erreichen, zu dem im Jubiläumsjahr 1973 festgestellt werden konnte, er sei, weil zu wenig Mittel zur Verfügung standen, von 1923 bis 1942 stets ein "heißes Eisen" auf den Generalversammlungen des Bonifatiusverein gewesen[77]. Als Faktoren waren Staatszuschüsse, örtliche Dotationen, Bistumsmittel und die Hilfe der AusgleichsK zu berücksichtigen, weil die Gehälter der Priester auf recht komplexe und noch dazu von Bistum zu Bistum verschiedene Weise zustandekamen; so habe die Diskussion um den Verteilungsschlüssel aber auch Anregungen gegeben

---

70 Vgl. ebd.22: 1964 um 11%, 1965 um 10,6%.

71 Vgl. ebd.10.

72 KONF.d.BAY.BISCH.v.7.-8.4.1965. Zitiert nach A. KÖTTER: DiaspPriesterausgleichsK 15f.

73 Vgl. A. KÖTTER: DiaspPriesterausgleichsK 15f.

74 Vgl. ebd.10.

75 Vgl. ebd.15f.

76 Vgl. ebd.9.

77 Vgl. ebd.11. Ab 1942 war die Verteilung Sache des DiaspKomm. Siehe eben. Über die Verteilung des Aufkommens an Gaben und Abgaben für die Diasporahilfe konnte danach, auch während der DDR-Zeit, vieles nicht gesagt werden. Vgl. Jahresber.1989. In: PJH [1990] 68.

zu einer allmählich wachsenden größeren Vereinheitlichung der BesoldungsO und nicht zuletzt die Bereitschaft zu einem überdiözesanen Lastenausgleich geweckt[78].

1971 wurden rund 3/4 der Mittel des Diasporakommissariats für die Gehälter der insgesamt 1500 Priester der Sprengel in der DDR angesetzt[79]. Ende Februar 1972 nahm die DBK zustimmend die Information des Diasporakommissariats entgegen, daß ab 1.7.1972 die Mittel des Diasporakommissariats nicht mehr für die Besoldungszuschüsse von innerhalb der westdeutschen Bistümer tätigen Diasporapriestern angesetzt werden[80]. Im Frühjahr 1974 bejahte die DBK die Ausweitung der Hilfe auch auf Priester in der skandinavischen Diaspora, bei absoluter Priorität der Hilfsleistungen für die Priester in der Diaspora der DDR[81], 1976 eine Erhöhung der Hilfe für die Priester im Raum der NordBischKonf[82]. Dabei glaubte die DBK 1974,

> "... es sei besser und auch im Sinne unserer Priester, mit 0,6 Millionen DM jährlich den Priestern in der skandinavischen Diaspora zu helfen, als den Hebesatz der Ausgleichskasse Schwankungen zu unterwerfen, die dem einzelnen Priester eine spürbare Entlastung doch nicht gebracht hätten'[83].

Nach jahrelangen Überlegungen, auch Kleriker in Mittel- und Osteuropa in die solidarische Hilfe einzubeziehen, befürwortete der Ständige Rat der DBK 1993 grundsätzlich eine solche Erweiterung[84], worauf der Erzbischof von Paderborn das Einverständnis der CCler erbat, das mit Schreiben vom 11.10.1994 erteilt wurde:

> "Gemäß dem zuletzt am 8. Oktober 1968 von diesem Dikasterium ausgestellten Reskript 120220/1 wurde bisher der Lebensunterhalt von Priestern in der Diaspora Deutschlands und der nordischen Länder[85] unterstützt. Die ent-

---

78 Vgl. ebd.

79 Vgl. DIASP.KOMM.4.3.1971. In: Abl Münster 105 (1971) 49: Art.82 Abs.6f.

80 Vgl. A. KÖTTER: DiaspPriesterausgleichsK 23.

81 Vgl. A. KÖTTER: Sechs Jahrzehnte 27.

82 Vgl. BONIFATIUSHAUS: Mitteilungen. In: PJH [1978] 34.

83 So der Brief der deutschen Bischöfe an die Priester über Fragen der Diaspora und der DiaspHilfe. Hier zit. nach Abl Aachen 44 (1974) 177-180, 179: Nr.273 Abschn.III Abs.2. Abgedr. in allen (west-) deutschen Abll. Vgl. etwa BISCH.4.11.74. In: Abl Fulda 90 (1974) 75-77, 76: Nr.157 Abschn.III. Dieses Engagement des DiaspKomm steht im Zusammenhang mit der Tätigkeit des BonifatiusV in dieser Richtung, den angesichts "der Armut der katholischen Gemeinden in der riesenweiten *Diaspora der skandinavischen Länder* die *Bischöfe* das Bonifatiuswerk *beauftragt [haben]*, auch dorthin nach Kräften zu helfen". So der "Aufruf zum Allgemeinen Diaspora-Opfertag 1975". BISCH.26.4.75. In: Abl Münster 109 (1975) 93: Art.129 [Hervorhebung nicht im Original].

84 Sitzung des Ständigen Rates der DBK vom 20./21.6.1993. Zit. nach: Jahresber.1994. In: PJH [1995] 63.

85 Das hier zitierte Reskript der Kleruskongregation vom 8.10.1968 umfaßte danach bereits 1968 die erst 1974 aufgenommene Unterstützung auch der Priester in der Diapora der nordischen Länder.

sprechenden Mittel sollen in Zukunft auch Priestern in solchen Gebieten Mittel- und Nordeuropas zugutekommen, in denen wegen der geringen Zahl von Katholiken die materielle Situation des Klerus schwierig ist. Dafür erteilt diese Kongregation gerne das gewünschte Einverständnis. Bei dieser Gelegenheit soll aber auch jenen deutschen Priestern gedankt werden, die schon seit 1931 durch ihre Abgaben an das Diasporakommissariat eine ganz besondere Verbundenheit mit ihren bedürftigen Mitbrüdern zum Ausdruck brachten und dies auch weiterhin tun."[86]

Damit setzt eine Verschiebung der Gewichte in der Aufkommensverteilung ein:

"Wenn in absehbarer Zeit für die Mitbrüder in den östlichen Bundesländern keine besondere Solidarhilfe mehr nötig sein wird, bleiben doch die existentiellen Nöte der Priester in den beiden anderen Regionen, in denen das Diaspora-Kommissariat Verantwortung und Solidarität im Namen der deutschen Priester wahrnimmt."[87]

---

[86] CCler: Reskript vom 11.10.1994. Zit. nach Jahresber.1994. In: PJH [1995] 63. Eine Protokollnummer ist dort nicht angegeben.

[87] DIASP.KOMM.: Rechenschaftsbericht [1996] 6.

2. Teil - "Rechtskreise" und Diözesanrecht

A. Diözesen des oberrheinischen Rechtskreises[1]

§4. Erzdiözese Freiburg

a) Abgaben zum Pensionsfonds und zum Pensions- und Unterstützungsfonds

Ab 1908 ist vom Erzbischof der Pensionsfonds der Priester der Erzdiözese badischen Teils errichtet[2] mit dem Zweck, den im Kirchendienst stehenden Priestern bei Dienstunfähigkeit[3] Versorgung (Ruhegehalt bei bepfründeten oder Tischtitelbezüge bei nicht bepfründeten) zu gewähren[4]. 1909 folgt der Pensions- und Unterstützungsfonds für die Geistlichen der Erzdiözese hohenzollernschen Teils, bei dessen Errichtung darauf hingewiesen wird, daß sich "u.a. die preussischen Bischöfe über die Grundsätze bezüglich der Höhe der zu gewährenden Ruhegehalte und die Aufbringung der erforderlichen Mittel geeinigt" hatten[5]. Die Regelungen in beiden Bistumsteilen lassen den kanonischen Grundsatz, daß die

---

[1] Der Rechtskreis ist Vorreiter insofern als hier Apostolische Vollmachten zur Abschöpfung von Mehreinnahmen aus den Pfründen (Freiburg) und RentenK für die Versorgung von Hausangehörigen mit Abgabenpflicht (alle Diözesen) früher als andernorts festgestellt wurden und eine Ausstrahlung auf andere Diözesen ermittelt werden konnte. Vgl. *unten §16. Trier bei Fn.583 und §28. Augsburg bei Fn.124.*

[2] Vgl. EB.14.9.08. Abgedr. in: AfkKR 89 [1909] 333-338, 333: Ziff.I vor §1. Mit dem Errichtungsdekret wurde auch die ebd. abgedr. Satzung aufgestellt (Satzung.Baden/1908). Ergänzungen wurden etwa vorgenommen durch EB.14.8.16 (in: Abl [1916] 229-232, abgedr. in: AfkKR 97 [1917] 97-102), im folgenden Satzung.Baden/1916. Weiter wurde verwendet die Fassung EB.4.10.41 (in: Abl [1941] 459ff, abgedr. in: AfkKR 121 [1941] 447-453), im folgenden Satzung.Baden/1941.

[3] Vgl. §1 Abs.1 Satzung.Baden/1908. "Bei bloß teilweiser Dienstunfähigkeit entscheidet der Ordinarius darüber, ob statt der tarifmässigen Position die Übertragung einer dem Maße der noch vorhandenen Dienstfähigkeit entsprechenden Stelle, gegebenenfalls mit angemessenem Zuschuss aus dem Pensionsfonds oder aus sonstigen kirchlichen Mitteln, oder ein entsprechender Zuschuss aus dem Pensionsfonds zur Bestellung eines Hilfspriesters zu gewähren sei." Ebd. §6 Abs.2. "Der Zuschuss ist so zu bemessen, daß der Berechtigte ein Einkommen aus seiner Dienststelle und der Beihilfe - gegebenenfalls nach Abzug des Aufwandes für den Hilfspriester - in Höhe der ihm gemäß §5 im Falle völliger Dienstunfähigkeit zustehenden Pension bezieht; der Anschlag der Wohnung wird nicht in Anrechnung gebracht." Ebd. Abs.3. Die Regelung ist 1941 entfallen. Vgl. §6 Satzung.Baden/1941.

[4] Vgl. Satzung.Baden/1908 und /1941 §1.

[5] Vgl. EB.15.12.09. In: Abl [1909] Nr.21 vor §1. Abgedr. in: AfkKR 90 (1910) 533-539. Mit dem Errichtungsdekret ist auch die Satzung aufgestellt, im folgenden: Satzung.Hohenzollern/1909.

Pension eines "Pfründniessers" soweit tunlich auf die Pfründe gelegt werden soll, unberührt[6].

Die Mittel im badischen Diözesananteil werden u.a. aus den ordentlichen Jahresbeiträgen der Priester geschöpft[7]. Beitragspflichtig sind alle Priester und zwar die nicht bepfründeten von 0,5%[8] ihres Diensteinkommens einschließlich des Anschlages der Naturalverpflegung und die bepfründeten[9] von 1% des durch Einkommenschätzung festgestellten für die etwaige staatliche Aufbesserung maßgebenden Reineinkommens der Pfründe, zuzüglich des Aufbesserungszuschusses[10]. Die Ermittlung des Reineinkommens der an der staatlichen Aufbesserung nicht teilnehmenden Benefizien erfolgt unter Anwendung der für die Pfarrpfründen geltenden Vorschriften[11]. 1941 erfolgt eine gewisse Gleichstellung von bepfründeten und nicht bepfründeten Priestern[12]. Bezahlte Jahresbeiträge werden nicht zurückerstattet[13]. Durch Nichtzahlung des Jahresbeitrags bis spätestens 1.Mai folgenden Jahres erlöschen die Ansprüche an den Pensionsfonds, können aber durch Nachzahlung nebst angemessenem Zuschlag für den Zinsverlust des Pensionsfonds wieder erlangt werden[14]. Die Erhebung der Beiträge findet erstmals 1909 statt[15].

Im hohenzollernschen Gebietsteil zählen zu den ordentlichen Einnahmen des Fonds auch die "fixierten" Jahresbeiträge der beitragspflichtigen Geistlichen; beitragspflichtig sind sämtliche nach der Satzung ruhegehaltsberechtigten Geist-

---

6 Vgl. §3 Satzung.Baden/1908 und §2 Satzung.Hohenzollern/1909.

7 Vgl. §2 lit.d Satzung/1908.

8 Vgl. ebd. §4 Abs.1 Ziff.1. Im Jahr 1916 wird den Pfarrkuraten, -verwesern, Kaplanei- und Benefiziumsverwesern in Baden gestattet, mit Beginn des Kalenderjahres, in dem sie ihr 15. Dienstjahr vollenden, durch Zahlung der für Bepfründete festgesetzten Beiträge aus ihrem Diensteinkommen sich die Pensionsbezüge der Bepfründeten zu sichern. Vgl. §4 Abs.2 Satzung.Baden/1916.

9 Vgl. §4 Abs.1 Ziff.2 Satzung.Baden/1908. Verschiedene Geistliche werden wie bepfründete behandelt, so (Sub-) Regens des Priesterseminars, Direktoren und Rektoren der übrigen kirchlichen Erziehungsanstalten, seit 1916 auch die Repetitoren des Priesterseminars, seit 1941 auch der Caritasdirektor, Direktor des Eb. Missionsinstitutes, Missionare, Religionslehrer. Vgl. §4 Abs.3 Satzung.Baden/1916 und /1941.

10 Ausgenommen sind Mitglieder des Domkapitels und aufgrund kirchlicher Beamtenstellung pensionsberechtigte Priester. Vgl. §4 Abs.1 vor Ziff.1 Satzung.Baden/1909.

11 Vgl. §4 Abs.2 Satzung/1908.

12 So zahlen etwa alle Geistlichen 1% ihres Diensteinkommens. Vgl. §4 Abs.1 Ziffn.1f Satzung.Baden/1941.

13 Vgl. §4 Abs.6 Satzung/1908.

14 Vgl. §9 Abs.1 Satz 1f lit.d Satzung.Baden/1908. 1941 wird statt dessen der Ordinarius für berechtigt erklärt, bei Nichtzahlung des Jahresbeitrages bis spätestens 1. Dez. des folgenden Jahres den Anspruch an den PensionsF für erloschen zu erklären. Vgl. §9 Abs.2 Satzung.Baden/1941.

15 Vgl. EB.14.9.08. Abgedr. in: AfkKR 89 (1909) 333-338, 338: Ziff.III.

lichen[16]. Der Beitragssatz ist gestaffelt nach niedrigeren (1%), mittleren (1,5%) und höheren Einkommen (wieder 1%)[17]. Ein Nachlaß fälliger Beiträge findet nicht statt[18]. Nichtbezahlte Beiträge nebst Zinsen sind an den Bezügen aus dem Pensions- und Unterstützungsfonds in Abzug zu bringen[19]. Mit dem Einzug der Beiträge der "Kapitelsgeistlichkeit", also der zum Dekanatskapitel gehörenden Geistlichen, sind die Erzbischöflichen Kammerer beauftragt[20]. Die Erlöschensregelung bei Nichtzahlung der Jahresbeiträge entspricht der im badischen Teil[21].

Die Vorlage zur Diözesansynode/1921 (DiözSyn/1921) sprach nicht von Abgaben zur Altersversorgung, auch nicht beim Hinweis auf die diözesanrechtliche Regelung der Pensionsverhältnisse[22]. Doch bestand die Beitragspflicht jedenfalls 1955 fort[23].

---

16 Vgl. §§10 lit.d und 12 Satzung.Hohenzollern/1909. Anspruch auf Ruhegehalt oder Unterstützung nach der Satzung haben alle Kleriker der höheren Weihen, die auf den Titel des hohenzollernschen AllgKirchenF bzw. des Pensions- und UnterstützungF geweiht oder übernommen sind; der Anspruch erlischt durch definitive Übernahme eines Kirchenamtes außerhalb Hohenzollerns und durch Ablegung der Profeß, er ruht bei Übernahme sonstiger, ein Recht auf ensprechendes Ruhegehalt oder anderweitige Versorgung sichernder Stellungen. Vgl. ebd. §1.

17 Vgl. ebd. §13 Abs.1. Die freie Verpflegung eines Hilfspriesters wird mit 900 Mk. angerechnet. Vgl. ebd. Abs.3. Für Pfarrer kommt das für die staatliche Aufbesserung maßgebende Stelleneinkommen zuzüglich des Staatszuschusses in Ansatz, das wirkliche Diensteinkommen aber dann, wenn es um wenigstens 200 Mk. von dem erstgenannten abweicht; bei Pfarreien mit mehr als 4000 M Einkommen sowie den Kaplaneien und Benefizien kommt das in der letzten geprüften Jahresrechnung festgestellte Reineinkommen einschließlich der Stol- und Anniversargebühren und der etwa aus kirchlichen Mitteln bewilligten Gehaltsaufbesserung in Anrechnung. Vgl. ebd. Abs.4. Bei Priestern, welche zu Studien beurlaubt sind, wird das zuletzt vor der Beurlaubung bezogene Einkommen, oder wenn sie kein solches bezogen haben, das Einkommen eines Vikars (Gehalt und freie Verpflegung) zugrundegelegt. Vgl. ebd. Abs.5. Beurlaubten Priestern kann die Beitragsleistung bis zum Wiedereintritt in den Kirchendienst oder bis zum Bezug eines anderen genügenden Einkommens vom Eb Ordinariat gestundet werden. Vgl. ebd. §15 Satz 2.

18 Vgl. §15 Satz 1 Satzung.Hohenzollern/1909.

19 Vgl. ebd. §15 Satz 2.

20 Vgl. ebd. §16 Abs.2 Satz 1. Beitragspflichtige Priester, welche außerhalb Hohenzollerns wohnen, haben ihre Beiträge zu den angegebenen Terminen portofrei an die Verrechnung des PensionsF abzuführen. Vgl. ebd. Satz 2.

21 Vgl. ebd. §6.

22 "Der Pfründnießer hat Anspruch auf eine entsprechende Pension, wenn er sein Amt nicht mehr verwalten kann (can. 1429). Diözesanrechtlich sind die Pensionierungsverhältnisse besser geregelt als es nach dem reinen Pfründesystem möglich wäre. Geistliche, welche schon vor Erlangung einer Pfründe dienstunfähig werden, erhalten einen Tischtitel. In besonderen Notfällen können einzelnen Pensionären und Tischtitulanten aus Pos.13 des Kath. Kirchensteuervoranschlags noch besondere Beihilfen und Unterstützungen gewährt werden." DIÖZ.SYN. [1921] 14f: A3d.

23 Vgl. etwa 1941 (siehe eben) und 1955 EB.29.4.55. In: Abl [1955] 270-272, 270: Nr.105 §4.

b) Abgabe zur Ausgleichskasse für die Diasporageistlichkeit

Die Geistlichen liefern die Beiträge bei den Dekanaten ab[24], über die das Ordinariat auch die Zahlungen anmahnt[25] und die die Abgaben ihrer Kapitelsgeistlichkeit für die Priesterhilfe (Ausgleichskasse [AusgleichsK] für die Diasporageistlichkeit) zunächst direkt nach Paderborn, ab 1927 dann an die Erzbischöfliche Kollektur einsenden[26].

Daß die Geistlichen die Abgabe leisten, wird seitens des Ordinariats als "dringender Wunsch", "angelegentliche Empfehlung" und "Erwartung" geäußert[27]. Doch wird für die Gabe ein bestimmter Betrag festgesetzt[28], im Hinblick auf die Gehaltskürzungen 1933 herabgesetzt[29]. Während anfangs der höhere Satz, der schon eine starke Abschwächung des 1%-Betrages der Richtlinie der Fuldaer Bischofskonferenz von 1926 (FuldBischKonf/1926) war, teilweise nur zur Hälfte einkam[30], haben 1934 fast alle Geistlichen den Beitrag geleistet[31].

Allmählich finden sich graduelle Verschiebungen von der Freiwilligkeit auf dem Weg zum obligatorischen Charakter. Gleichzeitig mit der Senkung der Beitragshöhe beauftragt das Ordinariat die Kammerer, die Gaben bei den Kapitelsgeistlichen einzuziehen, an die Erzbischöfliche Kollektur abzuführen und ein Verzeichnis der im Kapitel wohnenden Geistlichen einzusenden unter Abgabe des Betrages, der von ihnen bezahlt worden ist[32]. Das gleiche wird für die außerhalb der Pfarrseelsorge stehenden Geistlichen angeordnet[33]. Die Geistlichen, welche aus besonderen wichtigen Gründen den Beitrag nicht oder nicht in der vollen Höhe zu leisten vermögen, sollen durch die Kammerer unter Darlegung dieser

---

[24] Vgl.ORD.17.12.29. In. Abl [1929] 361f: Nr.14498 Abs.2 Satz 1.

[25] Vgl. ORD.6.11.28. In: Abl [1928] 206: Nr.12656.

[26] Vgl. ORD.23.2.27. In: Abl [1927] 29f: Nr.2275.

[27] So äußert das Ordinariat "im Vertrauen auf die Opferwilligkeit unseres Klerus den dringenden Wunsch", ein bestimmter Betrag möge geleistet werden, spricht "diese Erwartung" von neuem aus, "ersucht" jene Geistlichen, die im Rückstand geblieben sind (vgl. ORD.26.4.30 in: Abl [1930] 37f: Nr.4039) und überhaupt die "Geistlichkeit der ED, die bescheidenen, hinter den Abgaben der norddeutschen Diözesen zurückstehenden Beiträge ... wenigstens in der bisherigen Höhe pünktlich zu entrichten" (ORD.22.12.30 in: Abl [1930] 84: Nr.14811 Satz 2), nimmt "Veranlassung, ... die Gabe ... nochmals angelegentlich zu empfehlen" (ORD.12.10.33 in: Abl [1933] 125: Nr.10132 Abs.1 Satz 1), verkennt "nicht, daß die starke Kürzung der Gehälter ... den Spielraum für caritative Zwecke sehr eingeengt hat, und daß mit der steigenden Not auch die sonstigen caritativen Verpflichtungen des Klerus gewachsen sind" (ebd. Satz 4).

[28] Vgl. ORD.26.4.30. In: Abl [1930] 37f: Nr.4039: 30 M. von den selbständigen Geistlichen, 20 M. von den anderen.

[29] Vgl. ORD.12.10.33. In: Abl [1933] 125: Nr.10132 Abs.2.

[30] Vgl. Jahresber.1931. In: PJH [1932] 78-83, 80 und Jahresber. 1933. In: PJH [1934] 23-28, 25 sowie Jahresber. 1934. In: PJH [1935] 56-59, 58.

[31] Vgl. ORD.10.9.35. In: Abl [1935] 451: Nr.13586 Abs.5 Satz 1.

[32] Vgl. ORD.12.10.33. In: Abl [1933] 125: Nr.10132 Abs.3.

[33] Vgl. ORD.11.9.34. In: Abl [1934] 266: Nr.11054 Abs.2.

Gründe ein Befreiungsgesuch beim Ordinariat einreichen[34]. Seit 1936 wird dann auf Anregung einzelner Dekanate die Diasporapriesterhilfe (DiaspPriesterhilfe) unmittelbar vom Gehalt in Abzug gebracht[35]. Nur die pensionierten Geistlichen, Tischtitulanten und Neupriester sind befreit[36]. Möglicherweise haben diese Regelungen zu dem Bericht geführt, für die Erzdiözese Freiburg sei die Priesterhilfe für obligatorisch erklärt worden[37].

1958 etwa beträgt die Abgabe 2,5% des Bruttoeinkommens außer für die Geistlichen im Ruhestand, die wenigstens 30 DM bezahlen[38]; 1964 ebenfalls 2,5%, nur für Vikare, Tischtitulanten und alle Ruhestandsgeistlichen 1%[39]; 1976 2,5% aus Aktiv- und 1% aus Ruhegehalt ohne Ortszuschlag[40].

c) Abgabe zum Veronikawerk

Schon in Vorbereitung der DiözSyn/1921[41] und sogar davor (1916) steht die Sorge für die Angehörigen geistlicher Haushalte zur Debatte.

> "Der Priester wird im Hinblick auf das Wort des Apostels, daß "wer für die Seinigen und besonders seine Hausgenossen nicht sorgt, den Glauben verläugnet habe und ärger als ein Ungläubiger sei" (I. Tim. 5,8) zunächst für das Seelenheil seiner Hausgenossen in besonderer Weise besorgt sein. Die bewährte Instructio pastoralis Eystettensis (n.749) schreibt darum vor: ...
>
> Auch in der Sorge für das leibliche Wohl der Hausgenossen in gesunden und kranken Tagen, ferner in Hinsicht auf eine milde, menschenfreundliche Behandlung soll der geistliche Haushalt vorbildlich sein....
>
> Indem wir die vorstehenden Mahnungen und Anordnungen anderer kirchlicher Oberen zu den unsrigen machen und deren gewissenhafte Beobachtung allen unsern Priestern ans Herz legen ..."[42]

---

34 Vgl. ebd. Abs.5.

35 Vgl. zuerst ORD.26.2.36. In: Abl [1936] 63: Nr.3168 Abs.1. Der Abzug erfolgt zunächst am Gehalt für den Monat Juli (vgl. ebd. Abs.3), später dann als Prozentsatz bei der monatlichen Gehaltszahlung, soweit die Priester aus der Allgemeinen KirchensteuerK ihre Bezüge erhalten (vgl. ORD.13.11.59 in: Abl [1959] 551: Nr.214 Abs.3).

36 Vgl. ORD.26.2.36. In: Abl [1936] 63: Nr.3168 Abs.2.

37 Vgl. die Berichte über den obligatorischen Charakter der Abgabe in: Jahresber.1936. In: PJH [1937] 91-93, 92. Ebenso A. KÖTTER: DiaspPriesterausgleichsK 13.

38 Vgl. ORD.13.11.59. In: Abl [1959] 551: Nr.214 Abs.2.

39 Vgl. ORD.7.4.64. In: Abl [1964] 450f: Nr.63 Abs.1.

40 Vgl. ORD.15.7.76. In: Abl [1976] 270: Nr.112 Satz 1.

41 Schon in Vorbereitung der DiözSyn/1921 hatte die zuständige Kommission die Schaffung nicht nur von Erholungsheimen für Geistliche, sondern auch die von Altersheimen für Schwestern und Hausangestellte von verstorbenen Geistlichen für ein dringendes Bedürfnis gehalten. Verwiesen wurde bei diesem Anlaß auf eine entsprechende Einrichtung des Priestervereins Pax, der seit dem laufenden Jahre eine "Fürsorgekasseneinrichtung für Haushälterinnen" geschaffen hatte. Vgl. DiözSyn [1921] 14f.

Das Veronikawerk (VeronikaW), von Msgr. Wilhelm Röckel 1924 gegründet, seit Anfang seines Bestehens das caritative Hilfswerk (HilfsW) des Diözesanklerus für die Haushälterinnen, die ihren Arbeitgeber verloren haben, wird getragen von den Beiträgen der Mitglieder und von einem jährlichen Zuschuß aus kirchlichen Mitteln[43]. Nach seinem Tod erfolgte 1937 eine gewisse Neuordnung[44]. Auf Antrag des Vorstandes des VeronikaW ist die Allgemeine Kirchensteuerkasse (KirchensteuerK) angewiesen worden, ab April 1937 bei allen geistlichen Mitgliedern, die wenigstens sechs Monate lang ihr Gehalt von der Allgemeinen KirchensteuerK beziehen, die Mitgliedsbeiträge durch monatliche Gehaltsabzüge von 20 bzw. 25 RM zu erheben und an die Kasse des VeronikaW abzuführen[45]. Mitglieder sollen -"wir legen größten Wert darauf" - bereits "die jungen Geistlichen, sobald sie eigenen Haushalt angefangen haben" sein[46].

Von Anfang an hat das VeronikaW auch die Sorge für die Haushälterinnen übernommen, deren Pfarrer bei Beginn des Werkes schon gestorben waren[47], mithin eine caritative Aufgabe erfüllt, die an sich den ganzen geistlichen Stand der Erzdiözese angeht und zu der auch jeder Geistliche - ob Mitglied oder Nichtmitglied des VeronikaW - etwas beitragen sollte[48]. Bei der Mitgliederver-

---

42 ORD.30.4.16. In: Abl [1916] 234f. Abgedr. in: AfkKR 97 (1917) 92-95. Im einzelnen wird unter Sorge für das leibliche Wohl verstanden: "Den Dienstboten soll rechtzeitig ... angemessener Lohn ausbezahlt (werden, um) ... Wohltaten der staatlichen sozialen Gesetzgebung durch Aufnahme in die Kranken-, Invaliditäts- und Altersversicherung in vollem Maße zu sichern. Auch Familienangehörige sollen nach Möglichkeit ... vollwertige Vergütung erhalten, um für die Tage des Alters und der Krankheit vor Not geschützt zu sein. Besonders empfehlenswert (ist die) ... Versicherung naher Verwandter (Schwestern u.s.w.) in einer Höheren Lohnklasse der staatlichen Invaliditäts- und Altersversicherung und der Angestelltenversicherung, wenn die gesetzlichen Voraussetzungen vorliegen." Ebd.

43 Vgl. ORD.3.2.37 (in: Abl [1937] 215: Nr.1535 Abs.1 Satz 1) sowie ORD.6.12.48. In: Abl [1948]107: Abs.1 Satz 1f und Abs.2 Satz 3. Vgl. auch Abl [1925] 141 und Beilage zum Abl [1926], beides zit. bei W. SCHWICKERATH: Finanzwirtschaft 186 Fn.287.

44 So wurden die Unterlagen der UnterstützungsK für die Pfarrhausangestellten überprüft, erforderliche Satzungsänderungen beschlossen (18.1.1937) und vom Ordinariat genehmigt (1.2.1937) sowie die 1929 zwischenzeitlich verringerten Mitgliederbeiträge wieder auf die ursprüngliche Höhe gesetzt (120 bzw. 150 RM). Vgl. ORD.3.2.37. In: Abl [1937] 215: Nr.1535 Abs.1f.

45 Vgl. ebd. Abs.3 Satz 1. Ein Einbehalt der - niedrigeren - Beiträge erfolgte schon 1932. Siehe unten *lit.d a.E.* Bei allen anderen geistlichen Mitgliedern wurden die Mitgliedsbeiträge in vierteljährlichen Raten von 30 RM bezw. 37,50 RM von der Geschäftsstelle des VeronikaW direkt erhoben. Vgl. ORD.3.2.37 ebd. Satz 2.

46 ORD.3.2.1937. In: Abl [1937] 215: Nr.1535 Abs.5 Satz 1. "Wir werden in Zukunft ein besonderes Augenmerk darauf richten, daß der Beitritt sobald wie möglich erfolgt." So ebd. Satz 2.

47 ORD.6.12.48. In: Abl [1948] 107: Nr.175 Abs.2 Satz 1.

48 Vgl. ebd. Satz 4.

sammlung in Offenburg am 18.1.1937 hat ein Nichtmitglied die Anregung gegeben, auch die Geistlichen, die nicht Mitglieder des VeronikaW sind, zu einem freiwilligen Beitrag zu gewinnen[49]. Die Versammlung hat dies aufgenommen und mit dem Hinweis auf die solidarische Haftung, die alle Geistlichen für die Sorge notleidender Haushälterinnen haben, vorgeschlagen, alle Geistlichen der Erzdiözese, die nicht Mitglieder des VeronikaW sind, zu einer jährlichen guttatsweisen Gabe zu veranlassen und dieselbe nach Art der DiaspHilfe durch Gehaltsabzüge zu erheben ("unständige" Geistliche 10 RM, selbständige 20 RM p.a.[50]. Das Ordinariat, nach dessen Auffassung "alle Geistlichen an diesem caritativen Werk sich gerne beteiligen" würden, billigte dies und die Allgemeine KirchensteuerK wurde angewiesen, bei einer der ersten Gehaltsanweisungen des Rechnungsjahres 1937/8 die Beiträge für das VeronikaW in Abzug zu bringen, um die Abgabe zu erleichtern[51]. Seitdem wird dieser Beitrag erhoben und von den meisten bezahlt.

> "In letzter Zeit haben sich einige wenige Herren durch diesen Beitrag zu stark belastet gefühlt und gebeten, vom Abzug abzusehen. Da es sich um einen freiwilligen Beitrag handelt, soll niemand zur Leistung gezwungen werden. Wir glauben aber, in Hinsicht auf eine den ganzen Priesterstand angehende Caritasaufgabe, alle Geistlichen, die selbständigen und unselbständigen, bitten zu sollen, gerade jetzt zu dem Werk zu stehen, damit alle Haushälterinnen die Hilfe des Veronikawerkes erfahren können."[52]

Das Werk, das in den übrigen Diözesen als Vorbild gelte[53], habe sich in organisatorischem Aufbau und Zielsetzung bewährt, v.a. auch die Währungsumstellung gut überstanden und ohne Unterbrechung bald in DM die Unterstützungen weiter bezahlen können[54]. So konnte auch den Haushälterinnen geholfen werden, die in Not gerieten, weil ihre Ersparnisse oder Vermächtnisse zu einem unzureichenden Betrag zusammengeschmolzen waren[55].

Aus den gemachten Erfahrungen, daß keine andere Versorgung diese Stabilität hatte und das VeronikaW nach der Währungsreform die Versorgung der Pfarrhaushälterinnen auch der Nichtmitglieder doch übernehmen mußte, wurde zwar

---

[49] Vgl. ebd. Satz 5.

[50] Vgl. ORD.3.2.1937. In: Abl [1937] 215: Nr.1535 Abs.4 Satz 1f. "Unständige" Geistliche sind etwa Kapläne.

[51] Vgl. ebd. Abs.4 Satz 3f. Bei den Geistlichen, die ihren Gehalt nicht von der AllgKirchSteuerK erhalten, werden die Gaben von der Geschäftsstelle des VeronikaW direkt angefordert. Vgl. ebd. Satz 5.

[52] ORD.6.12.48. In: Abl [1948] 107: Nr.175 Abs.2 Satz 8-10.

[53] Vgl. auch die an den Vorbildern aus der oberrheinischen Kirchenprovinz orientierten Vorüberlegungen in der Diözese Augsburg. Siehe *§28. Augsburg bei Fn.124.*

[54] Vgl. ORD.15.11.50. In: Abl [1950] 363f: Nr.206 Abs.2 Satz 1 und 4f.

[55] Vgl. ORD.6.12.48. In: Abl [1948] 107: Nr.175 Abs.2 Satz 11.

nicht eine Abgabe aller Priester, aber die Pflichtmitgliedschaft eingeführt, den diözesanfremden Priestern die Mitgliedschaft freigestellt[56]:

> "Wir ordnen daher an: 1. Daß ab 1.1.1951 alle Pfarrgeistlichen, Religionslehrer und andere Geistliche mit eigener Haushaltsführung durch Laien, soweit nicht eine andere gleichwertige Altersversorgung nachgewiesen wird, Mitglieder des Werkes werden. 2. ..."[57]

d) Regelungen, die alle "Pflichtabgaben" betreffen

Besoldung der Pfründeeinhaber und Abrechnung der Pfründeerträge ändern sich nach und nach. 1928 wird die Anrechnung des unmittelbar aus der Pfründe bezogenen Einkommens auf den Gehaltsanspruch der letzten Monate des Rechnungsjahres angeordnet[58]. Ab April 1961 entfällt diese Anrechnung, weil nach der Umstellung dieses Jahres auch die Pfründeeinhaber in Baden mit unmittelbarem Pründeeinkommen voll aus der Allgemeinen KirchensteuerK besoldet werden; über die Pfründeerträge wird gesondert abgerechnet, nämlich "auf Schluß" jeden Rechnungsjahres[59]. Der sich ergebende Pfründereinertrag ist gleichzeitig an die Allgemeine KirchensteuerK abzuliefern[60]. Dieses Abrechnungsverfahren bringt den Pfründnern sofort den vollen Genuß ihres Besoldungsanspruches[61].

Die Bezüge der Geistlichen sind aus dem jeweiligen Kirchensteuervoranschlag zu ersehen und fließen aus der Allgemeinen KirchensteuerK[62]. 1932 etwa werden die Beiträge zum Priesterpensionsfonds und VeronikaW gemeinsam, nicht zusammen mit der Diasporahilfe im Rahmen der Besoldung genannt und von der Allgemeinen KirchensteuerK einbehalten und abgeliefert[63].

---

56 Vgl. ORD. 15.11.1950. In: Abl [1950] 363f: Nr.206 Abs.2 Satz 6f Ziffn.1-3.

57 Ebd. Satz 7 Ziff.1. Der mit Erlaß ORD.3.2.37 (in: Abl [1937] 215: Nr.1535) angeordnete Beitrag für Nichtmitglieder war damit hinfällig.

58 Vgl. Abl [1928] 173. Zit. nach: ORD.27.10.1961. In: Abl [1961] 346f, 346: Nr.175 Abs.1 Satz 3.

59 Vgl. ebd. v.a. Abs.1 Satz 1f und Abs.3.

60 Vgl. ebd. Abs.3. Bei Pfründen mit höheren Überschüssen sind bereits im Laufe des Rechnungsjahres Abschlagszahlungen abzuführen." Ebd.

61 Vgl. ebd. Ist tatsächlich der gesamte Reinertrag abzuliefern und übersteigt der Besoldungsanspruch etwa eines Pfarrpfründeinhabers nicht das Gehalt eines Pfarrers ohne Pfründe oder mit insuffizienter Pfründe, so bedeutet dies die Abgabe des überschießenden Teiles.

62 Vgl. KATH.OBERSTIFTUNGSRAT.14.7.32. In: Abl [1932] 311f, 312: Nr.10144 Abschn.A. Abs.1 Satz 1 und Abschn.B. Ziff.4. Abs.1 Satz 2.

63 Ebd. Abschn. D. "... a) Die Beiträge zum Priesterpensionsfonds bei der Zahlung des Augustgehalts, b) die Beiträge zum Veronikawerk künftig in drei Raten im April, Juni und Oktober. Da im laufenden Jahr im April bereits die erste Hälfte einbehalten wurde, kommt im laufenden Jahr die zweite Hälfte im September und Oktober mit je ein Viertel des Beitrages in Abzug". Ebd.

e) Abgabe der besser dotierten Pfründen und Abgabe der Kompetenzpfarrer vom Pfründeeinkommen

Schon "seit Jahrzehnten", zuletzt 1908 hatte der Apostolische Stuhl dem Erzbischof die Vollmacht erteilt, die besser dotierten Pfründen mit einer "Rente zugunsten anderweitiger kirchlicher Bedürfnisse" zu belasten und erneuerte sie durch Dekret vom Juni 1918[64]. Diese "Auflagen auf das Einkommen" der Pfründen konnten und durften bei Ausschreiben bzw. der Verleihung der Pfründe für eine bestimmte Anzahl von Jahren oder die Amtsdauer des Inhabers zu kirchlichen Bedürfnissen entweder am Benefiziumssitz oder an anderen Orten, vor allem auch zur Ausstattung neuer Kuratien und Pfarreien und zum Bau von Kirchen und Pfarrhäusern erfolgen, solange dem "Pfründniesser" mindestens das seinem Dienstalter entsprechende Einkommen gesichert bleibt[65]. Das päpstliche Indult ließ eine Abweichung von can.1429 (nicht nur zugunsten des abgehenden Pfarrers) und von can.1506 CIC/1917 zu[66]. Darüber hinaus wurde die Erforderlichkeit des Indults nicht erörtert.

Can.1473 CIC/1917 mit seiner Pflicht zur Abgabe der Mehrerträge (*superflua*) aus den Pfründen[67] wird weder direkt noch indirekt angesprochen. Nach cann.1505,1429[68] kann der Ortsordinarius ein Benefizium derart belasten, daß aus den Erträgen eine Pension zugunsten eines bezugsberechtigten Dritten (*pensionarius*) zu zahlen ist, doch ist diese Vollmacht des Ortsordinarius beschränkt. Pensionar kann jeder beliebige Geistliche sein, außer bei Pfarrbenefizien, wo nur der abtretende Pfarrer oder Vikar derselben Pfarrei bezugsberechtigt werden kann (can.1429 §2). An moralische Personen wie die Kirchen war dabei nicht gedacht[69]. Laut can.1506 CIC/1917 kann der Ordinarius mit einer anderen als den in can.1505 genannten Abgaben (*aliud tributum*) Benefizien, Kirchen und anderen kirchlichen Instituten nur gelegentlich der Stiftung oder Kirchenkon-

---

64 Vgl. SCCONC.19.6.18. In Bezug genommen in: ORD.11.7.18. In: Abl [1918] 80: Nr.6231. Vgl. auch AfkKR 99 (1919) 146. Der Ausdruck ist der Kirchenrechtlichen Chronik entnommen. Vgl. ebd.

65 Vgl. ORD. ebd. Abs.1.

66 Vgl. die Bewertung in: DIÖZ.SYN. [1921] 14f: Vorlage A3a. Die Vorlage zur Synode hatte unter den Amtsrechten zum Recht auf materielle Versorgung v.a. das Recht des freien Pfründegenusses nach can.1472 angeführt; Pfründeauflagen seien nach gemeinem Recht nur zulässig bei der Verleihung der Pfründe zugunsten des abgehenden Pfarrers und nur bis zu einem Drittel des Pfründeeinkommens unter Vorbehalt der Sicherstellung der Congrua für den Pfarrer (can.1429). Vgl. ebd.

67 Siehe dazu *unten §9. Paderborn lit.e.*

68 Das in can.1429 normierte Rechtsinstitut ist als gemeinrechtliche Wurzel der Ruhestandsversorgung des Diözesanklerus anzusehen und wird in diesem Zusammenhang *unten §9. Paderborn bei Fnn.87-91* angesprochen.

69 Vgl. E. EICHMANN: Lehrbuch II 120.

sekration belasten (*imponere*)[70]. Die Regelung von 1918 sah die Auflage jedoch jeweils anläßlich von Ausschreiben bzw. Verleihung der Pfründe vor.

Ausgangspunkt für weitere Indulte der SCConc war die Forderung nach einem Ausgleich bezüglich einer größeren Anzahl von Pfarrern, die sogenannte Kompetenzen[71] hatten - "keineswegs vorwiegend solche auf den arbeitsreichsten Stellen" - und die vor dem Hintergrund der ständigen Preissteigerung ein Einkommen bezogen, das "weit über das Durchschnittseinkommen ihrer Kollegen" hinausging[72]. Der Erzbischof erhielt vom Apostolische Stuhl zunächst 1919 die Vollmacht, den Kompetenzpfarrern die Auflage zu machen, den Teil des Pfründeeinkommens, welcher die Congrua übersteigt, zu Gunsten allgemeiner Besoldungsmittel abzugeben, nämlich den 7000 Mk. übersteigenden Teil der Einkünfte zugunsten bedürftiger Priester einfordern zu dürfen, nachdem entsprechend der Forderung aus Rom die Dekane ihre Zustimmung in geschlossenen geheimen Voten eingesandt hatten; im Juni 1920 gewährte ein Indult die gleiche Vollmacht zur Abschöpfung der 9000 Mk. übersteigenden Beträge[73]. Auch hier sind die Gründe für die Erforderlichkeit der Indulte nicht erörtert[74]. Das Ordinariat schöpfte die gegebene Vollmacht nicht völlig aus, sondern beließ bei der Einforderung der überschießenden Beträge den Kompetenzpfarrern außer dem Einkommensanspruch nach dem Dienstalter noch ein Freiteil von 3000 Mk. und nahm auf persönliche Verhältnisse wie Krankheit usw. Rücksicht[75]. Die zuständige Kommission war in Vorbereitung der DiözSyn/1921 "einstimmig der Auffassung, daß die Kompetenzpfarrer in priesterlicher Solidarität willig die Auflage leisten sollten"[76]. Auf der Synode gab es in der Aussprache verschiedene Äußerungen zur Pfründeabgabe[77]. Neben Verfahrens- und Billigkeitsfragen[78] wird

---

70 Can.1506 CIC/1917:
"Aliud tributum in bonum dioecesis vel pro patrono imponere ecclesiis, beneficiis aliisque institutis ecclesiasticis, quanquam sibi subiectis, Ordinarius potest tantummodo in actu fundationis vel consecrationis; sed nullum imponi tributum potest super eleemosynis Missarum sive manualium sive fundatarum."

71 Kompetenzpfarreien bzw. -Seelsorgestellen sind Stellen von Geistlichen, deren Besoldung (=Kompetenz) auf Grund der Säkularisation direkt vom Staat aufzubringen war. Siehe E. HUBER; W. HUBER: Staat und Kirche IV 359 Fn.14.

72 Vgl. ebd.17: Referat Retzbach zu den Amtsrechten des Klerus mit dem Bericht über Arbeit und Ergebnisse der vorbereitenden Kommission.

73 Vgl. SCCONC.1919 und SCCONC.16.6.20. Zit. in: DIÖZ.SYN. [1921] ebd. sowie 14f: Vorlage A3a.

74 Siehe dazu *unten §9. Paderborn lit.e*. In der Diözese Paderborn war 1923 wie in mehreren anderen deutschen Diözesen unter direktem oder indirektem Hinweis auf can.1473 CIC/1973 ein Indult eingeholt worden.

75 Vgl. DIÖZ.SYN. ebd.17: Referat Retzbach. Außerdem werde der abgegebene Teil nicht als steuerbares Einkommen angerechnet. Vgl. ebd.19f: Aussprache.

76 Ebd.17: Referat Retzbach.

77 Vgl. ebd.18-20: Aussprache. Zur Pfründeabgabe v.a.19f.

besonders der staatspolitische Aspekt hervorgehoben: Bei den Protestanten fließe alles, auch die Kompetenzerhöhungen in eine allgemeine Zentralpfarrkasse; Regierung wie Parteien hätten die hohen Summen unter der Voraussetzung bewilligt, daß auch bei den katholischen Pfarrern ein billiger Ausgleich stattfinde und auch die Bewilligung neuer Staatsmittel in Karlsruhe würde davon abhängig gemacht werden, daß der katholische Klerus in der Kompetenzfrage Opfersinn zeige[79]. Anregungen, den Kompetenzpfarrern die Bezüge unter der Bedingung zu belassen, daß sie darüber "testamentarisch im kirchlichen Sinn verfügen" und eine Fassung, wonach sie einen "ihren Verhältnissen entsprechenden Teil" abzugeben hätten, tritt der Erzbischof selbst entgegen, "weil dann der ganze Effekt in Frage gestellt wäre und dies auch vor dem Landtag und in der Öffentlichkeit einen ungünstigen Eindruck machen würde"[80]. In der Abstimmung wird mit dem ganzen Abschnitt auch die Pfründeabgabe angenommen[81].

Der DiözSyn/1921 lagen zum Fragenkreis Pfründesystem und Besoldung außerdem drei Vorschläge zu Genuß und Verwaltung der Pfründe vor, nämlich Schaffung einer Zentralpfarrkasse, einer Pfründeverwaltungsgemeinschaft und die Abtretung der Pachtgüterverwaltung an die fünf Stiftungsverwaltungen[82]. Damit die Pfründeinhaber nicht gegen ihre strenge Pflicht zur treuhänderischen Verwaltung ihre Pachtgüter unverantwortlich billig abgeben, einigte sich die Kommission auf den "Beschluß, den Pfründeinhabern dringend zu empfehlen, die Verpachtung und den Einzug der Zinsen an die im Lande bestehenden Stiftungsverwaltungen gegen eine mäßige Gebühr abzutreten, wie es von einer gro-

---

78 Berichtet wird u.a. von folgenden Vorschlägen: die Abgabe nochmals in einer Kommission zu verhandeln oder in vertraulicher Sitzung der Kompetenzpfarrer durchzuberaten; "billige Rücksicht" auf besondere Verhältnisse des Pfarrers zu nehmen; die Steuerbehörde von der Einkommensminderung in Kenntnis zu setzen; die Kongrua - von jetzt 15000 Mk. - der neuen Teuerungswelle anzupassen; billigerweise Geistliche mit hohem Privatvermögen ebenfalls nach Verhältnis auf Zuschüsse verzichten zu lassen. Vgl. ebd.

79 "Bei den Protestanten fließen alle Kompetenzerhöhungen in die Zentralkasse; auch die katholischen Geistlichen sollten hier ein Beispiel der Selbstlosigkeit geben." "Der badische Staat zahle jetzt rund 8 Millionen Mark an Kompetenzen, wobei allerdings die Protestanten etwas günstiger abschneiden. Bei den letzteren falle alles in die allgemeine Zentralpfarrkasse, und Regierung wie Parteien hätten die hohen Summen unter der Voraussetzung bewilligt, daß auch bei den katholischen Pfarrern ein billiger Ausgleich stattfinde. Die Bewilligung neuer Staatsmittel in Karlsruhe wird auch davon abhängig gemacht werden, daß der katholische Klerus in der Kompetenzfrage Opfersinn zeige. Der Klerus muß in Bezug auf soziales Verständnis mit dem guten Beispiel vorangehen. Ich glaube, Ihnen verraten zu dürfen, daß die Herren, die an der Spitze stehen, solches ebenfalls tun." Ebd.

80 Ebd.

81 Vgl. ebd.20.

82 Vgl. DIÖZ.SYN. [1921] 15-17: Referat Retzbach.

ßen Zahl der Pfarrer schon seither geschehen ist"[83]. Hinsichtlich der Pfründeverwaltungsgemeinschaft im Sinne einer gemeinsamen Verwaltung aller Pachtgüter stehe eine obligatorische Durchführung mit dem kanonischen Recht in Widerspruch, würde auf der Grundlage der Freiwilligkeit aber wegen der Verweigerung mancher Pfarrer "jedenfalls ein glänzendes Fiasko erleben". Eine Zentralpfarrkasse, in der Genuß und Verwaltung der einzelnen Pfründen dem Inhaber entzogen wären, komme der Aufhebung des Pfründesystems gleich und stehe dadurch in schroffem Gegensatz zum kanonischen Recht, durch das dieses System aufs neue sanktioniert würde.

§5. Diözese Mainz

a) Abgabe zum Emeritenfonds

Zum sogenannten Emeritenfonds, einem mit Korporationsrechten versehenen, schon im 19. Jahrhundert bestehenden "Verein zur Unterstützung emeritierter Priester", leisten alle Geistlichen der Diözese jedenfalls schon 1908 Beiträge, die um 1940 bei der Gehaltszahlung einbehalten wurden[84]. Der Satz betrug 0,5% des Bruttogehaltes[85]. Für die Zeit danach waren keine veröffentlichten Regelungen feststellbar[86]. Denkbar wäre, daß die Erhebung solcher Abgaben im Hinblick auf die übliche durchgängige Kürzung der Gehälter zeitweilig unterlassen[87] oder frühzeitig auf die Diözesankasse übernommen[88] wurden.

b) Abgabe für die Diasporahilfe

Im Mainz kam es von vornherein nicht zu einer allgemeinen Beteiligung an der Priesterhilfe. Zu bedenken war dort, daß die gewohnte durchgängige Kürzung der Gehälter wie in Rottenburg eigentlich schon eine Steuer zugunsten der Diasporageistlichen des eigenen Bistums darstellte[89]. Das Ordinariat lehnte es wegen

---

[83] Ebd.16. Eine Einigung von Pfarrer und Pächter auf zu niedrige Zinsen, weil der Ausfall doch von der Allgemeinheit getragen werde, sei auch eine Ungerechtigtkeit gegen die Gesamtheit, die um so größere Steuersummen leisten muß, je weniger die Pachtgüter infolge der Geschenke an die Pächter abwerfen. Vgl. ebd.

[84] Vgl. M. ERZBERGER: Klerus 50f und W. SCHWICKERATH: Finanzwirtschaft 179.

[85] Vgl. Abl 75 (1933) 3. Zit. bei W. SCHWICKERATH: Finanzwirtschaft 273 mit Fn.692.

[86] Vgl. zu den herangezogenen Quellen Fn.1. Insg. werden in der Diözese Einzelheiten zu Besoldungsfragen wohl eher den Geistlichen direkt als im Abl mitgeteilt. Vgl. etwa GV. In: Abl 93 (1951) 102: Nr.206 Abs.1. Danach gibt der Leiter der Finanzkanzlei Einzelheiten zum neuen Besoldungstarif auf den DekanatsKonf bekannt.

[87] Ein ähnliches Argument wurde in Bezug auf die Diasporahilfe vorgebracht. Vgl. unten *lit.b a.Anf.*

[88] Vgl. etwa für die Beiträge zum Emeritenfonds *§28. Augsburg bei Fn.104.*

[89] Vgl. Jahresber.1927. In: PJH [1928] 39-45, 42 Fn.1.

verschiedener Schwierigkeiten (geringer Staatszuschuß, Diaspora, Besatzung) ab, die Abgabe pflichtmäßig zu machen, empfahl aber aufs wärmste karitative Beteiligung zu den vorgeschlagenen Sätzen von 10 bis 20 Mk[90]. Trotz der Hoffnungen der Diasporaausgleichskasse, nach deren Auffassung die Mainzer Besoldung noch als auskömmlich anzusehen - Meißen, Osnabrück und Hildesheim waren noch niedriger- und daher eine Abgabe des Mainzer Klerus nicht unbillig war[91], kam es, jedenfalls bis 1935[92], nicht zu einer allgemeinen Beteiligung. Schon 1929 hatte Paderborn wohl das angestrebte Ziel einer Abgabenleistung von einem vollen Prozent des Jahresgehaltes im gesamten Hinterland für die Diözese Mainz aufgegeben[93]. Nachdem die FuldPlenarKonf/1948 an die Richtlinie von 1947 erinnert hatte, wurde die Beitragspflicht aller Geistlichen der Diözese sowie auch jener Geistlichen anderer Diözesen, die im Auftrag der Diözese Mainz tätig sind zur Diasporapriesterhilfe (Priesterausgleichskasse) angeordnet[94] Ausgenommen von der Beitragspflicht sind nur die Ruhestandsgeistlichen[95]. Für Geistliche, die ihre Gehaltsbezüge von einer kirchlichen Stelle erhalten, behält die auszahlende Kasse den Beitrag zur Diasporahilfe ein, andere Geistliche führen ihren Beitrag halbjährlich ab[96]. Letztere werden wegen der Wichtigkeit der Sache nochmals eigens gebeten, den Betrag von 3% des Bruttogehaltes an die Diözesanhauptkasse zu überweisen[97]. Seitdem scheint die Beitragshöhe konstant geblieben zu sein[98].

c) Beiträge zur Versorgungskasse für die Hausangestellten bzw. zum Marthafonds

1926 errichtet das Bistum die Versorgungskasse (VersorgungsK) für die Hausangestellten der Diözese[99]. Im Anschluß an verschiedene Diözesen Deutschlands, wo in der Zeit davor Vereine zur Behebung der wirtschaftlichen Notlage ehemaliger Pfarrhausangestellten gegründet worden waren, hatte die Diözesansynode von 1926 die Sache eingehend beraten und einen Ausschuß eingesetzt, der die Satzungen aufstellte[100]; diese wurden vom Bischof vorläufig für drei

90 Vgl. ebd.
91 Vgl. Jahresber.1929. In: PJH [1930] 67-77, 73.
92 Vgl. Jahresber.1935. In: PJH [1936] 56-59, 59.
93 Vgl. ORD.GEN.VERS. In: Auszug aus dem Bericht [1929]. In: PJH [1929] 91-101, 99.
94 Vgl. GV. In: Abl 90 (1948) 44: Nr.86 Abs.2 Satz 1. Unerheblich ist, ob die Gehaltsbezüge von einer kirchlichen oder nicht-kirchlichen Stelle (z.B. Land, Stadt, Landkreis u.a.) geleistet werden. Vgl. ebd. Satz 2.
95 Vgl. ebd. Abs.2 Satz 3.
96 Vgl. ebd. Abs.3 Satz 1 und 3.
97 Vgl. GV. In: Abl 93 (1951) 77: Nr.142 Satz 3f.
98 Vgl. für den Stand 1973 A. KÖTTER: DiaspPriesterausgleichsK 10. Aus den seither erschienenen Amtsblättern ist keine Änderung ersichtlich.
99 Vgl. ORD.19.3.26. In: Abl 68 (1926) 24f. Abgedr. in: AfkKR 106 (1926) 230-235.
100 Vgl. DIÖZ.SYN. [1926] 22: [Verlaufsbericht].

Jahre genehmigt[101]. Die Versorgungskasse soll den durch den Tod ihres geistlichen Dienstherrn stellenlos gewordenen Hausangestellten ein Anrecht auf Unterstützung für die Zeit ihrer Stellenlosigkeit gewähren und ihnen für das Alter eine Versorgung durch eine Rente sichern; die als lückenhaft empfundenen staatlichen Versicherungsmöglichkeiten sollen ergänzt werden[102]. Ordentliches Mitglied der Kasse muß jeder Geistliche mit eigenem Haushalt werden, sofern er nicht in anderer Weise (z.B. durch Lebensversicherung) ausreichend für seine Hausangestellten Sorge getragen hat; die ordentlichen Mitglieder zahlen einen monatlichen Beitrag[103]. Allen ordentlichen Mitgliedern, die ihr Gehalt durch die Finanzkanzlei erhalten, wird der regelmäßige Beitrag vom Gehalt einbehalten und an die Kasse abgeliefert; die übrigen Mitglieder zahlen ihren Beitrag unmittelbar auf das Konto der VersorgungsK. Die Geistlichen ohne eigenen Haushalt werden dringend gebeten, als außerordentliche Mitglieder beizutreten; sie zahlen einen Bruchteil der ordentlichen Beitragssumme jährlich als Mindestbeitrag direkt an die VersorgungsK, der bei Übergang zum ordentlichen Mitglied angerechnet wird[104]. Die Kasse gewährt einen "Anspruch", ein "Anrecht" auf die Rente[105]. "Gibt eine Hausangestellte ihre Stellung auf, wird sie entlassen oder stirbt sie vor ihrem Dienstherrn, gehen die Ansprüche auf ihre Nachfolgerin über. Die Rechtsansprüche sind nicht gerichtlich einklagbar; bei Streitfällen entscheidet die Bischöfliche Behörde."[106] Beim Austritt aus der Kasse, der nur mit Zustimmung des Ordinariats geschehen kann und nur bei ausreichender anderweitiger Versorgung möglich ist, wird die Hälfte der eingezahlten Beiträge zinslos zurückvergütet[107].

Später gibt es den Marthafonds, in den Beiträge eingezahlt werden müssen[108]. Die DiözStat/1957, in denen die Beschlüsse der DiözSyn/1955 verarbeitet sind, betten den Fonds in folgende Normierung ein:

> "Es ist eine Gerechtigkeitspflicht der Geistlichen, ihrer Haushälterin und deren Gehilfin(nen) einen angemessenen Lohn zu geben und sie gegen Unfall, Krankheit und für Alter und Invalidität ausreichend zu versichern. Der Marthafonds, in den alle vom Bischöflichen Ordinariat bezahlten Geistlichen mit eigener Haushaltung den von jenem festgesetzten Beitrag entrichten müssen, ist nur eine zusätzliche Altersversorgung unter Ausschluß des

---

101 Vgl. ebd. vor §1.

102 Vgl. ebd. §1 nebst Erl.

103 Vgl. ebd. §§2f. Die Hausangestellten zahlen keinen Beitrag und dürfen auch von ihren Dienstherrn nicht dazu herangezogen werden. Vgl. ebd. §3.

104 Vgl. ebd. vor §1 und §§2f.

105 Vgl. ebd. §5.

106 Ebd. Satz 4f.

107 Vgl. ebd. a.E. Vgl. auch jeweils die Erläuterungen zu §5.

108 Vgl. nur die pauschal bestimmten Beiträge in: GV.1.12.52. In: Abl 94 (1952) 107: Nr.262 Abs.4.

bürgerlichen Rechtsweges. ..."[109] "Diese Pflicht zur Vorsorge gilt auch für die Haushälterinnen usw. im Verwandtschaftsverhältnis, die ohne Lohn tätig sein wollen."[110]

d) Regelungen, die alle "Pflichtabgaben" betreffen

Die Zurückhaltung von Ordinariat und Klerus bei der Einführung des Diasporabeitrags mag auch mit der bereits Mitte der zwanziger Jahre bestehenden Abgabenbelastung für Priesterseminar und VersorgungsK für die Haushälterinnen zusammenhängen. 1925 wird eine Abgabe für das Priesterseminar auferlegt, weil das Seminar durch die Geldentwertung sein ganzes (!) Vermögen verloren hat und so die wichtigste Anstalt der Diözese in bittere Not geraten ist[111]. Da auch die sonstigen Mittel (Unterstützung aus dem Haushalt laut Voranschlag des Diözesankirchenvorstands) nicht zur Deckung ausreichen, legt der Bischof auf Grund von can.1355 CIC den Geistlichen eine Abgabe auf, die einbehalten wird[112].

"Da die Gehalte nicht unbedeutend erhöht worden sind, so dürften diese Auflagen für das Seminar, dem die Diözesanpriester im höchsten Grade zum Dank verpflichtet sind, nicht als drückend empfunden werden."[113]

Frühzeitig setzt die Diözese anstelle der bisherigen Einkommensergänzung das System der Besoldungs-Bevorschussung mit Rückerstattungspflicht. Auch die - wohl alle - Pfründeinhaber erhalten wegen der Unzulänglichkeit oder des verspäteten Einganges der Pfründeeinnahmen ihr Gehalt von der Diözesanhauptkasse[114]. Die Reineinnahmen, d.h. die Einnahmen abzüglich der auf denselben ruhenden Lasten sind "zur Rückerstattung"[115] zu verwenden bzw. "als Gegenleistung ... abzuliefern"[116]. Ist die Ablieferung nicht bis zum bestimmten Termin erfolgt, kann, da die Finanzkanzlei auf den Eingang des Pfründeertrages dringend angewiesen ist, die Auszahlung des nächsten Gehaltes nicht erfolgen[117]. Damit ist auch die Möglichkeit des Gehaltsabzugs generell gegeben.

---

109 DIÖZ.STAT. [1957] 7: Art.8 Abs.2.

110 Ebd. 8: Abs.3.

111 Vgl. ORD.2.4.25. In: Abl 67 (1925) 16. Abgedr. in: AfkKR 105 (1925) 214f.: Abs.1 Satz 1f. Vgl. auch DIÖZ.SYN. [1926] 39: Beschl. [Das Priesterseminar] Ziff.1. Vgl. auch Abl 76 (1934) 37. Zit. bei W. SCHWICKERATH: Finanzwirtschaft 270 mit Fn.659.

112 Nämlich 2 Mk. (Kapläne) bzw. 3 Mk. (Pfarrer) monatlich, bei Geistlichen mit höherem Gehalt entsprechend höher. Vgl. ebd. Abs.1 Satz 3-5.

113 Ebd. Abs.3.

114 Vgl. DIÖZ.STAT. [1957] 153-161, 159f: Anhang XIII §26 und §29. Vgl. H. SCHMITZ: DiözKlerus 54f mit Fn.181, der u.a. einen Erlaß betr. Pfarrgehalt von 1944 zitiert.

115 Vgl. ebd. §26.

116 Vgl. ebd. §29 Abs.1. Das gilt auch für Fälle der Selbstbewirtschaftung von Weinbergen. Vgl. ebd. Abs.2.

117 Vgl. GV. In: Abl 91 (1949) 46f, 47: Nr.90 a.E.

§6. Diözese Rottenburg bzw. Rottenburg-Stuttgart

a) Beitrag zum Pensionsfonds

Das Pensionsstatut/1901 beinhaltete die Normen für Pensionierung der dienstuntüchtig gewordenen und für Stellvertretungskosten der durch Krankheit zeitweilig dienstuntauglichen Pfründegeistlichen[118]. Festgelegt wird die Pensionskongrua (*congrua sustentatio*), die der Pensionär nebst einer jährlichen Wohnungsentschädigung erhält[119], nicht aber (Pflicht-)Beiträge der Geistlichen. Vielmehr wird der "Pensionsfonds der katholischen Geistlichen" ausschließlich aus staatlichen Mitteln und dem Beitrag zum Interkalarfonds gebildet[120]. Von 1916 an sind für Geistliche für die Zeit ihrer Tätigkeit außerhalb des öffentlichen Kirchendienstes Jahresbeiträge von den Anstalten und Verbänden zu entrichten, denen die betreffenden Geistlichen ihre Dienste widmen, zwecks teilweiser Dekkung der Kosten, die dem Interkalarfonds durch die Einrechnung der betreffenden Dienstzeit in die pensionsberechtigte Dienstzeit entstehen; diesen Anstalten und Verbänden werden Geistliche nur zur Verfügung gestellt, wenn sie sich zuvor

---

118 BISCH.3.12.01. In: Vgl. Abl 8 (1901) Nr.17. Abgedr. in: AfkKR 83 (1903) 173-176: Abschn.I Ziff.1 Abs.1. Das Statut beruht noch ganz auf dem Pfründesystem: "Jeder Inhaber einer kirchlichen Pfründe-, Pfarr- oder Kaplaneistelle bischöflicher Collatur oder Königlichen oder Privatpatronats, welcher durch körperliche Gebrechen oder infolge Schwäche seiner leiblichen oder geistigen Kräfte oder wegen einer ohne Hoffnung auf Wiederherstellung andauernden Kränklichkeit zur Versehung seines Amtes unfähig geworden ist, kann auf sein Ansuchen in den Ruhestand versetzt werden. Ein Recht auf Versetzung in den Ruhestand steht übrigens einem solchen Geistlichen nicht zu. Andererseits kann aber auch kein Pfründner, ausser aufgrund des kanonischen Prozesses, gegen seien Willen von seiner Pfründestelle entfernt werden. Im Falle der bleibenden Versetzung in den Ruhestand hat ein Pfründner Anspruch auf einen lebenslänglichen Ruhegehalt (vergl. §74 der Verfassungsurkunde). Die Einweisung eines Pfründners in den Ruhestand und den Bezug eines festen Ruhegehalts ist bedingt durch dessen Resignation auf seine bisherige Pfründe. Letztere bedarf der endgültigen Bestätigung des Bischofs und, wenn es sich um eine Patronatspfründe handelt, überdies der vorausgehenden Zustimmung des Patrons." Ebd. Abschn.I Ziff.1.

119 Vgl. ebd. Ziffn.2-5.

120 Vgl. ebd. Abschn.II Ziff.3 letzter Abs. Falls der Pfründner zeitweilig durch Krankheit dienstunfähig wird, ist für die Versehung des Dienstes im Wege der Stellvertretung zu sorgen, durch Aushilfe seitens anderer ortsanwesender oder benachbarter Geistlichen oder durch Beigebung eines Vikars oder Bestellung eines Verwesers. Vgl. ebd. Ziff.1. Der Pfarrer oder Kaplan ist in den ersten 6 Monaten nicht verpflichtet, Beiträge zu den Stellvertretungskosten zu leisten, danach insoweit als dadurch nicht der Betrag des Ruhegehaltes angegriffen wird, den er im Fall seiner Pensionierung zur Zeit der abgelaufenen ersten 6 Krankheitsmonate anzusprechen hätte. Vgl. ebd. Ziff.2 Abs.1 Satz 1f. Ziff.2 stellt im übrigen weitere detaillierte Regelungen auf.

dem Ordinariat gegenüber zur Leistung der Jahresbeiträge an den Interkalarfonds schriftlich verpflichtet haben[121].

Zwischen 1908 und 1939 scheint es keine Beiträge der Geistlichen gegeben zu haben[122]. Als Abzüge, um die die Dienst- und Versorgungsbezüge gekürzt werden, nennt die diözesane Rechtssammlung Ordnung der kirchlichen Dienste/Stand 1960 (OKD/1960) außer dem Beitrag zur Wohlfahrts-Rentenkasse für Pfarrhaushälterinnen (RentenK) und der Priesterhilfe für die Diaspora noch Lohn- und Kirchenlohnsteuer, Beiträge zur Priesterkrankenkasse und "sonstige Abzüge", nicht aber Beiträge zur Pensionskasse[123].

b) Abgaben zur Priesterhilfe für die Diaspora

Nach anfänglichem Zögern - ähnlich wie in Mainz - lud das Ordinariat 1927 die Dekanate zur geschlossenen Beteiligung an der Priesterhilfe zu pauschalen Sätzen in vier Stufen (Domherren; gehobene und mittlere Pfarrer; kleine Pfarrer und Pensionäre; "unständige" Geistliche) ein[124]. So wurde 1928 etwa eine fast geschlossene Beteiligung (90% des Klerus) erreicht, wobei Einbehalt vom Gehalt erfolgte[125]. Dies wurde als besonders anerkennenswert gewertet, da der Rottenburger Klerus damit gewissermaßen eine doppelte Besteuerung auf sich nehme, weil die gewohnte durchgängige Kürzung der Gehälter wie in der Diözese Mainz eigentlich schon eine Steuer für die Diasporageistlichen des eigenen Bistums darstelle[126]. 1936 soll die Priesterhilfe in Rottenburg obligatorisch erklärt worden sein[127].

Zu den Beiträgen "herangezogen" wird der ganze Diözesanklerus ausgenommen diejenigen, die noch kein volles Jahr im Kirchendienst verwendet sind und die "Heimatlosenseelsorger", ebenso die Pensionäre, deren Ruhegehalt auf die Höhe des Tischtitels ergänzt wird[128]. Die Sätze sind als feste Beträge bestimmt, gestaffelt nach der Stellung des Pflichtigen[129]. Auch die Beitragspflichtigen können jedoch den Gehaltsabzug, der auch nach dem Krieg erfolgt[130], verhindern:

---

121 Vgl. BISCH.17.10.16. In: Abl Bd.VIII (1916/7) 253f. Abgedr. in: AfkKR 97 (1917) 102-104.

122 Vgl. M. ERZBERGER: Klerus und Gehaltsfrage 47 und W. SCHWICKERATH: Finanzwirtschaft 178, 272-274 und 397.

123 Vgl. OKD [Std.1960] 8./25: 8./ B IV.

124 Nämlich 40, 30, 20 und 12 RM. Vgl. Jahresber.1927. In: PJH [1928] 39-45, 41f. "Unständige" Geistliche sind etwa Kapläne.

125 Vgl. Jahresber.1928. In: PJH [1929] 30-41, 36.

126 Vgl. Jahresber.1927. In: PJH [1928] 39-45, 42 Fn.1.

127 So der Jahresber.1936. In: PJH [1937] 91-93, 92. Vgl. auch GEN.VERS. In: Protokoll [1938] 11, zit. bei: A. KÖTTER: DiaspPriesterausgleichsK 13. Doch scheint diese Sicht sich auf den durch Widerspruch des Geistlichen (siehe gleich) abwendbaren Einbehalt zu beziehen.

128 Vgl. ORD.4.11.47. In: Abl 54 (1947) 54: Nr.A9333 Abs.4.

129 Domkapitulare 30, Regens und Subregens des Priesterseminars sowie Dompräbendare 20, Inhaber gehobener und mittlerer Pfarreien 18, Inhaber kleinerer Pfarreien, Pensionäre

"Wir hoffen, daß sich unser Klerus auch dieses Jahr möglichst vollzählig am Liebeswerk für die notleidenden Diasporakonfratres beteilige und daß der Abzug der Beiträge keinem Anstand begegne. Die wenigen Herrn, welche im letzten Jahr die Entrichtung bzw. den Abzug der Beiträge abgelehnt haben, wollen ihre Äußerung bis spätestens 15. Nov. hierher senden. Andernfalls wird ihr Einverständnis mit dem Abzug angenommen."[131]

Ab 1949 werden die Beiträge erhöht[132]. Die Not der Geistlichen in der norddeutschen Diaspora sei so groß geworden, daß die Erhebung der Beiträge in der bisherigen Höhe und auf der Grundlage der Freiwilligkeit[133] nicht mehr länger verantwortet werden könne[134]. Auch hätten selbst die erhöhten Beiträge noch lange nicht die Höhe erreicht, wie sie die Fuldaer Bischofskonferenz (FuldBischKonf) bereits 1947 beschlossen hat[135]. Das Abzugsverfahren wird beibehalten, die Ablehnung von Entrichtung bzw. Abzug jedoch nicht mehr als Möglichkeit genannt[136]. Die Ausnahmen von der Beitragspflicht werden nicht mehr erwähnt, "Heimatlosenseelsorger" ausdrücklich dem Abzug unterworfen[137].

Weitere Erhöhungen werden erwogen oder realisiert. 1950 wird der niedrige Abzug wegen der besonderen Belastung der Geistlichen der Diözese durch das Siedlungswerk beibehalten[138], 1951 ebenso, diesmal angesichts der hohen monatlichen Beiträge für die RentenK der Pfarrhaushälterinnen[139]. Auch 1952 erfolgt keine Erhöhung[140]. Ab 1958 wird die Pauschsumme, die bisher nicht einmal 1% des Gehaltes ausmachte, in der Weise angehoben, daß an den Ge-

---

und Kapläne 10 und unständige Geistliche 6 RM. Vgl. ebd. Abs.1 Satz 2. Geistliche, die ihr Gehalt nicht von der DiözesanK beziehen, senden ihre Beiträge an die Bischöfliche Kanzlei: ständige Herren 20, Pensionäre 12, unständige 8 RM. Vgl. ebd. Abs.3.

130 Vgl. ebd. Abs.1 Satz 1: Abzug vom Dezembergehalt.

131 Ebd. Abs.2.

132 Vgl. ORD.21.4.49. In: Abl 56 (1949) 189: Nr.A4956.

133 Anstelle der Formulierung von der "Hoffnung" auf Beteiligung des Klerus am "Liebeswerk" heißt es jetzt: "Wir haben das Vertrauen zu unsererm Geistlichen, daß sie Verständnis aufbringen für die große Not ihrer Mitbrüder in der Diaspora und bereit sind, durch ihren Beitrag ihnen die so notwendige Hilfe zukommen zu lassen." Vgl. ebd. Abs.5.

134 Vgl. ebd. Abs.1 Satz 1.

135 Vgl. ebd. Abs.1 letzter Satz.

136 Vgl. ebd. Abs.2-4.

137 Vgl. ebd. Abs.2 a.E.

138 Vgl. ORD.21.4.50. In: Abl 57 (1950) 50: Nr.A6379 Abs.1 Satz 5.

139 Vgl. ORD.25.5.51. In: Abl. 58 (1951) 219: Nr.A7199 Abs.1 Satz 4.

140 Vgl. ORD.13.11.51. In: Abl 58 (1951) 284: Nr.A14598 Abs.2 Satz 1. Doch erfolgte der Gehaltsabzug jetzt monatlich. Vgl. ebd. Abs.1. Später heißt es dann zum Gehaltsabzug (in Monatsraten): "Diese Regelung wird auch immer mehr bei den von kirchlichen Anstalten besoldeten Geistlichen *Übung* [Hervorhebung nicht im Orginal]." ORD.16.5.55. In: Abl 62 (1955) 339: Nr.A5395 Abs.1 Satz 2.

hältern der Seelsorgegeistlichen 1% des Anfangsgehaltes als Beitrag in Abzug gebracht wird[141].

In der OKD/1960 wird die Verbindung zwischen Mitgliedschaft und Doppelpflicht im Bonifatiusverein im Hinblick auf die Priester konkretisiert:

> "Priester werden Mitglied des Bonifatiusvereins und genügen ihrer Gebetspflicht für den Verein dadurch, daß sie einmal im Jahre und zwar am besten am Tage des heiligen Bonifatius (5. Juni) das heilige Opfer für die Anliegen der Diaspora und für die Wohltäter des Vereins feiern. Ihren Mitgliedsbeitrag leisten die Priester durch die 'Priesterhilfe für die Diaspora' ... *oder* [!] in Form einer besonderen Spende (auch Übernahme) von Intentionen zugunsten des Bonifatiusvereins."[142]

Solange die Gehälter der Geistlichen der Diözese erheblich geringer waren als die in den norddeutschen Diözesen, konnte Rottenburg sich nicht entschließen, dem 3%-Beschluß der FuldBischKonf/1947 beizutreten[143]. Nun hatten die Gehälter in den letzten Jahren eine wesentliche Verbesserung erfahren und der Bonifatiusverein war erneut an alle Ordinarien mit der Bitte zur Durchführung des Bischofskonferenz-Beschlusses herangetreten[144]. Daher hat die Diözesansynode von 1960 (DiözSyn/1960) einhellig dem Antrag stattgegeben, es solle anstelle der seitherigen festen Beiträge eine Gehaltsabgabe von 3% treten[145] und für die Zeit ab 1961 verfügt:

> Die Verpflichtung jedes Priesters der Diözese zur Bezahlung eines monatlichen Beitrages von 3% des Grundgehaltes bzw. Ruhegehaltes per Abzug durch die ggf. gehaltzahlende Kasse der Bischöflichen Kanzlei bzw. die Überweisung an diese Kasse wird festgeschrieben. Bei Geistlichen, die nach anderen Besoldungsordnungen besoldet werden, ist für die Berechnung des Beitrages deren jeweiliges Grundgehalt ohne Ortszuschlag maßgebend; als Höchstbetrag wird von diesen Geistlichen ein Beitrag aus dem Endgrundgehalt bzw. Ruhegehalt unserer Besoldungsgruppe 7 erhoben[146].

Für die Zeit ab 1965 wird festgestellt, daß die Voraussetzungen für die Erhebung der 3%-Pflichtabgabe voll in Geltung bleiben und daher der ebengenannte Erlaß unverändert weitergilt[147]. Für 1973 wird von einem Beitragssatz in Höhe von 1% des Gehaltes berichtet[148].

---

141 Vgl. ORD.29.11.57. In: Abl 64 (1957) 313: Nr.A12168 Abs.1.

142 OKD [Grundwerk Std.1960] 7./5: 7./A V 2 Abs.2.

143 Vgl. ORD.30.11.60. In: Abl 60 (1953) 198: Nr.A11705 Ziff.1 Satz 1.

144 Vgl. ebd. Satz 3f.

145 Vgl. ebd. Satz 5f.

146 Vgl. ebd. Ziff.2 litt.a-c Satz 1.

147 Vgl. ORD.15.12.64. In: Abl 71 (1964) 246: Nr.A14653: Auch nach Einführung der neuen VIII. Besoldungstabelle/1965. Ein Zusammenhang mit dem Beschluß der FuldBischKonf vom Herbst 1965 (Vgl. *oben §3 bei Fn.72*) liegt wohl nicht vor.

148 A. KÖTTER: DiaspPriesterausgleichsK 10.

c) Beitrag zur (Wohlfahrts-) Rentenkasse der Pfarrhaushälterinnen

Vorläuferin der diözesanen Rentenkasse (RentenK) war die "Unterstützungskasse für Pfarrhausangestellte des Priestervereins St. Martinus", die den Angestellten von - beitragspflichtigen - Mitgliedern eine Rente, anderen Haushälterinnen caritative Betreuung zukommen ließ[149]. Die RentenK war mit den anderen des oberrheinischen Rechtskreises Vorbild für spätere Überlegungen[150].

Die Teilnehmer der DiözSyn/1950 haben der Gründung einer RentenK der Diözese geschlossen zugestimmt[151]. Damit wurde ein krisenfestes Gemeinschaftswerk geschaffen, da die monatlich eingehenden Gelder unverzüglich als Renten weitergeleitet werden[152]. Die Kasse ist eine Wohlfahrtseinrichtung des Ordinariates (Bistum) in Rottenburg[153] und bezweckt, den Haushälterinnen verstorbener Priester und den dienstunfähig bzw. stellenlos gewordenen Haushälterinnen der Priester der Diözese die Sorge für den Lebensunterhalt[154] bzw. die Altersversorgung zu erleichtern[155].

Jeder Priester der Diözese ist zur Leistung eines regelmäßigen Beitrags verpflichtet[156]. Soweit die Geistlichen ihre Bezüge von der Kasse der Bischöflichen Kanzlei erhalten, wird ihr Beitrag monatlich am Gehalt bzw. Ruhegehalt in Abzug gebracht; die übrigen Geistlichen überweisen monatlich dorthin[157]. Der Beitrag betrug zunächst 3% des jeweiligen Brutto-Bargehalts- bzw. Ruhegehalts[158], war aber nach der endgültigen Festlegung des für die Rentenzahlung nötigen Bedarfs und nach Ansammlung einer bescheidenen Rücklage auf den erforderlichen Hundertsatz gesenkt[159], nämlich ab 1953 von 3% auf 2,5%, wo er auch 1959 noch lag, gegenüber 4% vor und nach 1965[160]. Soweit Geistliche nach anderen

---

149 Vgl. BISCH.27.11.50. In: Abl 57 (1950) 124-126, 124: Nr.A16586 §7 Abs.33f. Der Beitrag betrug für den Pfarrer 12, für die Kapläne 10 RM. Vgl. Abl (1930) 183. Zit. bei W. SCHWICKERATH: Finanzwirtschaft 186 mit Fn.289.

150 Vgl. *unten §28. Augsburg Fn.124.*

151 Vgl. ORD.30.10.50. In: Abl 57 (1950) 108: Nr.A16586 Ziff.1 Satz 1.

152 Vgl. ebd. Ziff.2.

153 Vgl. BISCH.27.11.50. In: Abl 57 (1950) 125f, 125: Nr.A16586 §1 Abs.1.

154 Vgl. ebd. Abs.2 Satz 2.

155 Vgl. BISCH.24.11.66. In: Abl 73 (1966) 148-151, 148: Nr.A17117 §1 Abs.2 Satz 2.

156 Vgl. BISCH.27.11.50. In: Abl 57 (1950) 125f: Nr.A16586 §2 Abs.1 Satz 1. Auch das Ordinariat beteiligt sich durch Einsetzung einer entsprechenden Summe in den Haushaltsplan. Vgl. ebd. §3 Abs.7.

157 Vgl. ebd. §2 Abs.1 Satz 2f.

158 Vgl. ebd. §3 Abs.4 Satz 1.

159 Vgl. ebd. §3 Abs.5.

160 Vgl. für 1953 ORD.28.7.59. In: Abl 60 (1953) 53, zit. nach: Abl 66 (1959) 259/62, 259: Nr.A7129 Ziff.1 Satz 3. Vgl. für 1959 BISCH.28.7.59. In: Abl 66 (1959) 260-262, 260: Nr.A7129 [Satzung/1959] §2 Abs.3f. Vgl. für 1965 ORD.30.11.64 (in: Abl 71 [1964] 246: Nr.A16543 Abs.1) sowie BISCH.24.11.66. In: Abl 73 (1966) 148-151, 148: Nr.A17117 §2 Abs.4.

Gehaltsordnungen (GehaltsO) besoldet werden, ist für die Berechnung des Beitrages deren jeweiliges Gehalt maßgebend; als Höchstbetrag wird von diesen Geistlichen ein Beitrag aus dem Endgehalt bzw. Ruhegehalt der Pfarrer auf gehobenen Stellen erhoben[161]. Im Gegensatz zur Satzung/1950 berufen sich die Satzungen/1959 und /1966 für die Pflichtabgabe auf die DiözSyn/1950 und DiözSyn/1960:

> "Jeder Priester der Diözese Rottenburg ist durch Beschluß der Diözesansynode vom Oktober 1950 [und vom November 1960][162] zur Leistung eines regelmäßigen Beitrags verpflichtet."[163]

Da die Gemeinschaft der Geistlichen für die zusätzliche Versorgung der Haushälterinnen verstorbener Priester und der dienstunfähig gewordenen Haushälterinnen aufkommt, ist es ohne Bedeutung, ob der Geistliche einen eigenen Haushalt führt oder nicht[164].

Zur Rechtsnatur der Renten- und Beihilfe-Ansprüche wird bestimmt:

> "Die Rentenkasse gewährt den Pfarrhaushälterinnen für alle ab 1.1.1951 eintretenden Fälle zwar keinen Rechtsanspruch, aber einen vom Ordinariat verbürgten moralischen Anspruch. Berufung an das Ordinariat ist jederzeit möglich."[165]

Anläßlich von Verhandlungen mit dem Bundesaufsichtsamt für das Versicherungs- und Bausparwesen Berlin hat dieses die Forderung gestellt, sämtliche Bestimmungen der Satzung/1950, soweit sie sich auf Auszahlungen beziehen, auf Kann-Vorschriften umzustellen, ferner, Name und Vorschrift zur Rechtsnatur der Unterstützungen und Beihilfen entsprechend zu ändern[166]. Wäre die Diözese dieser Anregung nicht nachgekommen, hätte die RentenK der Bundesaufsicht unterstellt werden müssen, woran beide Teile nicht interessiert waren[167]. Die Satzung/1959 spricht von der Wohlfahrts-RentenK etc. und sagt über die Rechtsnatur der Leistungen:

> "Die Wohlfahrts-Rentenkasse gewährt keinen Rechtsanspruch auf Leistungen. Auch bei wiederholten Zahlungen können die Unterstützungsempfänger sich nicht auf Gewohnheitsrecht berufen. Bei der ersten Unterstützungszahlung

---

161 Vgl. BISCH.27.11.50. In: Abl 57 (1950) 125f, 125: Nr.A16586 §3 Abs.4 Satz 2. Das für die Beitragszahlung maßgebende Gehalt (ohne Wohnungsgeldzuschuß) teilen die nicht von der Kasse der Bischöflichen Kanzlei besoldeten Geistlichen dieser Kasse mit. Vgl. ebd. Satz 3.

162 So die Einfügung der Satzung/1966 in: BISCH.24.11.66. In: Abl 73 (1966) 148-151: Nr.A17117 §2 Abs.3.

163 BISCH.28.7.59. In: Abl 66 (1959) 260-262, 260: Nr.A7129 §2 Abs.3 Satz 1

164 Vgl. OKD 8./ B IV 2.

165 Vgl. BISCH.27.11.50. In: Abl 57 (1950) 124-126, 124: Nr.A16586 §6 Abs.31f.

166 Vgl. ORD.28.7.59. In: Abl 66 (1959) 259-262, 259: Nr.A7129 Ziff.3 Satz 2.

167 Vgl. ebd. Ziff.3 Satz 3.

hat die Empfängerin eine entsprechende Erklärung zu unterschreiben. Vom Bischöflichen Ordinariat wird aber ein moralischer Anspruch verbürgt."[168]
Da dieser Abschnitt, dessen Änderung der Angelpunkt der Satzungsänderung war, schon in der Satzung/1959 keinen Rechtsanspruch vorsah, andererseits die Übernahme des Satzes "Vom Bischöflichen Ordinariat wird aber ein moralischer Anspruch verbürgt." in die Satzung/1959 erreicht wurde, bestehe für die Beteiligten kein Grund zu irgendwelcher Befürchtung, auch wenn die Leistungsempfängerinnen die Erklärung über den Ausschluß eines Rechtsanspruchs unterschreiben müssen[169].

d) Regelungen, die alle "Pflichtabgaben" betreffen

1960 war der Übergang vom "Stelleneinkommenssystem" zur Gewährung eines einheitlichen Gehaltes insoweit abgeschlossen, als sämtliche Einkünfte der Pfründen zentral zur PfarrbesoldungsK fließen, die die Gehälter der Geistlichen nach einer festen GehaltsO ausbezahlt. Als Gründe für die Umstellung werden besonders die Errichtung vieler neuer Pfarreien ohne Grundbesitz und die Zahlung der Staatsleistungen nicht mehr an die einzelnen Pfarrstellen, sondern als Gesamtbetrag zentral an das Bistum[170]. Die Dienst- und Versorgungsbezüge[171] werden durch die Abzüge, zu denen auch der Beitrag zur Wohlfahrts-RentenK und die Priesterhilfe gehören, gekürzt[172]. Dasselbe gilt für sonstige Abzüge wie vereinnahmte Pfründeeinkommensteile und Rückzahlung von Gehaltsvorschüssen[173]. Von einer Abschöpfung von Mehrerträgen aus einzelnen Pfründen ist nicht die Rede.

---

168 BISCH.27.11.50. In: Ebd. §6 Abs.32. Die Erklärung lautet: "Ich erkenne an, daß die Leistungen, auch bei wiederholten Zahlungen, ohne Rechtsanspruch gewährt werden. Ich bin mit dieser Regelung einverstanden." ORD.28.7.59. In: Ebd. Ziff.4 a.E..

169 Vgl. ebd.

170 Vgl. OKD 8./2: 8./A I 2 mit weiteren Hinweisen.

171 Die BesoldungsO/1959 etwa wurde über die Dekane sämtlichen Kirchenstellen zugesandt. Vgl. OKD 8./21: 8./B I 1.

172 Vgl. OKD 8./25: 8./ B IV 2. und 3.

173 Vgl. ebd.5.

B. Diözesen des preußisch geprägten Rechtskreises

§7.

I. Regelungen, die alle Diözesen des preußisch geprägten Rechtskreises betreffen

a) Beitrag zur Ruhegehaltskasse

Bis zur Jahrhundertwende waren die Pensionsverhältnisse in sehr unterschiedlicher Weise geregelt, wobei es neben Vereinen auch diözesane Kassen und neben freiwilliger Mitgliedschaft auch Pflichtmitgliedschaft und neben freiwilligen auch Zwangsabgaben der Kleriker gab, bis die laufend wachsende Zahl der Ruhestandsgeistlichen und die immer wieder notwendig werdende Erhöhung der Pensionsbezüge eine grundsätzliche Neuregelung erforderlich machten[1].

Um der Fürsorge für das[2] Ruhegehalt der Geistlichen Rechnung zu tragen, sollten 1907 über die Pensionsordnungen in Österreich, Baden, Württemberg und Hessen Erkundigungen eingezogen werden[3]. Hinsichtlich des zu erwartenden Ruhegehaltsgesetzes für die katholischen Geistlichen wurde 1907 unter anderem als Grundsatz beschlossen, daß unter Ablehnung neuer Diözesansteuern zur Beschaffung der nötigen Mittel die Heranziehung der Geistlichen zu Beiträgen vorzuziehen ist.[4]

Im Zusammenhang mit dem einschlägigen preußischen Gesetz vom Mai 1909 hatten die Bischöfe zur einheitlichen Regelung der Ruhegehälter der katholischen Geistlichkeit der Diözesen Preußens unter Zustimmung der Staatsregierung 1909 "Grundzüge der Neuordnung des Pensionswesens" festgesetzt[5]. Um die Steuerkraft der Diözesanen tunlichst zu schonen, haben sich die preußischen (Erz-)

---

[1] Vgl. nur W. SCHWICKERATH: Finanzwirtschaft 172-175 und H. SCHMITZ: Diözesanklerus 33-37.

[2] Ältere Verlautbarungen, v.a. auch in Diözesen der oberrheinischen Kirchenprovinz, gebrauchen das Wort "Gehalt" als Maskulinum. Im folgenden wird - außer in wörtlichen Zitaten - die heute gebräuchliche neutrale Form benutzt.

[3] So zur Vorbereitung auf die nächste Konferenz E. GATZ: Akten III 52-57, 56: Ziff.21.

[4] Vgl. FULD.BISCH.KONF.21.8.07. In: Protokoll der Konf. v.20.-21.8.1904. In: E. GATZ: Akten III 100-104, 102: Ziff.V.

[5] Wiedergegeben in: GV.24.12.09. In: Abl Köln 50 (1910) 1-3, 1: Nr.2 vor Art.1. Anlaß der Regelung war das Gesetz vom 26. Mai 1909, wonach zu Beihilfen an die katholischen Diözesen zwecks Aufbringung der Ruhegehälter der Geistlichen ein jährlicher Staatszuschuß von 350 000 M. bereitgestellt wurde, unter der Voraussetzung, daß der Mehrbedarf für die Regelung des Ruhegehaltswesens aus kirchlichen Mitteln gedeckt wird. Vgl. ebd. Einen gewissen Übergang von der Altersversorgung nach dem reinen Pfründesystem bot folgende Regelung: "Einem durch Krankheit oder Alter dienstunfähigen Pfarrer kann der Ordinarius gestatten, sein Pfarrbenefizium zu behalten und einen Hilfsgeistlichen sich beiordnen zu lassen, für dessen Unterhalt und Besoldung in diesem Falle nach Bedürfnis ein jährlicher Zuschuß bis zu 1200 M. aus dem Pensionsfonds gewährt werden kann." Vgl. ebd. 2: Nr.2 Art.2. Dies entspricht der niedrigsten Stufe der Ruhegehaltssätze. Vgl. ebd. Art.1 Abs.1 lit.a.

Bischöfe verpflichtet, für die Ruhegehaltszwecke von ihren Diözesangeistlichen jährliche Beiträge in Stufen zu erheben, nämlich von jedem Geistlichen[6] mit einem Diensteinkommen unter 1800M. 1% von 1800-4000M. 1,5% und von mehr als 4000 M. 2%[7]. Die in einigen Diözesen bereits für die Ruhegehaltszwecke bestehenden Priestervereinigungen konnten fortbestehen; nur mußte die Beteiligung und Beitragszahlung nach vorstehender Abstufung für alle Diözesanpriester verbindlich sein[8]. Erst soweit der verbleibende Mehrbedarf an Ruhegehaltskosten nicht durch staatlichen Zuschuß gedeckt wurde, mußte er von jeder Diözese durch eine Diözesansteuer bis zu 2% aufgebracht werden, sobald das Bedürfnis eintritt[9].

Am 28.9.1909 hatte Fürstbischof Kopp von Breslau an den Papst über die Bestimmungen zur Neuordnung des Pensionswesens berichtet und schon unter dem 4.10.1909 dessen Einverständniserklärung gerade auch zur Abgabe des Diözesanklerus erhalten[10], die der preußische Episkopat dann auf der Fuldaer Bischofskonferenz vom August 1910 (FuldBischKonf/Aug.1910) zur Kenntnis nahm[11]. Das Generalvikariat in Köln sah sich durch irreführende Berichte veranlaßt festzustellen, daß die Grundzüge der von dem Preußischen Episkopat erlassenen neuen Pensionsordnung vom Apostolischen Stuhl genehmigt waren[12]. Möglicherweise hängt dies auch mit einer Entscheidung der SCConc zusammen, die auf Anfrage eines Pfarrers betreffend den diözesanen Pensionsverein geantwortet hatte, der Bittsteller möge sich den erzbischöflichen Anordnungen fügen[13].

In der Folge sind in allen preußischen Diözesen diözesane Pensions- oder Ruhegehaltskasse (RuhegehaltsK) eingerichtet worden, deren wesentlichste Einnahmen die Pflichtbeiträge der Geistlichen darstellten[14]. Die Beiträge zu der

---

6 Diejenigen Geistlichen, deren Altersversorgung durch ihre amtliche Stellung (Bischöfe und Domkapitel) oder durch ihre Anstellung mit Pensionsberechtigung anderweitig gesichert ist, sind nicht verpflichtet, Beiträge in die DiözesanruhegehaltsK zu leisten. Vgl. ebd. Art.5.

7 Vgl. ebd. Art.4 Abs. 1.

8 Vgl. ebd. Abs. 2 und als Beispiel die Kölner Regelung unten *§13. Köln Fn.322f.*

9 Vgl. ebd. Art.6 Abs.1. Gemeint ist wohl, wenn gegebene staatliche und kirchliche Zuschüsse (vgl. auch ebd. Art.3) und die Priesterbeiträge zusammen nicht ausreichen.

10 Vgl. FULD.BISCH.KONF.: Anlage zum Protokoll der Konf.v.23.-25.8.1910 betr. Kopp [Fürstbischof von Breslau] an Pius X. Johannesberg, 28. Sept. 1909. In: E. GATZ: Akten III 152. Ebd. auch die Anlage mit dem Antwortschreiben "Merry del Val an Kopp [.] Rom, 4. Oktober 1909 [.] Der Papst erklärt sich mit den Bestimmungen des preußischen Episkopats einverstanden."

11 Vgl. FULD.BISCH.KONF.25.8.10. In: Protokoll der Konf.v.23.-25.8.1910. In: E. GATZ: Akten III 138/145,144: Ziff.7.

12 Vgl. GV.30.6.10. In: Abl Köln 50 (1910) 81: Nr.116 Ziff.1.

13 Vgl. FULD.BISCH.KONF.: Anlage zum Protokoll der Konf.v.23.-25.8.1910 betr. Erklärung des Kölner Generalvikars v.30.6.1910. In: E. GATZ: Akten III 152.

14 Vgl. W. SCHWICKERATH: Finanzwirtschaft 175f, 272 und H. SCHMITZ: Diözesanklerus 37.

Kasse der Diözesanpensionsanstalt bzw. zur DiözesanruhegehaltsK und dergleichen sind als persönliche Abgaben bei der Berechnung des pfarrlichen Stelleneinkommens nicht zulässig[15].

b) Höhe und Modalitäten der Staatsleistungen

Im Bereich des preußischen Episkopats wurden die monatlichen staatlichen Bedürfniszuschüsse zur Pfarrbesoldung, die zunächst auf das persönliche Konto des Stelleninhabers überwiesen worden waren, ab 1926 direkt auf die Kirchengemeindekonten gesandt[16], sind aber seit 1931/2 von den staatlichen Regierungshauptkassen den einzelnen Diözesen in Monatsraten und von den Bischöflichen Behörden den Kirchengemeinden für ihre Pfarrer überwiesen worden[17]. Bis dahin mußten die Diözesanabgaben entweder von den Pfarrern an die BistumsK überwiesen werden, etwa vor Auszahlung des um die abgezogenen Diözesanabgaben verringerten Gehalts[18], oder gleich nach Erhalt der Staatszuschüsse. Eine Zeit-

---

15 Dies wurde etwa 1921 und 1929 festgestellt. Vgl. die Mitteilung des 1899 erstmals erlassenen und später jeweils den Zeitverhältnissen angepaßten staatlichen Aktes. In: Abl Münster 55 (1921)22. Abgedr. in: KLEYBOLDT: Sammlung [1925] 546-558: Nr.305 lit.a. Allgemeine Grundsätze über die Berechnung der Erträge des Stellenvermögens und der anderweitigen kirchlichen Einnahmen des Stelleninhabers gemäß Artikel 10 des Gesetzes vom 2. Juli 1998, betreffend das Diensteinkommen der katholischen Pfarrer. Die Berechnung ergab die dem Stelleninhaber seitens der Kirchengemeinde zu leistende Aufbesserung oder den der Kirchengemeinde zu bewilligenden staatlichen Pfarrbesoldungszuschuß. Vgl. auch GV.20.8.29. In: Abl Fulda 45 (1929) 72f, 72: Nr.129 Abs.3 Satz 2 mit dem Abdruck der Rundverfügung der Bischöflichen Behörden in Preußen, betr. Zulässigkeit von Abzügen vom pfarrlichen Stelleneinkommen, mit der die den Zeitverhältnissen angepaßten Grundsätze angegeben wurden und ebd. 73: Grundsätze Ziff.V. Vgl. zur Berechnung des Stelleneinkommens in Preußen zunächst jeweils für einen mehrjährigen Zeitraum, ab 1920 dann jährlich v.a. W. SCHWICKERATH: Finanzwirtschaft 161f.

16 Vgl. die Mitteilung des staatl. Aktes in Abl Breslau [1926] 46. Zit. nach W. SCHWICKERATH: Finanzwirtschaft 163 Fn.169. Die staatlichen Bedürfniszuschüsse zur Pfarrbesoldung sollten nicht den Pfarrern persönlich, sondern den leistungsunfähigen Kirchengemeinden als Beihilfen gegeben werden, damit diese ihre Pflicht zum Unterhalt des Pfarrers den Bestimmungen von PfarrbesoldungsG und PfarrbesoldungsO entsprechend erfüllen konnten. Vgl. die Mitteilung des staatl. Aktes in Abl Fulda 48 (1932) 54-56, 54: Nr.97 Abs.2.

17 Vgl. W. SCHWICKERATH: Finanzwirtschaft 163 mit Fn.169. Vgl. die Mitteilung des staatl. Aktes in Abl Fulda 48 (1932) 54-56, 54: Nr.97 Abs.1. Die Begründung für die Überweisung an die Kirchengemeinden statt an die Pfarrer persönlich galt nach wie vor. Vgl. ebd. Abs.2.

18 Die KirchenK (der Kirchengemeinde) zahlt das Gehalt aus. Der Pfarrer als Vorsitzender des Kirchenvorstandes zieht zunächst die Jahresbeiträge bzw. die Vorschüsse auf die Jahresbeiträge bei der Gehaltszahlung ab. Vgl. Abl Breslau [1923] 99: Nr.223 im Zusammenhang mit der Freiheit dieser und anderer Beiträge (DiaspAbgabe etc.) von der staatlichen Steuer. Die Verlautbarung zitiert den Erlaß des Reichsfinanzministers III.C.7992, der unter dem 26.7.1923 die Beiträge zur RuhegehaltsK und DiaspPriesterhilfe analog der Ruhrabgabe ab 1.9.1923 von

lang hat die auszahlende Staatskasse (Regierungshauptkasse) bei der Zuschußanweisung an die Pfarrer bzw. Kirchengemeinden die Diözesanabgaben abgezogen und direkt in einer Summe an das Bistum abgeführt, 1930 dies aber dann als untunlich bezeichnet, so daß die vollen Beträge des Staatszuschusses an die Kirchengemeinden[19] überwiesen wurden[20]. Nach der geschilderten Umstellung 1931/2 bestand dann die Möglichkeit einer direkten Verrechnung der Diözesanabgaben mit den Staatszuschüssen durch die bischöfliche Finanzverwaltung, also eines Gehaltsabzugs[21].

Einfluß auf die kirchlichen Gehaltsregelungen hatten naturgemäß auch die allgemeinen Gehaltskürzungen auf Grund der sogenannten Notverordnungen, allen voran die 1. Notverordnung[22]. Die staatlichen Kürzungen traten erst nach besonderen kirchlichen Verordnungen für die Pfarrbesoldung in Kraft[23]. Die Bischöflichen Behörden in Preußen bestimmten eine 6%ige Kürzung der Besoldungssätze

---

EinkommensSt und Lohnsteuerabzug freistellt und gibt dabei Hinweise bzw. Anweisung für die Umsetzung im kirchlichen Verwaltungsablauf.

Dann erst soll er von dem Rest des Gehaltes den Lohnsteuerabzug berechnen; würden diese Beiträge erst nach der Gehaltszahlung und dem Lohnsteuerabzug entrichtet, so könnte ihrer Freiheit von der EinkommensSt gegebenenfalls nur erst später im Veranlagungsverfahren durchgesetzt werden.

19 Vgl. zur Rolle der Kirchengemeinde die vorangegangene Fn.

20 Das Zusammenspiel von Staatszuschuß und KirchenSt führte zu Überlegungen zu einem innerdiözesanen Finanzausgleich. Der Reichsminister für Wissenschaft, Erziehung und Volksbildung wollte die staatlichen Besoldungszuschüsse etwa in dem Maß kürzen als die Kirchensteuer wegen des allgemeinen Steigens der EinkommenSt im Rechnungsjahr Mehreinnahmen über den Haushaltsansatz von 1934 hinaus erbringt. Das GV bemerkte dazu: "Die im Rechnungsjahr 1935 zu erwartende Erhöhung des Ertrages der Kirchensteuer wird sich nicht gleichmäßig auf die einzelnen Kirchengemeinden verteilen; es werden vielmehr Gemeinden, die Pfarrbesoldungszuschüsse beziehen, an der Erhöhung keinen Anteil haben, während zuschußfreie, also leistungsfähige Gemeinden, bei der Kirchensteuer günstiger abschneiden werden. Der Minister regt an, das jetzige System lokaler Aufbringung der Pfarrbesoldungslast durch ein zentralgeregeltes zu ersetzen, das einen finanziellen Ausgleich zwischen leistungsfähigen und nicht leistungsfähigen Kirchengemeinden gewährleistet. Es ist zu erwarten, daß dieserhalb die Ordinariate miteinander in Verbindung treten werden." Vgl. ORD.22.12.34. In: Abl Ermland 66 (1934) 6f: Nr.13 Abs.1 und 3. Vgl. auch die Mitteilung des Schr. des Reichs- und Preußischen Ministers für Wissenschaft etc. und Finanzministers an die Erzbischöfe und Bischöfe vom 8.3.35. In: Abl Ermland 67 (1935) 46: Nr.71.

21 So sollten nach 1932 rückständige DiözSt sowie sonstige Zahlungsverpflichtungen an die BistumsK nach vorangegangener Mahnung unter Angabe des Abzuges verrechnet werden. Vgl. GV. In: Abl Fulda 48 (1932) 54-56, 54: Nr.97 Abs.4 Satz 1. Unter "sonstige Zahlungsverpflichtungen" können auch DiözAbgaben wie zur RuhegehaltsK und zur Priesterhilfe gefallen sein, wenn auch Beitragsschuldner der Geistliche, nicht die Kirchengemeinde war.

22 Vgl. VO des Reichspräsidenten zur Sicherung von Wirtschaft und Finanzen v. 1.12.1930. In: RGBl I 517.

23 Vgl. W. SCHWICKERATH: Finanzwirtschaft 152 Fn.131.

nach Maßgabe der Verordnung (VO) des Reichspräsidenten zur Sicherung von Wirtschaft und Finanzen (1. Notverordnung)[24]. Die bischöfliche Kürzung bezog sich direkt auf die Sätze der Pfarrbesoldungsordnung von 1928 (PfBO/1928), also auf aktive Pfarrer und Ruhestandsgeistliche, doch ermäßigten sich entsprechend die Sätze der Hilfsgeistlichenbesoldungsordnung (HilfsgeistlichenBO), die auf der PfBO beruhten[25]. Es war "selbstverständlich", daß nicht nur die Bezüge der Geistlichen in staatszuschußbedürftigen Pfarrgemeinden, sondern auch die aller Geistlichen in staatszuschußfreien Gemeinden gekürzt wurden[26]. Insgesamt brachten die staatlichen Notverordnungskürzungen von 1931 und 1932 eine allgemeine Gehaltssenkung um 21%[27]. Die Kürzung der Dienstbezüge nach der 2. und 3. Notverordnung, die für die Staats- und Gemeindebediensteten, nicht aber auch für die Pfarr- und Hilfsgeistlichenbesoldung bereits im Jahre 1940 in Wegfall gekommen war, wurde 1948 auch für die Priester aufgehoben, so daß danach noch die 6%ige Kürzung nach der 1. Notverordnung bestehen blieb[28]. Bei der Aufhebung konnten die Kürzungen insofern eine Wirkung entfalten, als Abgaben bei dieser Gelegenheit leichter eingeführt oder erhöht werden konnten[29].

c) Pfründinhaber als Schuldner der Mehrertragsabschöpfung

Die Verwaltung der Einkünfte des Benefiziums bzw. des Stellenvermögens obliegt dem Inhaber, nur die Verwaltung der Substanz ist Sache des Kirchenvorstands[30]. Der Genuß der Pfründerträge gehört nämlich für den Benefiziaten als "Kirchendiener" im Sinne des preußischen Vermögensverwaltungsgesetzes von 1924 (PrVVG/1924) zu den Rechten an den "zu ihrer Besoldung bestimmten Vermögensstücken", die durch die Verwaltungsbefugnis des Kirchenvorstands

24 Vgl. namens der Bisch Behörden in Preußen EB.v.BRESLAU.10.1.31. In: Abl Breslau [1931] 7f,8: Nr.4 Ziff.1 Abs.1f. Zu den folgenden Notverordnungen und ihrer Umsetzung durch die Bisch Behörden in Preußen vgl. etwa namens der Bischöflichen Behörden EB.v.BRESLAU.17.12.31. In: Abl Fulda 47 (1931) 2f: Nr.4. Vgl. auch den Kölner Erlaß. Abgedr. in: CORSTEN: Sammlung [1935] 18-21.

25 Die Ordnung der Dienst- und Versorgungsbezüge für Pfarrer der katholischen Diözesen in Preußen vom 24.8.1928 regelt u.a. die Besoldungssätze für aktive Pfarrer und Ruhestandsgeistliche. Vgl. ebd.

26 So jedenfalls in Breslau. Vgl. ebd. Ziff.7.

27 Vgl. W. SCHWICKERATH: Finanzwirtschaft 152. Außerdem setzte der preußische Staat die der katholischen Kirche zur Verfügung gestellte Gesamtrente so herab, daß etwa 1932 ein ungedeckter Rest von 25% blieb, was die Diözesen zu einer internen Diözesankürzung der Gehälter - jedenfalls derjenigen der Pfarrer - um 25% zwang. Vgl. ebd.

28 So jedenfalls in Fulda, wobei fraglich ist, ob das nur für den preußischen oder auch für den thüringischen Teil gilt. Vgl. Abl Fulda 64 (1948) 44f, 44: Nr.80 Satz 1f.

29 Vgl. etwa die Anhebung der DiaspAbgabe gelegentlich des Wegfalls der 6%igen Gehaltskürzung 1949. Siehe *§13. Köln Fn.352.*

30 Vgl. nur DIÖZ.STAT. AACHEN [1959] 329: Art.684 §1.

Vermögensstücken", die durch die Verwaltungsbefugnis des Kirchenvorstands nicht berührt werden[31]. Demnach ist bei einer Abgabe, die der Bischof dem Pfründinhaber von den Erträgen der Pfründe auferlegt, auch nach dem PrVVG von 1924 der Pfründner, nicht die Kirchengemeinde, Schuldner der Abgabe.

d) Versagung des Anspruchs auf Zahlung des vollen Gehalts

Seit der PfBO/1928, auch noch in der PfBO/1960, die teilweise heute noch gilt, versagten die Bischöfe einen Anspruch auf Zahlung des vollen Gehalts und legten die Möglichkeit einer Gehaltskürzung um bis zu 20% fest, weil die Staatsleistungen für die Pfarrerbesoldung nicht als dauernde und feste Dotation gewährt wurden[32]. Von der Versagung ist das Recht aufgrund des Weihetitels nicht betroffen[33]. Beides gilt auch für die Ruhestandsgeistlichen[34].

---

[31] Gesetz über die Verwaltung des katholischen Kirchenvermögens vom 24.7.1924 (PrGS [1924] 585ff, zuletzt geändert durch Gesetz v.3.4.1992 (GVbl. NRW [1992] 124f) §1 Abs.3. Zit. nach H. EMSBACH: Kirchenvorstand 121-126, 121.

[32] Vgl. PfBO/1928 Abschn.IV/3. Abgedr. bei CORSTEN I 853-856. Vgl. dazu W. SCHWICKERATH: Finanzwirtschaft 154, 158, 176 und H. SCHMITZ: Diözesanklerus 25.

[33] Vgl. W. SCHWICKERATH: ebd.

[34] Vgl. Abl Trier 82 (1929) 32. Zit. bei W. SCHWICKERATH: Finanzwirtschaft176 mit Fn.221. Vgl. weiter Abl Paderborn 72 (1929) 12. Zit. bei J. WENNER: Vermögensrecht 121f.: §34 Ziff.IV Abs.1 a.E.: Danach besteht in der Erzdiözese Paderborn kein Anspruch auf Zahlung des vollen Ruhegehalts nach der BesoldungsO, sondern nur Anspruch auf Verpflegung im Seminar.

II. Diözesanrecht (§§.8-17)[35]

§8. Diözese Osnabrück und Norddeutsche Missionen bzw. Erzdiözese Hamburg[36]

a) Beitrag zur Ruhegehaltskasse

Zur Zahlung von Beiträgen an die Diözesanruhegehaltskasse (RuhegehaltsK) sind die in der Diözese inkardinierten Geistlichen verpflichtet[37]. Die Festsetzung der Beiträge erfolgt gestaffelt zum ersten für alle Geistlichen mit Gehältern in Höhe des Pfarrgehaltes, zum zweiten für Diasporapfarrer und Kuraten und zum dritten für Hilfsgeistliche[38]. Ab April 1959 sind die Beiträge erhöht, gestaffelt erstens für Geistliche mit Gehältern in Höhe des Pfarrgehaltes, zweitens für Kuraten und Hilfsgeistliche mit eigenem Haushalt und drittens für Hilfsgeistliche

---

35 Für die Reihenfolge der Diözesen in der Darstellung innerhalb des preußisch geprägten Rechtskreises haben sich keine Gemeinsamkeiten der Kirchenprovinzen gefunden. Die Regelung der RuhegehaltsK ist - abgesehen von Details - einheitlich. Doch ergibt sich eine sachliche Begründung in etwa aus der Entwicklung der Diasporahilfe, wonach zuerst die innerdiözesane Hilfe in Diaspora- bzw. Zuschußdiözesen (*§§8/11. Osnabrück, Paderborn, Fulda, Hildesheim*) und dann die interdiözesane Hilfe der Hinterlands- bzw. Zuschußdiözesen (*§§12-16. Münster, Köln, Aachen, Essen, Trier*) entstand. Eine Mittelstellung zwischen Zuschuß- und Überschußdiözesen nehmen Limburg und Breslau ein, wobei Breslau mit den anderen ehemals deutschen Jurisdiktionsbezirken im anschließenden Exkurs (vgl. unten *III. §§18/20*) behandelt wird. Berlin ist mit den anderen Diözesen der ehemaligen BerlBischKonf dargestellt. Vgl. auch *unten §18. Breslau Fn.1 und §21. Berlin Fn.1.*

36 Die Norddeutschen Missionen, zu denen auch das Gebiet des späteren Bischöflichen Amtes Schwerin gehört (siehe *unten §26. Bischöfliches Amt Schwerin und Erzbistum Hamburg*), wurden seit 1869 vom (Weih-) Bischof von Osnabrück in Personalunion mitverwaltet und in Vollzug des Preußischen Konkordats der Diözese Osnabrück auch für ständig (*perpetuo*) verbunden. Vgl. H. SCHMITZ: Jurisdiktionsbezirke 251mit Fn.60.

37 Vgl. GV.13.11.46. In: Abl 62 (1947) 126f, 126: Art.153 Abs.1 und 2. Vgl. auch die ebd. in Bezug genommene RuhegehaltsO vom 26.11.1922 Ziff.5 und 7. In: Abl 38 (1922) 150f: Art.200. Zunächst sind die Flüchtlingsgeistlichen noch nicht beitragspflichtig. Vgl. GV.13.11.46. ebd. Auf eigenen Wunsch konnten die heimatvertriebenen Geistlichen, die im Auftrag des Bischofs in der Seelsorge der Diözese derzeit tätig waren, 1951 Mitglieder der RuhegehaltsK werden (vgl. GV.19.5.51 in: 67 [1951] 251: Art.295), aber eventuell auch noch später (vgl. GV.30.9.59. In: Abl 75 [1959] 275: Art.449 Ziff.IV Satz 3). Geistliche, die keinen Anspruch auf Versorgungsbezüge aus der RuhegehaltsK haben, sind von der Beitragsentrichtung ausgenommen. Vgl. ebd. Satz 2.

38 Nämlich in den drei Stufen 120, 60 und 36 RM. Vgl. Abl 54 (1938) 115. Zit. bei W. SCHWICKERATH: Finanzwirtschaft 273 mit Fn.690. Vgl. die Regelung für das Rechnungsjahr 1947 GV.6.8.47. In: Abl 63 (1947) 246f, 246: Art.279 Abs.1. Die Festsetzung erfolgt gemäß der ebd. in Bezug genommenen RuhegehaltsO für Pfarrer v.1.2.1923 (in: Abl [1923] 150f: Art.200 Ziffn.3f) und der GehaltsO für DiaspGeistliche v.25.11.1930. In: Abl 46 (1930) 138f: Art.133. Die Beitragshöhe bleibt nach der Währungsumstellung 1:1 in DM bestehen. Vgl. GV.4.9.48. In: Abl 64 (1948) 122: Art.115 Abs.1.

ohne eigenen Haushalt[39]. Diejenigen Geistlichen, die nicht von der Diözese bzw. Diasporabesoldungskasse (DiasporabesoldungsK) besoldet werden (Religionslehrer an Berufsschulen u.a.) zahlen 1% ihres Bruttoeinkommens[40].

Von den für Pfarrer und ihnen gleich Besoldete festgesetzten Beträgen ist aus der Kirchenkasse (KirchenK) bzw. aus der zur Zahlung des Gehaltes verpflichteten Kasse die eine Hälfte zu entrichten, während von den für Diasporapfarrer, Kuraten und Hilfsgeistliche festgesetzten Beträgen von der das Gehalt zahlenden Kasse zwei Drittel aufzubringen sind (Beitragsanteil der KirchenK)[41].

Leistung bzw. Einbehalt der Beiträge regelt sich wie folgt: Da die GeneralvikariatsK bei der Überweisung der staatlichen Gehaltszuschüsse an die Pfarrer monatlich für die RuhegehaltsK einbehält, haben diese Pfarrer dafür zu sorgen, daß die KirchenK den KirchenK-Beitragsanteil an die GeneralvikariatsK überweist[42]. Die übrigen Geistlichen haben sowohl ihren persönlichen Beitragsanteil einzusenden als auch die Quoten, die auf die Kirchen- bzw. auf die sonstige zur Gehaltszahlung verpflichtete Kasse entfallen[43]. Soweit die Zahlungen bis zum festgesetzten Termin nicht erfolgt sind, nimmt das Generalvikariat an, "daß die Einziehung durch Postnachnahme erwünscht ist"[44]. Später ist dann bestimmt, daß alle Kirchenkassenanteile der Seelsorgegeistlichen bei der Etat- bzw. Seelsorgebedürfnisnachweis-Berechnung von der Bistumskasse (BistumsK) einbehalten werden; demgemäß müssen die Seelsorger (allein) darauf achten, daß ihr persönlicher Beitrag zur RuhegehaltsK entrichtet wird; nur bei den Pfarrern, die von der BistumsK monatlich direkt Gehalt oder Gehaltszuschüsse erhalten, wird auch der persönliche Beitrag einbehalten[45].

b) Beitrag zur Diasporabesoldungs- bzw. (Priester-) Ausgleichskasse

Die Diasporadiözese, mit der zu dieser Zeit das Missionsgebiet durch Personalunion verbunden war[46], hat als erste die innerdiözesane Ausgleichsabgabe vom "Normalgehalt" eingeführt, noch nicht bei der Diözesansynode von 1920 (DiözSyn/1920), aber bei der Diözesankonferenz/1921:

> "Da staatliche Hilfe rechtlich nicht begründet und gefordert werden konnte, blieb nichts übrig, als den Weg kirchlicher Selbsthilfe zu beschreiten. ... Das Bild, das die Urkirche bot, als die Gemeinden Fasttage anordneten, um das al-

---

39 Nämlich in den drei Stufen 180, 90 und 54 DM. Vgl. GV.30.9.59. In: Abl 75 (1959) 275: Art.449 Ziffn.I/III. Zur selben Staffelung mit erhöhten Gebühren vgl. GV.5.1.65. In: Abl 81 (1965) 282: Art.278 Ziffn.I-III.

40 Vgl. GV.30.9.59. In: Abl 75 (1959) 275: Art.449 Ziff.IV Satz 1.

41 Vgl. ebd. Ziffn.I-III und GV.6.8.47. In: Abl 63 (1947) 246f, 246: Art.279 Abs.2.

42 Vgl. ebd. Abs.3.

43 Vgl. ebd. Abs.4.

44 Ebd. Abs.6.

45 Vgl. GV.30.9.59. In: Abl 75 (1959) 275f: Art.449 Ziff.V.

46 Dazu und zur späteren Verbindung auch für ständig siehe *oben vor lit.a Fn.2*.

so Ersparte ärmeren Gemeinden zuwenden zu können, erneuerte sich. Mit einer die gesamte Priesterschaft fortreißenden Begeisterung beschloß die Diözesankonferenz des Jahres 1921 eine Abgabe, welche von den normal besoldeten Pfarrern mit 5% ihres Einkommens für die darbenden Missionsgeistlichen geleistet werden sollte."[47]

Trotz des Berliner KonfBeschlusses/Dezember1929 glaubte Osnabrück, "ohne Ausübung behördlichen Drucks" auskommen zu können und holte daher kein Indult als Ermächtigung für eine pflichtmäßige Abgabe bei der SCConc ein[48]. Osnabrück machte mit der rein karitativen Beteiligung offenbar bessere Erfahrungen; gaben doch die preußischen Pfarrer freiwillig 300 M. - das sind volle 5% ihres Gehaltes[49] und dies weiter trotz Kürzungen und Ausfällen Anfang der 30er Jahre[50].

In Ausführung der Richtlinie der Fuldaer Bischofskonferenz von 1947 (FuldBischKonf/1947) wurde 1948 angeordnet: Beitragspflichtig zur Diasporapriesterhilfe (Priesterausgleichskasse [PriesterausgleichsK]) sind alle Geistlichen der Diözese sowie jene Geistliche anderer Diözesen, die im Auftrag des Bischofs tätig sind mit Ausnahme der Ruhestandsgeistlichen[51]. Die Beitragshöhe liegt bei 25 DM monatlich für Pfarrer und alle Geistlichen mit Pfarrgehalt, bei 3% des Bruttogehaltes für alle anderen Geistlichen[52].

Auf der DiözKonf/1949 drängte man zur Durchführung der Verfügung von 1948 mit größter Gewissenhaftigkeit: Es müßten

> " ... alle Priester es ... als ihre Ehren- und Liebespflicht ansehen, selbst ein Opfer für die Diaspora und die heimatberaubten Mitbrüder zu bringen und darum restlos die Abgabe von 3% ihres Bruttogehaltes an die Diasporabesoldungskasse abführen. Leider ist das bisher nicht von allen geschehen. S. Exzellenz, die Domkapitulare, Pfarrer und Studienräte zahlen seit vielen Jahren bereits 5% ihres Gehaltes. Mögen nun auch sämtliche übrigen Kleriker ihr pflichtmäßiges Opfer von 3% regelmäßig und pünktlich überweisen."[53]

---

47 BECKSCHÄFER: Die finanzielle Lage und die Gehaltsverhältnisse der Geistlichen in der mit der Diözese Osnabrück verbundenen Diaspora. In: PJH [1928] 32-36, 35f.

48 Vgl. GEN.VERS. In: Protokoll [1929] 14. Zit. nach: A. KÖTTER: DiaspPriesterausgleichsK 12.

49 Vgl. Jahresber.1931. In: PJH [1932] 78-83, 81.

50 Vgl. Jahresber.1932. In: PJH [1933] 18-22, 20.

51 Vgl. GV.15.9.48. In: Abl 64 (1948) 126: Art.123 Abs.2. Es ist daher unerheblich, ob die Gehaltsbezüge von einer kirchlichen oder einer nicht-kirchlichen Stelle (z.B. Land, Stadt, Landkreis u.a.) geleistet werden. Vgl. ebd.

52 Vgl. ebd. Abs.3.

53 DiözKonf [1949] 40-46, 46. Die Konferenz erörterte bei den finanziellen Fragen v.a. das Thema Währungsreform und DiaspNot (Besoldung der Diaspora- und heimatvertriebenen Priester in der Diözese). Vgl. ebd.40-46. Vor der Währungsreform konnte den Geistlichen ohne Schwierigkeit das volle Gehalt gezahlt werden, da das DiaspKomm die von der Diözese Osnabrück ausgelegten Mittel restlos vergütete. Vgl. ebd.44. Nach der Währungsreform war

Auf der DiözSyn/1950 wurde einmütig beschlossen:

"Damit den Diasporapriestern und den Flüchtlingsgeistlichen das Gehalt gezahlt werden kann, ist es Pflicht eines jeden Geistlichen (mit Ausnahme der Ruhestandsgeistlichen) 5 Prozent seines Bruttogehaltes an die Ausgleichskasse in Osnabrück abzuführen."[54]

Der Beschluß tritt mit dem 1.1.1951 in Kraft, und von da an soll (auch) den Geistlichen der Seelsorgestellen, die nach 1945 lediglich zur Betreuung der heimatvertriebenen Priester neu eingesetzt worden sind, das volle Bruttogehalt aus der DiasporabesoldungsK gezahlt werden[55]. Entsprechend dem Wunsch der päpstlichen Beauftragten für die Seelsorge der Heimatvertriebenen, erstreckt der Bischof ab Januar 1951 die diözesane BesoldungsO auch auf Heimatvertriebene sowie bei der Gelegenheit auf Ordenspriester[56]. In Durchführung der DiözSyn/1950 werden allen Geistlichen, auch den Hilfsgeistlichen, Kuraten, Missionspfarrern sowie den heimatvertriebenen Geistlichen bei den monatlichen Gehaltsüberweisungen aus der DiasporabesoldungsK 5% des ganzen Bruttogehaltes für die Ausgleichskasse (AusgleichsK) in Abzug gebracht, auch wenn ein Teil des Gehaltes aus der KirchenK[57] gezahlt wird[58]. Einzelheiten der Durchführung des Synodenbeschlusses von 1950 über die Beiträge an die AusgleichsK in Osnabrück werden klarstellend 1952 unter der Überschrift "Beiträge zur Diasporabe-

---

der Notstand der Diaspora so verschärft, daß die einzelnen Gemeinden mehr als bisher zur Aufbringung der Gehälter ihrer Geistlichen herangezogen werden mußten, nämlich von jeder Seele ein Kirchgeld von 1,- DM p.a.; die Vertreter der westdeutschen DiaspDiözesen hatten am 13.10.1948 einmütig den Beschluß gefaßt, nach dem Vorgang von Osnabrück das Kirchgeld wie im Text geschildert zu erheben. Vgl. ebd.45. In der Diözese Osnabrück wurde auf Grund von Fragebögen, ausgefüllt von den Geistlichen, das örtliche Stelleneinkommen und die Gehaltszuschüsse, die die DiaspBesoldungsK aufzubringen hat, neuerrechnet. Vgl. ebd.

54 DIÖZ.SYN. [1950] 154: Kap.IV. [Sorge für die Diaspora und die Missionen] A. [Hilfe für die Diaspora] Dekr.3 Satz 1, in Bezug genommen etwa in: GV.28.11.50 (in: Abl 66 [1950] 146f, 147: Art.197 Ziff.IV Abs.1 Satz 1) und in GV.7.3.1952. In: Abl 68 (1952) 44: Art.49 Abs.1.

55 Vgl. GV.28.11.50. In: Abl 66 (1950) 146f, 147: Art.197 Ziffn.III Abs.1 und IV Abs.1 Satz 2.

56 Vgl. ebd. Ziff.I. 1947 wurde die Besoldung der Flüchtlingsgeistlichen an die diözesane BesoldungsO angepaßt. Vgl. *§3. Bonifatiusverein etc. Fn.67.*

57 Vgl. zu Gehaltsbestandteilen, die nicht aus der DiaspBesoldungsK kommen GV.20.2.52. In: Abl 69 (1952) 44: Art.48 Abs.3. Danch sind Abweichungen von der Normalbesoldung der Hilfsgeistlichen, Kuraten, Missionspfarrer, sowie der heimatvertriebenen Geistlichen, die in der Seelsorge tätig sind, nach oben ab 1952 verboten, auch wenn die Mittel hierzu nicht der KirchenK entnommen werden; alle entgegenstehenden Genehmigungen und Verfahrensweisen werden ausdrücklich und endgültig widerrufen und außer Kraft gesetzt.

58 Vgl. GV.28.11.50. In: Abl 66 (1950) 146f, 147: Art.197 Ziff.IV Abs.2.

soldungskasse" geregelt, v.a. zum Begriff "Bruttogehalt", über den vielfach Unklarheiten herrschten[59].

Die Modalitäten von Zahlung und Einbehalt sind wie folgt geregelt: Für Geistliche, die ihre Gehaltsbezüge von einer kirchlichen Stelle erhalten, behält die auszahlende Kasse den Beitrag zur Diasporahilfe ein und führt ihn an die BistumsK ab[60]. Das Generalvikariat behält von den Pfarrern ein, die einen Zuschuß zum Pfarrgehalt vom Generalvikariat erhalten und von denjenigen Kuraten, Hilfsgeistlichen, Missionspfarrern und heimatvertriebenen Geistlichen, denen die DiasporabesoldungsK des Generalvikariats das Gehalt überweist[61], bzw. bei allen Geistlichen, für die das Generalvikariat direkt oder an die zuständige KirchenK das Gehalt oder den Gehaltszuschuß zahlt (mit Ausnahme derjenigen Geistlichen, die ihr gesamtes Gehalt über den ordentlichen Etat der Kirchengemeinde beziehen)[62]. Diejenigen Geistlichen, die ihr ganzes Gehalt über den ordentlichen Etat der Kirchengemeinde beziehen, müssen dafür Sorge tragen, daß der Beitrag zur DiasporabesoldungsK regelmäßig überwiesen wird[63]. Geistliche, die ihre Gehaltsbezüge von einer nicht-kirchlichen Stelle erhalten, führen ihren Beitrag an die BistumsK ab[64]. 1964 liegt der Beitrag bei 5%[65], 1965 bei 4%[66] und 1973 bei 3%[67].

c) Abgabe zum Haushälterinnenhilfswerk

Die bereits 1950 erwogene Errichtung eines Hilfswerks (HilfsW) für die stellenlosen Haushälterinnen wurde zunächst nicht realisiert[68]. Geistliche und Haushälterinnen wurden auf Vorsorge aus eigenem Antrieb verwiesen (Barlohn so, daß Haushälterin etwas sparen kann; staatliche Sozialrente; Zusatzversicherung

59 Siehe GV.7.3.52. In: Abl 68 (1952) 44: Art.49. Um diese Unklarheiten auszuräumen, wurde festgesetzt (vgl. ebd. Abs.2): Bruttogehalt ist das gesamte Gehalt, also Bar- und Sachbezüge, so daß etwa bei Hilfsgeistlichen mit eigenem Haushalt das Bargehalt zuzüglich des vom Finanzamt festgesetzten steuerlichen Wertes der Wohnung, bei Hilfsgeistlichen ohne eigenen Haushalt das Bargehalt zuzüglich des vom Finanzamt festgesetzten steuerlichen Wertes der freien Station anzusetzen ist. Vgl. ebd. Abs.3. Ab Juli 1959 wird der Beitrag nur noch von den Barbezügen (Grundgehalt und Heizungszuschuß) erhoben. Vgl. GV.30.9.59. In: Abl 75 (1959) 275: Art.448 Abs.1.

60 Vgl. GV.15.9.48. In: Abl 64 (1948) 126: Art.123 Abs.4.

61 Vgl. GV.6.11.52. In: Abl 68 (1952) 118: Art.168 Abs.4.

62 Vgl. GV.30.9.59. In: Abl 75 (1959) 275: Art.448 Abs.2.

63 Vgl. GV.28.9.61. In: Abl 77 (1961) 235f, 236: Art.437 Abs.2 Satz 2.

64 Vgl. GV.15.9.48. In: Abl 64 (1948) 126: Art.123 Abs.4.

65 Vgl. GV.19.10.64. In: Abl 80 (1964) 219: Art.210 Abs.1.

66 Vgl. GV.18.12.65. In: Abl 81 (1965) 463: Art.519 Abs.1.

67 Vgl. A. KÖTTER: DiaspPriesterausgleichsK 13.

68 Vgl. GV.22.11.51. In: Abl 57 (1951) 301: Art.368 vor Ziff.1 Satz 1.

bei privater Versicherungsgesellschaft oder freiwillig höhere Beiträge an die staatliche Sozialversicherung; Testament des Geistlichen)[69].

1964 erläßt der Bischof Richtlinien des HilfsW für die Versorgung stellenlos gewordener Haushälterinnen von Geistlichen des Bistums, das als karitative Einrichtung des Bistums die Aufgabe hat, eine wirtschaftliche Hilfe ohne Einräumung eines Rechtsanspruchs zu gewähren[70]. Die Aufbringung der notwendigen Mittel erfolgt durch Erhebung einer Abgabe von den Dienstbezügen der Geistlichen[71]. Die Höhe der Abgabe der Geistlichen wird vom Generalvikariat bekanntgegeben[72] und auf 2% des Grundgehaltes festgesetzt[73].

> "Kraft eines Indultes der Konzilskongregation für das Bistum Osnabrück werden alle Diözesangeistlichen - außer den Ruhestandsgeistlichen - sowie die im Bistum beschäftigten heimatvertriebenen Geistlichen zur Abgabenleistung an das Hilfswerk verpflichtet."[74]

Diese Verpflichtung besteht unabhängig davon, ob der einzelne Geistliche einen eigenen Haushalt unterhält oder nicht, ohne Rücksicht darauf, ob die Haushälterin des betreffenden Geistlichen in den Genuß der Leistungen aus dem HilfsW kommt oder nicht, und auch ohne Rücksicht darauf, ob der Geistliche seine Bezüge aus einer kirchlichen oder einer nichtkirchlichen Kasse bezieht[75].

d) Regelungen, die alle "Beiträge der Geistlichen" betreffen

Das im Zusammenhang mit der Abgabe zum Haushälterinnenhilfswerk (HaushHilfsW) eingeholte "Indult der Konzilskongregation"[76] erstreckt sich auf alle drei *tributa* und lautet:

> "SACRA CONGREGATIO CONCILII
>
> Officium Administrativum Nr. 89 207/A
>
> Beatissime Pater,
>
> Episcopus Osnabrugensis humiliter exponit ea quae sequuntur:
>
> Duo sunt tributa quae reditibus sacerdotum dio[e]cesanorum imponi solent, sc.:

---

[69] Vgl. ebd. Ziffn.1-4.

[70] BISCH.10.3.64. In: Abl 80 (1964) 107-109, 107: Art.67, hier §1 Abs.1 und §2 Abs.1. Den Haushälterinnen von Geistlichen des Bistums werden die jener heimatvertriebenen Geistlichen gleichgestellt, die - ohne dem Bistum inkardiniert zu sein - entweder im Auftrage des Bischofs im Bistum tätig sind oder vom oder über das Bistum ihre Versorgungsbezüge erhalten. Vgl. ebd. Abs.2

[71] Vgl. ebd. §3 Abs.1. Subsidiär hilft das Bistum durch Zuschüsse. Vgl. ebd.

[72] Vgl. ebd. Abs.2.

[73] Vgl. GV.18.12.65. In: Abl 81 (1965) 463: Art.519 Abs.1.

[74] BISCH.10.3.64. In: Abl 80 (1964) 107-109, 107: Art.67 §3 Abs.3 Satz 1.

[75] Vgl. ebd. Satz 2.

[76] So die Überschrift zum Abdruck von SCCONC.8.2.64. In: Abl 80 (1964) 109: Art.68.

1) 5% ad sustentandos sacerdotes egentes qui in s.d. `Diaspora´ curam animarum exercent vel jam emeriti sunt;

2) 2% pro aerario dioecesano `Ruhegehaltskasse´ nuncupato quod sacerdotes senectute vel inertia laborantes adiuvat.

Haec duo tributa a sacerdotibus libere solvuntur.

Nunc etiam pro alio aerario dioecesano v. `Haushälterinnenversorgungswerk´ tributum sacerdotibus dioecesanis imponendum est. Memorata institutio subsidia praebet sororibus famulisque quae sacerdotibus inserviebant et ob eorumdem sacerdotum mortem vel ob aliam causam egestatem patiuntur.

Episcopus orator enixe petit ut omnia et singula tria tributa simul sumpta imponi possint usque ad 10%. Ad praeteritum quod attinet sanationem postulat prout necessaria habeatur.

Capitulum cathedrale et Consilium dioecesanum administrationis votum emiserunt affirmativum.

*

SACRA CONGREGATIO CONCILII, attentis expositis et praevia sanatione quoad praeteritum, Episcopo Osnabrugensi licentiam juxta preces benigne impertita est, ad quinquennium, servatis servandis.

Datum Romae, die 8 Februarii 1964

P. Card. Ciriaci, Praefectus

+ P. Palassino, a Secretis"[77]

Die Beiträge zur DiasporabesoldungsK, zum HaushHilfsW und zur RuhegehaltsK werden zunächst nicht unter einem einheitlichen Begriff "Pflichtabgaben" oder ähnlich zusammengefaßt[78]. 1970 wird zum Betreff "Beiträge der Geistlichen"[79] folgendes Reskript abgedruckt:

"SACRA CONGREGATIO PRO CLERICIS — Nr. 128111/I

Beatissime Pater,

Episcopus Osnabrugensis, perdurantibus iisdem causis, a Sanctitate Vestra humiliter postulat ut sibi prorogetur indultum iampridem concessum rescripto Sacrae Congregationis pro Clericis diei 8 februarii 1964, n. 89207/A, quo licentia impertita est imponendi reditibus sacerdotum dioecesanorum tria tributa usque ad 10% pro diversis necessitatibus sacerdotum dioecesis et aerario dioecesano `Haushälterinnenversorgungswerk´.

*

SACRA CONGREGATIO PRO CLERICIS, attenta Episcopi Osnabrugensis commendatione, benigne eidem commisit ut petitam prorogationem, in termi-

77 SCCONC.8.2.64. In: Abl 80 (1964) 109: Art.68.

78 Vgl. etwa GV.18.12.65. In: Abl 81 (1965) 463: Art.519.

79 So die Überschrift zum Abdruck von SCCLER.20.2.70. In: Abl 86 (1970) 45: Art.55.

nis et forma praecedentis rescripti, pro arbitrio et conscientia impertiatur ad quinquennium, servatis servandis.

Datum Romae, die 20. Februarii 1970

J. Card. Wright, Praef.

P. Palazzini, a Secretis"[80]

Die einschlägige Anlage zur Besoldungs- und VersorgungsO wird später mit Rundschreiben an alle Geistlichen bekanntgemacht[81].

§9. Diözese bzw. Erzdiözese Paderborn

a) Beitrag zur Ruhegehalts- oder Pensionskasse

Die Diözesansynode von 1922 (DiözSyn/1922) beschloß:

"Die Ruhegehälter der Geistlichen sind denen der Beamten anzupassen. Um das zu ermöglichen, sollen die Geistlichen die nach der Ruhegehaltsordnung geforderten Beiträge gewissenhaft entrichten bezw. für ihre Entrichtung durch die Kirchenkasse Sorge tragen. Es empfiehlt sich, eine hauptamtliche Kraft für die Ruhegehaltskasse anzustellen, die nach Selbsteinschätzung der Geistlichen die Beiträge alljährlich einfordert, nachdem vierteljährliche Abschlagszahlungen geleistet worden sind."[82]

Waren zur Zeit der DiözSyn/1922 3% abzugeben[83], betrugen die Beiträge später 2% bzw. 1%. 1931 hat der Erzbischof nach dem Beispiel anderer Diözesen beim Papst eine "Verpflichtungserklärung" zur Abgabe der Diasporahilfe beantragt und bei dieser Gelegenheit auch die Beitragsleistung für die Ruhestandsgeistlichen dem Apostolischen Stuhl zur Genehmigung vorgelegt, wobei als Begründung lediglich die Behebung von Zweifeln an der Rechtsverbindlichkeit genannte wurden[84].

1909 hatte Papst Pius X. bereits die Auflage der Abgaben zusammen mit der Regelung der Grundzüge des Pensionswesens durch den preußischen Episkopat genehmigt[85] und damit die Abweichung vom gemeinen Recht zugelassen, nach dem lediglich eine Pension des emeritierten Benefiziaten zu Lasten seines bisher

---

80 SCCLER.20.2.70. In: Abl 86 (1970) 45: Art.55.

81 So etwa mit Rundschreiben vom 10.6.1977. Vgl. GV.18.7.77. In: Abl 93 (1977) 202: Art.333.

82 DIÖZ.SYN. [1922] 115f: Beschl.XII.A.4.1. Bis September 1922 waren die Beiträge an das "Bischöfliche Generalvikariat (Ruhegehaltskasse)", ab Oktober 1922 dann an die "Besoldungskasse des Bischöflichen Stuhls" zu überweisen, gleich ob nur die Beiträge zur PensionsK oder auch die 7% für DiaspGeistliche mit übersandt wurden. GV. In: Abl 65 (1922) 120: Nr.245.

83 Vgl. den Bericht über den Verlauf der Synode. In: DIÖZ.SYN. [1922] 28.

84 Siehe zum ergangenen Reskript und seinem teilweise festgestellten Wortlaut *unten lit.b*.

85 Siehe *oben §7. Regelungen, die alle Diözesen etc. bei Fn.10.*

innegehabten Benefiziums gezahlt werden konnte[86]. Dieses in can.1429 des CIC/1917 normierte[87] Rechtsinstitut der Pension aus Belastung der Pfründe zugunsten des emeritierten Vorgängers ist als Wurzel der Ruhestandsversorgung des Diözesanklerus anzusehen[88]. Die Vorschriften dieses Instituts, die der CIC/1917 im Kapitel über Veränderungen der Benefizien unterbringt[89], nimmt can.1505 in den Regelungszusammenhang der taxa, tributa und exactiones mit hinein. Nach can.1429 kann der Ortsordinarius ein Benefizium derart belasten, daß aus den Erträgen eine Pension zugunsten eines bezugsberechtigten Dritten (*pensionarius*) zu zahlen ist, doch ist diese Vollmacht des Ortsordinarius beschränkt. Insbesondere erfolgt die Auflage der Pension bei der jeweiligen Verleihung des Benefiziums aus gerechtem Grund, der beim Verleihungsakt selbst anzugeben ist. Daher wird bei jedem Wechsel des Benefiziumsinhabers die Pensionsfrage neu geprüft und geregelt[90]. "Pensionar" kann jeder beliebige Geistliche sein, außer bei Pfarrbenefizien, wo nur der abtretende Pfarrer oder Vikar derselben Pfarrei bezugsberechtigt werden kann (can.1429 §2). Nach der authentischen Interpretation der PCI konnte der Amtsverzicht eines Pfarrers auch unter Vorbehalt der Pension auf Lebenszeit des Pensionars geschehen, allerdings nur zu den in can.1429 §2 genannten Bedingungen[91]. Die Erhebung der Ruhegehaltskassenbeiträge erfolgte jedoch weder zugunsten eines jeweils bestimmten Geistlichen noch jeweils erneut beim Wechsel des Pfründinhabers noch sind nur der abtretende Pfarrer oder Vikar bezugsberechtigt.

---

86 Dies war seit dem ausgehenden 12. Jahrhundert mit kirchenamtlicher Genehmigung möglich. Vgl. etwa CONC. LATERANENSE IV (INNOZENZ III. 1215), const.32 (COD 249f; = c.30 X 3,5; CorpIC, ed. FRIEDBERG II 478f) [Schlußsatz]: "Illud autem penitus interdicimus, ne quis in fraudem de proventibus ecclesiae, quae curam proprii sacerdotis debet habere, pensionem alii quasi pro beneficio conferre praesumat." Vgl. zum ganzen P. LANDAU: Benefizium 581 und H. SCHMITZ: Diözesanklerus 15 mit Fn.20.

87 Can.1429 CIC/1917:

"§1. Beneficiis quibuslibet nequeunt Ordinarii locorum pensiones perpetuas aut temporarias imponere quae ad vitam pensionarii durent, sed possunt, dum beneficium conferunt, ex iusta causa in ipso collationis actu exprimenda, eisdem imponere pensiones temporarias, quae durent ad vitam beneficiarii, salva huic congrua portione.

§2. Beneficiis autem paroecialibus non possunt, nisi in commodum parochi vel vicarii eiusdem paroeciae a munere abeuntis, imponere pensiones, quae tamen ne excedant tertiam partem reditus paroeciae, quibusvis deductis expensis et incertis reditibus.

§3. Pensiones beneficiis sive a Romano Pontifice sive ab aliis collatoribus impositae, cessant morte pensionarii, qui tamen nequit eas alienare, nisi id expresse concessum sit."

88 So H. SCHMITZ: Diözesanklerus 15. Vgl. auch G. DOLE: La protection sociale du clergé 17: n.15.

89 Mit dem Begriff "Veränderungen" faßt E. Eichmann den Inhalt des zweiten Kapitels des Benefizialrechts im CIC/1917 (cann. 1419-1430) zusammen. Vgl. E. EICHMANN: Lehrbuch II 112-120,112 und K. MÖRSDORF: Lehrbuch II 451-459, 451.

90 So E. EICHMANN: Lehrbuch II 120 und K. MÖRSDORF: Lehrbuch II 459.

91 Vgl. PCI.20.5.23: Responsum. In: AAS 16 (1924) 116.

Auch wenn nicht der *titulus beneficii*, sondern der *titulus servitii dioecesis* vorlag, mit dem der Oberhirt für sich und seine Nachfolger die Verpflichtung übernahm, dem zum Priester Geweihten ein Benefizium zu übertragen oder eine andere ausreichende Versorgung zu gewährleisten (can.981 §2), mußte sich diese ausreichende Versorgung auch auf die Fälle von Alter oder Arbeitsunfähigkeit erstrecken. Damit sind nach W. Ülhof Pflichtbeiträge der im Diözesandienst stehenden Geistlichen zu den Ruhegehaltskassen nicht vereinbar, da die Geistlichen diese von ihrem laufenden Einkommen selbst zahlen müssen. Dies entspreche nicht dem Sinn, den der CIC/1917 mit dem Weihetitelrecht verbinde.[92]

Auf Grund des so ergangenen Reskripts der SCConc wurde bestimmt, wie bisher seien an Beiträgen zu entrichten seitens der preußischen Pfarrer und der Geistlichen mit ungefähr gleichen Gehältern 2%, seitens der übrigen Geistlichen 1% des Gehaltes, wobei Dienstwohnung und Meßstipendien nicht gerechnet wurden; "dispensiert" waren nur die bei einer anderen Kasse Pensionsberechtigten, wenn sie dieses nachwiesen; die Beiträge konnten auf die Kirchenkasse (KirchenK) übernommen werden, wenn diese leistungsfähig war[93]. Die DiözSyn/1948 führt dieselben Bestimmungen nach wie vor an; darüberhinaus wird "gewünscht, daß die Beiträge auf die Kirchenkasse übernommen werden, der betreffende Geistliche bleibt jedoch der Diözese gegenüber haftbar"[94].

Bis 1971 sind diese 2% bzw. 1% des Bruttogrundgehaltes als persönlicher Pflichtbeitrag zur Ruhegehaltskasse (RuhegehaltsK) zu entrichten; ab 1972 wird die Erhebung dieses persönlichen Pflichtbeitrages zur "Ruhegehaltskasse des Erzbistums Paderborn" unter dem Vorbehalt des jederzeitigen Widerrufs bis auf weiteres ausgesetzt[95].

b) Beitrag zur Diasporahilfe

Die bei der Gründung der Ausgleichskasse (AusgleichsK) als Vorbild dargestellte[96] Paderborner Regelung geht auf die DiözSyn/1922 zurück. Bei der Erörterung der Besoldungsfragen und der Not der Diasporapriester wurde eine Abgabe der normal besoldeten Priester für diesen Zweck angeregt, ohne Nennung eines bestimmten Prozentsatzes. Aus der Versammlung heraus wurde spontan der Vorschlag gemacht, außer 3% für die Ruhestandsgeistlichen noch 7% für die

---

92 Vgl. W. ÜLHOF: Zuständigkeit zur Weihespendung 100.

93 Vgl. Abl 74 (1931) 59f. Abgedr. in: AfkKR 111 (1931) 676f.

94 DIÖZ.SYN. [1948] 156f: Beschl.XI.18. Zur anderweitigen Pensionsberechtigung wird erläutert: "Studienassessoren, Geistliche in staatlichen Anstalten usw. sind demnach zahlungspflichtig, bis sie fest mit Pensionsberechtigung angestellt werden." Ebd.

95 Vgl. GV.21.9.71. In: Abl 114 (1971) 145: Nr.224. Ebenso noch EB.10.4.91. In: Abl 134 (1991) 40f, 41: Nr.56 Abschn.E.

96 Siehe oben *§3. Bonifatiusverein etc. bei Fn.17.*

Diasporageistlichen zu zahlen, also im ganzen 10%[97]. Bei diesem Vorschlag mag das Vorbild des Zehnten eine Rolle gespielt haben. Die Synode nahm die folgende Entschließung einstimmig[98] an:

"Sämtliche Geistliche der Diözese Paderborn, die das Normalgehalt beziehen, überweisen dem Bischof vom 1. Oktober 1922 ab 10% ihres Bruttogehaltes für die Zwecke der Diözese; 3% davon bilden die Beiträge für die Pensionskasse."

Der Bischof bat die Anwesenden, daß dieser Beschluß innerhalb der einzelnen Dekanate bekannt gegeben werde, damit auch die nicht auf der Synode anwesenden Geistlichen ihm beitreten könnten[99]. Die im Verlaufsbericht zitierte Entschließung ist unter den Beschlüssen der Synode über Verwaltungssachen nicht mehr aufgeführt[100]. Allerdings wird beschlossen[101], daß die Gehälter der Diasporageistlichen auf dieselbe Höhe wie die der Vikare gebracht werden müssen und es darum eine "Ehrenpflicht" des gesamten Klerus sei, u.a. durch Leistung größerer "freiwilliger" Jahresbeiträge dieses Ziel erreichen zu helfen. Die Beschlüsse über die Diasporafürsorge enthalten unter der Überschrift "... materielle Fürsorge für die Diaspora" die Bestimmung:

"Zwecks Erschließung von neuen Hilfsquellen wird empfohlen: .. daß alle Priester mit hinreichender Besoldung freiwillig einen Betrag ihres Gehalts für die Diasporahilfe zahlen."[102]

An Abweichungen der Beschlüsse gegenüber der im Bericht zitierten Entschließung fällt zum einen auf, daß die Beiträge speziell auf die Diasporageistlichen bezogen sind, nicht allgemein auf Zwecke der Diözese. Zum anderen wer-

---

97 Vgl. PIEPER: Diasporaabgabe. In: PJH [1926] 36-39: Bei stabilen Verhältnissen wären 7% etwas reichlich bemessen gewesen, es war jedoch damals schon ein ständiges Gleiten der Valuta zu beobachten, so daß bei den vielfach verspätet einlaufenden Zahlungen das Geld eine gewisse Entwertung hatte und so die 7% eben ausreichten, um den Verpflichtungen gerecht zu werden. Vom Frühjahr 1923 an waren die einlaufenden Gelder immer wertloser, so daß schließlich bis nach Beendigung der Inflation die DiaspGeistlichen fast nur noch mit den Spenden amerikanischer und holländischer Wohltäter "über Wasser gehalten werden konnten".

98 Ebd.

99 So der Bericht über den Verlauf der Synode. In: DIÖZ.SYN. [1922] 28.

100 Die Dekrete in ihrer endgültigen Fassung waren von einer Redaktionskommission zusammengestellt worden und hatten in dieser überarbeiteten Fassung ausdrückliche Bestätigung durch den Bischof erhalten, auch soweit sie von dem auf der Synode angenommenen Wortlaut abwichen. Ihre verpflichtende Gesetzeskraft sollte am 1.4.1924 beginnen. Der Bericht enthält außer den Dekreten eine Fülle von Anweisungen, Anregungen und Richtlinien, die "volle Beachtung verdienen". Vgl. DIÖZ.SYN. [1922] 1.

101 Vgl. DIÖZ.SYN. [1922] 115f: Beschl.XII.A.2.2. Die Einforderung der freiwilligen Beiträge für die DiaspGeistlichen kann mit der Einforderung der Beiträge nach der RuhegehaltsO verbunden werden. Beschl.XII.A.4.2.

102 DIÖZ.SYN. [1922] 113f: Beschl.XI.2.3a. Dabei wird in der Edition auf die ebengenannte Stelle im Bericht über den Verlauf der Synode verwiesen. Vgl. ebd.28.

den sie als freiwillig qualifiziert. Weiter wird kein bestimmter Prozentsatz mehr genannt. Die Umsetzung erfolgt durch Amtsblattverlautbarung:

> "Um der ungeheuren Notlage unserer mehr als 100 Diasporageistlichen zu steuern, beschloß die Diözesansynode in hochherziger Weise, daß sämtliche Geistliche, die das Normalgehalt beziehen, dem Bischof 10% ihres Bruttogehaltes (einschl. 3% Pensionskassenbeiträge) überweisen sollen."[103]

Die vorsichtige Ausdrucksweise ("dem Bischof ... überweisen sollen") findet ihre Entsprechung und Präzisierung in den "Bemerkungen", die zeigen, wie die Verpflichtung zur Abgabe zustandekommt:

> "Der Beschluß über die 7%ige Abgabe für die Diasporageistlichen, der auf den ersten Anblick ungewöhnlich erscheinen könnte, muß im Geiste priesterlicher Solidarität gewürdigt werden. ... Wir setzen das Vertrauen in unseren Klerus, daß sich niemand, der dazu in der Lage ist, von diesem Liebeswerke ausschließen wird. .. Um die Sache praktisch durchzuführen, werden die Herren Dechanten gebeten, den Dekanatsklerus sobald wie möglich zusammenzuberufen und eine Liste zirkulieren zu lassen, in welcher die einzelnen sich durch Unterschrift bereit erklären, den genannten Prozentsatz ihres Einkommens abzutreten, und zwar in der Weise, daß sie dem Verein `Diasporahilfe´[104] beitreten, dessen Mitgliedschaft die genannte Verpflichtung in sich begreift. ..."[105]

Im Lauf der nächsten Jahre veränderten sich der Kreis der Beitragspflichtigen, die Beitragshöhe und die Befreiungsmöglichkeiten. Beitragspflichtig waren die normal besoldeten preußischen (ab Oktober 1925 auch die pensionierten) Pfarrer, die Religionslehrer, Anstaltsgeistlichen, Vikare usw.[106]. Bemessungsgrundlage war das gesamte Gehalt mit Ausnahme der Meßstipendien und der Dienstwohnung bzw. des Ortszuschlags[107]. Der anfängliche Satz von 7% wurden ab Okto-

---

[103] GV. In: Abl 65 (1922) 119: Nr.241 Ziff.1. Weil der Beschluß den Geistlichen eine zusätzliche schwere Verpflichtung auferlegte, wurden gleichzeitig die längst nicht mehr dem früheren Wert entsprechenden Meßstipendien und Stolgebühren erhöht. Die entsprechenden Bestimmungen waren von der Kanzel zu verlesen. Vgl. ebd. Ziffn.2f.

[104] In der Kirchenrechtlichen Chronik (AfkKR 102 [1922] 140) wurde berichtet, daß sämtliche Geistliche, die das Normalgehalt beziehen, 7 % des Bruttogehalts dem "Verein `Diasporahilfe´" zur Unterstützung der Seelsorger in der Diaspora überweisen".

[105] GV. In: Abl 65 (1922) 119f: Nr.241 nach Ziff.III. Weiter heißt es ebd.: "Es ist zu empfehlen, bei Gehaltszahlungen jedesmal die 10% gleich einzusenden, und zwar an die Besoldungskasse des Bischöflichen Stuhls, Paderborn, ... Auf den Abschnitt setze man `Ruhegehalt und Diasporahilfe´ ... Diejenigen, für welche die Ruhegehaltsbeiträge aus der Kirchenkasse gezahlt werden, oder die in öffentlichen Diensten angestellt sind, mögen angeben: `Diasporahilfe´ 7% usw. Die endgültigen Beiträge werden für beide Kassen jeweilig am Ende des Rechnungsjahres durch Selbsteinschätzungsformulare festgestellt".

[106] Vgl. PIEPER: Diasporaabgabe. In: PJH [1926] 36-39, 36.

[107] Vgl. J. LINNEBORN: Frage der Besoldung 12 und PIEPER: Diasporaabgabe. In: PJH [1926] 36-39, 36. Vgl. ferner GV. In: Abl 95 (1952) 41f, 41: Nr.86 Abs.2.

ber 1924 auf 5% herabgesetzt; ab Oktober 1925 zahlten 3% normalbesoldete (Pfarr-)Vikare und die jetzt erstmals pflichtigen pensionierten Pfarrer, wenigstens 2% die bisher befreiten Geistlichen, die übrigen weiter 5%[108]. Nach gewisser Festigung der Besoldungsverhältnisse gaben ab Oktober 1926 dann preußische Pfarrer, Studienräte und Geistliche mit ähnlichen Gehaltsverhältnissen 4%, Hilfsgeistliche mit Normalbesoldung, preußische Ruhestandspfarrer und Pfarrer, die einen Kooperator unterhalten[109] 3%, und aus besonderen triftigen Gründen im Beitrag herabgesetzte Priester 2% ab[110]. Etliche Geistliche waren wegen besonderer persönlicher Verpflichtungen ganz oder teilweise befreit; 1925/26 hatten über 10% der normal besoldeten Geistlichen entsprechendes beantragt[111]. Die außerhalb der Pfarrseelsorge stehenden Geistlichen wurden von Paderborn gemahnt und zur Zahlung herangezogen[112]. Paderborn leistete in der Vorkriegszeit keine Zahlungen an die AusgleichsK[113], erhielt zunächst auch keine, ab 1926 (gleichzeitig mit der Senkung des Höchstsatzes von 4%) aber dann doch Besoldungszuschüsse[114], weil nach dem Fuldaer Beschluß von 1926 nun auch der nicht einmal "normal", aber noch "auskömmlich" Besoldete beitragspflichtig und dessen Belastung mit 5% (außer den 2% zum Ruhegehalt) reichlich hart war; zudem hörte man gerade in Paderborn immer wieder den Einwand, die Unterstützung der Diasporageistlichen sei nicht allein Sache der betreffenden Diözese, sondern Sache aller deutschen Bistümer, weil aus ganz Deutschland die Zuwandernden kämen[115]. Wohl in Ausführung des Berliner Vertreter-KonfBeschlusses/Dezember1929[116], wogegen Paderborn zunächst eine abwartende Haltung eingenommen hatte[117], gab das Generalvikariat in Paderborn folgenden Erlaß heraus:

> "Um weiteren Ausfällen an Beiträgen der Geistlichen zur Diasporahilfe und Ruhegehaltskasse vorzubeugen, ferner um auch alle Zweifel über die Rechts-

---

108 Vgl. PIEPER: Diasporaabgabe. In: PJH [1926] 36-39.

109 Kranke und invalide Pfarrer mußten ihren Kooperatoren neben der freien Station 5% ihres Pfarrgehaltes zu der staatlichen und bischöflichen Beihilfe gewähren. So DIÖZ.SYN. [1922] 115f: Beschl.XII.A.2.2.

110 Vgl. J. LINNEBORN: Frage der Besoldung 11f. und DERS.: Besoldungen. In: PJH [1929] 42-60, 52f.

111 Vgl. PIEPER: Diasporaabgabe. In: PJH [1926] 36-39, 37.

112 RÖSGEN: Priesterhilfe des katholischen Landes. In: PJH [1935] 68-71, 69.

113 Vgl. A. KÖTTER: DiaspPriesterausgleichsK 20f.

114 Dabei wurden gerechterweise wie bei den anderen Zuschußbistümern entsprechend der Fuldaer Bestimmung eine bloß 3%ige Selbstbesteuerung der auskömmlich Besoldeten angenommen. Vgl. Jahresber.1926. In: PJH [1927] 53-68, 66.

115 Vgl. Jahresber.1926. In: PJH [1927] 53-68, 66. Zu Wanderungsbewegungen und DiözGrenzüberschreitung siehe oben *§3. Bonifatiusverein etc. bei Fn.20.*

116 Siehe dazu oben ebd.

117 Vgl. GEN.VERS. In: Protokoll [1930] 14. Zit. bei: A. KÖTTER: DiaspPriesterausgleichsK 12.

verbindlichkeit dieser Beiträge zu beheben, ist der Hochwürdigste Herr Erzbischof dem Beispiel der anderen Ordinarien von Breslau, Berlin, Ermland, Fulda, Meißen und Schneidemühl gefolgt und hat beim Heiligen Vater folgende Verpflichtungserklärung beantragt:

`Für jeden Priester der Erzdiözese Paderborn soll die strenge Rechtsverpflichtung bestehen, bis zu 5% des Gehalts nach den jeweiligen vom Ordinarius erlassenen Bestimmungen für die bedürftigen Diasporapriester und Ruhestandsgeistlichen an die Erzbischöfliche Kasse abzuführen, wenn und soweit er nicht ausdrücklich hiervon dispensiert ist.´

Der Antrag wurde vom Heiligen Vater laut Reskript der Sacra Congregatio Concilii vom 21. April 1931 Nr. 1472/31 genehmigt. ..."[118]

Nährere Gründe für die Erforderlichkeit des Reskripts sind nicht genannt[119]. Die Höhe der Beiträge bleibt dieselbe wie bisher. Zur Diasporahilfe sind seitens aller normal besoldeten Priester 3% des Gehalts zu entrichten. Eine gänzliche Befreiung findet im allgemeinen nicht statt, eine zeitlich begrenzte Herabsetzung des Beitrages nur bei ganz besonders schwerwiegenden Gründen; alle bisher erteilten Dispensen und Ermäßigungen wurden zum 1.4.1932 für kraftlos erklärt; wer über diesen Zeitpunkt hinaus besonders schwerwiegende Gründe zur Ermäßigung der Diasporahilfe geltend machen kann, sollte erneut gegen Ende des Rechnungsjahres vorstellig werden.[120]

Die DiözSyn/1948 zitiert das Reskript der SCConc vom 21. April 1931 und erläutert:

"Das Reskript sagt ausdrücklich `für jeden Priester´. Dazu gehören also auch die Studienräte, Anstaltspfarrer, frühere Militärpfarrer und andere freigestellte Geistliche, selbst dann, wenn sie in einer anderen Diözese tätig sind."[121]

Die DiözSyn/1948 beschließt dann in Übereinstimmung mit der FuldBischKonf/1947, deren Hebesatz für die Diasporadiözesen keine Neuerung brachte:

"Zur Diasporahilfe sind seitens aller normal besoldeten Priester 3% des Bruttogehaltes zu entrichten. Eine gänzliche Befreiung findet im allgemeinen nicht statt, eine zeitlich begrenzte Herabsetzung nur aus ganz besonders schwerwiegenden Gründen. Eine Bezahlung aus der Kirchenkasse ist nicht statthaft."[122]

---

118 GV. In: Abl 86 (1931) 59. Abgedr. in: AfkKR 111 (1931) 676f.

119 Siehe dazu *oben §3. Bonifatiusverein etc. bei Fnn.45-51.*

120 Vgl. GV. In: Abl 86 (1931) 59. Abgedr. in: AfkKR 111 (1931) 676f.

121 So die Interpretation in: DIÖZ.SYN. [1948] 156: Beschl.XI.17. Im Zusammenhang mit der BesoldungsO/1952 werden die Geistlichen, die ihr Gehalt nicht aus der diözesanen BesoldungsK beziehen (Studienräte, Anstaltsgeistliche usw.) auf diesen Beschluß aufmerksam gemacht und gebeten, ihre Kasse rechtzeitig mit entsprechender Weisung zu versehen. Vgl. GV. In: Abl 95 (1952) 41f, 41: Nr.86 Abs.3.

122 DIÖZ.SYN. [1948] 157: Beschl.XI.19.

1952 wird im Zusammenhang mit der neuen, im Einvernehmen mit den anderen Diözesen des Landes Nordrhein-Westfalen erarbeiteten Besoldungsordnung, die Diasporahilfsabgabe nach der allgemeinen Gehaltserhöhung wie in verschiedenen anderen Diözesen allgemein auf 5% angehoben[123]. 1973 gehen immer noch 5% vom Gehalt ab, 3% an die DiasporaausgleichsK und 2% an die diözesaneigene Diasporapriesterhilfe[124]. Der 5%ige Satz bleibt wohl unverändert bis 1974; ab 1975 sinkt er auf 4%[125], ab 1986 auf 3%[126] des Bruttogrundgehaltes bei Besoldungsempfängern bzw. der Versorgungsbezüge ohne Ortszuschlag bei Versorgungsempfängern[127].

c) Abgabe an das Haushälterinnenhilfswerk

Neben der Sozialversicherung staatlichen Rechts stand und steht immer wieder die Vorsorge aus privater Initiative des einzelnen, teilweise unterstützt durch Priestervereine[128] und staatliche Begleitmaßnahmen[129].

1953 bestand dann ein Hilfswerk (HilfsW) diözesanen Rechts für die Altersversorgung stellenlos gewordener Haushälterinnen[130]. Die caritative Einrichtung der Erzdiözese bezweckt die Gewährung wirtschaftlicher Hilfe ohne Einräumung eines Rechtsanspruchs[131]. Wie die notwendigen Mittel bereitgestellt werden, be-

123 Vgl. GV.27.3.52. In: Abl 95 (1952) 41f, 41: Nr.86 Abs.2. Die für den NRW-DiözAnteil ergangenen Besoldungsordnungen gelten seit 1976 auch für das hessische und niedersächsische Bistumsgebiet. Vgl. EB.10.4.91 in: Abl 134 (1991) 40: Nrn.54f.

124 Vgl. A. KÖTTER: DiaspPriesterausgleichsK 10.

125 Vgl. GV.21.5.75. In: Abl 118 (1975) 122-124: Nrn.122, 124.

126 Vgl. GV.4.7.86. In: Abl 159 (1986) 84: Nrn.127f. Auch in der Anlage zur PrVBO/1993 sind noch 3% festgesetzt. Vgl. EB.14.5.93. In: Abl 136 (1993) 75-83, 82: Nr.90 Anl.5 Abschn.A Abs. 1 lit.a.

127 Vgl. GV.1.7.81. In: Abl 124 (1981) 116: Nr.142 Abschn.D Abs.3. Unter Bruttogehalt ist für den Fall, daß von der Möglichkeit der Kürzung nach §4 Abs.5 PfBO Gebrauch gemacht wird, das gekürzte Bruttogrundgehalt zu verstehen. Vgl. ebd.

128 1946 wurde auf die vom Priesterverein Pax bei seiner Vertragsgesellschaft Concordia in Köln geschaffene Möglichkeit der privaten Altersversorgung für Pfarrhaushälterinnen hingewiesen. Vgl. GV.28.5.46. In: Abl 89 (1946) 52: Nr.101.

129 1971 wurde auf die Anlage von Teilen des Arbeitsentgelts nach dem 3. VermögensbildungsG hingewiesen, die auch durch Lebensversicherung erfolgen könne. Dies sei eine Möglichkeit, einen beträchtlichen Teil zur Altersversorgung bei geringem finanziellem Aufwand beizutragen. Vgl. GV.2.6.71. In: Abl 114 (1971) 101: Nr.149.

130 Vgl. GV.30.4.53. In: Abl 96 (1953) 45f: Nr.117. Ob es sich hierbei um das Gründungsjahr handelte, war nicht feststellbar. Einbezogen werden auch die Haushälterinnen jener heimatvertriebenen Geistlichen, die ohne der ED inkardiniert zu sein, entweder im Auftrag des EB von Paderborn tätig sind oder vom oder über das EB ihre Versorgungsbezüge erhalten. Vgl. EB.20.9.63. In: Abl 106 (1963) 138-140, 139: Nr.225 §2 Abs.2.

131 Vgl. GV.1.10.57. In: 100 (1957) Nr.295 §1. Vgl. auch EB.20.9.63. In: Abl 106 (1963) 138-140, 139: Nr.225 §1 Abs.1.

stimmt der Erzbischof[132]. Ab 1953 waren auch Beiträge zum HilfsW zu bezahlen, zunächst in festen[133], 1958 wegen der großen Zahl der Versorgungsberechtigten erhöhten[134] DM-Beträgen ausgewiesen und gestaffelt nach Dienstjahren bzw. Dienststellung (Pfarrer, Vikare mit Haushalt, Vikare ohne Haushalt). Ab 1960 zahlt dann jeder Geistliche, wie in den anderen Diözesen des Landes Nordrhein-Westfalen 2% seines Bruttoeinkommens ohne Ortszuschlag[135]. Neben der Abgabe von den Dienst- und Versorgungsbezügen der Geistlichen werden die Mittel subsidiär[136] durch Zuschüsse des Erzbistums aufgebracht. Der Generalvikar wird ermächtigt, die Höhe der Abgaben festzusetzen[137]. Die Festsetzung des 2%-Satzes gilt spätestens seit 1963 für das "Gesamterzbistum Paderborn"[138].

Kraft eines Indultes der SCConc werden alle Diözesangeistlichen zur Leistung der Abgabe an das HilfsW verpflichtet, unabhängig davon, ob der einzelne Geistliche einen eigenen Haushalt unterhält oder nicht, ohne Rücksicht darauf, ob die Haushälterin des betreffenden Geistlichen in den Genuß der Leistungen aus dem HilfsW kommt oder nicht, und auch ohne Rücksicht darauf, ob der Geistliche seine Bezüge aus einer kirchlichen oder einer nichtkirchlichen Kasse bezieht. Dies wird in den Richtlinien/1963 des HilfsW[139] wie in der Ordnung/1973 des Haushälterinnenzusatzversorgungswerk (HaushZusatzversorgungsW)[140] festgestellt bzw. bestimmt. Weshalb die Verpflichtung "kraft eines Indultes der SCConc" auferlegt wird, sagen die ermittelten Quellen nicht. Zu denken ist wieder an die Abweichung von den cann.1505,1506 CIC/1917. Aus diesen Normen ergibt sich die Möglichkeit zur Erhebung einer solchen Abgabe nicht. Die Abgabe kann auch nicht wie die Sozialversicherungsbeiträge staatlichen Rechts als Bestandteil des Arbeitslohns gewertet werden, da sie ohne Rücksicht darauf erfolgt, ob der Geistliche einen eigenen Haushalt hat und ob die Haushälterin in den Genuß der Leistungen aus dem HilfsW kommt.

Die Ordnung/1985 des HaushZusatzversorgungsW erstreckt die Abgabe auch auf die Gestellungsleistungen für Ordenspriester gemäß den entsprechenden Bestimmungen der diözesanen Ordnungen[141]. Jetzt fehlt die Berufung auf das In-

---

132 Vgl. GV.1.10.57. In: Abl 100 (1957) 123: Nr.295 §2.

133 Vgl. GV.13.5.53. In: 96 (1953) 46: Nr.119.

134 Vgl. GV.26.3.58. In: Abl 101 (1958) 45: Nr.85 Abs.1f.

135 Vgl. GV.29.6.60. In: Abl 103 (1960) 90: Nr.159 Ziff.2 Abs.1.

136 Vgl. EB.20.9.63. In: Abl 106 (1963) 138-140, 139: Nr.225 §3 Abs.1. In den Ordnungen des ZusatzversorgungsW stehen die Zuschüsse des Erzbistums neben und nicht mehr "subsidiär" hinter dem Abgabenertrag. EB.27.6.73. In: Abl 116 (1973) 107f, 107: Nr.155 §4 Abs.1.

137 Vgl. EB.20.9.63. In: Abl 106 (1963) 138-140, 139f: §3 Abs.2 und §11 Abs.1 lit.a.

138 Vgl. GV.20.9.63. In: Abl 106 (1963) 141: Nr.226 a.E.

139 Vgl. EB.20.9.63. In: Abl 106 (1963) 138-140, 139: Nr.225 §3 Abs.3.

140 Vgl. EB.27.6.73. In: Abl 116 (1973) 107f, 107: Nr.155 §4 Abs.2.

141 Vgl. EB.22.7.85. In: Abl 128 (1985) 129f, 129: Nr.186 §2 Abs.1 lit.a.

dult der SCConc[142]. Die Gewährung eines Indultes für die Pflichtbeiträge zum HaushZusatzversorgungsW wurde der Erzdiözese durch Reskript der CCler 1989 unter Berufung auf c.1263 CIC/1983 verweigert[143]. Die Erhebung der Beiträge, die seit 1975[144] zuletzt 3% des Bruttogrundgehalts bzw. der Versorgungsbezüge nach Abzug des Ortszuschlags betragen hatten, wurde 1991 dann unter dem Vorbehalt des jederzeitigen Widerrufs ausgesetzt[145].

d) Regelungen, die alle "Pflichtabgaben" betreffen

Da die DiözSyn/1922 durch die Entschließung zur 7%-Abgabe der Bischöflichen Behörde eine neue Hilfsquelle erschlossen hatte, wurde von einer näheren Erörterung der Einziehung einer "Taxe für das Seminar (cann.1355f) und die Domkirche (cann.1504-1506)" abgesehen[146].

Schon die DiözSyn/1948 bezeichnete es als dringend wünschenswert, daß die KirchenK, wie das seit längerem in fast allen größeren Gemeinden geschehe, die Beiträge zur Diasporahilfe wie die zur RuhegehaltsK gleich bei der Gehaltszahlung einbehalten und alsbald an die BesoldungsK überweisen[147]. Für alle Geistlichen, deren Bezüge ab April 1951 von der diözesanen BesoldungsK gezahlt werden, sind die Beiträge zur Pensionskasse und Diasporahilfe, wohl ab 1953 auch die zum HaushHilfsW bzw. -ZusatzversorgungsW[148], nicht mehr, wie bisher, an die BesoldungsK zu überweisen, sondern werden von ihr verrechnet[149]. Die anderen Geistlichen überweisen weiterhin[150].

Die für den NRW-Diözesananteil ergangenen Besoldungsordnungen entsprechen den Regelungen der anderen Bistümer für ihre in Nordrhein-Westfalen gelegenen Bistumsanteile[151]. PfBO wie Geistlichen-Besoldungsordnung (GBO) bestimmen seit 1960 unter "Pflichtabgaben":

> "1) Der Ortsordinarius ist berechtigt, Abgaben festzusetzen, die von allen oder von einzelnen Gruppen von Empfängern von Bezügen nach dieser Ordnung zu entrichten sind.

---

142 Vgl. ebd., v.a. §2. Auch von der SCCler bzw. CCler ist nicht die Rede.

143 So CCLER.10.1.89 (Prot.Nr.184508/III). Zit. ohne Wortlaut bei: W. SCHULZ. In: MK c.1263/5. Dieselbe Entscheidung soll auch gegenüber anderen DiözBischöfen ergangen sein. Vgl. ebd.

144 Vgl. GV. In: Abl 118 (1975) 122f, 123: Nr.122 Abschn.D zu Punkt 3.

145 Vgl. EB.10.4.91. In: Abl 134 (1991) 40f, 41: Nr.56 Abschn.E.

146 So der Bericht über den Verlauf der Synode. In: DIÖZ.SYN. [1922] 28.

147 Vgl. DIÖZ.SYN. [1948] 157: Beschl.XI.20.

148 Vgl. GV.20.8.76. In: Abl 119 (1976) 241: Nr.167 Abs.2.

149 Vgl. GV.7.5.51. In: Abl 94 (1951) 57: Nr.124 Abs.1.

150 Vgl. nur GV.12.10.57. In: Abl 100 (1957) 123: Nr.294.

151 Vgl. die redaktionelle Anmerkung vor dem Abdruck der PfBO/1960 mit dem Nachweis der Fundorte in den verschiedenen Abll. In: AfkKR 129 (1959/60) 544-557, 544: Nr.21.

2) Zur Zeit des Inkrafttretens dieser Ordnung werden folgende Pflichtabgaben erhoben:
a) Beiträge zur 'Ruhegehaltskasse des Bistums Aachen',
b) Beiträge zum 'Diasporapriesterhilfswerk',
c) Beiträge zum 'Hilfswerk des Bistums Aachen zur Versorgung stellenlos gewordener Haushälterinnen von Geistlichen'.
Die Beiträge zu Buchstabe a) werden nicht von den Empfängern von Versorgungsbezügen erhoben.
3) Die Höhe der Beiträge gem. Abs.2 ist in Abschnitt D bzw. C der Anlage zu dieser Ordnung festgesetzt.
4) Die kirchlichen Besoldungskassen werden hierdurch ermächtigt, die Beiträge gemäß Abs.2 bei der Auszahlung der Bezüge einzubehalten und über die Bistumskasse Aachen an die empfangsberechtigten Stellen weiterzuleiten."[152]

Die für den westlichen[153] Teil der Erzdiözese, also auch für Hessen und Niedersachsen geltende Priesterbesoldungs- und -versorgungsO (PrBVO/1993) normiert zu den Pflichtabgaben knapp:

"Der EB von Paderborn kann Abgaben festsetzen, um die die Bezüge der Priester gekürzt werden. Die Höhe der Abgaben gemäß Abs.1 ist in der Anlage 5 zu dieser Ordnung festgesetzt."[154]

e) Abgabe vom Einkommen der besser dotierten Pfarrstellen

Auf der DiözSyn/1922 war bei den Erörterungen über den Zweck der Diözesansteuer der Ausbau einer Gehälterkasse mit Hilfe der Diözesansteuer u.a. deshalb abgelehnt worden, weil so jedes Interesse an der Schaffung und Vermehrung der Stellenfonds erlahmen würde[155]. Eine Möglichkeit, dieses Interesse zu erhalten, bildet die Abgabe vom Einkommen der besser dotierten Pfarrstellen vom Jahr 1923.

"Nach canon 1473 CJC haben die Inhaber kirchlicher Benefizien die Verpflichtung, denjenigen Teil des Pfründeeinkommens, welchen sie zum standesgemäßen Unterhalt nicht benötigen, Armen oder frommen Zwecken zuzuwenden.

---

152 Vgl. ebd. §53 PfBO. Für Paderborn EB.20.4.60. In: Abl 103 (1960) 77-85, 84: Nr.156 §53.

153 Zum östlichen Teil siehe unten *§25. Magdeburg*.

154 EB.14.5.93. In: In: Abl 136 (1993) 75-82, 79: Nr.90 §30. Zur Höhe siehe *oben litt.a-c*.

155 Vgl. DIÖZ.SYN. [1922] 118: Beschl.XII.B.4.1. Der andere Grund war die primäre Bestimmung der DiözSt zur Beschaffung der Mittel für die zentralen Bedürfnisse, während lokale Bedürfnisse, darunter auch die Unterstützung von DiaspGeistlichen, nur sekundär befriedigt werden könnten. Vgl. dazu etwa die ab Oktober 1927 ins Leben gerufene UnterstützungsK für bedürftige Vikariestellen, die aus der DiözSt gespeist wurde. Siehe DIÖZ.SYN. [1948] 154: Beschl.XI.11 mit Hinweisen zum Statut etc.

Daß den Inhabern solcher Stellen die Unterstützung bedürftiger Konfratres besonders am Herzen liegen muß, erscheint selbstverständlich. Der Stelleninhaber kann auch leichter eine angemessene Landpacht erzielen, wenn bekannt ist, daß er seine Forderungen nicht zum eigenen Nutzen stellt.

Um diesen Gedanken der brüderlichen Hilfeleistung planmäßig durchzuführen, soll den Inhabern besser dotierter Pfarrstellen eine Abgabe vom Pfründeeinkommen zugunsten bedürftiger Geistlichen des Seelsorgerklerus auferlegt werden. Eine gleichartige Regelung ist bereits in mehreren deutschen Diözesen erfolgt.

Der Hl. Vater, dem die Angelegenheit unterbreitet ist, hat den Plan gebilligt und durch Reskript der S. Congregatio Concilii vom 13. März 1923 die Vollmacht erteilt, imponendi parochis pinguiora beneficia habentibus obligationem cedendi vel totam vel partialiter illam f[r]uctuum beneficii partem, quae excedit requisita ad congruam sustentationem, Cassae Dioecesanae eum in finem ut e fructibus ita c[un]ctis sustineantur illi sacerdotes in cura animarum laborantes, qui gravi opprimuntur ... [156]

Kraft dieser apostolischen Vollmacht hat der hochwürdigste Herr Bischof bestimmt: ..."[157]

Inhaber von Pfarrstellen, deren Stelleneinkünfte das Diensteinkommen überschreiten, welches ihnen nach der vom Episkopate der preußischen Diözesen jeweils festgestellten Besoldungsordnung zusteht, dürfen von dem Mehrertrag nur 1/4 für sich behalten und sind verpflichtet, die übrigen 3/4 unter der Bezeichnung "Überschießender Teil des Pründeeinkommens" an die bischöfliche Besoldungskasse zur Unterstützung von bedürftigen Seelsorgegeistlichen abzuführen. Falls besondere Verhältnisse es begründen, werden auf Antrag bis zu einem weiteren Viertel dem Pfarrer für kirchliche oder caritative Zwecke der eigenen Pfarrgemeinde überlassen.[158]

Warum die Apostolische Vollmacht erforderlich war, wird nicht gesagt. Der Pflicht des can.1473[159] entspricht das Recht, die Zweckbestimmung nach eige-

---

156 An dieser Stelle merkt die Kirchenrechtliche Chronik an, daß dem EB von Freiburg eine ähnliche Vollmacht bereits am 19. Juli 1918 auf weitere 10 Jahre verlängert wurde. AfkKR 103 (1923) 192f. Siehe dazu *§3. Freiburg lit.e a.Anf.* Der weitere Wortlaut ist im AfkKR nicht abgedruckt.

157 GV. In: ABl. [1923] 44. Abgedr. in: AfkKR 103 (1923) 192f. Hierbei handelt es sich nicht um die von der Kirchenrechtlichen Chronik 1930 angesprochene Erlaubnis, Zwangsbeiträge von den Geistlichen ihrer Diözesen zu erheben, die "neuerdings ... verschiedene deutsche Bischöfe vom Hl. Stuhle ... erhalten ... haben". Vgl. AfkKR 110 (1930) 665. Siehe dazu *oben lit.c.* Der weitere Wortlaut ist im AfkKR nicht abgedruckt.

158 Vgl. ebd.

159 Can.1473 CIC/1917:

"Etsi beneficiarius alia bona non beneficialia habeat, libere uti frui potest fructibus beneficialibus qui ad eius honestam sustentationem sint necessarii; obligatione autem tenetur impendendi superfluos pro pauperibus aut piis causis, salvo praescripto can.239, §1, n.19."

nem Ermessen zu treffen, doch sind nach H. Heimerl und H. Pree diesbezüglich Einschränkungen zulässig[160]. Jedenfalls unter uneingeschränkter Geltung des can.1473 erscheint eine solche Einschränkung nur mit Zustimmung des ApStuhls möglich, wo, wie hier, keine der in cann.1505,1506 genannten Abgaben einschlägig ist, da nach can.1506 CIC/1917 andere Abgaben nicht möglich sind. Dies hätte erst recht gegolten, wenn es sich bei der Pflicht des can.1473 nicht um eine Rechtspflicht handeln sollte[161]. Die Natur dieser *obligatio*, die nicht erst mit Inkrafttreten CIC/1917 besteht, war seit jeher umstritten[162].

Die in allen Diözesananteilen auf dem Gebiet des Landes Nordrhein-Westfalen wortgleichen Besoldungsordnungen bestimmen zur Abschöpfung von Mehrerträgen seit 1960:

> "Soweit die Erträge der Vermögensmassen des Pfarr- bzw. sonstigen Stellenfonds das Bargehalt einschließlich etwaiger Zulagen übersteigen, wird die Höhe der Besoldungsbezüge und die Verteilung der Erträge des gesamten Pfarrstelleneinkommens (einschließlich etwaiger Gehaltszuschüsse des Staates und anderer Dritter, Stolgebühren, Stipendien etc.) im Einzelfall von der Bischöflichen Behörde unter Beachtung der einschlägigen Bestimmungen des Codex Iuris Canonici festgesetzt"[163].

Die neue Priesterbesoldungs- und Versorgungsordnung (PrBVO/1993) enthält anders als etwa PfBO/1960 und GBO/1960 im Abschnitt über die Deckung des Besoldungsbedarfs keine Vorschrift mehr für den Fall der Mehrerträge[164].

---

160 H. HEIMERL/H. PREE: Handbuch 432: 5/354. Diese Aussage bezieht sich allerdings auf die Rechtslage nach CIC/1983, soweit noch keine Neuregelung gemäß c.1272 CIC/1983 getroffen ist. Ob der Bischof oder Ortsordinarius unter der Herrschaft des CIC/1917 zur Vorschrift der Zweckbestimmung einer eigenen Apostolischen Vollmacht bedurfte, ist nicht gesagt. Seit ES erscheint eine Abschöpfung der *superflua* zugunsten des Unterhalts der übrigen Kleriker schon nach ES I n.8 Abs.4 möglich: "Curent tandem Episcoporum Conferentiae, ut ... habeantur sive instituta dioecesana, etiam inter se foederata, sive instituta pro variis dioecesibus simul constituta, sive consociatio pro tota natione condita, quibus ... satis provideatur tum congruenti cautioni et adsistentiae sanitariae, quam vocant, tum debitae sustentationi clericorum, qui infirmitate, invaliditate aut senectute laborent." Vgl. H. SCHMITZ: Benefizialrecht 454. Vgl. auch H. HEIMERL; H. PREE: Vermögensrecht 433: 5/537.

161 Nach E. Eichmann handelt es sich um eine Gewissens- und Rechtspflicht. Vgl. E. EICHMANN: Lehrbuch II 137. Vgl. auch K. MÖRSDORF: Lehrbuch II 479f, 480.

162 D. Faltin hat unter Heranziehung auch der älteren Autoren ausführlich erörtert, ob diese Pflicht sich *ex caritate (et misericordia aut virtute religionis)* oder auch *ex lege ecclesiastica* oder auch *ex iustitia* ergibt. Vgl. D. FALTIN: De obligatione v.a. 97-122.

163 Vgl. ebd. §57 PfBO. Für Paderborn EB.20.4.60. In: Abl 103 (1960) 77-85, 84: Nr.156 §57.

164 Vgl. EB.14.5.93. In: In: Abl 136 (1993) 75-82, 79: Nr.90 §§31-34. Vgl. zur Besitzstandswahrung ebd.80: §38.

§10. Diözese Fulda

a) Beitrag zur Ruhegehaltskasse und zum Fonds "*domus emeritorum*"

Obwohl der Staat zur Aufbesserung der Bezüge der Ruhestandspfarrer vorschußweise Zuschüsse leistet, bleibt eine große Summe von den aktiven Geistlichen der Diözese aufzubringen[165]. Zwischen 1926 und 1930 etwa werden zwar einheitlich für das ganze Bistumsgebiet dieselben Beitragssätze bestimmt, jedoch für den preußischen wie für den thüringischen Teil jeweils eigens genannt. 1925/26 ist im preußischen Diözesananteil an die DiözesanruhegehaltsK, im thüringischen Bistumsteil an den Fonds "*domus emeritorum*" zu leisten. Beiträge, die nicht binnen bestimmter Zeit eingegangen sind, werden bei Überweisung der Staatszuschüsse zur Pfarrbesoldung durch die Bistumskasse (BistumsK) verrechnet bzw. durch Nachnahme erhoben[166]. Von den Seelsorgegeistlichen werden die Beiträge grundsätzlich in festen Beträgen erhoben, gestuft nach Pfarrern - ab 1928 zusätzlich nach Pfarrern in Aufrückungsstellen bzw. Zulagestellen -, Kuraten, Kaplänen; die übrigen Geistlichen schuldeten 4% (1928) bzw. 3% (1930) abzüglich eines als Dienstaufwandsentschädigung freibleibenden Betrages[167].

Die Beitragszahlung, die 1949 wegen der Gehaltskürzung zur Deckung des Besoldungsaufwands für die Flüchtlingsgeistlichen zwischenzeitlich entfallen war[168], wurde später wieder in Kraft gesetzt und die Änderung der BesoldungsO/1958 erhöhte 1961 den Satz der Diözesanabgabe zur Ruhegehaltskasse (RuhegehaltsK) auf 8%[169]. Freigestellt waren von staatlichen oder sonstigen Stellen besoldete Diözesangeistliche, die dort einen Ruhegehaltsanspruch erwarben[170].

---

165 So etwa bei der Bedarfsfeststellung für 1925. Vgl. GV. In: Abl 40 (1924) 41 Nr.74 Abs.2 Satz 1. Für den Fall einer Steigerung der Ruhegehälter wird die Erhöhung der Beiträge angekündigt. Vgl. ebd. Abs.3 Satz 2. Staatszuschüsse gab es in Preußen schon länger, in Thüringen dagegen erst seit 1925. Vgl. LEIMBACH: Besoldungsverhältnisse der Geistlichen in der thüringischen Diaspora. In: PJH [1927] 69-72, 71.

166 Vgl. GV. In: Abl 41 (1925) 66: Nr.154; Abl 43 (1927) 83: Nr.185; Abl 44 (1928) 67: Nr.169; Abl 46 (1930) 42: Nr.54.

167 Vgl. ebd.

168 Vgl. GV. In: Abl 65 (1949) 42f: Nr.69 Abs.1 Satz 3.

169 Vgl. die Änderung v. §15 (DiözAbgaben) BesoldungsO v. 8.9.1958 BISCH.11.12.61. In: Abl 78 (1962) 6: Nr.7 Ziff.3. Es war aus dem Abl nicht ersichtlich und wurde nicht ermittelt, ob dieser verhältnismäßig hohe Betrag allein dem Geistlichen zur Last fällt oder weiter in einen persönlichen und einen Stellenbeitrag aufgeteilt wird.

170 Vgl. ebd.

b) Beitrag zur Hilfsgeistlichen-Besoldungskasse (`Mitbrüder in Not´) bzw. zur Priesterhilfe

In der Diasporadiözese[171] wurde eine Diözesanabgabe eingehoben, doch erfolgten keine Zahlungen an die Ausgleichskasse (AusgleichsK) in Paderborn[172]. Schon 1927 gaben die Priester auch in Fulda 3% zur Priesterhilfe[173] und dennoch erreichten die Diasporageistlichen nicht einmal das "Durchschnitts-Mindestgehalt" nach dem Verteilungsschlüssel der DiasporaausgleichsK[174].

Die Diözesansynode von 1924 (DiözSyn/1924) bzw. ihre Fassung mit Gesetzeskraft ab März 1928[175] regelt unter "Abgaben der Geistlichen"[176]:

"Es ist eine Pflicht priesterlichen Gemeinschaftssinnes, das Einkommen der in der Diaspora wirkenden Priester durch Förderung des Bonifatiusvereines sowie durch Beiträge zur Hilfsgeistlichen-Besoldungskasse (`Mitbrüder in Not´) sicherstellen zu helfen. Bezüglich der Beiträge für `Mitbrüder in Not´ wird hingewiesen auf den Beschluß der Fuldaer Bischofskonferenz von 1926 ..."[177], der dann im Wortlaut zitiert wird[178].

Bereits vor der Berliner Vertreter-Konf/Dezember1929 hatte die Diözese Fulda eine Vollmacht der SCConc erhalten, die 3%ige Abgabe den auskömmlich Besoldeten pflichtmäßig aufzuerlegen[179].

Im zeitlichen Zusammenhang mit der Einführung der Abgaben für die "Mitbrüder in Not" (Förderung des Bonifatiusverein bzw. Beiträge zur Hilfsgeistlichen-BesoldungsK)[180] wurden die Abgaben für die `Georgstiftung´ und die für die *`Domus correctionis´* sowie das *`Mortuarium´* in Wegfall gebracht[181]. Zur

---

171 In der thüringischen Diaspora war die Lage der Geistlichen noch dadurch verschärft, daß seit 1.10.1921 keine staatlichen Teuerungszulagen mehr gewährt und zunächst keine Staatszuschüsse geleistet wurden. Vgl. LEIMBACH: Besoldungsverhältnisse der Geistlichen in der thüringischen Diasp. In: PJH [1927] 69-72, 69. Noch 1925 mußten sich die DiaspPriester im DiözGebiet mit der Hälfte des ihnen zustehenden Gehaltes durchschlagen. Vgl. Jahresber.1925. In: PJH [1926] 8-16, 14.

172 So für 1925 bis 1939 A. Kötter: DiaspPriesterausgleichsK 20f.

173 Vgl. Jahresber.1927. In: PJH [1928] 38-45, 43. Dort wird von der vollständigen Leistung der Abgabe in allen DiaspDiözesen berichtet.

174 Vgl. Jahresber. des BonifatiusV 1927. Erläuterungen. In: PJH [1928] 3-36, 35.

175 Vgl. BISCH.30.11.27. In: DiözSyn [1924] 3: Publikationsdekr. Die Beschlüsse waren an zwischenzeitlich ergangene kirchliche Erlasse und veränderte Zeitverhältnisse angepaßt worden.

176 Die Beiträge zur RuhegehaltsK sind nicht unter D [Abgaben], sondern unter C [Ruhegehälter] behandelt.

177 DIÖZ.SYN. [1924] 17: Beschl.III D Satz 1.

178 Vgl. DIÖZ.SYN. [1924] 16f: Beschl.III D Satz 3.

179 Vgl. GEN.VERS. In: Protokoll [1930] 14. Zit. bei: A. KÖTTER: DiaspPriesterausgleichsK 12. Zu den rechtlichen Gründen für die Erforderlichkeit einer solchen Vollmacht siehe *oben §3. Bonifatiusverein etc. Fnn.45-51.*

180 Vgl. DIÖZ.SYN. [1924] 17: Beschl.III D Satz 1. Siehe eben lit.b.

181 Vgl. ebd. Satz 3.

Behebung von Zweifeln wird 1930 mitgeteilt, daß neben der Abgabe Priesterhilfe keine Abgabe für das Priesterseminar erhoben wird[182].

Über die Einnahmen und Ausgaben der Diözesanbesoldungskasse (BesoldungsK) berichtete das Amtsblatt[183]. Die Abgabe kam in der Diasporadiözese stets hundertprozentig ein, sank freilich wegen ihrer prozentualen Bemessung automatisch mit den Kürzungen[184]. Wegen der schon bestehenden Verpflichtung zur 3%-Abgabe änderte sich durch den Fuldaer Beschluß von 1947 nichts. Nachdem 1949 die Beiträge zur Priesterhilfe wegen der Kürzung zur Deckung des Besoldungsaufwands für die Flüchtlingsgeistlichen entfallen waren[185] und zwischenzeitlich in festen Beträgen eingehoben wurden[186], wird für 1973 von einer Beitragshöhe von 3% berichtet[187].

c) Beitrag zum St.-Lioba-Werk

Am 1921 schon war ein Unterstützungsfonds für Pfarrhaushälterinnen ins Leben gerufen worden[188]. 1947 wird den Geistlichen amtlicherseits eine vertragliche Rentenversicherung als Altersversorgungswerk der Haushälterinnen empfohlen, das von der Vertragsgesellschaft des Pax-Vereins, der Concordia-Lebens-Versicherung A.G. in Köln angeboten wurde[189]. Diese Rentenversicherung ergänzt die Reichsversicherung und bildet eine Alternative zum Abschluß einer Lebensversicherung als Ergänzung der Reichsversicherung[190], die ebenfalls empfohlen wurde[191]. Bei gegebenem Anlaß, etwa zur Berücksichtigung der neuen Fassung des Versicherungsgesetzes von 1957, wird über die Altersversorgung der Haushälterinnen durch die Sozialversicherung staatlichen Rechts ausführlich informiert[192].

1955 wird das "St.-Lioba-Werk der Diözese Fulda" (LiobaW) errichtet, dessen Rechtsträger der Bischöfliche Stuhl ist, um dienstunfähig oder durch den Tod des Geistlichen stellenlos gewordene Pfarrhaushälterinnen und langjährige Hausgehilfinnen der Diözese durch Gewährung von Renten bzw. befristeten Stellenlo-

---

182 Vgl. GV. In: Abl 46 (1930) 63: Nr.102.

183 Vgl. GV. In: Abl 47 (1931) 9: Nr.29 Satz 3.

184 Vgl. Jahresber.1931. In: PJH [1932] 78-83, 81. Zu den Kürzungen und ihrer Rücknahme vgl. *§7. Regelungen, die alle Diözesen etc. Fnn.22-29.*

185 Vgl. GV. In: Abl 65 (1949) 42f, 42: Nr.69 Abs.1 Satz 3.

186 Vgl. BISCH.11.12.61. In: Abl 78 (1962) 6: Nr.7 Ziff.3.

187 Vgl. A. KÖTTER: DiaspPriesterausgleichsK 10.

188 Vgl. Abl 37 (1921) 23f. Zitiert in der Kirchenrechtlichen Chronik. In: AfkKR 101 (1921) 155.

189 Vgl. GV.21.3.47. In: Abl 63 (1947) 23f: Beilage v.a. Abs.1. Eine ausdrückliche Empfehlung auch des GV. In: Abl 64 (1948) 45: Nr.85 Satz 4.

190 Vgl. GV. In: Abl 63 (1947) 23f: Beilage v.a. Abs.7 und 2.

191 Vgl. GV. In: Abl 70 (1954) 13: Nr.33 Abs.2.

192 Vgl. GV. In: Abl 78 (1962) 33-35: Nr.51.

senhilfen zu helfen[193]. "Das St.-Lioba-Werk wird seine satzungsgemäßen Aufgaben aber nur erfüllen können, wenn es von der Solidarität des Klerus getragen wird. Wir erwarten daher, daß von der im §2 Abs.3 der Satzungen vorgesehenen Möglichkeit zur Befreiung von der allgemein vorgeschriebenen Beitragspflicht des Klerus nur in Ausnahmefällen Gebrauch gemacht wird."[194] Beitragspflichtig sind auch diejenigen Geistlichen, die nicht von der bischöflichen BesoldungsK besoldet werden. An den Rechten und Pflichten aus dem LiobaW nehmen in gleicher Weise wie die einheimischen auch die heimatvertriebenen Geistlichen teil[195].

Die Abgabe beträgt anfangs monatlich für Geistliche in selbständiger Stellung 2% des Bruttodiensteinkommens ohne Wohnungsgeld und ist an die BistumsK einzuzahlen[196]. Eine Satzungsänderung ermäßigt 1958 den Beitrag auf 1%[197]. Der erhöhte satzungsgemäße Bedarf und die Erhöhung der Regelleistung an die unterstützten Haushälterinnen führt dazu, daß der 1%ige Beitrag nicht ausreicht, der Bischof also die Erhöhung auf 2% ab 1963 anordnet[198].

Die Satzung/1963 ersetzt die Satzung/1955[199] und qualifiziert das LiobaW als Wohlfahrtseinrichtung des Bistums[200]. "Ein Rechtsanspruch auf Unterstützung besteht nicht. Die Unterstützung soll von der öffentlichen Fürsorge nicht als Einkommen angerechnet werden; geschähe dies dennoch, so würde sie eingestellt. (Vgl. Bundessozialhilfegesetz vom 30.6.1961, §78)"[201]. Die notwendigen Mittel werden aufgebracht durch Erhebung einer Abgabe vom Gehalt der Geistlichen und nötigenfalls durch Zuschüsse des Bistums[202]. Jeder Diözesangeistliche ist zur Leistung verpflichtet, ohne Rücksicht darauf, ob er sein Gehalt aus kirchlichen oder anderen Kassen bezieht[203]. Das Generalvikariat erläßt in Anpassung an die Bedürfnisse die nötigen Bestimmungen über die Höhe der Abgabe[204], etwa ab 1967 im Zusammenhang mit der Anhebung der monatlichen Höchstunterstützung Anhebung auf 3%[205], und ab 1978 wohl bis 1994 3,5%. Für die Erhebung der Abgabe, auch für den Gehaltsabzug, berufen sich die Satzungen ab 1963 wie Einzelanordnungen zum LiobaW auf Entscheidungen der SCConc, die aber

---

193 Vgl. GV. In: Abl 71 (1955) 47: Nr.70 Abs.1 und 5.

194 Ebd. Abs.2.

195 Vgl. ebd. Abs.6.

196 Sowie für Kapläne ab dem 6. Dienstjahr 2 DM monatlich. Vgl. ebd. Abs.3.

197 Sowie für Kapläne 2 DM monatlich Vgl. GV. In: Abl 74 (1958) 54: Nr.78 §2 Abs.2.

198 Vgl. GV. In: Abl 78 (1962) 163: Nr.248. Ebenso GV. In: 80 (1964) 85: Nr.125 Abs.2.

199 Vgl. BISCH.15.3.63. In: Abl 79 (1963) 43-45, 45: Nr.77 §10.

200 Vgl. ebd.43: §1 Abs.1.

201 Ebd.44: §1 Abs.4.

202 Vgl. ebd. §3 Abs.1.

203 Vgl. ebd. Abs.2.

204 Vgl. ebd. Abs.3.

205 Vgl. GV. In: Abl 82 (1966) 115: Nr.224 Satz 1 und 3. Vgl. auch GV. (in: Abl 85 [1969] 38: Nr.56 Abs.2) und GV.8.7.74. In: Abl 90 (1974) 39: Nr.91 Abs.3.

im Wortlaut nicht veröffentlicht werden[206]. Ob diese SCConc-Entscheidungen sich gleichzeitig auf andere Diözesanabgaben beziehen[207], ist nicht feststellbar.

SCConc/8.4.1961[208], wohl auf drei Jahre, scheint diesbezüglich die erste Entscheidung zu sein, gefolgt von SCConc/19.4.1964[209] auf fünf Jahre (nicht mehr als 3%, alle Diözesangeistlichen und die fremden Geistlichen, die wegen ihres Amtes von der Diözesankasse besoldet werden), ebenso SCCler/12.2.1969[210] und SCCler/11.6.1974[211]. SCCler/24.12.1977 erteilt schließlich die Genehmigung zur Festsetzung auf 3,5%, die ab 1.8.1978 vollzogen werden soll[212].

Die Ordnung/1975 löst die Satzung/1963 ab[213]. Das Bistum Fulda ist Träger eines "Hilfswerk(s) für Haushälterinnen von Geistlichen" (LiobaW)[214] und gewährt lediglich freiwillige Leistungen[215]. Die Vorschriften über die Aufbringung der Mittel bleiben unverändert[216].

---

206 Zu den rechtlichen Gründen für die Einholung dieser Entscheidungen siehe *oben §9. Paderborn bei Fnn.139f.* Die Übersicht zeigt, auf welche

Entscheidungen römischer Kongregationen	diözesane Rechtsakte sich berufen:
SCConc vom 8.4.1961 N.60925/A ["Genehmigung"]	Abl 79 (1963) 43-45, 45: Nr.78 Ziff.2: 2%;.
SCConc vom 19.4.1964 N.90762/A ["Reskript" "Ermächtigung" an den Bischof]	Abl 80 (1964) 85: Nr.125 Abs.1: max.3%; Abl 82 (1966) 115: Nr.224 Satz 2: 3%;
SCCler vom 12.2.1969 N.122191/III ["Reskript" "Ermächtigung" an den Bischof]	Abl 85 (1969) 38: Nr.56 Abs.1;
SCCler vom 11.6.1974 Nr.146863 ["Reskript" "Ermächtigung" an Kapitularvikar]	Abl 90 (1974) 39: Nr.91 Abs.1;
SCCler vom 24.10.1977 n.146863 ["Genehmigung" mit "Reskript"]	Abl 94 (1978) 62: Nr.130 Satz 2: 3,5%.

207 Wie etwa im Bistum Osnabrück, wo die Satzung des HaushHilfsW eine alle Pflichtabgaben betr. SCConc-Entscheidung zitiert, ohne daß die anderen Pflichtabgaben in der Satzung irgendwie genannt werden. Vgl. *§8. Osnabrück bei Fnn.76-80.*

208 Vgl. BISCH.15.3.63. In: Abl 79 (1963) 43-45, 45: Nr.78 Ziff.2.

209 Vgl. GV. In: Abl 80 (1964) 85: Nr.125 Abs.1.

210 Vgl. GV. In: Abl 85 (1969) 38: Nr.56 Abs.1.

211 Vgl. GV.8.7.74. in: Abl 90 (1974) 39: Nr.91 Abs.1.

212 Vgl. GV. In: Abl 94 (1978) 62: Nr.130.

213 Vgl. BISCH.25.7.75. In: Abl 91 (1975) 85f, 86: Nr.139 §12.

214 Vgl. ebd.85: §1 Abs.1.

215 Vgl. ebd. Abs.2 Satz 1. Der Hintergrund dafür, daß kein Rechtsanspruch gewährt wird, bleibt gleich: Die Leistungen können von der öffentlichen Fürsorge nicht als Einkommen ange-

Mit Wirkung ab 1994 sind alle über das Bistum entlohnten Haushälterinnen zur Kirchlichen Zusatzversorgungkasse Köln angemeldet worden, so daß bei Eintritt des Rentenfalls von der Versorgungskasse eine Zusatzrente gezahlt wird[217]. Somit ist das diözesane HaushälterinnenhilfsW (LiobaW) langfristig entbehrlich, und der bisherige Pflichtbeitrag für die Geistlichen des Bistums in Höhe von zuletzt 3,5% der Bruttobezüge entfällt ab 1994[218].

d) Regelungen, die alle Diözesanabgaben betreffen

In der neuen Besoldungsordnung/1957 für den Westteil des Bistums[219] war ein Paragraph über "Diözesanabgaben" enthalten, der jedenfalls auch die Beiträge zur RuhegehaltsK und zur Priesterhilfe umfaßte[220]. Die Neufassung der Pfarrbesoldungsordnung/1988 sieht zu "Diözesanabgaben" die Erhebung durch Gehaltsabzug bei der BistumsK bzw. Abführung an die BistumsK vor[221].

§11. Diözese Hildesheim

a) Beitrag zur Diözesanruhegehaltskasse

Der Beitrag wurde zunächst vom Pfarrer als bestimmter Jahresbeitrag eingehoben, von den übrigen Geistlichen als 1%ige Abgabe[222]. Beiträge zur Diözesanruhegehaltskasse waren jedenfalls bis Anfang der siebziger Jahre zu zahlen[223].

---

rechnet werden; geschieht dies dennoch, so werden sie eingestellt (vgl. BundessozialhilfeG vom 30.6.1961, §78). Vgl. ebd. Abs.2 Satz 2.

216 Vgl. ebd. §4.

217 Vgl. GV. In: Abl 109 (1993) 91: Nr.227 Abs.1.

218 Vgl. ebd. Abs.2. Die noch fälligen Unterstützungsleistungen werden aus vorhandenen Rücklagen und dem Haushalt des Bistums fortgeführt. Vgl. ebd. Abs.3

219 Die Versorgung der Kleriker im Bereich der BerlOrdKonf wurde hier ausgeklammert.

220 Vgl. GV. In: Abl 73 (1957) 74: Nr.107 Satz 1 und BISCH.11.12.61. In: Abl 78 (1962) 6: Nr.7. Dies ist die 1. Änderung. Vgl. GV. In: Abl 82 (1966) 82: Nr.162.

221 Vgl. BISCH.21.11.88. In: Abl 104 (1988) 95f, 95: Nr.207 §12. Art und Höhe der DiözAbgaben ergeben sich aus Nr.7 der Anlage. Vgl. ebd. Abs.3. Die Anlage ist nicht im Abl veröffentlicht.

222 Vgl. Abl [1930] 52. Zit. bei W. SCHWICKERATH: Finanzwirtschaft 273 mit Fn.691.

223 Vgl. die Mitteilungen des GV des staatlichen Aktes über die Steuerfreiheit (GV.4.2.47 in: Abl [1947] 28: [Beiträge etc.]) und zu den Buchungsnummern (GV.16.10.71 in: Abl [1970] 243-245, 245: [Neues Verzeichnis etc.]). Andere Regelungen dazu waren jedoch in den eingesehenen Abl (1947-1994) und DiözSyn/1968-1969 nicht ersichtlich.

b) Abgabe für die Diasporahilfe

Als Diasporadiözese hebt Hildesheim eine Diözesanabgabe ein, kann aber keine Zahlungen an die Ausgleichskasse in Paderborn leisten[224]. Die 3%ige Abgabe der Diasporadiözesen leisten die Geistlichen im Durchschnitt wohl von Anfang an; wenn die Hilfsgeistlichen 1928 1% zahlen, so mag ihr Einkommen insgesamt nicht als "auskömmlich" im Sinn der Fuldaer Bischofskonferenz von 1926 (FuldBischKonf/1926) anzusehen gewesen sein[225]. Trotz der Berliner Vertreter-Konf/Dezember 1929 glaubte das Ordinariat, ohne Ausübung behördlichen Drucks auskommen zu können und holte daher kein Indult als Ermächtigung für eine pflichtmäßige Abgabe bei der SCConc ein, erklärte allerdings, sich bei einem gemeinsamen Vorgehen der Zuschußdiözesen nicht ausschließen zu können; zu einem gemeinsamen Vorgehen kam es dann nicht[226]. Für Hildesheim als Zuschußdiözese ändert der Fuldaer 3%-Beschluß von 1947 die Beitragshöhe nicht, die wohl auch durchgehend gehalten wird[227].

c) Beitrag zur Altershilfekasse für die Pfarrhaushälterinnen

1927 behandelt eine Instruktion des Generalvikariats die Versorgung der Hausangestellten der Geistlichen, schärft die Pflichtversicherungen ein und empfiehlt die freiwilligen zusätzlichen Versicherungen bei der Pax-Versorgungskasse[228].

Seit 1943 besteht eine provisorische Regelung der "Altershilfe"[229]. Anregungen und Beratungen auf vielen Dekanatskonferenz und auf den Dechantenkonferenz/1961 sowie eine Rundfrage beim gesamten Klerus hat die Übersicht über Situation und Wünsche klargestellt[230]. Nach Überprüfung der provisorischen Regelung/1943 wurden Satzung und Ausführungsbestimmungen neu geschaffen sowie die Kasse dem Bistum und seinem Klerus vom Bischof übergeben[231].

---

224 So für den Zeitraum 1925-1939 A. KÖTTER: DiaspPriesterausgleichsK 20f.

225 Vgl. Jahresber.1925. In: PJH [1926] 8-16, 14. Vgl. auch ebd. 24f, 25 den besonderen Bericht über die Diaspora des Bistums Hildesheim. 1928 etwa zahlte jeder preußische Pfarrer der Diözese 270 Mk., die Hilfsgeistlichen 1%. Vgl. Jahresber.1928. In: PJH [1929] 30-41, 38.

226 Vgl. GEN.VERS. In: Protokoll [1930] 14. Zit. bei: A. KÖTTER: DiaspPriesterausgleichsK 12.

227 Vgl. zum Stand 1973 A. KÖTTER: DiaspPriesterausgleichsK 10.

228 Vgl. GV.10.2.27. In: Abl [1927] 90, abgedr. in: AfkKR 107 (1927) 287-289.

229 Vgl. BISCH.1.1.1963. In: Abl [1964] 45f, 45: Abs.2 Satz 1.

230 Vgl. ebd. Abs.1.

231 Vgl. ebd.45f: Abs.2 und 3.

"Indult der Hl. Konzilskongregation

Officium Administrativum

N. 85372/A

SACRA CONGREGATIO CONCILII

Beatissime Pater,

Episcopus Hildesiensis humiliter licentiam petit facultatem imponendi omnibus et singulis sacerdotio servitio dioeceseos legitime addictis taxam 2% totius, salarii non minuti pro adiuvandis famulis eorumdem sacerdotum senectute laborantibus.

Opiniones et sententiae omnium sacerdotum de hac re excussae sunt. Schema circa hanc materiam exaratum in conferentia decanorum unanimiter acceptatum est. Capitulum cathedrale et Consilium dioecesanum administrationis votum emiserunt affirmativum.

SACRA CONGREGATIO CONCILII, attenta commendatione Episcopi oratoris, eidem facultatem juxta preces benigne impertita est ad triennium, servatis servandis.

Datum Romae, die 1 Octobris 1963

(Siegel)

P. Card. Ciriaci, Praefectus

+ P. Palassino, a Secretis"[232]

Die Altershilfekasse (AltershilfeK) der Diözese Hildesheim für die Pfarrhaushälterinnen[233] hat den Zweck, den Haushälterinnen verstorbener Priester und den dienstunfähig gewordenen und stellenlos gewordenen Haushälterinnen die Sorge für den Lebensunterhalt zu erleichtern[234].

Jeder Priester der Diözese ist zur Leistung eines regelmäßigen Beitrages verpflichtet[235]. Die Höhe des Beitrages wird jeweils durch Verfügung des Generalvikars festgesetzt[236], von 1963 an auf 2% der Bruttobezüge (ggf. ohne Wohnungsgeld)[237]. Die Verpflichtung zur Zahlung des Beitrages besteht unabhängig davon, ob der Geistliche einen eigenen Haushalt hat oder nicht, und ohne Rücksicht darauf, ob die Haushälterin des Geistlichen selbst jemals in den Genuß der

232 SCCONC.1.10.1963. In: Abl [1964] 46: [Indult etc.].

233 Auch die heimatvertriebenen Haushälterinnen sind einbezogen. Vgl. GV.1.1.63. In: Abl [1964] 51/53,53: [Ausführungsbest.] §9 Abs.2.

234 Vgl. BISCH.1.1.1963. In: Abl [1964] 47-50, 47: [Satzung etc.] §1.

235 Vgl. ebd. §2 Abs.1. Das GV beteiligt sich an der Aufbringung der erforderlichen Mittel insoweit, als es in seinem Haushaltsplan hierfür eine Summe bereitstellen kann. Vgl. ebd. Abs.3.

236 Vgl. ebd. §2 Abs.2.

237 Vgl. GV.1.1.63. In: Abl [1964] 51-53, 51: [Ausführungsbest.] §2 Abs.1.

Leistungen dieser Wohlfahrtseinrichtungen kommt oder nicht, und gleich, ob der Geistliche sein Gehalt von kirchlichen oder anderen Kassen bezieht[238].

Die AltershilfeK ist ausschließlich eine caritative Unterstützungskasse und kein Versicherungsunternehmen; aus ihr erfolgen nur freiwillige Zahlungen, sie gewährt keinen Rechtsanspruch auf Leistungen; auch bei wiederholten Leistungen können die Unterstützungsempfänger sich nicht auf ein Gewohnheitsrecht berufen; bei der ersten Unterstützungszahlung hat die Empfängerin eine entsprechende Erklärung zu unterschreiben[239]. In den Fällen, in denen ein Anspruch auf öffentlich-rechtliche Leistungen besteht, die eine anrechnungsfreie Einkommensbegrenzung vorsehen, und feststeht, daß Leistungen aus der Haushälterinnenhilfe darauf angerechnet werden müßten, wird die Unterstützung nur im Rahmen des anrechnungsfreien Betrages gewährt (z. B. Unterhaltshilfe, Versorgungsrente, Sozialhilfe)[240]. Die Diözese fühlt sich moralisch verpflichtet, im Rahmen der gegebenen Möglichkeiten die Aufgaben der AltershilfsK und ihre Leistungen für den begünstigten Personenkreis durchzuführen[241].

§12. Diözese Münster

a) Beitrag zu den Ruhegehaltskassen

Jährliche Beiträge zur Diözesanruhegehaltskasse (RuhegehaltsK) waren jedenfalls seit 1909 vorgesehen[242]. Wegen der ausreichenden anderweitigen kirchlichen und staatlichen Mittel konnte zunächst von der Erhebung dieser Abgaben Abstand genommen werden, doch wird 1913 angekündigt, demnächst müßten infolge der steigenden Inanspruchnahme der RuhegehaltsK und zwecks Bildung eines Reservefonds die Beiträge eingehoben werden[243]. Wohl seit 1922 sieht die Ruhegehaltsordnung[244] folgende Regelung zu den Beiträgen vor. Sie dienen zur

---

238 Vgl. ebd. §2 Abs.2.

239 Vgl. ebd. §8 Abs.2.

240 Vgl. ebd.53: §7.

241 Vgl. ebd.53: §8.

242 So die Bestimmungen vom 14.8.1909, in Bezug genommen in: KLEYBOLDT: Sammlung [1925] 558/560: Nr.309, allerdings in der späteren Fassung. Unter Bezugnahme auf diese Bestimmungen für die Geistlichen des Preußischen Teils der Diözese hatte der Staat die Ordnung des Ruhegehaltswesens als ausreichend für die Freiheit von der staatlichen Angestelltenversicherung anerkannt. Vgl. die Mitteilung des staatlichen Aktes ebd. Nr.309.

243 Vgl. GV.24.5.13. In: Abl 47 (1913) 67. Abgedruckt bei KLEYBOLDT: Sammlung [1925] 564: Nr.309.

244 Vgl. die am 1.1.22 in Kraft getretene RuhegehaltsO für die Pfarrgeistlichen i.d.F. v.29.9.1924. Abgedr. in: KLEYBOLDT: Sammlung [1925] 558-560: Nr.306 und ebenso in DERS.: Sammlung [1951] II/33-35.

Deckung des Bedarf der Ruhestandsbezüge[245]. Bei emeritierten Pfarrern sind zunächst die aus kirchlichen und staatlichen Mitteln erfolgenden Zuschüsse, sodann die von den Geistlichen zur RuhegehaltsK zu entrichtenden Beiträge einzusetzen; für die emeritierten Hilfsgeistlichen werden die Bezüge allein aus den Beiträgen bestritten[246]. Die Beiträge werden der Höhe nach von der Bischöflichen Behörde nach Maßgabe des Bedarfs der Kasse vor jeder Erhebung festgesetzt, und zwar in für alle Beitragspflichtigen gleichen Prozentsätzen ihres gesamten Diensteinkommens im vorgehenden Rechnungsjahr[247]. Dementsprechend werden die Beiträge vom Generalvikar immer wieder in summenmäßig bestimmten Beträgen festgesetzt und durch eigene "Belastungsanzeigen" angefordert; wer eine solche Aufforderung nicht bis zum bestimmten Termin erhalten hat, soll sich an das Generalvikariat wenden, "damit die Zugehörigkeit zur RuhegehaltsK nicht erlischt"[248]. Mitglieds- und beitragspflichtig sind die auf den Titel des Bistums geweihten oder ihm inkardinierten Geistlichen[249]; neben diesen wird 1948 noch eine zweite Gruppe von Beitragspflichtigen eingeführt: die Kirchengemeinden, kirchliche Gemeindeverbände sowie kirchliche und karitative Einrichtungen werden als "Arbeitgeber" für jede Planstelle, die mit einem im Auftrag des Bischofs tätigen Geistlichen besetzt ist, beitragspflichtig; ob der Stelleninhaber der Di-

---

245 Den Fall, daß ein Pfarrer sein Benefizium trotz Dienstunfähigkeit behält regelt Ziff.2: "Die Entscheidung über die Annahme eines Geistlichen in den Ruhestand steht lediglich dem Ordinarius zu. Gestattet der Ordinarius einem durch Krankheit oder Alter dienstunfähigen Pfarrer, sein Pfarrbenefizium zu behalten, so hat zunächst dieser Pfarrer die ordnungsgemäße Besoldung des ihm beizuordnenden Hilfsgeistlichen aus den Einkünften seiner Pfarrstelle und aus seinem sonstigen Dientseinkommen zu bestreiten. Falls ihm dabei nicht wenigstens das nach dieser Ruhegehaltsordnung zukommende Ruhegehalt und ein etwa allgemein gewährter oder ihm speziell bewilligter Versorgungszuschlag verbleibt, kann ihm aus der Ruhegehaltskasse ein jährlicher Zuschuß bis zu 50 Prozent des nach der jeweils geltenden Pfarrbesoldungsordnung anzusetzenden Anfangsgrundgehalts und Ortszuschlags gewährt werden."

246 Vgl. ebd. Ziff.3.

247 Vgl. ebd. Ziff.4 Abs.2. Verwenden Pfarrer einen von der Bischöflichen Behörde anerkannten oder festgesetzten Betrag für den Unterhalt ihrer Hilfsgeistlichen, ist dieser vom beitragspflichtigen Einkommen abzusetzen, ebenso der als Dienstaufwandsentschädigung kirchlicherseits festgesetzte Teil dieses Einkommens. Vgl. ebd. Abs.3. Außerdem ist bei der Feststellung des zu erhebenden Prozentsatzes und der Beiträge bei allen Beitragspflichtigen der fünfte Teil des Höchstgehalts eines Pfarrers unberücksichtigt zu lassen. Vgl. mit näherer Bestimmung ebd. Abs.4. Zum Bedarf der Kasse gehört auch die Ansammlung eines angemessenen ReserveF für unvorhergesehene Ausgaben. Vgl. ebd. Abs.5.

248 Vgl. GV.15.11.47. In: Abl 81 (1947) 93f, 94: Art.174 Abs.1.

249 Da die Inkardination der heimatvertriebenen Geistlichen noch nicht möglich war, wurde ab 1951 denjenigen, die im nordrhein-westfälischen DiözAnteil im Auftrag des Bischofs in der Seelsorge tätig waren auf fristgerechten Antrag in der RuhegehaltsK die gleichen Rechte und Pflichten wie dem einheimischen Klerus gewährt. Vgl. GV.2.1.51. In: Abl 85 (1951) 12: Art.20. Abgedr. in: KLEYBOLDT: Sammlung [1951] Nr.495.

özese inkardiniert ist, ist unbeachtlich[250]. Für den oldenburgischen Diözesananteil besteht eine eigene RuhegehaltsK ("Ludgerus-Stiftung")[251].

b) Beitrag zum Diasporapriesterhilfswerk

Von den "Hinterlandsbistümern"[252] war es zuerst[253] Münster, das sich auf der Diözesansynode von 1924 (DiözSyn/1924) festlegte:

"Es ist Pflicht vor allem des Klerus, die schwierige Lage, in der sich die katholischen Kirchen, Schulen und Anstalten der Diaspora befinden, nach Kräften erleichtern zu helfen. Außer durch Gebet kann das am besten geschehen durch tatkräftige Unterstützung und Förderung des Bonifatiusvereins. Allen Geistlichen wird aufs dringendste empfohlen, regelmäßig wenigstens 1 Prozent ihres Gehaltes zur Unterstützung ihrer geistlichen Mitbrüder in der Diaspora dem Bonifatiusverein zu überweisen."[254]

Dem folgt der bischöfliche Erlaß:

"Zur Hebung der Not der Diasporapriester hat der Bonifatiusverein eine Ausgleichskasse geschaffen. Auf Anregung der letzten Fuldaer Bischofskonferenz und zugleich in Übereinstimmung mit dem Beschluß unserer Diözesansynode empfehle ich aufs dringendste allen Priestern der Diözese, wenigstens 1% ihres Gehaltes regelmäßig für diese Kasse zugunsten ihrer geistlichen Mitbrüder in der Diaspora abzuliefern."[255]

---

250 Vgl. GV.26.8.48. In: Abl 82 (1948) 98f, 98: Art.215. "Bei der Heranziehung der o.a. Gemeinden und Einrichtungen ist von der Tatsache ausgegangen, daß jeder Arbeitgeber gesetzlich gehalten ist, zu der Altersversorgung seiner Arbeitnehmer zum wenigsten die Hälfte der Beiträge zu tragen (Angestellten- bzw. Invalidenversicherung), wenn er nicht die gesamte Altersversorgung zu tragen hat, wie es bei beamteten Arbeitnehmern der Fall ist. Daher ist es nicht mehr als recht und billig, daß auch die o.a. Gemeinden und Einrichtungen, welche die Dienste von Geistlichen in Anspruch nehmen, einen Anteil zur Altersversorgung dieser Geistlichen tragen." Ebd. 98f. Nach Neueinführung der Kirchensteuerregelung, v.a. der DiözKirchenSt erübrigt sich die Überweisung an die BistumshauptK, da die Beiträge zur RuhegehaltsK bei der Überweisung der Kirchensteuerzuweisungen von dort verrechnet werden. Vgl. GV.11.5.50. In: Abl 84 (1950) 90f, 91: Art.111 a.E. Ziff.3. Zum Beitrag des Schulträgers bei in NRW im öffentlichen Schuldienst im Angestelltenverhältnis tätigen Religionslehrern vgl. die Mitt. des staatlichen Aktes vom 22.11.57. In: Abl 92 (1958) 35: Art.35.

251 Vgl. nur GV.15.11.47 (in: Abl 81 [1947] 93f, 94: Art.174 Abs.1) und BISCH.24.6.66. In: Abl 100 (1966) 85: Art.166 Ziff.1 Abs.2 lit.c.

252 Zum Begriff des "Hinterlandes" vgl. oben *§3.Bonifatiusverein etc. bei Fn.23.*

253 Vgl. Jahresber.1925. In: PJH [1926] 8-16, 11.

254 DIÖZ.SYN. [1924] Nr.164. Die Vorschrift befindet sich im II.Teil "Besondere Aufgaben des Seelsorgers in heutiger Zeit" und dort im Passus "Konvertitenseelsorge, Diasporafürsorge und Heidenmission" (Nrn.162-165). Vgl. auch in KLEYBOLDT: Sammlung [1925] 675-681, 681: Nr.363 lit.f.

255 BISCH.24.11.24. In: Abl 58 (1924) 68. Abgedr. in KLEYBOLDT: Sammlung [1925] 681: Nr.363 lit.f.

Der Beschluß der Fuldaer Bischofskonferenz von 1926 (FuldBischKonf/1926) wurde im Wortlaut bekanntgemacht, und die Dechantenkonferenz (DechantenKonf) befaßte sich mit der Priesterhilfe[256]. In der Folge hielt die Diözese streng an der prozentualen Abgabe fest[257]. Der Seelsorgeklerus zahlt direkt oder auf dem Umweg über die Dechanten an das Generalvikariat, das auch Mahnungen an einzelne Geistliche schickte[258]. Wenn auch in Münster eine "straffere Einziehungsweise" 1935 angeordnet worden war[259], kam es doch nicht zur obligatorischen Form[260], über deren Durchführung aber auch mit Münster vom Bonifatiusverein bereits 1937 verhandelt wurde oder werden sollte[261]. 1947 zahlt der Geistliche nach wie vor direkt, wird erforderlichenfalls unter Fristsetzung und in Verbindung mit der Anforderung der Beiträge zur RuhegehaltsK erinnert:

> "Aufgrund bischöflicher Empfehlung soll der Beitrag mindestens 1 v.H. des Gehaltes ausmachen ..."[262]

In Ausführung der FuldBischKonf/1947 erfolgt dann die Anhebung auf 3% des Bruttoeinkommens ab 1948[263]. Beitragspflichtig sind, ausgenommen die Ruhestandsgeistlichen, alle Geistlichen der Diözese und die anderer Diözesen, die im Auftrag des Bischofs von Münster tätig sind, auch wenn die Gehaltsbezüge von einer nicht-kirchlichen Stelle geleistet werden[264]. Jetzt erfolgt bei Geistlichen, die ihre Gehaltsbezüge von einer kirchlichen Stelle erhalten, der Einbehalt der Beiträge monatlich durch die auszahlende Kasse, von wo die Gelder halbjährlich an die Bistumshauptkasse (BistumshauptK) (westfälischer und rheinischer Anteil) bzw. die Kasse des Münsterischen Bischöflichen Offizialates in Vechta (olden-

---

256 Vgl. Jahresber.1926. In: PJH [1927] 53-68, 62.

257 Vgl. Jahresber.1931. In: PJH [1932] 78-83, 79.

258 Vgl. RÖSGEN: Priesterhilfe des katholischen Landes. In: PJH [1935] 68-71, 69.

259 Vgl. Jahresber.1935 (in: PJH 1936, 56-59, 57) und 1936 (in: PJH [1937] 91-93, 92).

260 Handbuch des BonifatiusV. In: PJH [1937] 41, zit. bei: A. KÖTTER: DiaspPriesterausgleichsK 13.

261 Vgl. Jahresber.1937. In: PJH [1938] 72-74, 73.

262 GV.15.11.47. In: Abl 81 (1947) 94: Nr.175 Abs.1. "Da die genaue Höhe des Beitrages somit nicht festliegt, ist ein bestimmter Beitrag auf der Zahlungserinnerung nicht eingesetzt worden." Ebd.

263 Vgl. BISCH.15.12.47. In: Abl 82 (1948) 2: Art.2 Ziff.1. Die Beiträge sind für Geistliche, die nach der BesoldungsO für Pfarrer und Hilfsgeistliche besoldet werden, in Tabellen summenmäßig bestimmt, während für die anderen lediglich der Prozentsatz festgelegt werden konnte. Vgl. ebd. Durch die Währungsumstellung trat in der Beitragshöhe keine Änderung ein. Vgl. GV.24.1.49. In: Abl 83 (1949) 8f, 8: Art.21 Abs.2 a.E.

264 Vgl. BISCH.15.12.47. In: Abl 82 (1948) 2: Art.2 Ziff.2.

burgischer Anteil[265]) halbjährlich[266], später vierteljährlich[267] abgeliefert werden. Gemahnt werden in der Folge Kirchengemeinden wie Geistliche[268].

Mit der Umstellung der Gehaltszahlung von der Kirchen- (KirchenK) bzw. Verbandskasse auf die BistumshauptK ab April 1950 erfolgt durch diese der Gehaltsabzug[269]. Ab demselben Zeitpunkt wird auch der Rest der Gehaltskürzungen für alle Pfarrstellen aufgehoben, nachdem staatlicherseits die entsprechenden Mittel zur Verfügung gestellt sind[270]. Unmittelbar vor der Veröffentlichung dieser ungekürzten Gehaltszahlung wird die für den nordrhein-westfälischen Diözesananteil[271] nach Anhörung und Zustimmung der DechantenKonf vom 2.-3. Mai 1950 bestimmte erneute Anhebung der Beiträge bekanntgegeben:

"1. Die Herren Pfarrer und die ihnen besoldungsmäßig gleich- oder bessergestellten Geistlichen entrichten einen Beitrag von 5 Prozent ihres Bruttogehaltes nach Aufhebung der Gehaltskürzungsverordnung.

2. Die Herren Pfarrektoren und Hilfsgeistlichen entrichten einen Beitrag von 3 Prozent ihres Bruttogehaltes.

... Geistliche, die nicht nach der Besoldungsordnung für Pfarrer bzw. Hilfsgeistliche besoldet werden, zahlen 5 Prozent bzw. 3 Prozent ihres Bruttoeinkommens."[272]

Jedenfalls für diese Anhebung auf 5% war auch von der SCConc die Zustimmung - wohl im nachhinein - eingeholt und durch Reskript 1951 und 1955 erteilt worden[273]. Zu den rechtlichen Gründen, die für die Erforderlichkeit einer solchen Zustimmung bereits 1930/31 bestanden, kommt hinzu, daß die Abgabe in Mün-

---

265 Für den oldenburgischen Anteil besteht zusätzlich eine Sonderverfügung des Bisch. Offizialats zu Vechta. Vgl. GV.24.1.49. In: Abl 83 (1949) 8f, 8: Art.21 Abs.2 Satz 2.

266 Vgl. BISCH.15.12.47. In: Abl 82 (1948) 2: Art.2 Ziff.3.

267 Vgl. GV.24.1.49. In: Abl 83 (1949) 8f, 8: Art.21 Abs.3.

268 Vgl. GV.23.9.49. In: Abl 83 (1949) 116: Art.242.

269 Vgl. *unten lit.d a.Anf.*

270 Zur - teilweise schon 1949 erfolgten - Aufhebung der Gehaltskürzungen vgl. GV.5.5.50. In: Abl 84 (1950) 90: Art.110. Allgemein zu den Gehaltskürzungen siehe *§7. Regelungen, die alle Diözesen etc. Fnn.22-29.*

271 Die Sonderverfügungen für den oldenburgischen Anteil waren in den herangezogenen Unterlagen nicht veröffentlicht.

272 GV.11.5.50. In: Abl 84 (1950) 90: Art.109. Abgedr. in KLEYBOLDT: Sammlung [1951] II/36. Ebenso BISCH.20.12.54. In: 2. Ergänzungsheft zu KLEYBOLDT: Sammlung [1951] 18-21, 20: IV/2. Letzterer Erlaß bezieht sich auch auf den oldenburgischen Bistumsteil. Vgl. ebd. Ziff.3.

273 Vgl. den Hinweis auf die früheren Indulte bei SCCONC.15.1.60. In: Abl 94 (1960) 23: Nr.19, wo es u.a. heißt: "Tria sunt tributa quae reditibus sacerdotum dioecesanorum imponi solent, sc.: 1) 5% ad sustentandos sacerdotes egentes qui in s.d. "Diaspora" curam animarum exercent vel jam emeriti sunt; 2) ... Omnia et singula haec tria tributa a sacerdotibus libere solvuntur. Tributum tamen de quo sub n.1) juxta Rescripta Sacrae Congregationis Concilii diei 9 Januarii 1951, n.5142/50 OA, necnon 3 Martii 1955, n.4058/D, impositum est." Der vollständige Wortlaut des Indults ist *unten lit.d* wiedergegeben.

ster wie in den anderen "Hinterlandsdiözesen" nicht Bedürfnissen der eigenen Diözese dient und auch insofern nicht von can.1505 CIC/1917 gedeckt ist[274]. Ab 1957 sind nur noch Hilfsgeistliche im Ruhestand ausgenommen, die anderen Ruhestandsgeistlichen zahlen 3%[275]. Der 5%-Satz wird erst ab Juli 1973 auf 3% gesenkt[276], wo er auch 1994 noch liegt[277].

c) Beiträge zum Haushälterinnenversorgungswerk

Das auf der DechantenKonf/Juni1952 besprochene und gewünschte VersorgungsW zugunsten der Hausangestellten, an dem schon gearbeitet wurde und das als karitatives HilfsW geplant war, trat wohl im Herbst des Jahres ins Leben[278]. Ab Oktober 1954 wurden 2% vom Brutto-Grundgehalt (ohne Wohnungsgeldzuschuß bzw. Mietwert der Dienstwohnung) bei der Gehaltszahlung durch die BistumshauptK einbehalten bzw., soweit Geistliche ihre Bezüge nicht von dieser Kasse erhalten, vierteljährlich an die BistumshauptK eingesendet[279]. Ein Indult der SCConc war erst 1960 feststellbar[280]. Die karitative Einrichtung bezweckt eine wirtschaftliche Hilfe ohne Einräumung eines Rechtsanspruchs; die Beitragspflicht besteht auch, wenn ein Geistlicher eine Haushälterin nicht beschäftigt[281]. Die Beitragshöhe steigt nach und nach[282]. Sie liegt 1994 bei 3%[283].

d) Regelungen, die alle "Pflichtbeiträge" betreffen

Bei der Einführung der Diözesankirchensteuer wurde die Gehaltszahlung von der BistumshauptK übernommen[284]. Mit der Umstellung der Gehaltszahlung von der KirchenK bzw. VerbandK auf die BistumshauptK ab 1950 erfolgt durch diese ebenfalls die Kürzung der "Sollgehälter" um Lohnsteuer, Kirchenlohnsteuer, Notopfer Berlin, sowie die Beiträge zur RuhegehaltsK und zum Diasporapriesterhilfswerk (DiasporapriesterhilfsW), so daß zur Auszahlung nur die Netto-Gehäl-

---

274 Siehe *oben §3. Bonifatiusverein etc. bei Fnn.45-51.*

275 Vgl. GV.15.5.57. In: Abl 91 (1957) 86 Art.119.

276 A. KÖTTER: DiaspPriesterausgleichsK 10. Gemeinsam mit Essen hatte Münster, was den Hebesatz angeht, bis dahin an der Spitze der Hilfeleistungen gestanden. Vgl. BONIFATIUSHAUS: Mitteilungen. In: PJH [1975] 37.

277 Vgl. BISCH.15.11.93. In: Abl 127 (1993) 145f: Art.232 v.a. Abschn.A und C Ziff.3.

278 Vgl. GV: Protokoll der DechantenKonf [2.-4. Juni 1952] 13-15.

279 BISCH.20.12.54. In: 2.Ergänzungsheft zu KLEYBOLDT: Sammlung [1951] 18/21,21: IV/2.

280 Vgl. den Hinweis der SCCONC.15.1.60. In: Abl 94 (1960) 23: Nr.19 nach Ziff.3, wo allein für die Auferlegung der DiaspAbgabe frühere Indulte angeführt werden. Der Text des Indults im Wortlaut folgt *unten lit.d.*

281 Vgl. BISCH.24.6.66. In: Abl 100 (1966) 85f, 85: Art.166 Ziff.3.

282 Vgl. zur Entwicklung im Zusammenhang mit den anderen Pflichtabgaben *unten lit.d.*

283 Vgl. BISCH.15.11.93. In: Abl 127 (1993) 145f: Art.232 v.a. Abschn.A und C Ziff.3.

284 So für die Geistlichen des westfälischen und rheinischen Anteils des Bistums GV.6.2.50. In: Abl 84 (1950) 25. Abgedr. in: KLEYBOLDT: Sammlung [1951] II/37.

ter gelangen[285]. Nachdem 1952 die Pfarrgehälter in den staatszuschußbedürftigen Pfarrstellen mittels vom Land NRW zur Verfügung gestellter Mittel erhöht worden waren, wurden zur Herstellung einer einheitlichen Besoldung der Pfarrer die erhöhten Grundgehälter der aktiven Geistlichen um 10% und die Versorgungsbezüge entsprechend gekürzt, da sonst die für die Erfüllung der Diözesanaufgaben erforderlichen Deckungsmittel unzulänglich gewesen wären; in diesem Zusammenhang wurde von einer Erhöhung der Beiträge zu RuhegehaltsK und DiasporapriesterhilfsW ausdrücklich abgesehen[286]. 1957 wird im Zusammenhang mit der Besoldungstabelle von den "Pflichtbeiträgen" zu RuhegehaltsK, DiasporapriesterhilfsW und Haushälterinnenhilfswerk (HaushHilfsW) gesprochen[287]. 1960 sehen die Anlagen zu den betreffenden Ordnungen (PfBO/1960 etc.)[288] an "Pflichtabgaben" vor: Für Pfarrer zur RuhegehaltsK pauschale Beiträge, zum DiasporapriesterhilfsW 5% bei Besoldungs- und 3% bei Versorgungsempfängern sowie zum HaushHilfsW 2% bei Besoldungs- wie Versorgungsempfängern[289]; für alle anderen Geistlichen zur RuhegehaltsK wieder in pauschalen Beiträgen, zum DiasporapriesterhilfsW bei Besoldungs- 4% (Pastöre bzw. Pfarrrektoren) bzw. 3% (Vikare, Kapläne u.ä.) und bei Versorgungsempfängern 3% sowie zum HaushHilfsW wie bei Pfarrern[290].

---

285 Vgl. GV.6.4.50. In: Abl 84 (1950) 66f: Art.65 Abs.1 und Abs.2 Ziff.2.

286 Vgl. GV.23.5.52. In: Abl 86 (1952) 58: Art.119 Ziffn.1-3 und 5.

287 Die Tabelle weist diese Pflichtbeiträge neben den Besoldungssätzen aus. Vgl. Abl 91 (1957) 115: Art.181 Abschn.D Ziff.1. Vgl. auch die Tabelle 1960. In: Abl 95 (1960) 114f: Nr.178.

288 Siehe oben *§9. Paderborn Fnn.150/3*. Die DiözVerw hat im Laufe des Februar 1959 [1969?] die Besoldungs-, Versorgungs- und Beihilfevorschriften, die alle in einem Ergänzungsheft zur Sammlung kirchlicher Erlasse (KLEYBOLDT: Sammlung [1951]) veröffentlicht sind, indem sie dieses Heft an alle Geistlichen im nordrhein-westfälischen Gebietsteil zustellte und zusätzlich im Abl auf die Möglichkeit hinwies, diese Besoldungsvorschriften bei der BistumsK anzufordern.

289 Vgl. BISCH.15.7.60. In: Abl 94 (1960) 98: Nr.173 Abschn.D Abs.1. Die Beiträge zur RuhegehaltsK, die vom einschlägigen Indult mit 3% beziffert werden (siehe gleich den Wortlaut der SCCONC.15.1.60), sind hier festgesetzt auf monatlich 14 (Dienstaltersstufen 1-5), 17 (Dienstaltersstufen 6-9) und 20 DM (von der 10. Dienstaltersstufe an). Vgl. ebd. Ziff.1. Bemessungsgrundlage für die prozentual bestimmten Abgaben ist bei Besoldungsempfängern das Bruttogrundgehalt, bei Versorgungsempfängern die Versorgungsbezüge, nachdem zuvor der Ortszuschlag in Abzug gebracht worden ist. Vgl. ebd. Ziffn.2f. Unter Bruttogrundgehalt ist für den Fall, daß von der Möglichkeit der Kürzung nach §4 Abs.5 PfBO Gebrauch gemacht wird, das gekürzte Bruttogrundgehalt zu verstehen. Ebd. Abs.2.

290 Vgl. BISCH.1.8.60. In: 94 (1960) 110f: Nr.176 Abschn.C. Bei Geistlichen, die außerhalb der Pfarrseelsorge tätig sind, werden die Abgaben nach den Sätzen der Geistlichen erhoben, die nicht parochi inamovibiles sind. Vgl. BISCH.20.1.61. In: Abl 95 (1961) 28: Abschn.D.

Pfarrektoren und Hilfsgeistliche mit eigenem Haushalt erhalten seit 1962 eine ruhegehaltsfähige Ausgleichszulage; bei der Berechnung der Pflichtabgaben ist von dem um die Ausgleichszulage erhöhten Grundgehalt auszugehen. Vgl. KAPITULARVIKAR.18.11.61. In: Abl 95 (1961) 162: Art.249 Ziff.I.

Während die genannten Ordnungen nebst Anlagen nur für den rheinisch-westfälischen Bistumsteil gelten, regeln eigene diözesane Rechtsakte[291] die "Pflichtbeiträge der Geistlichen" des ganzen Bistums Münster, also auch im oldenburgischen Diözesananteil[292]. 1966 etwa wird unter diesem Titel die Höhe der Beiträge ohne direkte Rücksicht auf Dienstalter und -stellung allein anhand der monatlichen Summe von Bruttogrundgehalt bzw. -vergütung (ohne Ortszuschlag und etwaige Gehaltszulagen) bemessen; dabei leisten die Beitragspflichtigen zur RuhegehaltsK alle 1%, zum DiasporapriesterhilfsW gestaffelt 3-5% sowie zum HaushHilfsW 2 bzw. 2,5%[293]. Insgesamt ergaben sich damit ausdrücklich genannte Gesamtbelastung durch Pflichtbeiträge von 6-8,5% in Stufen von 0,5% pro 100 DM[294]. 1971 zahlen die Geistlichen 5% zum DiasporapriesterhilfsW; 3% zum HaushHilfsW; die Erhebung von Pflichtabgaben zur RuhegehaltsK wird unter Vorbehalt des Widerrufs ausgesetzt[295]. 1973 wird die Abgabe zum DiasporapriesterhilfsW auf 3% gesenkt[296]. 1974 wird ein maximaler Pflichtbeitrag festgesetzt in Höhe der Pflichtbeiträge eines Pfarrers in der Endstufe; somit zahlen von da an die Geistlichen, die eine höhere Bruttovergütung erhalten, wie etwa Professoren, Studienräte, Religionslehrer u.a., maximal diesen Betrag[297]. Seit 1976 wird bei Kaplänen und Vikaren zusätzlich der jeweils gültige steuerliche Sachbezugswert für die "freie Station" beitragspflichtig[298]. Seit 1982 liegt der maximale Pflichtbeitrag bei dem eines Pfarrers mit Haushalt mit erhöhtem

291 Später verweisen dann die Anlagen der jeweiligen BesoldungsO für die Höhe der Pflichtbeiträge auf die "zur Zeit geltende Verordnung" von 1966. Vgl. BISCH.10.10.69. In: Abl 102 (1969) 151: Nr.209 Abschn.C Abs.1 Satz3.

292 Dabei werden die Geistlichen des Offizialatsbezirks bei etwaiger Anwartschaft bei der Ludgerus-Stiftung von der RuhegehaltsK ausgenommen (siehe *oben lit.a a.E.*), im übrigen aber nicht unterschieden; doch gibt es Sondervorschriften für die Geistlichen des Offizialatsbezirkes, die bestehen bleiben, allerdings wohl nur zu Festsetzung, Erhebung und Abführung, nicht für Grund und Höhe der Pflichtbeiträge. Vgl. BISCH.24.6.66. In: Abl 100 (1966) 85f: Art.166 Ziff.1 lit.c und Ziff.5 Abs.3.

293 Vgl. BISCH.24.6.66. In: Abl 100 (1966) 85f, 86: Art.166 Ziff.4. Die Staffelung beträgt beim DiaspPriesterhilfsW 3% (bis 1299 DM), 3,5 (bis 1399 DM), 4 (bis 1499 DM), 4,5 (bis 1599 DM) und 5% (ab 1600) und beim HaushHilfsW 2,5% ab 1300 DM. Vgl. ebd. Abs.2.

294 Vgl. ebd. Im einzelnen: 6,5 (ab 1200), 7 (ab 1300), 7,5 (ab 1400), 8 (ab 1500) und 8,5% (ab 1600 DM).

295 Vgl. die besondere Verordnung zu den Pflichtbeiträgen: BISCH.25.6.71. In: Abl 105 (1971) 99: Art.155 Ziff.4. Vgl. außerdem DERS.25.6.71 (in: ebd.93f, 93: Art.149 Abschn.D Abs.1f) und DERS.25.6.71. In: ebd.95f,96: Art.151 Abschn.C Abs.1f. Das GV wird ermächtigt, die Pflichtabgaben der Geistlichen ohne eigenen Haushalt unter Berücksichtigung eines angemessenen Satzes für die gewährte freie Station festzusetzen. Vgl. ebd. Abs.3 lit.a. Vgl. auch ebd.96f, 97: Art.153 Abschn.D Ziff.1.

296 Vgl. BISCH.20.6.73. In: Abl 107 (1973) 113: Art.162 Ziff.4 a.E.

297 Vgl. BISCH.2.5.74. In: Abl 108 (1974) 75: Art.128 Ziff.4 Abs.2f.

298 Vgl. BISCH.25.6.76. In: Abl 110 (1976) 163: Art.167 Ziff.4 Abs.1 Satz 2.

Grundgehalt in der Endstufe[299]. Im übrigen haben sich die PflichtbeitragsVO nicht geändert, insbesondere berufen sie sich jeweils auf das Indult der Kleruskongregation[300].

Zu den "Pflichtbeiträgen der Geistlichen" werden folgende Dekrete[301] veröffentlicht[302]:

"Sacra Congregatio Concilii

Beatissime Pater,

Episcopus Monasteriensis ea quae sequuntur humiliter exponit:

Tria sunt tributa quae reditibus sacerdotum dioecesanorum imponi solent, sc.:

1) 5% ad sustententandos sacerdotes egentes qui in s.d. "Diaspora" curam animarum exercent vel jam emeriti sunt;

2) 3% pro aerario dioecesano "Ruhegehaltskasse" nuncupato quod sacerdotes senectute vel inertia laborantes adiuvat;

3) 2% pro alio aerario dioecesano v. "Haushälterinnen-Versorgungswerk". Haec institutio subsidia praebet sororibus famulisque quae sacerdotibus inserviebant et ob eorum mortem vel ob aliam causam egestatem patiuntur.

Omnia et singula haec tria tributa a sacerdotibus libere solvuntur. Tributum tamen de quo sub n.1) juxta Rescripta Sacrae Congregationis Concilii diei 9 Januarii 1951, n.5142/50 OA, necnon 3 Martii 1955, n.4058/D, impositum est.

Ad rem vero rite moderandam Episcopus orator enixe a Sanctitate Vestra Beneplacitum Apostolicum petit ut omnia et singula tria tributa imponi possint. Ad praeteritum quod attinet, sanationem postulat prout necessaria habeatur.

Capitulum cathedrale et Consilium dioecesanum administrationis votum emiserunt affirmativum.

SACRA CONGREGATIO CONCILII, attentis expositis ab Episcopo Monasteriensi, eidem petitam facultatem benigne impertita est ad quinquennium cum sanatione quoad praeteritum, servatis servandis.

Datum Romae, die 15 Januarii 1960

P. Card. Ciriaci, Praefectus"[303]

"Sacra Congregatio Concilii

Beatissime Pater,

Episcopus Monasteriensis perdurantibus iisdem causis, a Sanctitate Vestra humiliter postulat ut sibi prorogetur indultum iampridem concessum per re-

---

299 Vgl. BISCH.10.12.82. In: Abl 117 (1983) 6f, 7: Art.13 Ziff.4 Abs.2.

300 Vgl. wohl zuletzt BISCH.25.1.85. In: Abl 119 (1985) 83: Art.61.

301 Die Veröffentlichung erfolgt im Abl unter der Rubrik "Dekrete der römischen Kongregationen".

302 Zu rechtlichen Gründen für die Erforderlichkeit der Entscheidungen des ApStuhls siehe *oben §9. Paderborn* bei Fnn.85-92, 139f, 159/62, und den *vorliegenden §12 bei Fn.274.*

303 SCCONC.15.1.60 unter N.48651/A. In: Abl 94 (1960) 23: Nr.19.

scriptum S. Congregationis Concilii diei 15 Januarii 1960, n.48651/A, de tributis imponendis sacerdotibus dioecesanis,

Sacra Congregatio Concilii attentis expositis, petitam prorogationem, in terminis et forma praecedentis rescripti, benigne impertita est ad aliud quinquennium.

Datum Romae, die 6 Octobris 1964

L.S. P. Card. Ciriaci, Praefectus"[304]

Im Wortlaut gleich, erteilt die SCCler 1969 das Reskript zur erneuten Verlängerung:

"... indultum iampridem concessum per rescriptum S. Congregationis pro Clericis diei 6 Octobris 1964 n.93863, de tributis imponendis sacerdotibus dioecesanis, ...

Datum Romae, die 16 Octobris 1969

J. Card. Wright, Praefectus"[305]

"SACRA CONGREGATIO PRO CLERICIS

Beatissime Pater,

Episcopus Monasteriensis perdurantibus iisdem causis, a Sanctitate Vestra humiliter ut sibi prorogetur indultum iampridem concessum per rescriptum istius S. Congregationis diei 16 octobris 1969, n. 16222/III, de tributis imponendis sacerdotibus dioecesanis, aucto tamen de 2% ad 3% tributo pro aerario v.d. `Haushälterinnenversorgungswerk´.

Sacra Congregatio pro Clericis, attentis expositis, petitam prorogationem, in terminis et forma praecedentis rescripti, benigne impertita est ad aliud quinquennium, concesso etiam augmento tributi v.d. `Haushälterinnenversorgungswerk´, servatis de iure servandis.

Datum Romae, die 25 novembris 1974

L.S. J. Card. Wright, Praefectus"[306]

"SACRA CONGREGATIO PRO CLERICIS N. 161509/III.

Beatissime Pater,

Vicarius Capitularis Dioecesis Monasteriensis Sanctitati Vestrae reverenter exponit:

Sacra Congregatio pro Clericis die 25 novembris 1974, n. 148559/III, benigne concessit Episcopo Monasterien. ad quinquennium facultatem imponendi

---

[304] SCCONC.6.10.64 unter N.93863/A. In: Abl 98 (1964) 181: Nr.256. Im Anschluß wird das eben zitierte Indult vom 15.1.1960 im Wortlaut vom Abl erneut abgedruckt.

[305] SCCLER.16.10.69 sub N.12622/III. In: Abl 102 (1969) 184: Nr.264. Ob die es richtig N.12622/III oder N.126222/III (vgl. den Text bei der folgenden Fn.) heißt, läßt sich aus den Ablattverlautbarungen nicht ermitteln. In dem im Amtsblatt veröffentlichten Text heißt es versehentlich "pro Clericis" statt "Concilii".

[306] SCCLER.25.11.74 sub N.148559. In: Abl 107 (1974) 201: Nr.330.

triplex tributum sacerdotibus dioecesanis solvendi decimam partem redituum eorum, et quidem:

1) 5% ad sustentandos sacerdotes egentes, qui in regione s.d. `Diaspora´ curam animarum exercent, aut exercuerunt et nunc emeriti sunt;

2) 3% pro aerario dioecesano nuncupato `Ruhegehaltskasse´, quo sacerdotes propter senectutem vel morbum emeriti aluntur;

3) 3% pro aerario dioecesano v.d. `Haushälterinnenversorgungswerk´, quod praebet adiumentum sororibus famulisque sacerdotum egentibus, quae ob quamlibet causam servitium ulterius suscipere non valent et ideo egestate opprimuntur.

Cum necessitas horum operum universo clero sit nota et omnes tributa libenter solvere soleant, Ordinarius Monasterien., consentientibus Capitulo Cathedrali, Consilio Administrationis Dioecesano nec non Consilio Presbyterali, petit a Sanctitate Vestra ut denuo concedere velit indultum imponendi tributa omnibus sacerdotibus ad Dioecesim Monasterien. pertinentibus, qui congruis reditibus fruuntur.

Conditiones indulti noviter implorati hisce in terminis proponuntur:

1) ad sustentandos sacerdotes egentes, qui in regione s.d. `Diaspora´ curam animarum exercent aut exercuerunt et nunc emeriti sunt, et in posterum tributum 5% omnibus sacerdotibus imponatur; pro tempore 3% tantum sumuntur, salva emendatione;

2) tributum pro aerario dioecesano nuncupato `Ruhegehaltskasse´, non mutetur. Pro tempore istud tributum non sumitur, salva revocatione, ita ut, si necessitas id ferat, dictum tributum noviter erit imponendum;

3) pro aerario dioecesano v.d. `Haushälterinnenversorgungswerk´ et in posterum tributum de 3% imponendum sit.

datum Romae, die 8 novembris 1979

Silvius card. Oddi

L.S. Praef.

+ Maximinus Romero

a Secr."[307]

"SACRA CONGREGATIO PRO CLERICIS N.174546/III

Beatissime Pater,

Episcopus Monasteriensis

perdurantibus iisdem causis, a Sanctitate Vestra humiliter postulat ut sibi prorogetur indultum iampridem concessum per rescriptum S. Congregationis pro Clericis diei 8 Novembris 1979 n. 161509/III, de tributis imponendis sacerdotibus dioecesanis.

---

[307] SCCLER.8.11.79 sub N.161509/III. In: Abl 94 (1980) 25: Art.38.

Sacra Congregatio pro Clericis, attentis expositis, petitam prorogationem, in terminis et forma praecedentis rescripti, benigne impertita est ad aliud quinquennium.

Datum Romae, die 18 Octobris 1984

L.S. Sylvius Card. Oddi
Praef.
+ M. Romero
a Secr."[308]

1988 wird die Ordnung der Besoldungs- und Versorgungsbezüge für die Geistlichen des Offizialatsbezirkes Oldenburg neu gefaßt, wobei auch die "Kirchlichen Beiträge" ausführlich geordnet sind[309]. Dort werden Beiträge erhoben zur DiasporabesoldungsK, zur RuhegehaltsK und zum Hilfswerk (HilfsW) für Haushälterinnen; aktive Geistliche (auch heimatvertriebene) des Offizialatsbezirkes Oldenburg entrichten Beiträge zu allen drei HilfsW, im Ruhestand befindliche zur DiasporabesoldungsK und zum HaushHilfsW[310]. Eine Besonderheit ist die folgende Regelung:

"41.31 Ordensgemeinschaften, die Geistliche für Aufgaben der Seelsorge im Offizialatsbezirk zur Verfügung stellen, entrichten Beiträge zum Hilfswerk für die Haushälterinnen, sofern die Ordensgeistlichen eine Haushälterin beschäftigen.

41.32 Geistliche im Dienst des Bischöflich Münsterischen Offizialates, die einer anderen Diözese in der Bundesrepublik angehören, können nach der in ihrer Heimatdiözese geltenden Ordnung zu Beiträgen an die Hilfskassen ihres Bistums herangezogen werden.

41.33 Geistliche im Dienst des Bischöflich Münsterischen Offizialates, die vom Bistum zum Dienst in einer anderen Diözese oder sonstigen Einrichtung unter Fortfall der Bezüge beurlaubt sind, entrichten Beiträge zu allen Hilfswerken, sofern keine Heranziehung zu vergleichbaren Hilfswerken der anderen Diözese oder sonstigen Einrichtungen erfolgt.

41.34 Geistliche ausländischer Diözesen, die mit seelsorglichen Aufgaben im Offizialatsbezirk betraut sind, entrichten Beiträge zu allen Hilfswerken. Bei Rückkehr in ihre Heimatdiözese werden die Beiträge zur Ruhegehaltskasse und zum Hilfswerk für Haushälterinnen zuzüglich eines Diözesananteils in gleicher Höhe erstattet, sofern nicht das Bischöflich Münsterische Offizialat ein Ruhegehalt oder eine Beihilfe für die Haushälterin zahlt. Diese Bestimmung

---

308 SCCLER.18.4.84 sub N.174546/III. In: Abl 99 (1984) 45: Art.2. Zur Verwendung des Wortes "Sacra" vgl. oben §2 Fn.20.

309 Vgl. BISCH.18.11.88. In: Abl 123 (1989) 16-32, 24-26: Art.17 Ziff.4.

310 Vgl. ebd. Ziffn.41, 41.1 und 41.2.

gilt vorbehaltlich einer künftigen gemeinsamen Regelung der Diözesen in der Bundesrepublik Deutschland."[311]

Die Beiträge sind festgesetzt auf 3% (DiasporabesoldungsK), 2% (RuhegehaltsK) und 3% (HaushHilfsW) des Grundgehalts, die Erhebung der Pflichtabgabe zur RuhegehaltsK des Offizialatsbezirks aber unter Vorbehalt des Widerrufs ausgesetzt[312]. Von Indulten der Kleruskongregation ist nicht die Rede.

Die PrBVO/1993 normiert für den nordrhein-westfälischen Diözesananteil:

"Der Bischof von Münster kann Abgaben festsetzen, um die die Bezüge der Priester gekürzt werden."[313]

Die Höhe ist in einer der Anlagen festgesetzt[314] und beträgt nach wie vor je 3% für DiasporapriesterhilfsW und HaushZusatzversorgungsW; die einschlägige Anlage 5 entspricht auch sonst inhaltlich den bisherigen PflichtbeitragsVO, nimmt jedoch keinen Bezug auf ein römisches Indult[315]. 1994 wird die Rechtslage im Offizialatsbezirk Oldenburg der im nordrhein-westfälischen Diözesananteil angeglichen[316].

§13. Erzdiözese Köln

a) Beitrag zum Priesterpensionsfonds bzw. zur Ruhegehaltskasse

Die Ausführung der Grundzüge der Neuordnung des Pensionswesens/1909[317] erfolgt in der Erzdiözese noch im Dezember1909[318]: Der bisher von der Erzbischöflichen Bistumskasse (BistumsK)) verwaltete Priester-Pensionsfonds bleibt bestehen, und die jährlichen Beiträge der Diözesangeistlichkeit fließen dorthin[319]. In eine "Matrikel" werden das - mit Hilfe bestimmter "Nachweisungen" festgestellte - Diensteinkommen der Geistlichen und die sich hieraus ergebenden Beiträge eingetragen[320]. Die Dechanten erhalten vom Generalvikariat eine Liste

---

311 Ebd. Ziff.41.3.

312 Vgl. ebd. Ziffn.42f.

313 BISCH.15.11.93. In: Abl 127 (1993) 138-145, 142: Art.227 §30 Abs.1.

314 Vgl. ebd. Abs.2.

315 Vgl. BISCH.15.11.93. In: Abl 127 (1993) 145f: Art.232 v.a. Abschn.A und C Ziff.3.

316 Vgl. BISCH.OFFIZIAL.30.12.93 (in: Abl 128 [1994] 24-31, 28: Art.48 §30) und DERS.30.12.93. In: ebd. 31f: Art.53 v.a. Abschn.A und C Ziff.3.

317 Siehe oben *§7. Regelungen etc. bei Fnn.1ff.*

318 GV.24.12.09. In: Abl 50 (1910) 1-3, 2f: Nr.2 nach Art.6 Ziffn.1-7. Diese Ausführungsbestimmungen bilden zusammen mit den vorabgedruckten Grundsätzen die am 1.4.1910 in Kraft gesetzte PensionsO, vgl. v.a. Ziff.7.

319 Vgl. ebd. Ziff.1 Satz 1f. Neben den anderen Einkünften (Zinsen seines Kapitalvermögens und jährliche staatliche Zuschüsse). Vgl. ebd.

320 Vgl. ebd. Ziff.2. Zur Berechnung des Diensteinkommens folgen nähere Ausführungsbest. Vgl. ebd. Solche erfolgen zunächst durch GV.31.12.09. In: Abl 50 (1910) 27: Nr.20. Ausführlich wird hier etwa geregelt: die Anlegung der Matrikel; die Nachweisungen der

über die von den Geistlichen ihres Dekanats durch ihre Vermittlung an die BistumsK zu zahlenden Beiträge[321]. Der St. Engelbertus-Verein bleibt mit allen den Mitgliedern aus den Vereinsmitteln zustehenden Rechten und den diesen Rechten entsprechenden Verpflichtungen bestehen, doch ist nach den Grundsätzen des preußischen Episkopats Beteiligung und Beitragszahlung erforderlich, wofür den Mitgliedern die Wahl zwischen "Ordnungen" freigestellt wird[322]. 1914 dient der St.-Engelbertusverein nur noch dem Zweck, Zuschüsse zum Ruhegehalt zu zahlen[323]. 1916 wird eine "Ruhegehaltskasse" (RuhegehaltsK) errichtet[324].

Ab April 1937 wurden die Beiträge wegen der vermehrten Zahl der in den Ruhestand getretenen Geistlichen erhöht, und zwar für Kapläne mit eigenem Haushalt, deren Gehalt um 5% stieg, sowie für Pfarrer in staatszuschußfreien Gemeinden, deren Bezüge weit höher waren als die der staatszuschußbedürftigen Pfarrer[325]. Die monatlichen Beiträge sind in festen Beträgen gestuft für Kapläne ohne und mit Haushalt, Rektoratspfarrer und Pfarrektoren unter und über 20 Dienstjahren, Pfarrer in Gemeinden unter 800 Seelen und über 800 Seelen eingehoben[326]. Die Höhe der Beiträge der Religionslehrer und Studienräte richtet sich nach der Höhe ihrer Gehaltsbezüge[327].

Diensteinkommen nebst Prüfung und Beglaubigung durch den Dekan, die Anwendung der "Allgemeinen Grundsätze über die Berechnung des Diensteinkommens" (Abl 39 [1899] 23ff).

[321] Vgl. GV.24.12.09. In: Ebd. Ziff.3. Vgl. weiter GV.31.12.09. In: Ebd. Ziff.2 Abs.1. Nicht direkt an die BistumsK, sondern rechtzeitig an die DekanatsK. Vgl. GV.10.7.39. In: Abl 79 (1939) 112: Nr.202 Abs.2.

[322] Vgl. GV.24.12.09. In: Ebd. Ziff.6 vor lit.a. In der ersten Ordnung bezahlen die Mitglieder des Vereins außer den Vereinsbeiträgen die in den Grundzügen festgesetzten Beiträge an die PensionsK und erwerben so das Recht auf die in Art.1 [Grundsätze] enthaltenen Ruhegehälter aus der Bistumskasse und haben zugleich das Recht auf die ihnen aus dem St. Engelbertus-Verein zustehenden Bezüge. Vgl. ebd. lit.a. In der zweiten Ordnung, in der die Mitglieder Vereinsbeiträge wie bisher zahlen, aber an den PensionsF der BistumsK die Differenz zwischen Vereinsbeitrag und den aus Art.4 [Grundsätze] sich ergebenden Sätzen entrichten, gewährleistet die PensionsK Zuschüsse, durch welche die Ruhegehaltssätze des Art.1 [Grundsätze] erreicht werden. Vgl. ebd. lit.b. Scheiden Mitglieder später aus dem Verein aus und haben sie in der Zwischenzeit nur die Differenz zwischen den Beiträgen zur - jetzt bestehenden - RuhegehaltsK und zum Verein gezahlt, so müssen sie die dadurch an die RuhegehaltsK zu wenig gezahlten Beträge nachzahlen. Vgl. GV.28.8.10. In: Abl.50 (1916) 128: Nr.227 Satz 1.

[323] Vgl. GEN.VERS. d.St.-Engelbertus-Vereins v.25.5.14 (genehmigt durch den EB.24.7.14). Abgedr. in: CORSTEN: Sammlung [1929] 816-818, 816: Nr.733 §1 Abs.2 Satz 1.

[324] Vgl. zur Errichtung mit weiteren Hinweisen H. SCHMITZ: Diözesanklerus 37 mit Fn.123.

[325] Vgl. GV.10.4.37. In: Abl 77 (1937) 85: Nr.144.

[326] Vgl. GV.10.7.39. In: Abl 79 (1939) 112: Nr.202 Abs.1.

[327] Vgl. ebd. Abs.2. Das bezieht sich auf die nicht oder noch nicht ruhegehaltsberechtigten Lehrer. Vgl. die detaillierte Regelung in: GV.8.2.49. In: Abl 89 (1949) 102f, 102: Nr.88. Be-

Wie in anderen Diözesen findet sich auch in Köln - jedenfalls schon im Jahr der Währungsreform - ein Beitrag der Kirchenkasse (KirchenK) zur DiözesanruhegehaltsK[328].

Bis 1950 konnten nur inkardinierte Geistliche Mitglieder der RuhegehaltsK werden, ab Januar 1951 auf Antrag auch jene heimatvertriebenen Geistlichen mit hauptamtlicher Anstellung in Seelsorge und Schuldienst der Erzdiözese[329]. Ordensgeistliche, die im Dienste der Erzdiözese und der Kirche stehen, können nicht Mitglied der DiözesanruhegehaltsK werden, weil ihre Altersversorgung bei ihrem Ordensverband bleibt[330].

Die DiözSyn/1954 behandeln im Zusammenhang mit den Dekreten zum Personen- und Ämterrecht die Altersversorgung[331]: Alle Diözesangeistlichen sind verpflichtet, Mitglied der DiözesanruhegehaltsK zu sein, soweit sie nicht in den Ruhestand versetzt sind oder ihnen von dritter Seite Anwartschaft auf Ruhegehalt gewährleistet ist; die Beitragshöhe - im Oktober 1954 3%[332] - setzt der Ordinarius fest; bei aus kirchlichen Kassen besoldeten Geistlichen sind die Beiträge bei der monatlichen Gehaltszahlung vom Gehalt einzubehalten[333]. Der Beitritt zum St.-Engelbertus-Verein wird zusätzlich "als ein edles Werk mitbrüderlicher Caritas empfohlen"[334].

1960 liegt der Beitrag bei 3%, spätestens 1974 wird er nicht mehr erhoben[335].

---

messungsgrundlage ist auch hier grundsätzlich das Bruttogehalt ohne Wohnungsgeld. Vgl. ebd. Satz 2.

328 Vgl. GV.20.10.48. In: Abl 88 (1948) 402: Nr.388 Abs.1. Er ist unmittelbar oder über die DekanatsK zu überweisen. Vgl. ebd. Die staatszuschußfreien Gemeinden und Gemeindeverbände haben außerdem einen Beitrag an den PfarrausgleichsF an die ErzbistumsK einzusenden. Vgl. ebd. Abs.2. Vgl. zu den anderen Diözesen nur oben *§8.Osnabrück Fnn.41/5, §9.Paderborn Fnn.93/5* und *§12. Münster Fn.250*.

329 Vgl. GV.10.2.51. In: Abl 91 (1951) 129: Nr.77 Abs.1 Satz 1-3. Für die Zukunft erfolgte in Rechten und Pflichten Gleichstellung mit dem einheimischen Klerus mit Beitragshöhe nach der Dienststellung in der ED; von einer Nachzahlungen bzw. der Entrichtung einer Aufnahmegebühr wurde der besonderen Umstände wegen Abstand genommen. Vgl. ebd. Satz 2-4,6.

330 Vgl. GV.15.2.55. In: Abl 95 (1955) 72-78, 73-75: Nr.90 Abschn.A Ziff.13. Deshalb zahlen sie auch keine Beiträge zur RuhegehaltsK.

331 Vgl. DIÖZ.SYN. [1954] 29: Dekr.79 §2.

332 Vgl. GV.2.10.52. In: Abs. 94 (1954) 341f: Nr.427.

333 Vgl. ebd. Abs.1f. Die übrigen Geistlichen sind verpflichtet, ihre Beiträge unaufgefordert wenigstens vierteljährlich an die ErzbistumsK einzusenden. Vgl. ebd.

334 Vgl. ebd. Abs.3.

335 Vgl. für 1960 EB.19.3.60. In: Abl 100 (1960) 121-134, 134: Nr.143 Abschn.D Ziff.1. 1968 wird der Beitrag noch eingehoben. Vgl. EB.22.10.68. In: Abl 108 (1968) 394-407, 404f: Nr.322 §53. Vgl. weiter GV.22.10.68. In: Abl 108 (1968) 408: Nr.323. In den folgenden Abl sind keine diesbezüglichen Änderungen der Anlagen zu den BesoldungsO festzustellen. Als 1974 von der SCCler das Indult für die Pflichtabgaben erneut erbeten wird, ist der Beitrag zur

b) Abgabe zur Diasporapriesterhilfe[336]

In der Erzdiözese, die zum "preußischen Hinterland" zählte[337], hatten sich schon 1925 alle Dekanate der (Diasporaausgleichskasse) DiasporaausgleichsK mit festen Beträgen angeschlossen, die in den Großstädten von der Gesamtverbandskasse bei der Gehaltszahlung abgehalten, in den übrigen Dekanaten von den Dechanten eingezogen und nach Paderborn überwiesen wurden[338].

Unter wörtlicher Veröffentlichung des Beschlusses der Fuldaer Bischofskonferenz von 1926 (FuldBischKonf/1926) bittet das Generalvikariat im Auftrag des Erzbischofs die Dechanten, auf gemeinsamen Besprechungen des Dekanatsklerus das Thema - auch bezüglich der Zahlungsart - zur Vorbereitung der Diözesankonferenz (DiözKonf) zu beraten[339]. Auf der DiözKonf/1926 wurde dann im Anschluß an die Richtlinie/1926 der FuldBischKonf die Leistung von regelmäßigen Beiträgen aller Priester vorgeschlagen, was allgemein Anklang fand; ab 1927 war darauf ein fester Jahresbeitrag durch die Dechanten der ErzbistumsK zu überweisen[340].

In Umsetzung der FuldBischKonf/1929 richtete Erzbischof Kard. Schulte 1930 an die Dechanten ein eindringliches persönliches Schreiben mit dem Hinweis, daß die von der "Diözesansynode 1926"[341] beschlossenen Beiträge nicht mehr der notwendigen 1%igen Abgabe entsprächen:

> "Ich möchte deshalb die fortgesetzte Förderung der Priesterhilfe Ihrer gütigen Erwägung mit den Herren Ihres Kapitels herzlich empfehlen. Sollte in Ihrem Dekanat die Beteiligung noch nicht allgemein sein, so werden Euer Hochwürden gewiß die geeignete Form finden, die fehlenden Herren an die Liebespflicht zu erinnern."

Das Schreiben wurde dann in allen Dekanaten auf Dekanatskonferenz (DekanatsKonf) besprochen und in den meisten Dekanaten eine mehr als 1%ige Abgabe als runde Summe beschlossen[342].

RuhegehaltsK nicht genannt. Siehe *unten lit.d.* Vgl. für 1976 GV.10.6.76. In: Abl 116 (1976) 492: Nr.287. Dort wird nur die steuerliche Behandlung der Beiträge zur DiaspPriesterhilfe und zum HaushHilfsW behandelt.

336 Auch "Diasporaabgabe" oder "Pflichtabgabe zum Diasporahilfswerk" genannt.

337 Zum Begriff des "Hinterlandes" vgl. oben *§3. Bonifatiusverein etc. Fn.23.* Die ED war nicht als "Diasporadiözese" zu bezeichnen, auch wenn in einzelnen Dekanaten die Katholiken in der Minderzahl waren. Vgl. GV.20.9.26. In: Abl 66 (1926) 108: Nr.194.

338 Vgl. Jahresber.1925. In: PJH [1926] 8-16, 69. Die Beiträge betrugen 50 bis 100 Mk. pro Pfarrer - bei Hilfsgeistlichen und Rektoren entsprechend weniger (vgl. ebd.), wurden also anscheinend dekanatsweite festgesetzt, aber von Dekanat zu Dekanat verschieden abgesprochen.

339 Vgl. GV.20.9.26. In: Abl 66 (1926) 108: Nr.194.

340 Vgl. GV.15.12.26. In: Abl 66 (1926) 127: Nr.246 Abs.1f.

341 Gemeint ist wohl "Diözesankonferenz 1926".

342 RÖSGEN: Priesterhilfe des katholischen Landes. In: PJH [1935] 68-71, 69.

Auf der DiözKonf/1932 schlug Domkapitular Adenauer vor, neben dem 1% für die DiasporaausgleichsK ein weiteres Prozent des Einkommens zur Unterstützung notleidender Priester innerhalb der Erzdiözese Köln zu geben[343]. In der Aussprache konnte der Erzbischof das vorgeschlagene "persönliche Opfer des Klerus" "nicht warm genug empfehlen" und konstatierte schließlich, die DiözKonf stimme einhellig zu, die 2%-Abgabe für die Priesterhilfe des Bonifatiusverein und die Priesterhilfe in der Erzdiözese durchzuführen[344].

In Ausführung der Entschließung der FuldBischKonf/1932 wurde der Klerus aufgefordert, wie bisher treu seine Beiträge zur Ausgleichskasse (AusgleichsK) zu entrichten[345].

Die Diözesansynode von 1937 (DiözSyn/1937) genehmigt einmütig den Antrag des Generalvorstandes des Bonifatiusvereins auf obligatorische Einführung der Diasporapriesterhilfe in Form eines Unterstützungsbeitrages von 1% des Bruttogehaltseinkommens[346]. In Ausführung dieses Beschlusses bestimmt das Generalvikariat, daß an Stelle der bisher vielfach üblichen Zahlungsweise von abgerundeten Beträgen "aus Zweckmäßigkeitsgründen" die von der BischKonf geforderte 1%ige Gehaltsabgabe tritt[347]. Die Einhebung erfolgt womöglich durch Gehaltsabzug, auch bei den Ruhestandsgeistlichen, die verpflichtet sind, ihren Beitrag durch die RuhegehaltsK an die ErzbistumsK einzusenden, und die aktiven wie die im Ruhestand befindlichen Religionslehrer und sonst freigestellten Geistlichen zahlen über die Dechanten an die ErzbistumsK[348], nicht, wie noch 1933, direkt an den Bonifatiusverein[349]. Nur ganz besondere Notfälle und zwingende Gründe können von der Zahlung der Diasporapriesterhilfe entschuldigen, wozu es aber eines besonderen Gesuches um Ermäßigung oder völligen Nachlaß an das Generalvikariat bedarf; die ErzbistumsK wird angewiesen, die Rückstände einziehen zu lassen[350].

---

343 Vgl. DiözKonf [1932] 43: Referat.

344 Vgl. DiözKonf [1932] 44f: Aussprache.

345 Vgl. GV.7.11.32. In: Abl 72 (1932) 147: Nr.232.

346 Vgl. DIÖZ.SYN. [1937] 35. Die Einziehung soll einem aus den Reihen der Synodalen kommenden Antrag entsprechend den Dechanten obliegen. Vgl. ebd.

347 Vgl. GV.20.8.37. In: Abl 77 (1937) 157f, 157: Nr.276 Abs.2 Satz 1.

348 Vgl. ebd. Abs.2f. Später dann direkt an die ErzbistumsK. Vgl. GV.24.2.39. In: Abl 79 (1939) 43: Nr.68 Abs.1. Vgl. weiter GV.10.5.40. In: Abl 80 (1940) 84: Nr.161.

349 Vgl. GV.7.1.33. In: Abl 73 (1933) 12: Nr.12.

350 Vgl. GV.20.8.37. In: Abl 77 (1937) 157f, 158: Nr.276 Abs.3. Die Dechanten geben auf den Quartalslisten sowohl die Namen der einzelnen Geistlichen als auch die von ihnen entrichteten Beiträge genau an. Vgl. GV.24.2.39. In: Abl 79 (1939) 43: Nr.68 Abs.2 Satz 2. Vgl. auch GV.10.5.40. In: Abl 80 (1940) 84: Nr.161 Abs.2 Satz 3. Für die als Sanitätssoldaten eingezogenen Priester ruhen während ihres militärischen Dienstes die Pflichtbeiträge für die RuhegehaltsK und für die DiaspHilfe. Vgl. GV.11.3.40. In: Abl 80 (1940) 46: Nr.76.

Noch im November 1947 bittet das Generalvikariat unter Bezugnahme auf den 3%-Beschluß der FuldBischKonf/1947 die Dechanten, "bei der Einziehung entsprechend zu verfahren"[351].

Da 1949 nicht genügend Diasporagehaltszuschüsse verfügbar waren, um den Diasporageistlichen selbst bei allerbescheidensten Ansprüchen das Lebensnotwendige zu verschaffen und sich durch Wegfall der bis dahin bestehenden 6%igen Gehaltskürzung (1. Notverordnung!)

> "... eine Möglichkeit und damit auch eine heilige Verpflichtung (ergibt), unseren notleidenden priesterlichen Mitbrüdern mit einer Erhöhung unseres persönlichen Opfers zu Hilfe zu kommen"[352],

wird entsprechend der Ankündigung des Erzbischofs auf der DechantenKonf ab 1950 die Diasporaabgabe von 3% auf 5% des Bruttoeinkommens (Barbezüge und Mietwert der Wohnung) erhöht, und man ersucht die Dechanten, "bei der Einziehung entsprechend zu verfahren"[353].

In Gemeinden, die keinem Gesamtverband angehörten, blieben die Beiträge der Seelsorgegeistlichen vielfach unter 5%, wohl weil das tatsächliche Einkommen das Einkommenssoll nicht erreichte; ab April 1951 könne es aber keine unterschiedliche prozentuale Beitragsleistung mehr geben, da die dem Einkommenssoll entsprechenden Besoldungsbeträge für alle Geistlichen den einzelnen Kirchengemeinden in gleicher Weise vom Kirchensteueramt überwiesen werden[354]. Nach Einführung der neuen Kirchensteuerordnung wurden so "aus Zweckmäßigkeitsgründen und auf Anregung einzelner Dechanten" die Beitragssätze für die Seelsorgegeistlichen einheitlich festgesetzt[355]. Im Unterschied zur Regelung vom Dezember 1949 waren die 5% allein vom Bareinkommen zu entrichten, doch würde trotz der niedrigeren Bemessungsgrundlage das Endergebnis höher sein, weil Ausfälle nicht mehr möglich wären[356]. Nun wurden die festgesetzten Beiträge vom Kirchensteueramt direkt einbehalten und an das Diasporakommissariat weitergeleitet, so daß sie von dem den einzelnen Kirchengemeinden ab Juni 1951 für die Besoldung der Geistlichen überwiesenen Gesamtbetrag in Abzug gebracht werden[357].

---

351 Vgl. GV.17.11.47. In: Abl 87 (1947) 284: Nr.350.

352 GV.7.12.49. In: Abl 89 (1949) 462: Nr.527 Satz 5.

353 Vgl. ebd. Satz 6f.

354 GV.5.5.51. In: Abl 91 (1951) 275: Nr.218 Abs.1 Satz 2f.

355 Vgl. ebd. Abs.2 Satz 1.

356 Vgl. ebd. Satz 2-4. Wegen des großen Unterschiedes des Mietwertes der Wohnungen der einzelnen Geistlichen war es kaum möglich, diesen bei Festsetzung einheitlicher Sätze in Anrechnung zu bringen. Vgl. ebd.

357 Vgl. ebd. Abs.2 Satz 5f. Die Seelsorgegeistlichen zahlen monatlich feste Beträge in folgenden Stufen: Kapläne ohne Haushalt (5 DM), mit Haushalt in 1.-4. Gehaltsstufe (10 DM), mit Haushalt in 5.-6. Gehaltsstufe und alle Pfarr-Rektoren sowie die Rektoratspfarrer unter 20 Dienstjahren (20 DM), Rektoratspfarrer über 20 Dienstjahre und Pfarrer in Gemeinden unter

Ab April 1952 erfolgt die Herabsetzung auf 3%[358]. Die DiözSyn/1954 bestätigt die Abgabe in dieser Höhe und ordnet die Regelung im Kontext der Dekrete "Der seelsorgliche Dienst über die eigene Pfarre hinaus. - Die Sorge für Diaspora und Mission." der erforderlichen schnellen und entschiedenen "Hilfe des katholischen Hinterlandes" zu[359]. Dieser "Diasporahilfe" dient die Hilfe beharrlichen Gebets der Priester und Gläubigen; als nächstes Mittel der Diasporahilfe wird dann die 3%-Abgabe genannt[360]. Von 1955 bis 1984 wurden sechs Indulte der SCConc bzw. SCCler zur *facultas imponendi tributa* festgestellt, die auch die Auferlegung der 3%igen Abgabe zur Diasporahilfe zulassen[361].

1992 wird dann die Pflichtabgabe für das Diasporahilfswerk (DiasporahilfsW) mit Zustimmung des Priesterrates ab Januar 1993 eingestellt und in einen freiwilligen Beitrag umgewandelt[362]. Mit Zustimmung des Priesterrates wurden alle Priester gebeten, sich zunächst für 1993 zu einem Beitrag für diesen Zweck zu verpflichten, da die Priester in der Diaspora in den Gebieten Ostdeutschlands derzeit weiterhin auf solidarische Unterstützung der Mitbrüder auch der Erzdiözese Köln angewiesen seien[363].

---

800 Seelen (25 DM), Pfarrer in Gemeinden über 800 Seelen, ohne Zulage (30 DM) und mit Zulage (35 DM). Vgl. ebd. Satz 7.

Die Priester der Erzdiözese, die ihr Gehalt nicht aus Mitteln des KirchStAmtes beziehen, zahlen monatlich 5% des Bareinkommens an die ErzbistumsK. Vgl. ebd. Abs.3. 1952 wird die Regelung ergänzt. Bei den Pfarrgeistlichen, die ihre Bezüge aus der "Kirchenkasse" [wohl einer kirchlichen Kasse] erhalten, verrechnet diese die Beiträge bei der monatlichen Gehaltszahlung; alle übrigen DiözGeistlichen geben der "Vermögensverwaltung" des Generalvikariats die Höhe ihrer monatlichen Bruttobezüge und deren Veränderung an (getrennt nach Grundgehalt und Wohnungsgeld) und überweisen die Beiträge (gegebenenfalls wie die Leistungen zur DiözRuhegehaltsK) an die ErzbistumsK. Vgl. GV.24.3.52. In: Abl 92 (1952) 148: Nr.135 Abs.2 Satz 2-4.

358 Und zwar der Bruttobarbezüge (ohne Wohnungsgeld). Vgl. GV 24.3.52. In: Abl 92 (1952) 148: Nr.135 Abs.2 Satz 1. Bei diesem Satz bleibt es bis zur (Rück-)Umwandlung in eine freiwillige Gabe. Vgl. GV.7.11.1986. In: Abl.126 (1986) 377f: Nr.264 Abs.1f und a.E.

Zur Verwendung der freiwerdenden 2% für das HaushHilfsW vgl. vorliegenden *§13. Köln Fn.371*.

359 Vgl. DIÖZ.SYN. [1954] 106-110, 107: Dekr.263 §3.

360 Vgl. ebd. litt.a-b.

361 Sie sind, soweit ermittelt, in vorliegendem *§13. Köln lit.d* zu finden, weil sie gemeinsame Regelungen für mehrere Pflichtabgaben enthalten.

362 Vgl. GV.30.11.92. In: Abl 132 (1992) 357: Nr.281. Die Gründe wurden allen betroffenen Priestern in einem Schr. des GV v. 26.11.1992 ausführlich mitgeteilt. Vgl. ebd. Satz 2.

363 Vgl. ebd. Abs. 2. Es folgt der Hinweis, die Beiträge seien steuerbegünstigt. Vgl. ebd.

c) Beitrag zum Haushälterinnenhilfswerk

DiözSyn/1922[364] wie DiözSyn/1937[365] hatten es als Forderung der Billigkeit bezeichnet, daß der Geistliche eine Haushälterin, die ihm lange Jahre bis zu seinem Tode treu gedient hat, für die Zeit ihres Lebens nach seinem Tod nach Möglichkeit vor Not schützt[366]. War es in der Reichsmarkzeit verhältnismäßig leicht, durch die karitativen und sonstigen Mittel den dringendsten Bedürfnissen der Hausangestellten abzuhelfen, so bestand nach Einführung der DM die dringende Notwendigkeit einer planmäßigen und dauernden Altersversorgung. Seit 1949 bat der Erzbischof daher wiederholt in Hilfeaufrufen die Geistlichen um einen einmaligen Beitrag sowie um weitere karitative Gaben unter Hinweis auf die Notlage: "Kein Berufsstand im kirchlichen Raum ist durch die Währungsreform so hart getroffen wie ältere Haushälterinnen verstorbener Mitbrüder, von denen wirklich viele bitterste Not leiden."[367] Ab April 1952 errichtete die Erzdiözese das HilfsW für die Versorgung von Schwestern und Haushälterinnen verstorbener Geistlicher, nachdem es auf der DechantenKonf vom 4.2.1952 vorgeschlagen, dort von den Dechanten gebilligt und vom Diözesanverwaltungsrat am 20.3.1952 beschlossen worden war[368]. Die einschlägigen Vorschriften werden immer wieder in Verwaltungsrichtlinien zusammengefaßt[369], die Höhe der Abgaben bzw. wie die Mittel aufgebracht werden, jeweils durch besondere Anordnung bekanntgemacht[370].

"Um die Einrichtung des Hilfswerkes lebens- und leistungsfähig zu gestalten, bedarf es eines Aufbaues auf breitester Grundlage, d.h. alle Diözesangeistlichen müssen Beihilfen leisten. Die Höhe des Beitrages dürfte gar keine Schwierigkeiten machen, weil die Diasporapriesterhilfe vom 1.4.1952 an von 5

---

364 Vgl. DIÖZ.SYN. [1922] Dekr.A.V.2 Abs.2 Satz 1.

365 Vgl. DIÖZ.SYN. [1937] 52: Dekr.XII.32.

366 Die DiözKonf/1926 erfuhr in drei ausführlichen Referaten über die Notlage der Haushälterinnen und Besserungsvorschläge, etwa durch Änderungen im kirchlichen Versicherungswesen. Vgl. DIÖZ.KONF. [1926] 45: Referate. Zit. bei W. SCHWICKERATH: Finanzwirtschaft 186. Seit 1927 gibt es einen UnterstützungsF zur Versorgung notleidender Haushälterinnen. Vgl. Abl 67 (1927) 99 und 65 (1925) 101. Zit. bei SCHWICKERATH ebd. Eine lediglich kurzfristige Hilfe für Angehörige geistlicher Haushalte böte u.U. das sog. Gnadenquartal i.S. der staatlichen Bestimmungen, das die PfBO aber nicht kennt. Während linksrheinisch alle Gehaltsansprüche mit dem Tod des Stelleninhabers erlöschen, haben rechtsrheinisch die Erben eines Pfarrers während dieses sog. Gnadenquartals gegen die Verpflichtung zur Tragung aller mit der Pfarrverwaltung verbundenen Kosten und Lasten Anspruch auf Wohnung im Pfarrhaus und das örtliche Stelleneinkommen; das reine Stelleneinkommen bringt aber in aller Regel zu wenig. Vgl. GV.15.2.55. In: Abl 95 (1955) 72-78, 73-75: Nr.90 Abschn.A Ziff.6.

367 GV.24.3.52. In: Abl 92 (1952) 145-147, 146: Nr.133 Abs.4f.

368 Vgl. GV.24.3.52. In: Abl 92 (1952) 147: Nr.134 Abs.1.

369 So etwa 1952. In: GV.24.3.52. In: Abl 92 (1952) 145-147: Nr.133. Vgl. auch GV. In: Abl 104 (1964)173/175: Nr.226.

370 Vgl. GV.24.3.52. In: Abl 92 (1952) 147: Nr.134.

auf 3% herabgesetzt und überdies nur noch vom Bruttobarbezug berechnet wird."[371]

So zahlten alle Diözesangeistlichen 2% ihrer Bruttobarbezüge (ohne Wohnungsgeld) als "Beihülfe"; als Zahlungsmodus wurde der der Diasporapriesterhilfe übernommen[372].

Das geplante Werk sollte den Angestellten von vornherein "zwar keinen rechtlichen aber doch einen moralischen Anspruch geben, weil ihre Dienstherrn ihre Beihülfen an das Hilfswerk gezahlt haben"[373]. Gut zehn Jahre später erläutern Mitteilungen aus der Geschichte des Hilfswerks (HilfsW) den Grund für die karitative Form ohne Einräumung eines Rechtsanspruchs: Erstens sollten alle in Not befindlichen Haushälterinnen erfaßt werden, auch wenn ihre geistlichen Arbeitgeber bereits verstorben waren, außerdem die Haushälterinnen der Ortsvertriebenen. Zweitens ist das HilfsW inflationssicher, da die Umlage Monat für Monat vom tatsächlichen Einkommen der Geistlichen erhoben wird, und drittens fielen alle Verwaltungskosten und alle Verpflichtungen zu Rücklagen fort, die bei jeder Art von Versicherung oder Zusatzversicherung vom Versicherungsamt verlangt werden würden, so daß jede für das HilfsW gezahlte Mark wirklich den Haushälterinnen zugute kommen konnte.[374]

In dieser Form wird das HilfsW auch auf der DiözSyn/1954 behandelt[375]. Während neben der Versicherungspflicht staatlichen Rechts nun gegebenenfalls auch die diözesane Altersversorgung obligatorisch ist, können dennoch weitere Billigkeitsanforderungen auftreten:

> "Über die gesetzliche Versicherungspflicht und über die vom Erzbistum eingerichtete Altersversorgung hinaus möge der Geistliche auch sonstwie dafür Sorge tragen, daß seine Haushälterin, besonders wenn sie ihm jahrelang treue Dienste geleistet hat, ein sorgenfreier Lebensabend gewährleistet ist."[376]

Seit 1955 bzw. 1956 konnte das Erzbistum sich auf die Indulte der SCConc stützen[377].

1974 werden die Verwaltungsrichtlinien durch die Ordnung für die Zusatzversorgung der Haushälterinnen von Geistlichen des Erzbistums (HaushZusatzversorgungsW) abgelöst, dessen Mittel weiter durch Erhebung einer Abgabe von den Dienst- und Versorgungsbezügen aller Geistlichen sowie durch Zuschüsse des Erzbistums aufgebracht werden und das nach wie vor freiwillige Leistungen ge-

---

371 GV.24.3.52. In: Abl 92 (1952) 145-147, 147: Nr.133 Abs.12.

372 Vgl. GV.24.3.52. In: Abl 92 (1952) 147: Nr.134 Abs.2f.

373 GV.24.3.52. In: Abl 92 (1952) 145-147, 147: Nr.133 Abs.13.

374 Vgl. zur Geschichte des HilfsW GV.26.6.64. In: Abl 104 (1964) 175f, 175: Nr.226.

375 Vgl. DIÖZ.SYN. [1954] 21f, 22: Dekr.45 §4.

376 Ebd. §5.

377 Zu diesen Indulten, die mehrere Pflichtabgaben gleichzeitig betreffen, siehe vorliegenden *§13. Köln lit.d.*

währt[378]. Erst die Ordnung/1985 setzt an die Stelle der karitativen Unterstützung einen Rechtsanspruch.

Ab Januar 1987 kam der Pflichtbeitrag in Wegfall[379]. Da die Ausgaben des ZusatzversorgungsW schon seit langem nicht mehr durch die Pflichtbeiträge der Priester zum HaushHilfsW gedeckt waren - rund 56% der Aufwendungen übernahm das Erzdiözese - und immer weniger Priester eine hauptamtliche Haushälterin beschäftigten, somit die Zahl der anspruchsberechtigten Haushälterinnen in den folgenden Jahren abnehmen würde, hatte der Erzbischof nach Beratungen in den entsprechenden Gremien der Abschaffung zugestimmt[380].

d) Regelungen, die alle "Pflichtabgaben" betreffen

Im März 1952 wird rückwirkend ab April 1951 die 20%ige Erhöhung der Pfarrgehälter und Ruhestandsbezüge verfügt; gleichzeitig wird eine Abgabe in Höhe von 7,5% der erhöhten Pfarrgehälter (Bruttobarbezüge ohne Wohnungsgeld) für die außergewöhnlichen Bedürfnisse des Erzbistums, unter anderem für die fünf Priesterbildungsanstalten erhoben; die Auszahlung der nach Erhöhung und Abgabe sich ergebenden Bezüge erfolgt erst ab April 1952[381]. Im März 1953 werden die nach der Pfarrbesoldungsordnung (PfBO/1953) zu zahlenden Grundgehälter rückwirkend ab April 1952 um 20% erhöht[382]. Rückwirkend ab April 1952 wird auch die Möglichkeit der bis zu 20%igen Gehaltskürzung und die Versagung des Rechtsanspruchs auf das volle Gehalt erneut normiert[383]. Beides hatte schon 1928 die Ordnung für die Dienst- und Versorgungsbezüge der Pfarrer für den preußisch geprägten Rechtskreis vorgesehen[384].

Die Regelung von Abgaben als "Gehaltskürzungen" erfolgt unter anderem im Zusammenhang mit der Umlegung staatlicher Besoldungsbeihilfen für die staatszuschußbedürftigen Pfarrstellen auf alle Pfarrstellen:

> "Da die Besoldung der Pfarrer in Pfarrstellen, für welche staatliche Besoldungsbeihilfen nicht zur Verfügung stehen, von der Besoldung jener Pfarrer in Pfarrstellen, für welche Staatsbeihilfen hergegeben werden, nicht verschieden

---

378 Vgl. EB.12.11.73. In: Abl 113 (1974) 382-384, 382 und 384: Nr.409 §1 Abs.3 (Freiwilligkeit der Leistungen), §4 Abs.1 (Mittel) und §11 (Aufhebung der VerwRiL).

379 Vgl. GV.7.11.1986. In: Abl 126 (1986) 377f, 378: Nr.264 Abs.4-9. Damit erhöht sich der Auszahlungsbetrag für alle Priester der ED. Vgl. Abs.6. Die Versorgungsleistungen werden danach ausschließlich aus KirchStMitteln bestritten. Vgl. Abs.9.

380 Vgl. ebd. Abs.4f.

381 Vgl. GV.27.3.52. In: Abl 92 (1952) 148: Nr.136 Abs.1 (Kürzung), Abs.2 (Abgabe) und Abs.3 (Auszahlung). Der gesamte Erlaß, auch die in Abs.2 angeordnete 7,5%ige Abgabe steht unter dem Betreff "Pfarrgehälter und Ruhestandsbezüge".

382 Vgl. GV.31.3.53. In: Abl 93 (1953) 236: Nr.225 Abs.1 und 3. Möglicherweise ist die 7,5%-Abgabe also nur für dieses eine Jahr oder dann doch nicht eingehoben worden.

383 Vgl. GV.31.3.53. In: Abl 93 (1953) 234-236, 235f: Nr.224 Ziff.III-IV Abs.2.

384 Zur Veranlassung dieser Regelung durch den Charakter der Staatsleistungen vgl. W. SCHWICKERATH: Finanzwirtschaft 154.

sein kann, die vorhandenen Deckungsmittel aber für die Erfüllung der Aufgaben der Erzdiözese nicht ausreichend sind, werden die den Pfarrern nach der Pfarrbesoldungsordnung ... zustehenden Grundgehälter auf eine bestimmte Summe jährlich gekürzt. Die bisherigen *Gehaltskürzungen* zugunsten der *Diasporapriesterhilfe* und des *Hilfswerks für die Hausangestellten* bleiben bestehen und errechnen sich nach den gem. Nr.224 und 225 erhöhten Gehältern."[385]

"... die ... errechneten ungekürzten Grundgehälter der Pfarrer ... [werden] ... in Gemeinden von 800 Seelen und darüber um 15%, in Gemeinden unter 800 Seelen um 20% gekürzt. Diese Einsparung wird für die außergewöhnlichen Bedürfnisse des Erzbistums, u.a. für unsere fünf *Priesterbildungsanstalten* verwandt. Die Sonderkürzung der Gehälter der Pfarrer in Gemeinden unter 800 Seelen um 20% gilt ab 1.4.1952."[386]

"Die *Gehaltskürzung* beträgt einschließlich *Diasporapriesterhilfe* und *Hilfswerk* für stellenlose Haushälterinnen 20%."[387]

Die DiözSyn/1954 sagt im Zusammenhang mit den Dekreten zum Personen- und Ämterrecht über die Kleriker im besonderen zur Besoldung:

"Da zur Zeit die Besoldung der Pfarrer unmittelbar durch die Erzbistumskasse erfolgt und in keinem Falle das örtliche Stelleneinkommen das nach der gel Besoldungsordnung zu zahlende Gehalt überschreitet, fließen alle Einnahmen für die Pfarrbesoldung, wie Zuschuß der Zivilgemeinde, Stolgebühren, Naturalienerlös, Mieten und Pächte des Pfarrfonds u.ä., in die Kirchenkasse; sie sind im Haushaltsplan der Kirchengemeinde aufzuführen (vgl. auch ...)."[388]

Das gesamte Stelleneinkommen nicht nur der Pfarrer[389], sondern auch der Rektoratspfarrer und Pfarrektoren sowie das der Kapläne aus der Vikariestelle[390]

---

385 GV.31.3.53. In: Abl 93 (1953) 236f: Nr.226 Abs2 Satz 1f. Zu den Nrn.224f siehe die vorstehenden Anm. Hervorhebung nicht im Original. "Beides gilt entsprechend für die Versorgung der Ruhestandspfarrer." Ebd. Abs.4.

386 GV.15.2.55. In: Abl 95 (1955) 72-78, 73-75: Nr.90 Abschn.A Ziff.7 [Hervorhebung nicht im Original]. "Diese Verordnung gilt sinngemäß für die Ruhestandspfarrer." Ebd. Zur Unterstützung des Seminarneubaus war 1926 eine 3%ige Abgabe vom Einkommen der Pfarrer und Kapläne vorgeschlagen worden. Vgl. DIÖZ.KONF. [1926] 41: Referat von Dechant Hecker. Zit. bei W. SCHWICKERATH: Finanzwirtschaft 270 Fn.655.

387 GV.19.12.54. In: Abl 94 (1954) 416: Nr.527 Abs.1 Satz 2 [Hervorhebung nicht im Original]. Dies wird im Zusammenhang mit der Angleichung der Pfarrgehälter an die Besoldungsgruppe A14 ab Jun.1954 an bestimmt. Vgl. ebd. Geistliche, die nicht von BesoldungsK oder ErzbistumsK besoldet werden, haben ihre Bruttobezüge, auch bei rückwirkenden Erhöhungen, mitzuteilen und die Beiträge zu überweisen. Vgl. GV.2.10.54. In: Abl 94 (1954) 341f: Nr.427.

388 DIÖZ.SYN. [1954] 91f: Dekr.233 §3.

389 Vgl. GV.15.2.55. In: Abl 95 (1955) 72-78, 73-75: Nr.90 Abschn.A Ziff.4.

390 Vgl. ebd. 76f: Abschn.B Ziff.12.

fließt in die KirchenK[391]. Die aktiven und die Ruhestandspfarrer[392] sowie die Rektoratspfarrer, Pfarrektoren und Kapläne[393] erhalten ihre monatlichen Bezüge von der Erzbischöflichen BesoldungsK bzw. RuhegehaltsK[394]. Bei allen Geistlichen, die von der Erzbischöflichen Besoldungs- bzw. RuhegehaltsK ihre Bezüge erhalten, werden die Beiträge für Diasporapriesterhilfe (3%), HaushHilfsW (2%) sowie bei den aktiven Geistlichen die Ruhegehaltsbeiträge (3%) der Einfachheit halber verrechnet[395].

Im Juli 1955 folgt dann das - soweit ersichtlich erste - Indult der Konzilskongregation, das dem Erzbischof die *facultas* einräumt, die Pflichtabgaben aufzuer-

---

[391] Zum örtlichen Stelleneinkommen gehören auch das alte Staatsgehalt der Pfarrer des linksrheinischen Gebietes und die Katasterzuschüsse aus der napoleonischen Zeit für Pfarrer, Kapläne u.a. Diese Zuschüsse des Länder NRW und Rheinland-Pfalz für die ED überweisen die RegierungshauptK in Aachen, Düsseldorf, Köln und Koblenz seit dem Apr.1952 der ED. Solange die Pfarrgeistlichen ihre Bezüge unmittelbar von der Eb BesoldungsK erhalten, sind die Katasterzuschüsse in den Gehaltsbezügen enthalten. Vgl. ebd. 73-75: Abschn.A Ziff.5. Damit ist auch die Möglichkeit zur Kürzung bzw. Verrechnung bzw. Einbehalt der Pflichtabgaben von diesen Bezügebestandteilen gegeben, ohne daß der PfarrF selbst belastet wird.

[392] Vgl. ebd. Ziff.10.

[393] Vgl. ebd. 76f: Abschn.B Ziff.5.

[394] Geistliche, die in jüngeren Jahren in den Ruhestand treten, erhalten von dem zuletzt bezogenen Gehalt den ihnen nach der Anzahl der Priesterjahre zustehenden Hundertsatz sowie einen Wohnungsgeldzuschuß der Ortsklasse B nach demselben Hundertsatz. Wenn dieses Ruhegehalt für einen standesgemäßen Lebensunterhalt nicht ausreicht, zahlt die DiözRuhegehaltsK eine *sustentatio*. Vgl. ebd. 76f: Abschn.B Ziff.10.

Die Beiträge der Kapläne ohne eigenen Haushalt für DiaspPriesterhilfe, HilfsW für stellenlose Haushälterinnen und RuhegehaltsK, werden von der Barvergütung und dem Steuerwert der freien Station errrechnet. Gehälter der Kapläne ohne eigenen Haushalt ab Apr.1955 umfassen Barvergütung und freie Station, d.h. Beköstigung sowie Wohnung, Heizung und Beleuchtung. Es ist eine einfache, würdige, wenn möglich Zwei-Zimmer-Einrichtung zu stellen, und zwar seitens des Pfarrers oder der Pfarre in Kloster oder Privathaushalt, wo der Kaplan Wohnung nimmt. Vgl. ebd. Ziff.11 Abs.1.

[395] Vgl. ebd. Abschn.A Ziff.11. Die Höhe dieser Beiträge errechnet sich nach den gemäß Nr. 8 der Bemerkungen aufgeführten ungekürzten Gehältern. Vgl. ebd. Die Berechnung der Gehälter sowie der Beiträge zur RuhegehaltsK, zum DiaspPriesterhilfe und zum HaushHilfsW erfolgt durch die Besoldungsabteilung im GV. Vgl. DIÖZ.SYN. [1954] 44 und 49-51: Dekr.121 und 132 §§1,6 und 9. Sie berechnet auch die Höhe der Investiturgebühren der Pfarrer, die 1% des Jahresgehaltes einschließlich Mietwert der Wohnung betragen, und ersucht die betreffenden Pfarrer zur Zahlung der Gebühren an die ErzbistumsK (ebd.50f: Dekr.132 §10).

Die Vermögensverwaltung des EbSt, Dezernat bzw. Abteilung des Generalvikariats, der auch die ErzbistumsK unterstellt ist, hat das gesamte Vermögen des EbStuhl sowie alle bei der ErzbistumsK eingehenden und durchlaufenden Gelder zu verwalten. Vgl. ebd.44 und 46f: Dekr.121 und 126.

legen (*imponendi tria tributa sacerdotibus dioecesanis in favorem, praesertim, clericorum indigentium*)[396].

"OFFICIUM ADMINISTRATIVUM
N. 6595/A
SACRA CONGREGATIO CONCILII

Beatissime Pater,

Archiepiscopus Coloniensis, ad pedes Sanctitatis Vestrae provolutus, exponit ea quae sequuntur:

Tria sunt tributa quae a sacerdotibus huius Archidioeceseos ex eorum reditibus solvuntur et quidem:

1. 3% favore aerarii vulgo "Ruhegehaltskasse" nuncupati, quod pensiones praebet clericis indigentibus senio et inertia laborantibus;
2. 3% pro sustentatione sacerdotum catholicorum qui in dispersione (Diaspora) curam animarum exercent;
3. 2% pro adiuvandis sororibus et famuli(s) sacerdotum defunctorum quae egestate cruciantur.

Petit igitur Archiepiscopus orator ut haec tributa etiam in posterum vim obligatoriam habeant pro omnibus et singulis sacerdotibus dioecesanis qui congruis reditibus fruuntur. Quoad praeteritum idem Archiepiscopus sanationem rogat in quantum necessaria habeatur.

Capitulum metropolitanum et Consilium dioecesanum administrationis votum emiserunt affirmativum.

SACRA CONGREGATIO CONCILII, attentis expositis ab Eminentissimo Archiepiscopo Coloniensi, eidem benigne facultatem tribuit tributa imponendi juxta preces, ad effectus de quibus in iisdem precibus, ad quinquennium, servatis de iure servandis, praevia sanatione pro praeterito.

Datum ROMAE, die 23 Julii 1955 sog.: + P. Card. CIRIACI, Praef."[397]

1956 wird das Indult grundsätzlich auf anderen Diözesen Inkardinierte ausgedehnt, die sich in der Erzdiözese aufhalten und dort ein Amt ausüben.

---

396 Zu den rechtlichen Gründen für die Erforderlichkeit der Indulte siehe *oben §3. Fnn.45/51 und §9. bei Fnn.85-92, 139f, 159/62 sowie §12. Fn.274.*

397 SCCONC.23.7.55. Abgedr. in: Abl 95 (1955) 200: Nr.317. Weiter abgedruckt in: AfkKR 127 (1956) 133f. Abgedr. auch in: X. OCHOA: Leges Ecclesiae II coll.3399s.

"N.14321/A

SACRA CONGREGATIO CONCILII

Beatissime pater,

Cardinalis Archiepiscopus Coloniensis, ad pedes Sanctitatis Vestrae provolutus, humiliter exponit Sacram Congregationem Concilii Rescripto diei 23 Julii 1955, n. 6595/A licentiam concessisse imponendi singulis et omnibus sacerdotibus dioecesanis qui congruis reditibus fruuntur taxas quae sequuntur, ad quinquennium:

1) 3% favore aerarii vulgo "Ruhegehaltskasse" nuncupati, quod pensiones praebet clericis indigentibus senio et inertia laborantibus;

2) 3% pro sustentatione sacerdotum catholicorum qui in dispersione (Diaspora) curam animarum exercent;

3) 2% pro adiuvandis sororibus et famulis sacerdotum defunctorum quae egestate cruciantur.

Nunc idem Archiepiscopus a Sanctitate Vestra postulat ut, praevia sanatione quoad praeteritum, supradictum Rescriptum applicari possit etiam sacerdotibus in aliis dioecesibus incardinatis qui in Archidioecesi Coloniensi commorantur atque munus exercent, dummodo ne enunciati sacerdotes eiusmodi taxas proprio Ordinario jam solvant.

Praefati enim sacerdotes, juxta decisionem Episcoporum Germaniae Occidentalis, etiam in iis quae ad stipendia et pensiones spectant, eodem regimine reguntur ac sacerdotes in Archidiocesi Colonensi incardinati.

SACRA CONGREGATIO CONCILII, attentis expositis ab Eminentissimo Card. Archiepiscopo Coloniensi, eidem gratiam juxta preces impertita est, cum expetita sanatione, cauto tamen ut adsit consensus Capituli metropolitani et Consilii dioecesani administrationis, servatis servandis.

Datum Romae, die 8 Maji 1956

P. Card. Ciriaci, Praefectus"[398]

In der Folge wird die durch die beiden Reskripte erteilte Vollmacht wiederholt jeweils um fünf Jahre verlängert, etwa ohne Änderung 1960[399] und 1965[400] durch die SCConc sowie nur noch für Diasporapriesterhilfe und HaushHilfsW 1974 durch die SCCler[401]. Nach Inkrafttreten des CIC/83 soll 1984 noch ein Indult gewährt worden sein[402].

---

398 SCCONC.8.5.56. In: Abl 96 (1956) 207f: Nr.251.

399 SCCONC.2.9.60. Zit. bei: GV.26.1.62. In: Abl 102 (1962) 32: Nr.32.

400 SCCONC.30.7.65. Zit. bei: GV.20.3.78. In: Abl 118 (1978) 89: Nr.123 Abs.1 Satz 1.

401 SCCLER.31.8.74. Zit. ebd. Satz 2.

402 CCLER.2.5.84 sub Prot.173014/III. Zit. ohne Wortlaut bei: W. SCHULZ. In: MK. c.1263/5.

Die PfBO/1960[403] für den NRW-Anteil des Erzbistums lautet für alle Teile der Diözesen mit NRW-Anteil für diesen Gebietsanteil gleich, also auch die Vorschriften über Pflichtabgaben[404]. Die Pflichtabgaben betragen insgesamt 8% vom Bruttogehalt[405] und werden von den Dienstbezügen der Rektoratspfarrer, Pfarrrektoren, vicarii expositi, Kapläne mit und ohne Haushalt ebenso erhoben wie bei den Pfarrern[406].

Die neue Priesterbesoldungs- und Versorgungsordnung (PrBVO/1993) sieht für den Abschnitt "V. Pflichtabgaben" einen §31 vor, läßt ihn aber ohne Text und kennzeichnet ihn als "unbesetzt"[407].

e) Abschöpfung von Mehreinnahmen aus den Pfründen

Während in der Zeit nach dem ersten Weltkrieg viele Pfarrgemeinden ihren Geistlichen, insbesondere den Hilfsgeistlichen nicht das nach der von den preußischen Bischöfen festgesetzten Besoldungsordnung (BesoldungsO) zustehende Gehalt geben konnten, hatten andererseits verschiedentlich Geistliche, deren Stellen mit Ländereien dotiert waren, infolge der erhöhten Pachterträge Einnahmen, die das ihnen nach der BesoldungsO zustehende Einkommen bei weitem überstiegen[408]. Die DiözSyn/1922 hatte es für gerechtfertigt gehalten, daß die Geistlichen, die aus ihrer Dienststelle ein höheres Einkommen beziehen als ihnen nach der geltenden Gehaltsordnung zusteht, aus priesterlichem Gemeinschaftssinn den Überschuß wenigstens teilweise an die ErzbistumsK zur Unterstützung bedürftiger Geistlicher abliefern[409]. Ab Januar 1923 erhob der Erzbischof daher

---

403 Die PfBO/1968 lautet insoweit gleich. Vgl. Abl 108 (1968) 394-407, 404f und 406: Nr.322 §§53 und 57 (EB.22.10.1968). Das gilt auch für die anderen BesoldungsO für Geistliche.

404 Siehe EB.19.3.60. In: Abl 100 (1960) 121-134, 131 und 154: Nr.143 §53. Die Ordnung ist auch abgedruckt in: AfkKR 129 (1959/1960) 544-559, wo auf den gleichen Wortlaut für die verschiedenen (Erz)Diözesen hingewiesen ist. Ebd.554. Zum Wortlaut siehe *oben §9. Paderborn bei Fnn.151f.*

405 Bemessungsgrundlage ist das Bruttogrundgehalt, ggf. das nach §4 Abs.5 PfBO gekürzte. §4 Abs.5 lautet: "Die Erzbischöfliche Behörde kann die in der Anlage zu dieser Ordnung festgesetzten Grundgehälter nach festen Grundsätzen bis zu höchstens 20 Prozent kürzen, soweit und solange sich nach ihren Feststellungen die vorhandene Deckungsmittel als unzulänglich erweisen. Entsprechendes gilt für das Ruhegehalt." Ab Apr.1960 wurden die Pfarrergehälter um 7% erhöht, die Kürzung der Pfarrergehälter gleichzeitig auf rund 12% bzw.17% verringert. Vgl. GV.16.7.60. In: Abl 100 (1960) 197: Nr.238 Abs.1 Satz 1.

406 GV.o.Dat. In: Abl 100 (1960) 192f, 193: Nr.236 a.E.

407 Vgl. EB.1.4.93. In: Abl 133 (1993) 99-104, 102: Nr.94 vor §31. Die Ordnung enthält in den Vorschriften über die Zahlungsweise auch keine Regelung von Gehaltsabzügen. Vgl. ebd. §27.

408 Vgl. EB.2.12.22. In: Abl 62 (1922) 132: Nr.279 Abs.1.

409 Vgl. DIÖZ.SYN. [1922] 94: Dekr.A.V.7.

Abgaben vom Mehreinkommen der Geistlichen[410], nachdem er zuvor vom Papst die Vollmacht erbeten hatte, über den das Gehalt nach der BesoldungsO überschreitenden Teil des Stelleneinkommens zugunsten der schlechter gestellten Geistlichen verfügen zu können, "um die Hilfeleistung in geordnete Bahnen zu lenken"[411]. Die kraft päpstlicher Vollmacht vom 24.10.1922[412] erfolgte Verordnung lautet:

> "Diejenigen Geistlichen der Erzdiözese Köln, deren Stelleneinkommen das ihnen nach der von den preußischen Bischöfen jeweils festgesetzten Besoldungsordnung zustehende Einkommen überschreitet, sind berechtigt, 30% des überschießenden Teils des Stelleneinkommens für sich zu behalten. Sie sind verpflichtet, weitere 10% dieses Mehr der Kirchenkasse der eigenen Pfarrgemeinde für kirchliche Zwecke zu überweisen. Die übrigen 60% des Mehreinkommens sind von den Stelleninhabern der Diözesankasse der Erzdiözese Köln zu übermitteln zum Zwecke der Unterstützung solcher Pfarreien, die ihren Geistlichen das diesen zustehende Einkommen zu geben nicht in der Lage sind. Die Verteilung der so eingehenden Gelder erfolgt durch mich. In solchen Fällen, in denen die Pfarrgemeinde des von diesem Erlasse betroffenen Stelleninhabers in besonders schweren finanziellen Nöten sich befindet, bin ich bereit, auch einen höheren Prozentsatz wie 10% der betr. Pfarrgemeinde zuzuweisen. Jedoch ist für solche Fälle unter Darlegung der Verhältnisse meine ausdrückliche Genehmigung nachzusuchen. Die näheren Ausführungsbestimmungen werden von meinem Generalvikariat erlassen."[413]

1926 hat es keine Pfarrstellen mit ausreichendem Pfründenvermögen mehr gegeben[414]. Auch zur Zeit der DiözSyn/1954 überschritt das örtliche Stelleneinkommen in keinem Fall das nach der geltenden BesoldungsO zu zahlende Gehalt[415]. Erst 1958 scheint es wieder Pfründen mit Mehrerträgen gegeben zu haben, woraufhin das Indult vom Februar 1962 eingeholt wurde[416]. In der Zwischenzeit finden sich allgemeine Gehaltskürzungen bzw. Kürzungen zu bestimmten Zwecken anläßlich von allgemeinen Gehaltserhöhungen, wobei die Pflichtab-

---

[410] Zum Inkrafttreten vgl. EB.2.12.22. In: Ebd. Abs.4.

[411] Vgl. ebd. Abs.1 Satz 4f.

[412] Zum Datum der Vollmacht vgl. ebd. Abs.2 a.Anf. Zu rechtlichen Gründen für die Erforderlichkeit der Vollmacht siehe *oben §9. Paderborn bei Fnn.159/62.*

[413] Ebd. Abs.2. Bald darauf werden die Rektoren und Kapläne in der Diaspora der Erzdiözese, die ein näher bestimmtes Gehalt nicht ganz bezogen haben, um Einsendung einer Aufstellung der Einnahmen des vergangenen Jahres gebeten. Vgl. GV.12.6.23. In: Abl 63 (1923) 60: Nr.136.

[414] Das wurde bei einer knappen Darstellung der verschiedenen Besoldungssysteme bemerkt. Vgl. Abl 66 (1926) 121f, 121: Nr.225 Ziff.I a.E. und zu den Besoldungssystemen oben *§1. Wandel etc.*

[415] Vgl. DIÖZ.SYN. [1954] 91f: Dekr.233 §3.

[416] Vgl. weiter unten SCCONC.3.2.62 mit dem Anwendungserlaß des GV.3.3.62.

gaben zu RuhegehaltsK, Diasporapriesterhilfe und HaushHilfsW auch teilweise verwoben sind.

Die PfBO/1960[417] für den NRW-Anteil des Erzbistums lautet für alle Teile der Diözesen mit NRW-Anteil für diesen Gebietsanteil gleich, also auch die Vorschriften über Besoldungsbezüge bei überhöhten Pfarrstellenvermögenserträgen[418]. Solche gibt es seit 1958 wieder[419].

1962 erhält der Erzbischof die Apostolische Vollmacht[420] "betr. Abschöpfbarkeit überhöhten Pfründeeinkommens im Erzbistum Köln"[421]. Ochoa merkt an, das Reskript sei "Ordinariis locorum Germaniae" ergangen, was die Frage aufwirft, ob dieses oder gleichlautende an mehrere Ortsordinarien gegangen sind[422]. Die Verlautbarung des Generalvikariats gibt an, die Vollmacht des Apostolischen Stuhls zu Dekr.233 §3 DiözSyn/1954 bekanntzugeben[423].

"SACRA CONGREGATIO CONCILII N. 68 992/A

Beatissime Pater,

Ordinarius Coloniensis humiliter exponit ea quae sequuntur:

In Archidioecesi omnes parochi salarium necnon pensionem, si resignaverint, e vectigalibus, quae singulis mensibus distribuuntur, accipiunt secundum regulam ab Archiepiscopo ordinatam.

Cum hoc salarium sustentatio honesta considerari omnino possit, fructus beneficiales in lato sensu, in quantum adsunt, emolumenta stolae necnon reditus similes in commodum ecclesiae consumuntur. Ab anno 1958 autem fructus beneficiales parochorum ... sic accreverunt ut summa salarii eorum valde excedatur.

Cum in Archidioecesi permagni sumptus ad ecclesias aedificandas et reficiendas et ad alia aedificia ecclesiastica aedificanda et reparanda e vectigalibus ecclesiasticis quotannis solvi debeant necnon propter conformitatem cum reliquis parochis, qui alia bona non vel minora habeant, Ordinarius orator enixe rogat, ut: 1) parocho solvantur a) salarium dioecesanum iuxta regulam ordinatam atque b) usque ad 20 % huius salarii e fructibus beneficiis; 2) id quod superest, fabricae ecclesiae paroeciali ad ecclesiam aedificandam seu restauran-

---

417 Die PfBO/1968 lautet insoweit gleich. Vgl. EB.22.10.68. In: Abl 108 (1968) 394-407, 404f und 406: Nr.322 §53. Das gilt auch für die anderen BesoldungsO für Geistliche.

418 Siehe EB.19.3.60. In: Abl 100 (1960) 121-134, 131 und 154: Nr.143 §57. Die Ordnung ist auch abgedruckt in: AfkKR 129 (1959/1960) 544-559, wo auf den gleichen Wortlaut für die verschiedenen (Erz)Diözesen hingewiesen ist. Ebd. 554. Zum Wortlaut siehe oben *§9. Paderborn bei Fn.163.*

419 Siehe gleich in: SCCONC.3.2.62.

420 So die Überschrift in: GV.3.3.62. In: Abl 102 (1962) 88f: Nr.86. Abgedr. In: OCHOA: Leges Ecclesiae IV col.4253. Abgedr. auch in: AfkKR 131 (1962) 128f.

421 So die Überschrift im AfkKR 131 (1962) 128.

422 Vgl. OCHOA: Leges Ecclesiae IV col.4253 Fn.*.

423 GV.3.3.62. In: Abl 102 (1962) 88-90, 88: Nr.86 Ziff.I a.Anf.

dam et ad aedificia ecclesiastica aedificanda seu reparanda tribuatur. Etiam, sicut in usu, emolumenta stolae et reditus similes in commodum ecclesiae consumantur, 3) in casu resignationis, pensio parochi iuxta reditum de quo sub 1) computetur.

Petit insuper sanationem pro praxi ab anno 1958 iam inducta.

Sacra Congregatio Concilii, attentis expositis, praevia sanatione quoad praeteritum, Eminentissimo Archiepiscopo Coloniensi facultates iuxta preces benigne impertita est, dummodo accedat consensus Capituli metropolitani et Consilii dioecesani administrationis.

Datum Romae, die 3 Februarii 1962 gez. P. Card. Ciriaci, Praefectus."[424]

Das Generalvikariat erläutert die Anwendung der Apostolische Vollmacht[425]: Die Regelung gilt nur in den Pfarreien, in denen die Einkünfte aus dem Pfarrfonds als einem Teil[426] des örtlichen Stelleneinkommens das nach der PfBO dem Pfarrer zu zahlende Bargehalt übersteigt[427]. Dort erhalten die Pfarrer aus den Einkünften des Pfarrfonds als Bargehalt neben dem ihnen nach der PfBO zustehenden Bargehalt 20% dieses Bargehaltes zusätzlich[428]. Die überschüssigen reinen Einkünfte des Pfarrfonds sind einem eigenen Fonds zuzuführen, der entsprechend dem oben zitierten Reskript zum Fabrikfonds gehört, aber in diesem gesondert zu führen ist als "Fonds aus den überschüssigen reinen Einkünften des Pfarrfonds zum Bau und zur Instandhaltung der Pfarrkirche und anderer Gebäude"[429]. Nach den Erläuterungen des Generalvikariats zu Verfahrensweise und Handhabung im ordentlichen Haushaltsplan[430] erhalten auch die Pfarrer mit überhöhtem Pfründeeinkommen ihr Gehalt wie bisher weiter aus der ErzbistumsK, an die von der Kirchengemeinde das Stelleneinkommen erstattet wird[431].

---

424 SCCONC.3.2.62. Abgedr. in: GV.3.3.62. In: Abl 102 (1962) 88f. Nr.86. Abgedr. weiter in: OCHOA: Leges Ecclesiae III col.4253. Abgedr. auch in: AfkKR 131 (1962) 128f.

425 Vgl. GV 3.3.1962. In: Abl 102 (1962) 89f. Nr.86 Ziff.II.

426 Das übrige örtliche Stelleneinkommen des Pfarrers wird auch in den Pfarreien, für die diese neue Regelung in Betracht kommt, wie bisher behandelt, d.h. wie es in den Dekreten 233 §3 und 1131 §§3, 5 und 6. der DiözSyn/1954 im einzelnen dargelegt ist. Vgl. ebd. Abs.4.

427 Vgl. ebd. Abs.1. Sie bleibt auch in diesen Pfarreien nur so lange in Kraft, als die erhöhten Einkünfte anfallen. Vgl. ebd.

428 Vgl. ebd. Abs.2. Treten solche Pfarrer in den Ruhestand, wird ihr Ruhegehalt nach diesem erhöhten Gehalt berechnet, vorausgesetzt, daß sie dieses Gehalt auch noch im Zeitpunkt des Eintritts in den Ruhestand erhielten. Vgl. ebd. Abs.5.

429 Vgl. ebd. Abs.3.

430 Vgl. ebd. 90f. Ziff.III.

431 Vgl. ebd. Abs.1. Die Erstattung an die ErzbistumsK über den ordentlichen Haushaltsplan der Kirchengemeinde geschieht nach dem folgenden Modus: Die überschüssigen reinen Einkünfte des PfarrF ergeben sich nach Abzug a) des Betrages, der für die Gehaltszahlung an den Pfarrer gemäß Ziff.II Abs.2 erforderlich ist, b) der Beträge, die für laufende Instandhaltung, Steuern, Versicherungen und sonstige Unkosten des Pfarrfondsbesitzes zu zahlen sind, c) der Beträge für Zinsen und Tilgung von Darlehen, die für Zwecke des Pfarrfonds aufgenom-

Die Anpassung an den CIC/1983 erfolgte für die Einkünfte aus Pfarrfonds und Benefizien 1986[432]: Unter Berufung auf c.281 §1 (keine Grundlage mehr für eine unterschiedliche Bezahlung der Kleriker mit gleichen Aufgaben) und auf c.1272 in Verbindung mit c.1274 §1 (Verwendung zumindest der Erträge der Benefizialgüter für den Unterhalt der Kleriker) werden die Erträge zur Bezahlung der anderen Diözesangeistlichen mit eingesetzt werden, wenn sie nicht für die Besoldung der Ortsgeistlichen benötigt werden[433]. Dies erfolgt durch Anrechnung auf die Kirchensteuerzuweisungen der Kirchengemeinden und Abführung der etwaigen Überschüsse an die Erzdiözese[434]. Ab Januar 1987 wird daher der von den Pfründemehreinkünften nach der Vollmacht vom Februar 1962 verbliebene 20%ige Besoldungszuschlag jährlich um 5% abgebaut[435] und der einschlägige §57 PfBO/1968 ab Januar 1990 aufgehoben[436]. Ob hierzu eine Billigung der (SCCler bzw.) CCler erbeten und erteilt wurde, wie dies in Bayern geschah[437], ergibt sich aus der Amtsblattveröffentlichung nicht.

---

men wurden, d) von 10% für Verwaltungskosten (einschließlich Rendantenentschädigung). Ebd. Abs.2.

Die überschüssigen reinen Einnahmen des PfarrF sind im ordentlichen Haushaltsplan in Ausgabe zu setzen, damit sie bei der Berechnung des Zuschusses aus der Kirchensteuer, den die Kirchengemeinde erhält, außer Betracht bleiben (Abs.4). Der `Fonds aus den überschüssigen reinen Einkünften des Pfarrfonds zum Bau und zur Instandhaltung der Pfarrkirche und anderer kirchlicher Gebäude´ ist im ordentlichen Haushaltsplan in einer der Rubriken zu führen, die für SonderF vorgesehen sind (Ziff.III Abs.5 Satz 1). Die Entnahme von Geldern aus diesem Fonds bedarf eines Beschlusses des Kirchenvorstandes und der Genehmigung des Generalvikariates (Abs.5 Satz 2).

432 Vgl. EB.8.8.86. In: Abl 126 (1986) 295f. Nr.195.

433 Vgl. ebd. Einl. Satz 1-3.

434 Vgl. Satz 4. Die sich etwa ergebenden Überschüsse werden gemäß §7 der Ordnung für die Bemessung der Zuweisungen an die Kirchengemeinden in der ED Köln angerechnet bzw. sind an die ED abzuführen. Vgl. ebd. Ziff. 4.3 Abs.1.

435 Vgl. ebd. Ziff.2. Der Zuschlag beträgt ab Jan.1987 15%, ab Jan.1988 10%, ab Jan.1989 5% und ab Jan.1990 wird kein Zuschlag zur Pfarrbesoldung mehr gewährt. Vgl. ebd.

436 Vgl. ebd.295: Nr.195 Ziff.3.2.

437 Vgl. *§28. München und Freising lit.e a.E.*

§14. Diözese Aachen

a) Beitrag zur Ruhegehaltskasse

Der Beitrag wird als bestimmter Jahresbeitrag eingehoben, gestaffelt nach Dienststellung und weiteren Kriterien[438]. 1949 wird wegen der außerordentlich gestiegenen Anforderungen an die Ruhegehaltskasse (RuhegehaltsK) neben dem persönlichen Beitrag der Geistlichen von allen Kirchengemeinden aus der Kirchenkasse (KirchenK) ein Beitrag zur RuhegehaltsK erhoben, und zwar für jede planmäßig besetzte Seelsorgestelle ein pauschaler Betrag p.a. an die Bistumskasse (BistumsK)[439]. Der persönliche Beitrag der Geistlichen zur RuhegehaltsK ruht seit Oktober 1973[440].

Einige Zeit wurden die Versorgungsansprüche der Kleriker gegen den Bischof wie die der Laien gegen das Bistum als Dienstherrn in einer im Bistumshaushalt ausgewiesenen "allgemeinen Versorgungsrücklage gemäß Sperrvermerk" und einer "zweckgebundenen Rücklage" erfaßt[441]. Zum 1.1.1997 wurde zur Sicherung der Altersversorgung von Priestern und Laien ein "Sondervermögen Versorgungsrücklagen" errichtet, das rechtlich unselbständig ist, jedoch getrennt vom Bistumshaushalt geführt wird[442]. Dieses Sondervermögen besteht aus einer Grundausstattung, die je nach dem durch jährliche Neuberechnung ermittelten notwendigen Bedarf durch Zuwendungen des Bistums und Dritter sowie "ggf. Beiträge Anspruchsberechtigter aufgestockt" wird[443]. Ein unmittelbarer Anspruch eines Versorgungsberechtigten besteht nicht[444].

b) Abgabe für die Diasporahilfe

Auf den Beschluß der Fuldaer Bischofskonferenz von 1929 (FuldBischKonf/1929) hin hatte der Kölner Erzbischof die Dechanten des alten Erzbistums, d.h. einschließlich der vor ihrer Errichtung stehenden Diözese Aachen, angeschrieben[445]. Daraufhin beschloß der Klerus auch hier auf zahlreichen Dekanatskonferenzen wohl einmütig, zu der Abgabe von einem vollen Prozent zurückzukehren[446]. Allerdings wird der Betrag immer noch absolut bestimmt ge-

---

438 Vgl. Abl 2 (1932) 5 und Abl 8 (1938) 127. Zit. bei W. SCHWICKERATH: Finanzwirtschaft 273 mit Fn.678f.

439 Vgl. GV.24.5.49. In: Abl 19 (1949) 67: Nr.165. Die Kirchengemeinden leisteten auch Beiträge zur RektoratsunterstützungsK i.H.v. 5 (bis 1948) bzw. 10 Pfg. (ab 1949). Vgl. GV.24.5.49 ebd.: Nr.166.

440 Vgl. GV.3.6.76. In: Abl 46 (1976) 63: Nr.107.

441 Vgl. das Statut BISCH.1.1.97. In: Abl 67 (1997) 5-7, 5: Nr.6 Vorbemerkung.

442 Vgl. ebd. Ziff.I.

443 Vgl. ebd.6: Ziff.III v.a. Abs.4.

444 Vgl. ebd.7: Ziff.VIII. Satz 2.

445 Vgl. die Schilderung *oben §13. Köln Fnn.341f.*

446 So Jahresber.1930. In: PJH [1931] 62-72, 63.

wesen sein, denn die durch die Notverordnung verfügte Kürzung der Gehälter um 6% hat in Aachen wie in Köln ebensowenig wie die Steigerung in den Jahren 1927 bis 1930 zu einem Abgehen von der Abgabe nach festen Sätzen geführt, deren Höhe ursprünglich durch Abrundung des (relativen) Satzes von 1% nach der FuldBischKonf/1926 entstanden war[447]. 1933 hielt der Bischof der Patendiözese Osnabrück zur Werbung für die Abgabe gut besuchte Priesterkonferenzen im Bistum Aachen[448]. 1937 waren vom Bonifatiusverein Verhandlungen über die obligatorische Durchführung der Priesterhilfe bereits im Gange oder sollten aufgenommen werden[449].

> "Durch Beschluß der Dechantenkonferenz vom April 1939 ist die Abgabe zur Diasporapriesterhilfe für die besoldeten Geistlichen des Bistums Aachen als obligatorisch erklärt worden."[450]

Von da an tritt "aus Zweckmäßigkeitsgründen" anstelle der bisher vielfach üblichen abgerundeten Beträge die von der BischKonf geforderte 1%ige Abgabe des Gehaltes[451]. Abgabepflichtig sind neben Pfarrern und Hilfsgeistlichen auch die Domkapitulare, Domvikare, Schul- und Anstalts- oder sonst freigestellten Geistlichen[452].

> "Die im Ruhestand lebenden Geistlichen werden nicht verpflichtet. Es wird jedoch erwartet, daß sie ebenfalls ihren Beitrag zahlen und der Bistumskasse Anweisung geben, den Betrag bei der monatlichen Ruhegehaltszahlung in Abrechnung zu bringen." [453]

Als Entschuldigung gelten "nur ganz besondere Notfälle und zwingende Gründe", wozu ein besonderes Gesuch an das Generalvikariat erforderlich ist. Rückstände werden von der entsprechend angewiesenen BistumsK eingezogen[454]. Die Priesterhilfe wird in Aachen wie in Köln auf der Quartalsrechnung unter den durch die Dechanten an die BistumsK abzuliefernden[455] bzw. von diesen einzuziehenden[456] Geldern aufgeführt. Ende 1947 folgt unter Bezugnahme auf den Beschluß der FuldBischKonf/1947 die Umsetzung durch Anhebung des Satzes auf 3% mit Wirkung ab 1948; die Dechanten sollten die Einziehung entsprechend umstellen[457]. 1976 liegt der Beitrag weiter bei 3%[458].

---

447 Vgl. die Jahresber.1930/31. In: PJH [1931] 63-72, 66 und PJH [1932] 78-83, 79.

448 Vgl. Jahresber.1933. In: PJH [1934] 23-28, 25.

449 Vgl. Jahresber.1937. In: PJH [1938] 72-74, 73.

450 So GV.16.5.39. In: Abl 9 (1939) 101f, 101: Nr.120 Abs.1. Zit. auch bei Jahresber.1938. In: PJH [1939] 150f, 151.

451 Vgl. GV.16.5.39. In: Abl 9 (1939) 101f: Nr.120 Abs.2.

452 Vgl. ebd. Abs.1.

453 Ebd.102 Abs.2 Ziff.3.

454 Vgl. ebd. 102 Abs.3.

455 Vgl. ebd. Abs.2 sowie RÖSGEN: Priesterhilfe des katholischen Landes. In: PJH [1935] 68-71, 69.

456 Vgl. GV.22.12.47. In: Abl 18 (1948) 5: Nr.13 Satz 3.

457 Vgl. ebd.

c) Beitrag zum Marthahilfswerk bzw. zum Haushälterinnen-Zusatzversorgungswerk

Das seit Oktober 1951 bestehende Marthahilfswerk (MarthahilfsW)[459] dient der Unterstützung von Haushälterinnen der Geistlichen in Not[460]. Die Mitgliedschaft im MarthahilfsW ist vorgeschrieben:

> "Die Billigkeit verlangt, daß der Priester seine langjährige getreue Haushälterin vor Not schützt."[461]

Ab Oktober 1952 werden Kürzungen in Höhe von 2,5% des Grundgehaltes an den Gehältern der aktiven, ab Januar 1953 an denen der Ruhestandsgeistlichen durchgeführt, um die notwendigen Mittel für das Hilfswerk (HilfsW) aufzubringen[462]. Ein eigener Haushalt ist keine Voraussetzung für die Beitragspflicht[463]. Auf die Leistungen des HilfsW besteht kein Rechtsanspruch[464]. Ein Exemplar der Verwaltungsrichtlinien wird jedem Geistlichen ausgehändigt[465]. Seit 1973 ist die Einrichtung durch die Ordnung für das HaushZusatzversorgungsW geregelt, die Abgabenpflicht als solche unverändert[466]. Der Beitrag liegt etwa 1976 und auch 1992 bei 3%[467].

d) Regelungen, die alle "Bistums-" bzw. "Pflichtabgaben" betreffen

Den Pflichtbeitrag der Diözesankleriker für das Priesterseminar, der Mitte der dreißiger Jahre bestand[468], rechnen die Diözesanstatuten/1959 nicht (mehr) unter die "Bistumsabgaben", die bei der Gehaltszahlung einbehalten werden[469].

Die Staatszuschüsse werden an die Diözese gezahlt, die dann Staatszuschüsse und Ruhegehälter an die einzelnen Gehaltsempfänger überweist[470]. 1960 wird

---

458 Vgl. GV.3.6.76. In: Abl 46 (1976) 63: Nr.107.

459 So die Verwaltungsrichtlinien in: DIÖZ.SYN. [1959] Bd.III 1018/1021, 1021: IV 17 A §10 Satz 1.

460 Vgl. ebd.1018: IV 17 A §1.

461 DIÖZ.STAT. [1959] 23: Art.52 §2 Satz 4. Satz 3.

462 BISCH.25.10.1952. In: DIÖZ.SYN. [1959] Bd.III 1018/1021, 1018: IV, 17 vor A.

463 Vgl. ebd. und DIÖZ.STAT. [1959] 28, 63: Art.64 §§3f, Art.138 §8.

464 Vgl. die Verwaltungsrichtlinien in: DIÖZ.SYN. [1959] Bd.III 1018/21, 1018: IV, 17 A §6 lit.a.

465 Vgl. ebd.1021: §10 Satz 2.

466 Vgl. BISCH.30.11.73. In: Abl 43 (1973) 197-199, 198: Nr.318 §4. Vgl. weiter BISCH.15.11.85. In: Abl 55 (1985) 162-164, 162: Nr.175 §2.

467 Vgl. GV.3.6.76. In: Abl 46 (1976) 63: Nr.107. Vgl. jüngst GV.1.7.92. In: Abl 62 (1992) 103: Nr.99 a.E.

468 Vgl. Abl 5 (1935) 166 und Abl 7 (1937) 56. Beide zit. bei W. SCHWICKERATH: Finanzwirtschaft 270 mit Fn.661.

469 Vgl. DIÖZ.STAT. [1959] 28: Art.64 §3. Die Abgabe wird auch im Zusammenhang mit der Förderung des Priesterseminars durch den Klerus nicht genannt. Vgl. ebd.221: Art.481.

dann die BistumsK beauftragt, die Besoldung der Pfarrer und der Geistlichen anstelle der Kirchengemeinden zur Gänze zu übernehmen; auch die Versorgungsbezüge werden durch die BistumsK ausgezahlt[471]. Dabei werden "Pflichtabgaben" in Form von Beiträgen zur "RuhegehaltsK des Bistums Aachen" (nicht von Versorgungsempfängern), zum "Diasporapriesterhilfswerk", und zum "Hilfswerk des Bistums Aachen zur Versorgung stellenlos gewordener Haushälterinnen von Geistlichen" erhoben und von kirchlichen BesoldungsK einbehalten[472]. Die Höhe der Pflichtabgaben beträgt bei Besoldungsempfängern 8% des Bruttogrundgehaltes[473], bei Versorgungsempfängern 5,5% der Versorgungsbezüge, nachdem zuvor der Ortszuschlag in Abzug gebracht worden ist[474]. Seitdem der persönliche Beitrag der Geistlichen zur RuhegehaltsK ruht (Oktober 1973), zahlen alle Priester insgesamt 6%[475].

---

470 Vgl. GV.28.6.48. In: Abl 18 (1948) 55: Nr.140. Die Art der Staatszuschüsse ist hier nicht näher spezifiziert.

471 Vgl. die Ausführungsbestimmungen zu PfBO und GBO GV.15.8.60 (in: Abl 30 (1960) 134f: Nr.234 Ziffn.1f und GV. In: Ebd.163f: Nr.268 Ziffn.1f. Zur Einheitlichkeit in allen nordrhein-westfälischen Diözesananteilen siehe *oben §9. Paderborn bei Fnn.150/2.*

472 So die PfBO, vgl. BISCH.13.5.60. In: Abl 30 [1960] 125-133, 131: Nr.232 §53 Abs.2. Ebenso die GBO, vgl. BISCH.1.9.60. In: Ebd.155-161: Nr.267 §51 Abs.2. Vgl. schon DiözStat/1959, die im Rahmen der Besoldungsregelung festsetzen: "Bei der Gehaltszahlung an die Geistlichen werden von der BistumsK die verordneten Bistumsabgaben einbehalten, die von dem Grundgehalt (ohne Wohnungswert bzw. Wohnungsgeld) berechnet werden, und zwar bei den aktiven Geistlichen: 3 v.H. für die Diasporahilfe, 2,5 v.H. für die Ruhegehaltskasse und 2,5 v.H. für das Marthahilfswerk; bei den Ruhestandsgeistlichen: 2,5 v.H. für das Marthahilfswerk." DIÖZ.STAT. [1959] 27f: Art.64 §3. "Von den Geistlichen, die nicht aus der Bistumskasse ihr Gehalt oder Ruhegehalt erhalten (Religionslehrer, Anstaltspfarrer u.a.), wird bezüglich der Bistumsabgaben jährlich eine Berechnung dieser unter Angabe des Grundgehalts eingereicht. Die Abgaben sind wenigstens vierteljährlich an die Bistumskasse zu überweisen." Ebd. §4.

473 2,5% RuhegehaltsK, 3% DiasporapriesterhilfsW, 2,5% HaushVersorgungshilfsW. Vgl. GV.15.8.60 (ebd.133f: Nr.233 Anl. Abschn.D Satz 1) und BISCH.1.9.60 (ebd.162f; Nr.267 Abschn.C). "Unter Bruttogrundgehalt ist für den Fall, daß von der Möglichkeit der Kürzung nach §4 Abs.5 PfBO Gebrauch gemacht wird, das gekürzte Bruttogrundgehalt zu verstehen." GV.15.8.60. In: Ebd.133f: Nr.233 Anl. Abschn.D Satz 2.

474 Ebd. Satz 1 und ebd.162f: Nr.267 Anl. Abschn.C.

475 Zum HaushZusatzversorgungsW 3%, zum DiasporapriesterhilfsW unverändert 3%. Vgl. GV.3.6.76. In: Abl 46 (1976) 63: Nr.107. Vgl. zu §53 PfBO bzw. §51 GBO jüngst GV.1.7.92. In: Abl 62 (1992) 103: Nr.99 a.E.

e) Abschöpfung von Mehreinnahmen aus den Pfründen

Die Diözesanstatuten/1959 verweisen hinsichtlich der *superflua* lediglich auf can.1473 CIC/1917[476]. Seit 1960 gilt die Regelung der PfBO und GBO für die Bistumsanteile in NRW[477].

§15. Diözese Essen

Als die Diözese Essen 1957 errichtet wird, bleibt das in den verschiedenen Gebietsteilen bisher geltende Partikularrecht bis zu einer Neuregelung unverändert in Kraft[478], mithin auch die Abgabenregelungen[479]. Die einschlägigen Normen der Besoldungsordnungen von 1960 zu Pflichtabgaben und überschießenden Pfründeerträgen haben den gleichen Wortlaut wie die für die NRW-Anteile der anderen betroffenen Diözesen (Köln, Aachen, Paderborn)[480]. Spätestens 1960 wurde mit den Anlagen zur einheitlichen diözesanen Besoldungsordnungen in NRW die Höhe der Pflichtabgaben auch einheitlich für alle Essener Bistumsteile geregelt[481].

a) Beitrag zur Ruhegehaltskasse

Der Beitragssatz zur Ruhegehaltskasse (RuhegehaltsK) liegt von 1958 bis zur widerruflichen Einstellung der Einhebung 1973 bei 3%. Ein Widerruf ist bis 1993 nicht erfolgt[482]. Neben den persönlichen Beiträgen gibt es von vornherein die sogenannten Stellenbeiträge[483]. Die Versorgung der Priester gewährleistet der "Versorgungs-Fonds Bistum Essen e.V."[484].

---

476 Vgl. DIÖZ.STAT. [1959] 26: Art.60 §3.

477 Vgl. *oben §9. Paderborn. Fn.163.* Eine Änderung der PfBO nach 1983 konnte im Abl bis zum Abl 62 (1992) nicht festgestellt werden.

478 Vgl. BISCH.1.1.1958. In: Abl 1 (1958) 16: Nr.27 Satz 1. Die Geistlichen des Bistums, die bisher vom GV Köln ihre Bezüge erhielten, werden ab Januar 1959 vom Bistum Essen besoldet (vgl. GV.9.12.58 in: Abl 1 [1958] 131: Nr.305 Satz 1), die ehemals Münsterischen ab Februar und die ehemals Paderborner Geistlichen ab März 1959. Vgl. GV.31.12.58. In: Abl 2 (1959) 2f: Nrn.6f.

479 Vgl. dazu *§§9, 12 und 13. Paderborn, Münster und Köln.*

480 Vgl. nur BISCH.30.4.60 (in: Abl 3 (1960) 107-116: Nr.167 §§53 und 57 PfBO) und BISCH.19.11.60. In: Abl 3 (1960) 195-204: Nr.327 §§51 und 55 GBO.

481 Vgl. nur BISCH.30.4.60. In: Abl 3 (1960) 107-117, 116: Nr.167 a.E. Für die nicht vom Bistum besoldeten Geistlichen vgl. GV. In: Abl 3 (1960) 125f, 125: Nr.183 Abs.1 Satz 1.

482 Vgl. zur Entwicklung im Zusammenhang mit den anderen Pflichtabgaben *unten lit.d.*

483 Vgl. SSE Art.685 Abs.2 Satz 1. In: SEDR [Stand November 1994].

484 Vgl. SSE Art.685 Fn. In: SEDR [Stand November 1994]. Einzelheiten regeln die Satzung und der Vertrag zwischen dem Bistum Essen und dem Verein, beide vom 1.2.1974. Vgl. ebd.

b) Abgabe zur Diasporahilfe

Der Beitragssatz zum Diasporapriesterhilfswerk (DiasporapriesterhilfsW), bereits 1958 in Höhe von 5% von der SCConc zugestanden, wird 1961 auch tatsächlich von 3% auf 5% gehoben, und bleibt dort bis zur Senkung 1973 wieder auf 3%, wo er auch 1993 noch liegt[485]. Laut Synodalstatuten von 1961 (SynStat/1961) verpflichtet die Lage der Kirche in Deutschland die Seelsorger zu einer besonderen Aufgeschlossenheit für die Anliegen der Diaspora[486].

c) Beitrag zum Haushälterinnenhilfswerk

Ab April 1959 ist ein Hilfswerk (HilfsW) für die Versorgung stellenlos gewordener Schwestern und Haushälterinnen von Geistlichen im Bistum Essen (HaushHilfsW) als Einrichtung des Bistums errichtet mit dem Zweck, in Fällen der Not eine wirtschaftliche Hilfe auf karitativer Grundlage und ohne Einräumung eines Rechtsanspruches zu gewähren[487]. Die Verpflichtung zur Beitragsleistung besteht unabhängig davon, ob der einzelne Geistliche einen eigenen Haushalt hat oder nicht, und ohne Rücksicht darauf, ob die Schwester oder Haushälterin des Geistlichen selbst jemals in den Genuß der Leistungen des HilfsW kommt oder nicht, und ohne Rücksicht darauf, ob der Geistliche sein Gehalt aus kirchlichen oder anderen Kassen bezieht[488]. Der Beitragssatz von zunächst 2% wird Ende 1980 auf 3% angehoben, wo er auch 1993 noch liegt[489]. Ab Januar 1985 trägt das HilfsW den Namen "Haushälterinnen-Zusatzversorgungswerk im Bistum Essen"[490].

d) Regelungen, die alle "Pflichtabgaben" betreffen

Die SynStat/1961 zählen die RuhegehaltsK für die Priester und das HilfsW für die Versorgung von Schwestern und Haushälterinnen der Geistlichen neben dem "Hilfswerk für die zusätzliche Altersversorgung der kirchlichen Laienangestellten", dem "Caritasaufbauwerk" und dem "Siedlungswerk" zu den bischöflichen HilfsW[491].

---

485 Siehe zur Entwicklung im Zusammenhang mit den anderen Pflichtabgaben *unten lit.d.*

486 Vgl. SSE Art.170 Satz 1. In diesem Zusammenhang führt die SEDR die Abgabe für das Diasporahilfswerk an. Vgl. ebd. Fn. In: SEDR [Std. November 1994].

487 Vgl. BISCH.1.7.59 (in: Abl 2 [1959] 109f: Nr.202 §1) und BISCH.5.7.72. In: Abl 15 (1972) 67: Nr.97 Ziff.3 Abs.1 Satz 1.

488 Vgl. BISCH.1.7.59. In: Abl 2 (1959) 109f, 110: Nr.202 §2 Abs.2 Satz 2.

489 Siehe zur Entwicklung im Zusammenhang mit den anderen Abgaben *unten lit.d.*

490 Vgl. BISCH.14.12.84. In: Abl 28 (1985) 6: Nr.3 Ziff.I.

491 Vgl. SYN.STAT. [1961] 209f: Artt.685-689. SSE Art.688 über das "Caritasaufbauwerk" ist aufgehoben in der Neufassung der Artt. des SSE über die "Caritas" vom 9.9.1980. Vgl. SSE Art.688 Fn. In: SEDR [Stand November 1994].

Die Pflichtabgaben belaufen sich 1960 insgesamt auf 8% vom Bruttogehalt bei Besoldungsbezügen (3% RuhegehaltsK, 3% DiasporapriesterhilfsW, 2% HaushhilfsW) und 5% der Versorgungsbezüge, nachdem zuvor der Ortszuschlag in Abzug gebracht worden ist, bei Versorgungsempfängern[492]. Ab April 1961 betragen die Sätze insgesamt 10 bzw.7%, weil die Abgabe zum DiasporapriesterhilfsW auf 5% angehoben wird[493]. Mit dem widerruflichen Verzicht auf die Beiträge zur RuhegehaltsK sinkt die Beitragshöhe ab 1972 auf insgesamt 7% vom Grundgehalt[494], ab Juli 1973 dann die Diasporaabgabe ebenso wie in Münster auf 3%[495]. Die Bemessungsgrundlage wird immer wieder präzisiert[496]. 1974 wird der maximale Pflichtbeitrag festgesetzt in Höhe der Pflichtbeiträge eines Pfarrers in der Endstufe[497]. Bei Geistlichen, die Dienst- oder Versorgungsbezüge von der BistumsK oder von der Kasse einer Einrichtung des Bistums erhalten, werden die Beiträge von den Bezügen einbehalten und gegebenenfalls an die BistumsK weitergeleitet[498]. Der Bischof regelt die Pflichtbeiträge der Geistlichen durch besondere Verordnung[499].

---

[492] Vgl. BISCH.30.4.60. In: Abl 3 (1960) 107-116, 116: Nr.167 Anlage D und BISCH.19.11.60. In: Abl 3(1960) 204: Nr.328 [GBO] Anlage C.

[493] Vgl. die Anlagen zu GBO, PfBO und BezügeO für Geistliche außerhalb der Pfarrseelsorge BISCH.9.5.61. In: Abl 4 (1961) 50: Nr.133 Abschn.C und ebd.51f, 52: Nr.135 Abschn.D sowie ebd.53f, 54: Nr.137 Abschn.D. Eine eigene Verfügung zu den Pflichtabgaben nochmals in: GV.2.6.61. In: Abl 4 (1961) 63: Nr.158.

[494] Siehe BISCH.31.12.71. In: Abl 14 (1971) 189: Nr.180.

[495] Vgl. die jeweilige Anlage zu den BesoldungsO (GBO, PfBO etc.) in: Abl 16 (1972) 83f, 84: Nr.98 Abschn.D, ebd.84f, 85: Nr.100 Abschn.C und ebd.85f, 86: Nr.102 Abschn.D Ziff.1.

[496] Wird eine Zulage zum Bruttogehalt gewährt, so werden die Pflichtabgaben auch von ihr erhoben. Vgl. die Anlagen zu den BesoldungsO. In: BISCH.9.5.61. In: Abl 4 (1961) 50: Nr.133 C Schlußsatz; ebd.51f, 52: Nr.135 D Schlußsatz; ebd.53f, 54: Nr.137 D Schlußsatz. Ausgenommen ist die Sonderzulage zur Beschaffung wissenschaftlicher Werke. Vgl. BISCH.23.11.64. In: Abl 7 (1964) 122f, 122: Nr.235 Abschn.E Abs.2. Der Ortszuschlag und etwaige Gehaltszulagen, soweit sie nicht ruhegehaltsfähig sind, werden bei der Berechnung der Pflichtbeiträge nicht berücksichtigt. Vgl. BISCH.5.7.72. In: Abl 15 (1972) 67: Nr.97 Ziff.4 Abs.1 Satz 1.

Bei Geistlichen, die keinen Haushalt haben, werden die Pflichtabgaben vom Bruttobargehalt und dem gesetzlichen Wert der Sachbezüge erhoben. Siehe die Anlage zu GBO und PfBO. Jeweils BISCH.23.11.64. In: Abl 7 (1964) 121f, 121: Nr.233 Abschn.D Abs.2 und ebd.122f,122: Nr.235 Abschn.E Abs.3.

[497] Vgl. die Anlagen zu den BesoldungsO. In: BISCH.3.5.74. In: Abl 17 (1974) 47: Nr.57 Abschn.D Abs.2; ebd.48: Nr.57 Abschn.C Abs.2; ebd.49: Nr.57 Abschn.D Ziff.1; ebd.51: Nr.57 Ziff.1 Abs.3. Der Betrag wird auch als absolute Summe veröffentlicht, vgl. etwa GV.4.7.90. In: Abl 33 (1990) 80: Nr.86. Vgl. zuletzt BISCH.18.2.93. In: Abl 36 (1993) 33-41, 41: Nr.57 Abschn.A Ziff.3.

[498] Vgl. BISCH.5.7.72. In: Abl 15 (1972) 67: Nr.97 Ziff.5 Abs.1. Bei Erhalt der Bezüge von einer anderen Kasse oder von einem anderen Dienstherrn, sollen die Pflichtbeiträge mo-

Die Erhebung geschieht "auf Grund der Indulte" der SCConc[500]:

"N. 32481/A 71/58
SACRA CONGREGATIO CONCILII
Beatissime Pater,

Episcopus Essendiensis humiliter a Sanctitate Vestra facultatem postulat imponendi sacerdotibus dioecesanis super eorum reditibus tributa quae sequuntur:

1. 3% pro aerario vulgo "Ruhegehaltskasse" nuncupato;
2. 5% ad subveniendum sacerdotibus qui in dispersione (Diaspora) curam gerunt animarum;
3. 2% pro adiuvandis sororibus ac famulis sacerdotum defunctorum.

Consultores dioecesani et Consilium dioecesanum administrationis votum emiserunt affirmativum.

Sacra Congregatio Concilii, attentis expositis ab Episcopo Essendiensi, eidem facul[t]atem juxta preces benigne impertita est, ad triennium, servatis servandis.

Datum Romae, die 18 Aprilis 1958

P. Card. Ciriaci, Praef."[501]

"N. 57022/ A 286/60
SACRA CONGREGATIO CONCILII
Beatissime Pater,

Episcopus Essendiensi
perdurantibus iisdem causis, a Sanctitate Vestra humiliter postulat ut sibi prorogetur indultum iampridem concessum per rescriptum S. Congregationis Concilii diei 18 Aprilis 1958, n. 32481 A, de quibusdam tributis imponendis super reditibus sacerdotum dioecesanorum.

Sacra Congregatio Concilii, attentis expositis, petitam prorogationem, in terminis et forma praecedentis rescripti, benigne impertita est ad aliud triennium initio ducto a die exspirationis praecedentis Rescripti.

Datum Romae, die 8 Martii 1961

P. Card. Ciriaci, Praefectus"[502]

---

natlich oder vierteljährlich an die BistumsK überwiesen werden; das GV fordert im November jeden Jahres die Abrechnung über die Höhe der Pflichtbeiträge an. Abs.2 Satz 1f.

499 Vgl. ebd. Nr.97 und BISCH.5.12.66. In: Abl 9 (1966) Nr.233.

500 Vgl. nur BISCH.5.7.72. In: Abl 15 (1972) 67: Nr.97 vor Ziff.1. Zu rechtlichen Gründen für die Erforderlichkeit der Indulte siehe *oben §3. bei Fnn.45-51 und §9. bei Fnn.85-92, 139f, 159/62 sowie §12 bei Fn.274.*

501 SCCONC.18.4.58. In: Abl 4 (1961) 49: Nr.132 linke Sp.

502 SCCONC.8.3.61. In: Ebd. rechte Sp.

"N. 87018/A

SACRA CONGREGATIO CONCILII

Beatissime Pater,

Episcopus Essendiensis humiliter exponit ea quae sequuntur:

Rescripto diei 8 Martii 1961, n. 57022/A, Sacra Congregatio Concilii licentiam concessit ad triennium imponendi sacerdotibus dioecesanis nonnulla tributa super eorum reditibus et quidem:

1. 3% pro aerario "Ruhegehaltskasse" vulgo nuncupato;

2. 5% pro subveniendis sacerdotibus qui in dispersione (Diaspora) curam gerunt animarum;

3. 2% pro adiuvandis sororibus ac famulis sacerdotum defunctorum.

Episcopus orator una cum prorogatione a Sanctitate Vestra petit ut eadem tributa imponere possit etiam:

1. sacerdotibus e Germania Orientali expulsis qui in Dioecesi Essendiensi quodam munere funguntur;

2. sacerdotibus e Germania Orientali expulsis qui ad norma[m] conventionis inter Episcopos Germaniae initae a Dioecesi Essendiensi pensionem recipiunt.

SACRA CONGREGATIO CONCILII, attentis expositis, prorogationem et extensionem juxta benigne impertita est ad quinquennium, servatis servandis, initio tamen ducto a die expirationis praecedentis, servatis servandis.

Datum Romae, die 13 Decembris 1963

P. Card. Ciriaci, Praefectus"[503]

"N. 162434/III

SACRA CONGREGATIO PRO CLERICIS

Beatissime Pater,

Episcopus Essendien. Sanctitati Vestrae ea quae sequuntur reverenter exponit:

Per rescriptum Sacrae Congregationis pro Clericis diei 12 septembris 1973, n. 144059, oratori concedebatur per quinquennium facultas imponendi sacerdotibus dioecesanis super eorundem reditibus quaedam tributa, scilicet:

1. 3% ad subveniendum sacerdotibus qui in dispersione curam gerunt animarum (Diasporahilfswerk);

2. 3% pro adiuvandis sororibus ac famulis sacerdotum defunctorum (Haushälterinnenhilfswerk).

Episcopus Essendien. orator petit prorogationem memorati rescripti, et quo[a]d praeteritum, scilicet pro anno 1979 atque pro mensibus januarii, februarii et martii anni 1980, petit sanationem.

---

[503] SCCONC.13.12.63. In: Abl 7 (1964) 5: Nr.2.

SACRA CONGREGATIO PRO CLERICIS, attentis expositis, Episcopo Essendien. benigne impertita est prorogationem facultatum juxta preces ad aliud quinquennium et petitam sanationem a die exspirationis praecedentis rescripti.

Datum Romae, die 10 martii 1980

Silvius Card. Oddi, Praefectus"[504]

"N. 174906/III

SACRA CONGREGATIO PRO CLERICIS

Beatissime Pater,

Episcopus Essendien. humiliter petit a Sanctitate Vestra renovationem rescripti diei 10 martii 1980 n. 162434/III, quo oratori concedebatur per quinquennium facultas imponendi sacerdotibus dioecesanis super eorundem reditibus quaedam tributa, scilicet:

1. 3 % ad subveniendum sacerdotibus qui in dispersione curam gerunt animarum (Diasporahilfswerk);
2. 3% pro adiuvandis sororibus ac famulis sacerdotum defunctorum (Haushälterinnenhilfswerk).

SACRA CONGREGATIO PRO CLERICIS, attentis expositis, Episcopo ESSENDIEN. benigne impertita est prorogationem facultatum juxta preces ad aliud quinquennium, servatis de jure servandis.

Datum Romae, die 22 Novembris 1984

Silvius Card. Oddi. Praefectus"[505]

Die geltende Priesterbesoldungs- und Versorgungsordnung (PrBVO/1993) sagt unter "V. Pflichtabgaben", daß der Bischof Abgaben festsetzen kann, um die die Bezüge der Priester gekürzt werden, und die einschlägige Anlage 5 entspricht inhaltlich den bisherigen besonderen Verordnungen zu den Pflichtbeiträgen, doch fehlt für Grund und Höhe der Abgaben (1993: 3% DiaspPriesterhilfsW, 3% HaushZusatzversorgungsW)[506] die Berufung auf römische Indulte[507].

---

[504] CCLER.10.3.1980. In: Abl 23 (1980) 115: Nr.69.

[505] SCCLER.22.11.84. In: Abl 28 (1985) 5f: Nr.2. Zur Verwendung des Wortes "Sacra" siehe *oben §2 Fn.20.*

[506] Vgl. BISCH.18.2.93. In: Abl 36 (1993) 33-41, 37 und 41: Nr.57 §§1 und 31 i.V.m. Anlage 5. Die Höhe der Abgaben ist in der Anlage 5 festgesetzt. Die Anlage 5 enthält im Abschn.A Regelungen über Pflichtabgaben und im Abschn.B. "Schlußbestimmungen" einen dynamischen Rückverweis auf die PrBVO. Priester, die ihre Besoldung oder ihr Ruhegehalt vom Bistum Essen erhalten, haben Anspruch auf eine Grundvergütung gem. Anlage 1 ... abzüglich der in dieser Anlage auf der Grundlage des §31 Abs.1 und 3 [richtig 2] der PrBVO festgesetzten Pflichtabgaben ..." Anlage Ziff.1 vor lit.a. "Gemäß §31 Abs.2 [richtig: §1 Abs.3] der o.g. Ordnung gilt die Verpflichtung zur Zahlung der Beiträge auch für Priester, die ihre Bezüge nicht nach dieser Ordnung erhalten." Anlage Ziff.2.

[507] Vgl. ebd.41:Anlage 5 Absch.A.

e) Abschöpfung von Mehreinnahmen aus den Pfründen

Pfarrbesoldungs- (PfBO) und die Geistlichenbesoldungsordnung (GBO) entsprechen seit 1960 den Regelungen im nordrhein-westfälischen Bereich[508]. Die SynStat/1961 regeln im Rahmen der Ausführungen über die Kirchengemeindefinanzen die Frage der besser dotierten Pfründen:

> "Soweit der Reinertrag der Pfründe das nach der Besoldungsordnung dem Inhaber der Pfründe zu zahlende Bargehalt einschließlich etwaiger Zulagen übersteigt, wird die Verwendung des Mehrbetrages vom Ordinarius unter Beachtung der einschlägigen Bestimmungen des Kirchenrechts festgesetzt (vgl. cc.1186, 1477)."[509]

Die PrBVO/1993 enthält anders als etwa PfBO/1960 und GBO/1960 im Abschnitt über die Deckung des Besoldungsbedarfs keine Vorschrift mehr für den Fall der Mehrerträge[510].

§16. Diözese Trier

a) Beitrag zur Ruhegehaltskasse

Der Beitrag zur Ruhegehaltskasse (RuhegehaltsK), über den nichts besonderes ersichtlich war, betrug 1923 wohl 1,5% des Gehaltes[511], seit 1926 2,5%[512], ebenso vor und nach 1940[513]. Ab 1959 waren 3% des Bruttogehaltes (ausschließlich Wohnungsgeld) zu zahlen, grundsätzlich von allen Priestern des Bistums[514]. Befreit sind Geistliche, deren Altersversorgung durch ihre Anstellung mit Ruhegehaltsberechtigung im staatlichen oder kommunalen Dienst gesichert ist. Die Regelung gilt auch für heimatvertriebene Geistliche, die im Bistum tätig sind. Für Ordensgeistliche, auch wenn sie im Bistum tätig sind, entfällt der Beitrag.[515]

---

508 Siehe *oben §9. Paderborn Fn.163.*

509 SYN.STAT. [1961] 234: Art.764. Immer noch in SEDR [Stand November 1994].

510 Vgl. BISCH.18.2.93. In: Abl 36 (1993) 33-41, 37f: Nr.57 §§32-35. Vgl. zur Besitzstandswahrung ebd.38: §39.

511 Vgl. BISCH.28.9.23. In: Abl 67 (1923) 97. Abgedr. in: AfkKR 103 (1923) 191f im Zusammenhang mit den Abgaben für die DiözVerwaltung.

512 Vgl. Abl 79 (1926) 93. Zit. bei W. SCHWICKERATH: Finanzwirtschaft 273 mit Fn.695.

513 Vgl. AfkKR 121 (1941) 251-253: Ziff.I Abs.2.

514 Vgl. GV.24.1.59. In: Abl 103 (1959) 24f: Nr.32 Ziff.1 Abs.1. Vgl. auch SYN.STAT. [1959] 309f, 309: Artt.557 Abs.1 Satz 1 und ebd.21f: Art.42 Abs.2: "Alle Priester ...".

515 Vgl. GV.24.1.59. In: Abl 103 (1959) 24f: Nr.32 Ziff.2f.

b) Abgaben zur Diözesan- und zur Diasporaausgleichskasse

Für die Diasporapriester sollte ab Oktober 1925 die 1%-Abgabe abgerundet auf 50 (Pfarrer) bzw. 20 Mk. (Hilfsgeistliche) als "Selbstbesteuerung" gegeben werden[516]. Der Beschluß der Fuldaer Bischofskonferenz von 1926 (FuldBischKonf/1926) wurde im Amtsblatt im Wortlaut bekanntgemacht[517]. Die 1%-Richtlinie wurde von diesen Pauschalbeträgen infolge der allgemeinen Gehaltserhöhungen (1925-1929) unter-, durch die Kürzungen (ab 1931) aber überschritten[518]. Die Priester wurden von Paderborn aus gemahnt und leisteten direkt an die dortige Ausgleichskasse (AusgleichsK), wobei im Trierer Amtsanzeiger gelegentlich Mahnungen an den Klerus erfolgten[519].

Die Abgabe war zunächst freiwillig, doch wurden anscheinend bereits 1937 Verhandlungen über die obligatorische Durchführung mit dem Bonifatiusverein geführt[520]. Auf Anregung des Bischofs erklärten sich auf der Dechantenkonferenz von 1940 (DechantenKonf/1940) die Vertreter des Klerus freiwillig bereit, mit Hilfe der freigewordenen Diözesanabgaben[521] eine Diözesan- und eine DiasporaausgleichsK mitzutragen, wozu bis zum 1.1.1940 die Zustimmung der Diözesangeistlichkeit in allen Dekanaten erfolgte[522]. Daraufhin errichtete der Bischof die beiden AusgleichsK und erteilte den Satzungen die oberhirtliche Genehmigung[523].

Die DiözesanausgleichsK hat den Zweck, gering besoldeten Geistlichen des Bistums ihre Gehaltsbezüge durch dauernde monatliche Zuschüsse bis zu einem bestimmten Mindesteinkommen zu erhöhen[524]. Innerhalb der Diözese hatte sich im Laufe der vorangegangenen Jahre eine neue Notlage eingestellt, denn durch das Zurückgehen der staatlichen Besoldungszuschüsse und die dadurch notwendig gewordenen Gehaltskürzungen erhielt ein Teil der Pfarrer nur ein Gehalt, das einen angemessenen Lebensunterhalt nicht mehr gewährleistete[525]. Da aber den meisten in Frage kommenden Seelsorgestellen, wie auch dem Bistum, ausreichende Mittel zur Aufbesserung der Gehälter nicht zur Verfügung standen, sei es für den Diözesanklerus eine Ehrenpflicht, den Mitbrüdern zu helfen, weshalb die

---

516 Vgl. Jahresber.1925. In: PJH [1926] 8-16, 11.

517 Vgl. Jahresber.1926. In: PJH [1927] 53-68, 62.

518 Vgl. Jahresber.1931. In: PJH [1932] 78-83, 79.

519 Vgl. Handbuch BonifatiusV [1937] 41, abgedr. in: PJH [1937] 1ff.

520 Vgl. Jahresber.1937. In: PJH [1938] 72-74, 73.

521 Siehe *unten lit.d.*

522 Vgl. BISCH.16.5.41. In: AfkKR 121 (1941) 149f. Vgl. auch GV. In: Ebd.251-253: Ziffn.II Abs.2 Satz 2 und III Abs.3 Satz3f.

523 Vgl. BISCH.16.5.41. In: Ebd.249f.

524 Vgl. die vom BISCH. genehmigte Satzung. In: Ebd. §1 Abs.1.

525 Vgl. GV. In: AfkKR 121 (1941) 251-253: Ziff.I Abs.1 Satz 1f. Ähnlich war es bei etlichen in ärmeren Vikarien angestellten oder im Schuldienst stehenden Geistlichen. Vgl. ebd. Satz 3.

Vertreter des Klerus (Dechanten) und dieser selbst auch freiwillig zugestimmt hätten[526]. War die Kirchengemeinde, die für die Diensteinkommen der Pfarrvikare, Vikare und Expositi aufzukommen hat, leistungsunfähig, so konnten in besonderen Fällen vom Bistum (DiözesanausgleichsK) Zuschüsse gewährt werden[527]. Für Zuschüsse kamen Geistliche in Frage, die kein ausreichendes Einkommen hatten, v.a. Pfarrer, die mit ihrem örtlichen Stelleneinkommen und staatlichen Besoldungszuschüssen das Mindesteinkommen nicht erreichten, sowie Pfarrvikare, Vikare und Expositi, denen ihre Seelsorgestelle das ihnen nach der Besoldungsordnung zustehende Gehalt nicht voll gewähren konnte[528]. Es bestand kein Rechtsanspruch auf bestimmte Kassenleistungen (Zuschüsse), die nur im Rahmen der vorhandenen Mittel gewährt wurden[529]. Die 2%ige[530] Abgabe wurde bei Geistlichen, deren Gehälter oder Besoldungszuschüsse die Bistumskasse (BistumsK) auszahlte, einbehalten[531].

> "Der Beitrag für die Diözesanausgleichskasse ist für alle Geistlichen der Diözese, die ein kirchliches Amt bekleiden, pflichtmäßig. Ruhestandsgeistliche sind nicht beitragspflichtig.
>
> Geistliche, die ihrer Beitragspflicht nicht nachkommen, erhalten keine Zuschüsse aus der Diözesanausgleichskasse."[532]

Die DiasporaausgleichsK hat den Zweck, den Beitrag der Geistlichen der Diözese für die AusgleichsK des Bonifatiusvereins bzw. des Diasporakommissariats zu erheben[533]. Nach Aufhebung eines Teiles der bisherigen Diözesanabgaben (für Seminar und Verwaltung) konnte die Diözese auch an die Erfüllung der Aufgabe der pflichtmäßigen Unterstützung des Diasporaklerus herantreten[534]. In seinen erläuternden Mitteilungen zur Errichtung der AusgleichsK zitiert das Generalvikariat den Beschluß der FuldBischKonf/1926 im Wortlaut und berichtet, im Laufe der Jahre hätten alle deutschen Bistümer bis auf zwei diesen Beschluß durchgeführt, indem sie in Höhe von 1% des Gehaltes für die DiasporaausgleichsK des Bonifatiusvereins einen pflichtmäßigen Beitrag anordneten und er-

---

526 Vgl. ebd. Abs.2 Satz 1f.

527 Vgl. BISCH.15.3.42. In: Abl 86 (1942) 35f: Nr.75 §3 Abs.1 und 5.

528 Vgl. die vom BISCH.16.5.41 genehmigte Satzung. In: AfkKR 121 (1941) 249f: §2, v.a. Nrn.1f.

529 Vgl. ebd. §3.

530 Für Pfarrer, Pfarrvikare, Religionslehrer und sonstige Geistliche mit eigenem Haushalt 2% ihres Bruttogehaltes (abzüglich Dienstwohnung, Wohnungsmiete oder Wohnungsgeld) sowie für Kapläne 24 RM p.a. Vgl. ebd. §6.

531 Vgl. ebd. §7. Die anderen Geistlichen zahlten vierteljährlich ihren Beitrag an die BistumsK. Vgl. ebd.

532 Ebd. §5 Abs.1f.

533 Vgl. GV. In: AfkKR 121 (1941) 251-253, 251: §1. Die Errichtung des DiaspKomm hat sich in der Zweckbestimmung niedergeschlagen. Siehe GV.4.11.42. In: Abl 86 (1942) 115: Nr.232.

534 Vgl. GV. In: AfkKR 121 (1941) 251-253: Ziff.III Abs.1 Satz 1.

hoben, wovon die Diözese Trier wegen der Abgaben für Priesterseminar und Diözesanverwaltung bis dato abgesehen hatte[535]. Nach deren Wegfall sind nun zur 1%igen[536] Abgabe alle Geistlichen der Diözese beitragspflichtig; die Beiträge werden in gleicher Weise wie zur DiözesanausgleichsK erhoben[537].

Der Entwurf der Synodalstatuten von 1946 (EntwSynStat/1946) hatte sowohl die Beiträge zur AusgleichsK des Bistums als auch die zur DiasporaausgleichsK genannt und allen Priestern die Leistung "empfohlen"[538].

Wegen der großen Beanspruchung der Geistlichen hat der Bischof erst 1949 "in Durchführung des Beschlusses der Bischofskonferenz von 1948 angeordnet, daß beginnend vom 1.1.1949 die 1%ige Gehaltsabgabe der Geistlichen unseres Bistums auf 3% erhöht wird."[539] Die "Bistumsabgaben" der Geistlichen betrugen demnach anstatt bisher 5,5% des Bruttogehaltes 7,5%[540]. Eigens erwähnt wird, daß die BistumsK auch Sonderspenden für das Priesterhilfswerk (PriesterhilfsW) entgegennimmt[541]. Die juridischen Anordnungen werden von einer ausführlichen Begründung begleitet. Nach der Darstellung von Notwendigkeit und Inhalt des Beschlusses der FuldBischKonf/1948, der in Trier zunächst (Juli 1948 bis März 1949) nicht durchgeführt worden war[542], wird festgestellt:

> "Nunmehr ist ... die Besoldungslage der Heimatberaubten-Seelsorger in den Diasporabistümern und die Besoldung der Diasporageistlichen in eine derartig schwierige Lage geraten, daß eine Hilfe der Geistlichen für die Mitbrüder in der Diaspora eine unabdingbare Pflicht christlicher Liebe ist." [543]

Die Schilderung der rigorosen Sparmaßnahmen aller Diasporadiözesen - teilweise als "Gewaltmaßnahmen" bezeichnet - schließt:

> "Aber die Beschaffung [der fehlenden] Summe .. lediglich für die Besoldung der Heimatberaubten-Seelsorger kann nicht den Diasporabistümern allein zuge-

---

535 Vgl. ebd. Ziff.III Abs.2f

536 1% des Bruttogehaltes (abzüglich der Dienstwohnung oder des Wohnungsgeldes) zahlen die Geistlichen mit eigenem Haushalt einschließlich der Ruhestandsgeistlichen; die Kapläne zahlen jährlich 12 RM. Vgl. GV. In: AfKKR 121 (1941) 251: §2.

537 Ebd. §§2 und 4. Wie später erfolgt also bei Gehaltsbezug von der BistumsK Gehaltsabzug, ansonsten wird durch Rechnung von der BistumsK eingefordert. GV.24.2.49. In: Abl 93 (1949) 59: Nr.80 Abs.9.

538 Vgl. ENTW.SYN.STAT. [1946] 242: Art.525 Abs.1 Satz 2. Dabei wird auf die angeführten Normen von 1941 hingewiesen. Vgl. ebd. Fn.98. Die Abgaben für Priesterseminar, Bistumsverwaltung und RuhegehaltsK werden demgegenüber nicht bloß empfohlen, sondern sind verpflichtend. Vgl. ebd. Satz 1.

539 Ebd. Abs.7. Die Kapläne zahlen anstatt wie bisher 1 DM in Zukunft monatlich 3 DM für das PriesterhilfsW. Vgl. ebd.

540 Vgl. ebd. Abs.9. Kapläne zahlen 7 statt monatlich 5 DM. Vgl. ebd. Zur Entwicklung der Gesamtbelastung vgl. *unten lit.d.*

541 Vgl. ebd. Satz 3.

542 Vgl. ebd. Abs.1-4 Satz 1

543 Ebd. Abs.4 Satz 2.

mutet und zugeschoben werden."[544] "Die Aufrechterhaltung der Seelsorge an den Heimatberaubten ist zweifellos eine vordringlichste Aufgabe aller deutschen Katholiken, nicht bloß derjenigen, die zufällig in Diasporabistümern wohnen. Wird diese Aufgabe nicht in kürzester Zeit gelöst, dann steht ein Zusammenbruch der gesamten Heimatberaubten-Seelsorge bevor."[545]
Die Beitragshöhe (3%) bleibt in der Folge konstant[546]. Beiträge haben auch die heimatvertriebenen Geistlichen zu leisten sowie die Ordensgeistlichen, die im Bistum tätig sind[547]. Auffällig an den Satzungen der DiasporaausgleichsK bleibt, daß sie - anders als die der DiözesanausgleichsK - den Beitrag nicht ausdrücklich als pflichtmäßig bezeichnet. Doch wird von Beitragspflicht gesprochen und die erläuternden Mitteilungen des Generalvikariats heben die Pflichtmäßigkeit als Neuerung gerade hervor[548]. In den SynStat/1959 ist die 2%-Abgabe zur DiözesanausgleichsK - anders als in der Regelung/1949 - nicht mehr genannt; Synode bzw. SynStat "empfehlen" die Beiträge zur DiasporaausgleichsK allen Geistlichen[549]. Offenbar sind die beiden Abgaben zu den beiden AusgleichsK in der einen 3%-Abgabe aufgegangen bzw. die 2% für die DiözesanausgleichsK jetzt zum Haushälterinnenhilfswerk (HaushHilfsW) "umgelenkt" worden.

c) Abgabe zur Rentenkasse bzw. zum Haushälterinnenhilfswerk

Schon 1926 werden ausführliche systematische Überlegungen zur Haushälterinnenversorgung angestellt; es handele sich um eine Pflicht *ex iustitia* gegen Verwandte[550]. Für die "Rentenkasse des Bistums Trier für die Pfarrhaushälterinnen" (RentenK) bestand die Satzung/1952[551]. Ab 1958 erfolgte die diözesane Versorgung durch das "Hilfswerk des Bistums Trier für die Versorgung stellenlos gewordener Haushälterinnen von Geistlichen[552]", das eine wirtschaftliche Hilfe auf karitativer Grundlage und ohne Einräumung eines Rechtsanspruches be-

---

544 Ebd. Abs.5 letzter Satz.

545 Ebd. Abs.6 Satz 1f.

546 Vgl. etwa für 1959 und 1973 GV.24.1.59. In: Abl 103 (1959) 24f: Nr.32 Ziff.1 und A. KÖTTER: DiaspPriesterausgleichsK 10.

547 Vgl. Abl ebd. Nr.32 Ziff.2f.

548 Vgl. AfkKR 121 (1941) 249-253, 253: Ziff.III Abs.2.

549 Siehe SYN.STAT. [1959] 309f, 309: Art.557 Abs.1 Satz 2. Der Wegfall der Beiträge zur DiözAusgleichsK ergibt sich aus den Ergänzungs- und Abänderungsvorschlägen/1956 (vgl. ENTW.SYN.STAT. [1956] 79: Art.525), die als Ergebnis der Beratungen der Kommission den Priestern zugestellt wurden. Vgl. ENTW.SYN.STAT. [1956] 1: Einleitung von Offizial A. Heintz als Vorsitzendem der Kommission für die Durcharbeitung der SynStat.

550 Vgl. DECHANTENKONF. [1926] 18-20: Bericht von Dechant Ziegenhaben. Vorgeschlagen wird eine - wohl freiwillige - Rentenversicherung der Diözese auf den Todesfall des Geistlichen als Alternative zu Lebensversicherung und Sparkonto.

551 Vgl. BISCH.15.12.57. In: Abl 101 (1957) 187: Nr.256 Abs.3.

552 Auch von Heimatvertriebenen, soweit am 1.4.1952 im Bistum ansässig. Vgl. dazu GV.18.11.57. In: Abl 101 (1957) 187f: Nr.257 §1 Abs.2.

zweckte[553]. "Wie die Mittel bereitgestellt werden, bestimmt jeweils der Bischof."[554] 1959 beträgt die Diözesanabgabe für das HaushHilfsW 2%[555]. Der EntwSynStat/1946 hatte eine Abgabe - etwa zur Rentenkasse (RentenK) - noch nicht vorgesehen[556]. Abgabepflichtig sind die Priester, auch die heimatvertriebenen; für Ordensgeistliche, die im Bistum tätig sind, entfällt der Beitrag zum Hilfswerk (HilfsW) für die Versorgung der Haushälterinnen, wenn sie keinen eigenen Haushalt führen bzw. keine Haushälterin beschäftigen[557]. Die Verwaltungsrichtlinien/1972 qualifizieren in der Zweckbestimmung den Charakter der wirtschaftlichen Hilfe.

> "Diese Hilfe ist keine Rente im Sinne der Reichsversicherungsordnung. Der Anspruch kann daher auch nicht gerichtlich eingeklagt werden. Die Anrufung des Ordinarius gegen Entscheide des Verwaltungsrates ist möglich."[558]

Die Verwaltungsrichtlinien von 1972 gelten auch für die Haushälterinnen von Geistlichen, die im Bistum Trier Dienst tun und nicht inkardiniert sind, ebenso für die Haushälterinnen der nicht verheirateten Diakone[559]. Die Ordnung/1989 ändert an den zitierten Vorschriften, auch an der weiter 2%igen Pflichtabgabe aufgrund Art.44 Abs.3 SynStat nichts[560].

d) Regelungen, die alle "Bistums-" bzw. "Pflichtabgaben" betreffen

Unter Berufung auf can.1505 CIC/1917 bestimmt der Bischof 1923 die Erhebung einer besonderen Abgabe vom Pfarrgehalt für die Kosten der Diözesanverwaltung von 1,5% (außerhalb des Saargebiets) bzw. 1% (im Saargebiet):

> "Die Abgabe rechtfertigt sich dadurch, daß die Arbeiten für die Gehaltsregelung tatsächlich den größten Teil der Arbeit der Verwaltung ausmachen. Sie scheint sehr mäßig, wenn man berücksichtigt, daß die Pfarrer nunmehr einschließlich der Beiträge zur Ruhegehaltskasse im ganzen 2 1/2% ihres Gehaltes bezahlen, während Geistliche anderer Diözesen sich aus freien Stücken bereit erklärt haben 10% ihres Einkommens dem Bischof zur Verfügung zu stel-

---

553 Vgl. ebd. Abs.1.

554 Ebd. §3.

555 Bemessungsgrundlage ist das Bruttogehalt ausschließlich Wohnungsgeld. Vgl. etwa GV.24.1.59. In: Abl 103 (1959) 24f: Nr.32 Ziff.1 Abs.1. Vgl. SYN.STAT. [1959] 22f, 23: Art.44 Abs.3. Der jährliche Fehlbetrag wird durch einen Zuschuß des Bistums ausgeglichen. Vgl. die VerwRiL/1972 und /1975 in: BISCH.25.4.72 (in: Abl 116 [1972] 58f, 58: Nr.88 §3) und BISCH.3.2.75. In: Abl 119 (1975) 33f, 33: Nr.43 §3.

556 Vgl. ENTW.SYN.STAT. [1946] 18f: Art.44.

557 Vgl. GV.24.1.59. In: Abl 103 (1959) 24f: Nr.32 Ziffn.2f lit.b.

558 Vgl. BISCH.25.4.72. In: Abl 116 (1972) 58f: Nr.88 §1 Abs.2f. Die VerwRiL/1975 spricht die Frage von Rechtsanspruch und Rechtsmitteln nicht mehr an.

559 Vgl. ebd.59: §1 Abs.4.

560 Vgl. BISCH.30.5.89. In: Abl 133 (1989) 89f: Nr.120. Vgl. v.a. §1 (Zweck), §3 (Bereitstellung der Mittel).

len[561]. Die Abgabe wird mit den Beiträgen zur Ruhegehaltskasse von den Gehaltszahlungen einbehalten.'[562]

Der Gehaltsabzug für die Verwaltung ist als vorübergehende Maßnahme gedacht, die in Wegfall kommen soll, wenn der Bedarf wieder durch die Diözesanumlage gedeckt werden kann[563].

Unter Berufung auf die Diözesansynode von 1920 (DiözSyn/1920) und die cann.1355 §2, 1356 CIC/1917 wurde die Seminarabgabe als Diözesanbeitrag der Geistlichen in Höhe von 1,5% des Bruttogehaltes eingeführt[564]. Das gemeinrechtliche Kathedratikum (can.1504 CIC/1917) wurde nicht erhoben, wohl aber die 1825 eingeführte Kathedralsteuer des preußisch geprägten Rechtskreises[565]. Um jedem Pfarrer einen genauen Überblick über sein Diensteinkommen und die staatlichen Besoldungszuschüsse zu geben, erhält der Pfarrer bei der monatlichen Auszahlung des Pfarrbesoldungszuschusses genaue Angaben über das Bruttogehalt und die Abzüge für Diözesanabgaben usw.[566].

Bis Ende 1940 betrugen die Diözesanabgaben der aktiven Geistlichen mit eigenem Haushalt für die DiözesanruhegehaltsK 2,5%, die Seminarverwaltung 1,5% und die Diözesanverwaltung 1,5% ihres Bruttogehaltes[567]. Die Abgaben für Priesterseminar und Diözesanverwaltung, die durch den Währungsverfall und darauf folgende Notjahre notwendig geworden waren, konnten nach Eintritt besserer wirtschaftlicher Verhältnisse und Abtragung der Seminarneubauschuld aufgehoben werden[568]. Die Erfüllung wichtiger Aufgaben innerhalb und außerhalb der Diözese ließ einen vollständigen Wegfall dieser Abgaben jedoch nicht ratsam er-

---

561 Dieser Hinweis bezieht sich wohl auf Paderborn. Vgl. *§9. Paderborn lit.b a.Anf.*.

562 BISCH.28.9.23. In: Abl 67 (1923) 97. Abgedr. in: AfkKR 103 (1923) 191f. "Die Pfarrer des Saargebietes liefern die Steuer mit den Ruhegehaltsbeiträgen vierteljährlich praenumerando an die H.H.Dechanten ab, welche für möglichst pünktliche Einsendung Sorge tragen wollen." Ebd.

563 Vgl. DECHANTENKONF. [1924] 9f: Ausführungen von Domkapitular Wiegand zu Gehalts- und Steuerfragen.

564 Vgl. BISCH.1.10.30. Zit. aus den Akten des Generalvikariats bei W. SCHWICKERATH: Finanzwirtschaft 270 mit Fn.656. Pfarrer, Geistliche in fester Stellung und Studienräte 1,5%, Hilfsgeistliche monatlich 3RM. Vgl. ebd. mit Fn.657. Vgl. später SYN.STAT. [1959] 151f, 152: Art.295 Abs.2 und ebd.309f, 309: Art.557 Abs.1 Satz 1.

565 Vgl. den ausführlichen Bericht in Abl 82 (1938) 2: Nr.4. Zit. bei SYN.STAT. [1959] 309f, 310: 557 Abs.2 mit Fn.7. Auf der ersten DIÖZ.SYN. nach Inkrafttreten des CIC/17 war beantragt worden, die KathedralSt wegfallen zu lassen (vgl. DIÖZ.SYN. [1920] 96,99: Resolution zu Antrag 7).

566 Vgl. DECHANTENKONF. [1938] 40: Referat von Domvikar Schwickerath über Mitteilungen der BistumsK über den Zahlungsverkehr und die Besoldung.

567 Sowie die der Kapläne 24 bzw. 36 RM für die RuhegehaltsK und Seminarverwaltung. Vgl. GV. In: AfkKR 121 (1941) 251-253, 251: Ziff.I Abs.1.

568 Vgl. ebd. Ziff.II Abs.2. Die Aufhebung erfolgte zum 31.12.1940 durch den Bischof auf der DECHANTENKONF.v.24.10.1940. Vgl. auch SYN.STAT. [1959] 309f, 309: Art.557 mit Fn.5.

scheinen, da sie durch Verwendung für diese Zwecke zur Linderung großer Notlagen beitragen könnten[569]. Für bestimmte Notlagen innerhalb der Diözese wurde die DiözesanausgleichsK, für solche außerhalb der Diözese die DiasporaausgleichsK errichtet[570]. Die bisherige Diözesanabgabe von 5,5% bzw.60 RM für RuhegehaltsK, Priesterseminar und Verwaltung wurde so umgewandelt in eine Abgabe für DiözesanruhegehaltsK (2,5% bzw.24 RM), DiözesanausgleichsK (2% bzw.24 RM) und DiasporaausgleichsK (1%)[571]. Hatte ein Priester bisher den Jahresbetrag freiwillig an die AusgleichsK in Paderborn gezahlt, so ermäßigte sich seine bisherige Gesamtleistung um den Betrag, weil die bisherigen Pflichtabgaben allein für innerdiözesane Zwecke schon 5,5% betrugen; hatte er den freiwilligen Betrag nicht entrichtet, zahlte er nun nicht mehr als bisher[572].

Für die Gehaltsauszahlung der Pfarrer im Saarland gilt jedenfalls ab 1949, daß die "ganze Gehaltssumme ... nach Abzug des örtlichen Stelleneinkommens und der Diözesanabgaben in monatlichen Raten an die gehaltszahlende Kasse, d.i. die jeweilige Kirchenkasse, vom Pfarrbesoldungsamt restlos ausgezahlt wird"[573]. Die Beiträge der Kapläne im Saarland wie in Rheinland-Pfalz für RuhegehaltsK, DiasporaausgleichsK und Haushälterinnenrentenkasse werden vom Bargehalt in Abzug gebracht, wozu die entsprechenden monatlichen Kirchensteuerzuweisungen des Bistums für die betreffenden Kirchengemeinden zu diesem Zweck vom Generalvikariat gekürzt werden[574].

1949 war die Gesamtbelastung mit der Umsetzung der Fuldaer Plenarkonferenz-Beschlüsse von 1947/48 auf 7,5% gestiegen (2,5% RuhegehaltsK, 2% DiözesanausgleichsK, 3% DiasporaausgleichsK)[575]. Die Diözesanabgaben des Bistums betragen ab 1959 insgesamt 8% (3% RuhegehaltsK, 3% DiasporaausgleichsK, 2% HaushHilfsW) des Bruttogehaltes (ausschließlich Wohnungsgeld), der Gesamtbetrag der Kapläne weiterhin 120 DM jährlich[576].

Die SynStat/1959 fassen unter das Wort "Abgaben" die durch BistumsVO festgesetzten Abgaben für Priesterseminar und Bistumsverwaltung sowie die Beiträge zur RuhegehaltsK; die Beiträge zur DiasporaausgleichsK sind zwar im

---

569 Vgl. GV. In: AfkKR 121 (1941) 251-253: Ziff.I Abs.3.

570 Vgl. ebd. Ziff.IIf.

571 Vgl. ebd. Ziff.IV Abs.1.

572 Vgl. ebd. Ziff.IV Abs.2.

573 GV.13.11.49. In: Abl 93 (1949) 166: Nr.232 Ziff.4.

574 Vgl. GV.1.4.53. In: Abl 97 (1953) 55f: Nr.86 Ziff.6 lit.a Abs.3 Satz 1f sowie lit.b Abs.2 Satz 1f. Der Einbehalt der DiözAbgaben der Kapläne von den KirchSt erfolgt dabei in einem Gesamtbetrag, der für alle Abgaben zusammen festgesetzt wird. Vgl. für die Kapläne im Saarland GV.1.12.53. In: auch Abl 97 (1953)143: Nr.283. Vgl. ohne Beschränkung auf das Saarland GV.15.2.58. In: Abl 102 (1958) 40: Nr.40.

575 Vgl. GV.24.2.49. In: Abl 93 (1949) 59: Nr.80 Abs.9 Satz 1.

576 Vgl. GV.24.1.59. In: Abl 103 (1959) 24f: Nr.32 Ziff.1f. Dies gilt auch für heimatvertriebene Geistliche, die im Bistum tätig sind. Vgl. ebd.

unmittelbaren Zusammenhang genannt, aber nicht als Abgaben bezeichnet[577]. Die Beiträge für das HaushHilfsW sind nicht im Zusammenhang mit den Abgaben erwähnt[578].

Eine Zwischenform, in der Pfründeerträge bzw. ihre Verwaltung von der ortskirchlichen zur Bistumsverwaltung gelangen können, zeigt die Bildung des zentralen Pfründefonds. Das Bistum Trier hat ein Sondervermögen unter der Bezeichnung "Pfarrpfründefonds" gebildet, das von der Hauptabteilung Finanzen des Bistums verwaltet wird und in das die Pfarreien Gelder einlegen, die aus dem Verkauf von Wittumsvermögen oder aus sonstigem Vermögen (Bar- und Kontenguthaben) stammen[579]. Geregelt wird hier primär die Substanzerhaltung, nicht der Genuß der Erträge.

Pflichtabgaben werden nach ausdrücklicher Regelung der Priesterbesoldungs- und Versorgungsordnung von 1991 bei der Zahlung der Besoldungs- und Versorgungsbezüge einbehalten[580].

e) Abgabe von Mehrerträgen aus den Pfründen

Auf der DiözSyn/1920 nahm Promotor Kaas zum in der Aussprache geäußerten Vorschlag Stellung, Pfarreien mit hohen Einkünften und Gehältern zur Besserstellung der schlechtbesoldeten Pfarrgeistlichen heranzuziehen[581]: Das Pfrün-

---

[577] Vgl. SYN.STAT. [1959] 309f, 309: Art.557 Abs.1 Satz 1.

[578] Vgl. ebd. und ebd. 22f, 23: Art.44 Abs.3f.

[579] Vgl. GV.6.5.76. In: Abl 120 (1976) 127: Nr.153 Ziffn.1-4. Ziel des Fonds ist, das eingelegte Geld für gemeinschaftliche Rechnung der Einleger nach dem Grundsatz der Risikomischung substanzorientiert anzulegen (Ziff.4 Satz 1). Die Einleger sind Gläubiger nach Bruchteilen. Ihr Anspruch besteht in Höhe ihrer Einlage beim Sondervermögen. Jeder Einleger kann nur in der Weise über sein Bruchteilsrecht verfügen, daß er bei der Finanzverwaltung des Bistums die Barauszahlung des Inventarwertes seines Bruchteiles schriftlich verlangt; der dem Antrag zugrundeliegende Kirchenvorstandsbeschluß muß den Verwendungszweck bezeichnen; dieser Beschluß bedarf vor der Auszahlung der Genehmigung des DiözVermögensverwaltungsrates (gem. SYN.STAT. Art.527 Abs.4) (Ziff.6). Erträgnisse - Zinsen, Dividenden, Barausschüttungen - des Sondervermögens werden laufend für Rechnung der Fondsgläubiger wiederangelegt; Einzelanträge auf Ausschüttung der Erträge können nur gestellt werden, soweit sie nicht aus Wittumsvermögen stammen (Ziff.9).

[580] Vgl. BISCH.3.1.91. In: Abl 135 (1991) 21-25, 25: Nr.15 §31 Abs.2. Auf eine Anlage zu Höhe und Modalitäten ist hier anders als in den PrBVO etwa in Münster und Essen (siehe *§§.12 und 15, jeweils lit.d a.E.*) nicht verwiesen. Die jeweilige Anlage zur PrBVO enthält keine Angaben über Pflichtabgaben. Vgl. nur GV.28.9.94. In: Abl 138 (1994) 173f: Nr.189.

[581] "Das Pfründenprinzip macht eine Lösung auf dem Wege rechtlichen Zwangs durch den Bischof bezw. die Synode unmöglich. Daß auf dem Wege freiwilliger Vereinbarung nennenswerte Ergebnisse im Sinne der soeben gemachten Ausführungen zu erreichen sind, wird von dem Antragsteller selbst wohl kaum behauptet werden. Die Zahl der infolge der günstigen Weinkonjunktur und der hohen Preise für Naturalien günstig besoldeten Pfarrer ist zunächst zu gering, um aus den ihnen auferlegten Abgaben eine nennenswerte Unterstützung der Schlechtbesoldeten zu ermöglichen. Zudem handelt es sich um einen ganz vorrübergehenden Zustand,

denprinzip mache eine Lösung auf dem Wege rechtlichen Zwangs durch Bischof bzw. Synode unmöglich. Auf dem Wege freiwilliger Vereinbarung seien keine nennenswerten Ergebnisse zu erreichen[582]. Zudem handele es sich um einen ganz vorübergehenden Zustand, der in kürzester Zeit wieder wesentlich geändert sein könne. Der Promotor schildert dann die Regelung einer "süddeutschen Diözese" - gemeint ist wohl Freiburg[583]. Dort sei die Frage auf dem Wege über Rom in Angriff genommen worden. Danach sollten die Pfarrgehälter von einer bestimmten Höhe ab in stark steigenden Prozentsätzen zu Gunsten eines Hilfsfonds für die schlecht besoldeten Geistlichen herangezogen werden. Die Frage wurde von der DiözSyn nicht weiter verfolgt.

§17. Diözese Limburg

a) Beitrag zur Diözesanruhegehaltskasse

In Limburg wurden zunächst 2% des Bruttogehaltes[584], 1948 dann "wieder" 2% des Diensteinkommens, das die Geistlichen des Bistums am 1.4.1948 nach den geltenden Besoldungsordnung zu beziehen haben, als Beitrag zur Diözesanruhegehaltskasse (RuhegehaltsK) erhoben. Erhielten die Geistlichen Zahlungen aus der Bistumshauptkasse (BistumshauptK), wurden die Beiträge einbehalten, die anderen Geistlichen erhielten Aufforderungen zur Leistung an die BistumshauptK[585].

---

der in kürzester Zeit wieder wesentlich geändert sein kann. Die Regelung der Frage ist m.W. von einer süddeutschen Diözese auf dem Wege über Rom in Angriff genommen worden. Danach sollten die Pfarrgehälter von einer bestimmten Höhe ab in stark steigenden Prozentsätzen zu Gunsten eines Hilfsfonds für die schlecht besoldeten Geistlichen herangezogen werden. Rom verlangte geheime Abstimmung der Dechanten über die Durchführbarkeit der von der Behörde vorgeschlagenen Regelung. Es handelte sich dabei nicht um eine dauernde Einrichtung, sondern nur um eine Regelung pro casu. Die von Rom zu erteilende Erlaubnis sollte jährlich wieder neu nachgesucht werden. In Anbetracht der besonderen Schwierigkeit der Frage und der Nichtzuständigkeit der Synode ist eine Beschlußfassung hierüber nicht tunlich. Ich würde daher anregen, auf eine weitere Debatte über diesen Gegenstand zu verzichten. Soweit der Vorschlag rechtlich und praktisch durchführbar ist, wird die bischöfliche Behörde es sich angelegen sein lassen, gelegentlich darauf zurückzukommen." DIÖZ.SYN. [1920] 62: Aussprache über Standesfragen des Klerus.

582 Vor dem Hintergrund der inflationären Lebensmittelteuerung, die vor allem für den Stadtklerus Schwierigkeiten mit sich brachte, war zuvor der Gedanke eines Naturalienaustausches, wie er z.B. in der Nachbardiözese Limburg teilweise eingerichtet sei, als prüfenswert vorgeschlagen worden. Vgl. ebd.

583 Vgl. *oben §4. Freiburg bei Fnn.72-82.*

584 Vgl. Abl 81 (1939) 53. Zit. bei W. SCHWICKERATH: Finanzwirtschaft 273 Fn.693.

585 Vgl. ORD.N.O.E.7306. In: Abl 89 (1947) 70: Nr.135.

b) Abgabe für die Diasporahilfe

Auf bischöfliche Empfehlung nahm der Limburger Klerus 1925/6 eine 1%ige Abgabe für die minderbesoldeten Diasporageistlichen des eigenen Bistums auf. Die Ausgleichskasse (AusgleichsK) des Bonifatiusvereins mußte an Limburger Diözesangeistliche keinen Zuschuß leisten. Insofern nimmt das Bistum eine Mittelstellung zwischen Hinterland- und Diasporadiözesen ein. Zusätzlich zur behördlich erhobenen 1%-Abgabe hatten sich im Lauf des Jahres 1926 fast alle Dekanate auf Anregung des Bonifatiusvereins zu einer freiwilligen 1,5%igen Mehrabgabe für die AusgleichsK bereiterklärt, die vom Ordinariat eingezogen und an die AusgleichsK abgeführt wurde, wobei das Ordinariat auch Restbestände der behördlich erhobenen Beiträge dazugab[586]. Limburg hielt durchgehend an der prozentualen Form fest[587]. Noch auf der Berliner Vertreter-Konf/Dezember1929 gehörte Limburg zu jenen Diözesen, die glaubten, ohne Ausübung behördlichen Drucks auskommen zu können und daher kein Indult als Ermächtigung für eine pflichtmäßige Abgabe von der SCConc einholten[588]. 1930 erhöhte allerdings Limburg den Satz ihrer - behördlich erhobenen - Abgabe an die eigene AusgleichsK auf 1,5%, um sich mit 0,5% an der AusgleichsK in Paderborn zu beteiligen[589]. Allerdings ist denkbar, daß diese Einschätzung auf dem guten Einkommen der Abgabe auf Grund der "behördlichen" Einhebung beruht. Später wurden konstant 3% als "Diözesanabgabe" festgesetzt[590].

c) Beitrag zum St.-Martha-Werk

Das 1952 geschaffene St.-Martha-Werk (MarthaW), dessen Rechtsträger der BischStuhl war, eine Versorgungseinrichtung für Pfarrhausangestellte, erhielt seine Mittel durch die Diözesanpriester und das Ordinariat[591]. "Jeder Priester ist von der Eröffnung des eigenen Haushalts, spätestens vom 10. Dienstjahr an zur Beitragsleistung verpflichtet."[592] Der Beitrag wird vom Bischof festgesetzt und betrug zunächst 3%[593]. 1965 wurde die Aufbringung der Mittel etwas anders geregelt:

---

586 Vgl. Jahresber.1926 (in: PJH [1927] 53-68, 62), 1927 (in: PJH [1928] 39-45, 41), 1928 (in: PJH [1929]30/41, 36f) und 1933 (in: PJH [1934] 23-28, 25).

587 Vgl. Jahresber.1928 In: PJH [1929] 30-41, 36.

588 Vgl. GEN.VERS. In: Protokoll [1929] 14. Zitiert bei: A. KÖTTER: DiaspPriesterausgleichsK 12.

589 Vgl. Abl 72 (1930) 90. Zit. bei W. SCHWICKERATH: Finanzwirtschaft 166 Fn.176. Dies hat wahrscheinlich zu dem Bericht geführt, die 0,5%ige Abgabe zur AusgleichsK sei obligatorisch. Vgl. GEN.VERS. In: Protokoll [1938] 11. Zit. bei: A. KÖTTER: DiaspPriesterausgleichsK 13.

590 Siehe etwa für 1956, 1960, 1973 *unten lit.d.*

591 Vgl. ORD.N.O.E.2782/60. In: Abl 102 (1960) 27-29: Nr.65 §§1f und 9.

592 Ebd.27: §2 Abs.1.

593 Vgl. ebd. §2 Abs.2.

"Die Mittel für die Leistungen des St.-Martha-Werkes werden vom Bistum aufgebracht. Als Beitrag zur Beschaffung dieser Mittel hat jeder Geistliche im Bistum Limburg, der seine Besoldungs- oder seine Ruhegehaltsbezüge nicht von der Bistumskasse erhält, einen Beitrag an das Bistum zu leisten, der jeweils vom Diözesanbischof festgesetzt wird und z.Zt. wie folgt bestimmt ist: Für selbständige Geistliche 3% des Bruttogehaltes; für Kapläne vom 10. Dienstjahr an monatlich DM 3,-."[594]

Der Versorgungsanspruch wird wie folgt qualifiziert: Das MarthaW gewährt einen

"... kirchlich-rechtlichen Anspruch auf Rente; dieser Anspruch ist vor einem zivilen Gericht nicht einklagbar. [.] Berufung an das Bischöfliche Ordinariat ist jederzeit möglich."[595]

Ab Juli 1973 werden keine Beiträge zum MarthaW mehr erhoben[596]. Ab Januar 1973 war das Zusatzversorgungswerk ins Leben gerufen, dessen Mittel "unter den gegenwärtigen Voraussetzungen vom Bistum aus seinem Haushalt bereitgestellt" werden[597].

d) Regelungen, die alle "Diözesanabgaben" betreffen

Ab 1954 war beabsichtigt, die Gehälter der Seelsorgegeistlichen generell nicht mehr durch die Kirchenkasse, sondern durch die Bistumskasse auszahlen zu lassen[598], so daß von da an die tatsächlichen Voraussetzungen für den Einbehalt von Abgaben auch generell geschaffen waren. Der Bischof setzte "Diözesanabgaben" fest für die RuhegehaltsK (1956: 3%; 1960: 2%), für Diasporaabgaben (1956, 1960, 1973: 3%) und für das MarthaW (1956: 2%; 1960: 3%; 1973: keine Erhebung mehr)[599]. Der Berechnung wurden die Bezüge ohne Ortszuschlag bzw. das Grundgehalt der Ruhestandsgeistlichen ohne Ortszuschlag zugrunde gelegt[600].

---

594 GV.1.1.65. In: Abl 107 (1965) 208f: Nr.132 §2 Abs.1f.

595 Ebd.209: §7 ebenso wie ORD.N.O.E.2782/60. In: Abl 102 (1960) 27-29: Nr.65 §§1f und 9.

596 Vgl. ORD.19.6.73. In: Abl 115 (1973) 153f: Nr.75 Ziff.7 Satz 1.

597 BISCH.28.12.73. In: Abl 115 (1973) 217f: Nr.9.

598 Vgl. N.O.E.13002. In: Abl 95 (1953) 88: Nr.215 Abs.1.

599 Vgl. zu den Daten BISCH.O.E.3209/56/1. In: Abl 98 (1956) 57: Nr.102 Satz 1; BISCH. N.O.E.316/60/2. In: Abl 102 (1960) 27: Nr.64 Satz 1; ORD.19.6.73. In: Abl 115 (1973) 153f: Nr.175 Ziff.7 Satz 1.

600 Vgl. ebd. Ziff.7 Satz 2.

III. Exkurs: Diözesen und Jurisdiktionsbezirke ehemals deutscher Gebiete

Die besprochenen Diözesen und Jurisdiktionsbezirke der ehemals deutschen Gebiete gehören einerseits zum preußisch geprägten Rechtskreis[601]. Andererseits ist die Rechtslage in der Diözese bzw. Erzdiözese Berlin als früherer Delegaturbezirk im Zusammenhang mit der in Breslau zu sehen[602].

§18. Fürstbistum bzw. Erzbistum Breslau

a) Beitrag zu den Ruhegehaltskassen

Er ist an den zuständigen Erzpriester zu zahlen, in dessen Archipresbyterat der aktive Geistliche angestellt ist und der die Beiträge gesammelt zu bestimmtem Termin an die Bistumshauptkasse (BistumshauptK) überweist sowie eine Nachweisung sämtlicher beitragspflichtiger Geistlicher mit vermerkter Zahlung (Kontrollformular) an das Generalvikariatamt sendet; bei Säumnis erfolgt der Einzug der Beiträge durch Postnachnahme unter Hinzurechnung sämtlicher Unkosten; die Beiträge sind gestaffelt nach Stellung und Einkommen[603]. Ab 1932 erfolgt die Beitragsfestsetzung nicht mehr wie bisher nach Pauschalsätzen, sondern im Wege der Einzelveranlagung, wobei die neuen Beitragssätze den Beitragspflichtigen durch besondere Verfügung mitgeteilt werden und dann "bis auf weiteres"[604] "vorläufig" gelten; die Erzpriester erhalten eine Gesamtaufstellung der Neuveranlagung der Geistlichen ihres Archipresbyterates[605].

Für das Erzbischöfliche Kommissariat Freiwaldau wird eine besondere Ruhegehaltskasse (RuhegehaltsK) eingerichtet[606].

---

601 Daher ist für die *§§.18-20. Breslau, Ermland und Tütz bzw. Schneidemühl* auf die Regelungen zu verweisen, die alle Diözesen des preußisch geprägten Rechtskreises betreffen. Siehe *oben Abschn.A.I. §7.*

602 Vgl. *unten Abschn.C §§21-26* und *oben §8. Osnabrück etc. Fn.1.*

603 Pfarrer in Aufrückungsstellen, übrige Pfarrer, Hilfsgeistliche mit mehr als 3000 Mk., mit weniger als 3000 Mk.; Religionslehrer, soweit nicht staatlich pensionsberechtigt, werden vom Generalvikariat veranlagt. Vgl. ORD. etwa in: Abl [1923] 98f: Nr.221; Abl [1926] 46: Nr.73; Abl [1928] 102: Nr.225; Abl [1931]121: Nr.185.

604 Weitere Regelungen erfolgten durch Neuveranlagung in Einzelfällen (vgl. Abl [1932] 25: Nr.58), für alle Priester durch Zusendung neuer Veranlagungslisten an das Archipresbyterat (vgl. Abl [1932] 156: Nr.244), aber auch ohne besondere Veranlagung, wie durch Senkung der Beiträge zu DiözRuhegehaltsK und AusgleichsK der Priesterhilfe um insgesamt 5% (vgl. Abl [1932] 94: Nr.171).

605 Vgl. Abl [1931] 152f: Nr.259.

606 1941 richtete die ED für die Geistlichen im sudetendeutschen Teil (EbKomm Freiwaldau) eine besondere RuhegehaltsK ein, in die, soweit erforderlich und tragbar, die vom GV jährlich ausgeschriebenen Umlagen fließen. Vorrangig werden die Erträgnisse etwaiger für gleiche Zwecke bestimmter Zweckvermögen, ferner die vom GV gemäß der KirchenbeitragsO

b) Abgabe zur Ausgleichskasse der Priesterhilfe

Breslau war Diasporadiözese, die eine Diözesanabgabe einhob, aber zeitweise auch Zahlungen an die Ausgleichskasse (AusgleichsK) leistete[607]. Schon 1923, also im Gründungsjahr der interdiözesanen AusgleichsK[608], sollte die Abgabe zur Priesterhilfe des Bonifatiusvereins bei der Gehaltszahlung zwecks Überweisung an die BonifatiusK abgezogen werden[609]. Auf freiwilliger Grundlage leisteten zunächst die auskömmlich Besoldeten der (gesamten) Diözese durchschnittlich nur knapp 1%, die des engeren Bistums nur wenig mehr als 0,5%[610].

Durch die Errichtung der Diözese Berlin wurde der bisherige Delegaturbezirks von Breslau abgetrennt und die Erzdiözese bezüglich der Priesterhilfe so entlastet, daß es eine Mittelstellung zwischen Zuschuß- und Überschußdiözese einnahm, ähnlich der Diözese Limburg, die 1,5% von ihren auskömmlich Besoldeten erhob. Deshalb sollte der Generalvorstand in Paderborn mit dem Ordinariat in Breslau verhandeln, daß den auskömmlich Besoldeten des Fürstbistums nahegelegt wird, 1,5% für die Priesterhilfe abzugeben, wovon die Hälfte für die Zu-

---

bestimmten Zuschüsse aus den Kirchenbeiträgen herangezogen. Vgl. GV.1.4.41. In: Abl [1941] 63ff: [RuhegehaltsO] §§1f. Zit. nach: AfkKR 121 (1941) 261-263.

Der GV schreibt nach Maßgabe des jeweiligen Bedarfs und der Leistungsfähigkeit der Geistlichen jährlich in je für die Hilfsgeistlichen und für die Pfarrer gleichen Hundertsätzen (1941: 3%) (so GV.1.4.41 in: Abl [1941] 63ff: [UmlageO etc.] Ziff.1; zit. nach: AfkKR 121 [1941] 263f) des Diensteinkommens Umlagen für alle aktiven Geistlichen aus, die an die ErzbistumsK zu entrichten sind. Vgl. die Regelung im Detail in der RuhegehaltsO §§5f und der UmlageO.

Geistlichen, die ihre örtlichen Einkommensbezüge durch Zuschüsse aus Kirchenbeiträgen aufgebessert erhalten, wird der zu leistende Beitrag von dem Besoldungszuschuß in Abzug gebracht, den anderen geht eine besondere Veranlagung mit der Aufforderung zur Zahlung an die ErzbistumsK zu; etwaige Einziehungskosten gehen zu Lasten des Beitragspflichtigen. Vgl. ebd. UmlageO Ziff.2.

Ein Rechtsanspruch auf Gewährung des Ruhegehalts aus der DiözRuhegehaltsK nach der RuhegehaltsO steht dem in den Ruhestand versetzten Geistlichen nicht zu; die Ruhegehaltssätze können nach Maßgabe der vorhandenen Deckung gekürzt werden. Vgl. ebd. RuhegehaltsO §7. Beides (Fehlen des Rechtsanspruchs und Kürzungsmöglichkeit) gilt auch für die Regelung des §4 Abs.3: "Einem durch Krankheit oder Alter dienstunfähigen Pfarrer kann der Generalvikar gestatten, seine Pfarrstelle zu behalten, wenn er sich einen Hilfsgeistlichen beiordnen läßt, und diesen aus dem Pfarrstelleneinkommen ordnungsmäßig besoldet. Bleibt dem Pfarrer dabei nicht der entsprechende Ruhegehaltssatz gemäß §3, so kann aus der Ruhegehaltskasse für die Besoldung des Hilfsgeistlichen ein Zuschuß von ... jährlich gewährt werden." Zu dieser Regelung vgl. auch oben *§7. Regelungen, die alle Diözesen etc. bei Fnn.32-34.*

607 Vgl. für den Zeitraum 1925-1939 A. KÖTTER: DiaspPriesterausgleichsK 20f.

608 Siehe oben *§3. Bonifatiusverein etc. bei Fnn.16-27.*

609 Siehe unten *bei Fn.635.*

610 Vgl. Jahresber.1926 (in: PJH [1927] 53-68, 66), 1927 (in: PJH [1928] 39-45, 43) und 1928 (in: PJH [1929] 30-41, 38).

schußstellen des eigenen Bistums, die andere Hälfte für die AusgleichsK des Generalvorstands verwendet würde[611]. Gegenüber dem Beschluß der Berliner Vertreter-Konf/Dezember1929 nahm Breslau zunächst eine abwartende Haltung ein, entschied sich also nicht ausdrücklich für die Einhebung der Abgabe als pflichtmäßig ohne behördlichen Druck[612]. Ab Juli 1930 verordnet der Fürstbischof dann einen obligatorischen Beitrag[613]. Die Beteiligung des Klerus an der Liebesgabe, die seit Jahren die in der Fuldaer Bischofskonferenz vereinigten Diözesen von den auskömmlicher besoldeten Geistlichen erhoben hatten, sei zwar im allgemeinen eine geschlossene, weise aber nach den Erfahrungen der vorangegangenen Jahre Ungleichheiten auf, die es als zweckmäßiger erscheinen ließen, daß diese Leistung in mäßiger Höhe durch den Heiligen Stuhl zu einer pflichtmäßig gleichmäßigen[614] gemacht werde, wie bereits in mehreren anderen Diözesen geschehen, worauf folgendes Reskript ergangen sei[615]:

"Prot. N. 2831/30.
Sacra Congregatio Concilii.
Beatissime Pater!

Card. Episcopus Vratislaviensis S.V. quae sequuntur humiliter exponit.

Parochorum congruae sustentationi, ubi insufficiens est, in territorio Borussico per subsidia a gubernio praestita modo provisum est. Vicariis autem curatis, cum non sint parochi in sensu stricto, gubernium in Borussia nulla praebet subsidia: hi ergo vicarii curati in inopia versantur, cum neque reditus proprii ipsorum munerum neque tributa et oblationes fidelium, utpote maxima ex parte pauperum, ullo m[o]do sufficiant ad congruam sustentationem, qua curati modestum victum sibi et domesticis suis comparare queant.

Ad sublevandam hanc inopiam curatorum vicariorum in diaspora laborantium penes Praesidium generale Unionis Bonifatianae Paderbornae condita est "Cassa distributiva" (Ausgleichskasse), ad quam Sacerdotes partem redituum suorum contribuunt. Quae Cassa dioecesibus, in quibus majores regiones diasporae existunt, quotannis certam summam assignat ad aliqua ex parte supplendum salarium sacerdotum egentium diasporae, ea tamen sub lege ut et ipsi sacerdotes dioecesium diasporae, non exceptis Episcopo, canonicis, sacerdotibus in scholis publicis et institutis, qui congruis reditibus fruuntur, quotannis duas vel ternas partes centesimas (2-3%) redituum suorum ad hunc finem conferant.

---

611 Vgl. Jahresber.1929 (in: PJH [1930] 67-77, 76) und 26. GEN.VERS. In: Auszug aus dem Jahresber.1929. In: PJH [1929] 91-101, 100.

612 Vgl. GEN.VERS. In: Protokoll [1930] 14. Zit. bei: A. KÖTTER: DiaspPriesterausgleichsK 12.

613 Vgl. FÜRSTBISCH.9.6.30. In: Abl [1930] 72f: Nr.102.

614 Die kirchenrechtliche Chronik spricht von "Zwangsbeiträgen". Vgl. AfkKR 110 (1930) 665. Zu rechtlichen Gründen für die Erforderlichkeit einer Vollmacht des ApStuhls siehe *oben §3. Bonifatiusverein bei Fnn.45-51.*

615 Vgl. FÜRSTBISCH.9.6.30. In: Abl [1930] 72f, 72: Nr.102 Abs.1.

Haec norma ab Episcopis Fuldae congregatis anno 1926 tamquam praeeminens officium nobile et caritativum cleri approbata et statuta est.

Obsequentes Oratoris exhortationibus jam abhinc pluribus annis permulti Sacerdotes suae dioecesis, sed non omnes quamvis ad id pares, voluntarie unoquoque mense plus minusve denas marcas "pro confratibus egentibus" contribuunt.

Ut autem accuratius supra expositae normae ab Episcopis statutae respondeatur, et ut meliori ac stabiliori modo Sacerdotes egentes praesertim in diaspora laborantes adjuventur, hinc consentiente Capitulo Cathedrali, enixe rogat Orator ut sibi concedatur facultas imponendi, cum vi obligandi, omnibus et singulis Sacerdotibus dioecesanis, non exceptis Episcopo, canonicis etc., qui ad id pare inveniuntur, taxam seu tributum generale, quotannis solvendum duarum circiter partium centesimarum (2%) redituum prout et in quantum necessitas id exigat, in omnibus utique servata aequitate ac proportione.

Simile indultum per S.C.Concilii aliis quibusdam dioecesibus jam est concessum.

Hinc Orator petere audet ut indultum supra petitum etiam sibi ad quinquennium concedatur.

*

Sacra Congregatio Concilii, attentis expositis ab Eminentissimo Cardinali Episcopo Vratislaviensi, gratiam juxta preces ad quinquennium benigne impertita est.

Datum Romae, die 24 Maii 1930.

(sign.) D. Card. *Sbaretti*, Praefectus.

(sign.) *Julius* ep. tit. Lampsacen., Secretarius."[616]

Der Höhe nach bestimmt der Fürstbischof als pflichtmäßige Abgabe des gesamten Klerus 1,5% des Diensteinkommens, da anzunehmen sei, daß die Diözese "sowohl im eigenen Sprengel, wie in anderen sehr bedrängten Diasporabezirken" mit einem etwas geringeren Prozentsatz auskommen könne[617]. "Diese Abgabe ist, da der Klerus allen Ständen in Betätigung der Solidarität voranzuleuchten hat, für alle oben bezeichneten Geistlichen obligatorisch."[618] Der Beitrag ist zugleich mit dem zur RuhegehaltsK an die Erzpriester an die BistumshauptK abzuführen, die ebenso wie bei den Ruhegehaltsbeiträgen eine Nachweisung über die in ihrem Archipresbyterat einzuziehenden Beiträge zur AusgleichsK erhalten[619].

---

616 SCCONC.24.5.30. In: Abl [1930] 72f: Nr.102; abgedr. auch in: AfkKR 110 (1930) 665f.

617 Vgl. FÜRSTBISCH. ebd. Abs.2. Unter Diensteinkommen wird das Grundgehalt (ohne Dienstwohnungswert oder Mietsentschädigung) verstanden. Vgl. ebd.

618 Ebd. Satz 2.

619 So die dem GV überlassenen näheren Anweisungen. Vgl. ebd. Abs.3 und etwa das ORD. In: Abl [1930]85: Nr.139 und Abl [1931] 8f: Nr.5. Eine Errechnung wird jedem Diöze-

Das Ordinariat verwandte die eingehenden Mittel primär zur Bezuschussung der eigenen Diasporastellen und übernahm auf die Priesterhilfe zusätzlich etliche neugegründete oder bestehende Stellen, die bisher aus anderen Quellen[620] gespeist wurden, so daß der anfänglich für Paderborn verbleibende Überschuß bald aufgebraucht war und an die interdiözesane AusgleichsK nichts mehr abgegeben werden konnte[621].

c) Notstandsaktion und -fonds für langjährige Hausangestellte und nahe Angehörige

1925 wird eine Notstandsaktion für langjährige Hausangestellte und nahe Angehörige verstorbener Diözesangeistlicher eingerichtet, weil die Ersparnisse und Vermächtnisse der Haushälterinnen entwertet und die von ihrem Brotherrn ihnen ausgesetzten Zinsen durch die Inflation in Wegfall gekommen waren[622]. Vorläufer der Aktion war eine Sammlung freiwilliger Beiträge als Hilfe für "Schweigende Not" durch den Priesterverein[623]. Die Diözesansynode vom Oktober 1925 hat die vorübergehende Notstandsaktion beschlossen, der Kardinal-Fürstbischof den Beschluß bestätigt[624].

> "Jeder Diözesangeistliche mit wenigstens Pfarrgehalt hat pflichtmäßig zunächst für drei Jahre ab 1.10.1925 jährlich 40 RM., ... auf einen Notstandsfonds für langjährige Hausangestellte und für Angehörige verstorbener Diözesangeistlicher zu zahlen. Die Erzpriester erheben die Beträge und führen sie an die Bistumskasse ab. Diese überweist die Beträge dem Priesterverein. ... Aus dem Fonds bewilligt der Vorstand des Priestervereins ... einmalige Unterstützungen an die genannten Personen nach Maßgabe der Würdigkeit und Bedürftigkeit."[625]

Um Zweifeln zu begegnen, wird bemerkt, daß zu diesen Notstandsfonds nicht nur Seelsorgegeistliche, sondern auch Kanoniker, Professoren, Geistliche bei Behörden, Religionslehrer und Anstaltsgeistliche beitragspflichtig sind[626].

---

sangeistlichen zugesandt; die nicht im Seelsorgedienst stehenden Geistlichen werden ihren Beitrag direkt an die BistumshauptK einsenden. Vgl. ebd.

620 Etwa aus dem sog. Stolarienfonds: Um die Mittel für den Unterhalt der Hilfsgeistlichen aufzubringen, hatte der Fürstbischof von Breslau Ende 1921 die Erhebung eines 10%igen Zuschlags zu den Stolgebühren bei Taufen, Trauungen und Beerdigungen angeordnet. Vgl. Abl [1921] 151. Zit. in: Kirchenrechtliche Chronik. In: AfkKR 101 (1921) 155.

621 Vgl. die Jahresber.1931 (in: PJH [1932] 78-83, 80f), 1933 (in: PJH [1934] 23-28, 25), 1934 (in: PJH [1935] 66-71, 67) sowie 1935 (in: PJH [1936] 56-59, 57).

622 Vgl. ORD.24.11.25. In: Abl [1925] 93-94, 94: Nr.266 Abs.1f.

623 Ebd. Satz 1f.

624 Vgl. ORD.24.11.25. In: Abl [1925] 93-94, 94: Nr.266 Abs. 2 und 4.

625 DIÖZ.SYN. [1925] 23. Zit. nach: ORD.24.11.25 (in: Abl [1925] 93f, 94: Nr.266 Abs.3) und ORD.12.8.19. In: Abl [1939] 132: Nr.207 Abs.3.

626 Vgl. ORD.24.11.25. In: Abl [1925] 93f, 94: Nr.266 Abs.7.

Die Anordnung wurde in Berücksichtigung der dringenden Notwendigkeit zum 1.10.1928 auf weitere drei Jahre und ab 1.10.1931 auf ein weiteres Jahr verlängert[627]. Zugleich wurde jeweils der Vorstand des Priestervereins aufgefordert, bei seinen Bewilligungen mit besonderer Sparsamkeit vorzugehen, damit die in obiger "Auflage" enthaltene Belastung allmählich aufhören könne[628]. Die fürstbischöfliche Genehmigung zur Abgabe wird mehrfach erneut verlängert, nämlich bis zum 1.7.1934, allerdings nur noch in Höhe von 20 RM p.a.[629], ebenso bis zum 1.7.1935[630], bis zum 31.3.1938[631]. "Da der Bedarf dieser `Schweigenden Not´ immer noch sehr groß ist, wird freiwillige Zahlung eines Zuschlages bis etwa zum ursprünglichen Betrag von 40 RM anheimgegeben"[632]. Erneut wird die Notstandsaktion bis zum 31.3.1940 verlängert mit der Maßgabe, daß der - inzwischen - bisher 16 RM hohe pflichtmäßige Beitragssatz auf 12 Mk jährlich herabgesetzt wird[633]. Abschließend wird hier wieder betont, daß es sich um eine vorübergehende Aktion handelte, die ihren besonderen Grund in der sog. Inflation hatte[634].

d) Regelungen, die alle "Pflichtabgaben" betreffen

Regelungen, die alle "Pflichtabgaben" betreffen, sind kaum ersichtlich, sieht man von den alle preußischen Diözesen angehenden Umständen von Recht und Praxis der Staatsleistungen ab[635].

e) Abgabe zur diözesanen Priesterunterstützungskasse

Ab Januar 1923 erhebt der Fürstbischof "Abgaben vom Einkommen der besser dotierten Pfarrstellen"[636], die er im einzelnen begründet. Nach can.1473 obliege dem Benefiziaten die strenge Pflicht, das über die zum standesmäßigen Unterhalt wirklich notwendigen Benefizialfrüchte Hinausgehende Armen oder frommen Zwecken (*piae causae*) zuzuwenden, unter denen "zweifellos" als einer der wichtigsten die Unterstützung bedürftiger Konfratres aus "amtsbrüderlicher Liebe" hervorrage[637]. Der Gegensatz von bitterem Mangel zahlreicher Geistlicher bei Teuerung und allgemeiner Not einerseits - gerade in Deutschlands größter Dia-

---

627 Vgl. Abl [1928] 151: Nr.303 und ORD.17.2.1932. In: Abl [1932] 11f, 12: Nr.28, jeweils Abs.6 Satz 1.

628 Vgl. ebd. jeweils Abs.6 Satz 2.

629 Vgl. ORD.19.6.33. In: Abl [1933] 85: Nr.126.

630 Vgl. ORD.15.6.34. In: Abl [1934] 69: Nr.129 Abs.1f.

631 Vgl. ORD.18.2.37. In: Abl [1937] 48: Nr.47 Abs.1f.

632 ORD.15.6.34. In: Abl [1934] 69: Nr.129 Abs.3.

633 Vgl. ORD.12.8.39. In: Abl [1939] 132: Nr.207 Abs.1.

634 Vgl. ebd. Abs.3.

635 Siehe *oben §7. Regelungen, die alle Diözesen etc. Fnn.16-29.*

636 Vgl. FÜRSTBISCH.1.1.23. In: Abl [1923] 1f: Nr.2.

637 Vgl. ebd. Abs.1f.

spora (noch mit dem Delegaturbezirk) - und andererseits den Mehreinkünften einzelner Stellen aufgrund des höheren Wertes der landwirtschaftlichen Erzeugnisse und des höheren Betrages sonstiger Bezüge sei bekannt. Weiter sei ein den Zeitverhältnissen entsprechender Pachtzins leichter zu erreichen, wenn bekannt ist, daß der Stelleninhaber nicht zum eigenen Nutzen die Forderung stellt, sondern dem Gemeinwohl damit dient und zugleich auf die Interessen der eigenen Kirche (Kirchengemeinde) Rücksicht nimmt. "Zweifellos" begrüßten die Inhaber besser dotierter Stellen die einheitliche Regelung, sei doch "die freudige planmäßige Durchführung ein edles Beispiel des Strebens nach sozialem Ausgleich unter Angehörigen desselben nur Gott und dem Heil der Seelen dienenden Standes"[638]. "Nach reifer Erwägung unter den auf den Fuldaer Bischofskonferenzen vereinigten Oberhirten habe ich, wie auch in mehreren anderen Diözesen beschlossen ist, die praktische Ausführung dieses Gedankens einheitlich zu gestalten beschlossen durch Auflegung von Abgaben auf besser dotierte Stellen zugunsten einer unter meiner Verwaltung stehenden Diözesan-Priester-Unterstützungskasse, der ich selbstverständlich auch selbst zuwende, was mir persönlich möglich ist.'[639]

"In Erkenntnis der Notwendigkeit solcher einheitlichen Regelung habe ich diese Angelegenheit dem Hl. Vater unterbreitet, welcher diesen Plan approbiert hat durch ein Indult, das ich im Nachstehenden dem hochwürdigen Klerus mitteile[640]:

Sacra Congregatio Concilii.
Prot. N. 4233 a 22.
Beatissime Pater!

Cardinalis Episcopus Wratislaviensis humiliter petit a Sanctitate Vestra, attentis conditionibus oeconomicis, in quibus Germania versatur, facultatem imponendi aliquam pensionem paroeciis ditioribus in favorem paroeciarum pauperiorum, et sub conditione, ut non omnes fructus summam ad congruam sustentationem aptam excedentes cedere debeant, sed ut aliqua modica pars congruum superans reliquatur ipsi parocho tum ob rationes quasdam aequitatis, tum pro labore administrationis, tum ut ipse quoque habeat majorem curam administrationis bonorum beneficialium.

Ex audientia SSmi d. 24. Octobris 1922. Sanctissimus Dns N. Pius PP. XI. audita relatione infrascripti Cardinalis S. Congr. Conc. Praefecti, benigne

---

638 Vgl. ebd. Abs.2, zuletzt Satz 7.

639 Vgl. ebd. Abs.2 Satz 6.

640 Vgl. ebd. Abs.3. Zu rechtlichen Gründen für die Erforderlichkeit eines Indults siehe *oben §9. Paderborn bei Fnn.159/62*.

annuit pro gratia juxta preces ad triennium, et sub conditionibus in precibus expressis.

D. Card. Sbarretti, Praefectus.

L. S. J. Mori,Secretarius."[641]

Laut den kraft dieser Vollmacht getroffenen Anordnungen durften Inhaber von Pfarrstellen, deren Stelleneinkommen das ihnen nach der vom Episkopat der preußischen Diözesen jeweils festgestellten Besoldungsordnung zustehende Einkommen überschritt, von dem Mehrertrage des Stelleneinkommens nur 1/4 für sich behalten, außerdem, soweit die kirchlichen Zwecke in der Pfarrgemeinde solches als besonders ratsam erscheinen ließen, einen weiteren Anteil, höchstens jedoch 1/4, den kirchlichen Zwecken der eigenen Gemeinde zuweisen; das übrige, also mindestens 2/4, hatten sie, wozu der Fürstbischof "kraft Apostolischer Autorisation sub gravi obligatione" verpflichtete, an die BistumshauptK zur bischöflich verwalteten Priesterunterstützungskasse einzuzahlen[642].

§19. Diözese Ermland

a) Beitrag zur Ruhegehaltskasse

Die Beiträge zur Ruhegehaltskasse (RuhegehaltsK) werden wohl in der zum Bereich des preußischen Episkopats gehörenden Diözese auf die Grundlage der Grundzügeregelung von 1909[643] gestellt worden sein. 1924 etwa hatte jeder Pfarrer monatlich 3 M. zu zahlen, desgleichen diejenigen Geistlichen, die in anderen Stellungen (Anstaltsgeistliche, Lehrer ohne Pensionsberechtigung usw.) ihr Soll-Einkommen haben, die übrigen Geistlichen, soweit für sie die RuhegehaltsK überhaupt in Betracht kam, monatlich 2 M[644].

b) Beitrag zum Ausgleichsfonds

Die Pfarrer zahlen "durch die ... Dekane" zum "Ausgleichsfonds" (zu Beihilfen für Diasporageistliche) monatlich 3 M. Den nämlichen Betrag "mögen auch die anderen Geistlichen, die ihr Soll-Einkommen haben, leisten"[645]. Insgesamt brach-

---

641 SCCONC.Ex audientia SSmi.24.10.22. In: ebd. Abs.3. Der zit. Text schreibt "*Wratislaviensis*" nicht "*Vratislaviensis*"

642 Vgl. ebd. Abs.4 Ziff.1. Die näheren Ausführungsbestimmungen trifft das GV. Vgl. ebd. Abs.4 Ziff.2.

643 Siehe dazu oben *§7. Regelungen, die für alle Diözesen etc. Fnn.1-15.*

644 Vgl. ORD.18.5.24. In: Abl 56 (1924) 303: Nr.6 Ziff.2. Abgedr. auch in: AfkKR 104 (1924) 100f. 1930/2 ist an den Pensionsverein von jedem Mitglied 20 RM zu zahlen. Vgl. dazu Abl 62 (1930) 195 und Abl 64 (1932) 155. Beide zit. bei W. SCHWICKERATH: Finanzwirtschaft 274 mit Fn.699.

645 ORD.18.5.24. In: Abl 56 (1924) 303: Nr.6 Ziff.3. Abgedr. in AfkKR 104 (1924) 100f.

ten die bessergestellten Priester bei einer "Selbstbesteuerung bis zu 4% auf"[646]. Weil RuhegehaltsK und Ausgleichsfonds (Diaspora) mit Fehlbeträgen abschließen, müssen die Beitragsquoten rückwirkend ab April 1928 erhöht werden; die Beträge sind für beide Kassen zusammen (bei den Pfarrern sind auch noch die sogenannten Lastalien für das Priesterseminar mit einbegriffen) in einer Summe aufgeführt[647]. Damit erfolgen auch Einzug und Abzug zugleich und in gleicher Weise[648]. Allerdings ist damit für den, der nicht zur RuhegehaltsK beitragen muß, die Abgabe zum Ausgleichsfonds nicht der Höhe nach bestimmt gewesen. Diejenigen "Geistlichen, die ihr Gehalt nicht aus kirchlichen Quellen beziehen, werden gewiß mit bereit sein, für ihre Confratres ein *donum caritativum* zu opfern"[649]. "Wir hoffen, daß die vielfach doch eingetretenen Gehaltserhöhungen Anlaß sein werden zur freudigen Erfüllung des Wortes *`caritas urget nos´*"[650]. Hingewiesen wird darauf, daß der Generalvorstand des Bonifatiusvereins als Soll-Einnahme jeder Diözese für die Gewährung seiner mäßigen Gehaltsbeihilfen für die Diasporageistlichen (Nichtpfarrer) 3% des Einkommens eines jeden Geistlichen zugrundelegt und nur dann mit Beihilfen eintritt, wenn trotzdem die notwendigsten Gehaltsbedürfnisse nicht gedeckt werden[651]. Ein Indult der SCConc als Ermächtigung für eine pflichtmäßige Abgabe soll auch das Ermländer Ordinariat trotz der Berliner Vertreter-Konf/Dezember1929 nicht eingeholt haben[652]. Andererseits wird der Beitrag zum Ausgleichsfonds 1932 zu den "pflichtmäßigen" "Diözesanabgaben" gezählt[653]. Auch hat sich 1931 das Paderborner Generalvikariat in seinem Erlaß über die Verpflichtungserklärung auch auf das Beispiel des Ordinarius von Ermland berufen, der neben anderen ein Indult beantragt habe[654]. Wegen der Kürzung der Pfarrgehälter werden die Beiträge zum Ausgleichsfonds, nicht dagegen die zur RuhegehaltsK mehrfach herabgesetzt[655];

---

646 Vgl. Jahresber.1925 und 1928. In: PJH [1926] 8-16, 14 und [1929] 30-41, 38.

647 ORD.28.1.29. In: Abl 61 (1929) 20: Nr.8 Abs.1.

648 Siehe zu den gemeinsamen Regelungen *unten Fn.35.*

649 ORD.28.1.29. In: Abl 61 (1929) 20: Nr.8 Abs.2 Satz 1.

650 ORD.28.1.29. In: Abl 61 (1929) 20: Nr.8 Abs.3.

651 Vgl. ORD.28.1.29. In: Abl 61 (1929) 20: Nr.8 Abs.2 Satz 2.

652 Vgl. GEN.VERS. In: Protokoll [1930] 14. Zitiert bei: A. KÖTTER: DiaspPriesterausgleichsK 12. Der von W. SCHWICKERATH: Finanzwirtschaft 166 Fn.173 zitierte Erlaß in: Abl 63 (1931) 70 konnte nicht eingesehen werden.

653 Allerdings geschieht dies im Zusammenhang mit der Bestimmung, daß die DiözAbgaben von der BistumsK bei Zahlung der widerruflichen Staatsbeihilfen zur Pfarrbesoldung einbehalten werden. So ORD.23.6.32. In: Abl 64 (1932) 167: Nr.108 Abs.4 Satz 3. Vgl. zu den Zahlungsmodalitäten siehe *unten Fn.35 und §7. Regelungen, die alle Diözesen etc. Fn.16-29.*

654 Vgl. GV. In: Abl Paderborn 86 (1931) 59. Abgedr. in: AfkKR 111 (1931) 676f und unten *§9. Paderborn lit.b.* Die Abl konnten nicht eingesehen werden, so daß eine evtl. Veröffentlichung des Indultes nicht ermittelt wurde. Zu rechtlichen Gründen für die Erforderlichkeit eines Indults siehe *oben §3. Bonifatiusverein etc. lit.a.*

655 Nämlich ab August 1931 um je 2 RM und rücksichtlich der abermaligen Kürzung ab Januar1932 um 3 (Pfarrer in Aufrückungsstellen) bzw. 2 RM (übrige Pfarrer). Vgl. ORD.17.7.31

entsprechend dann auch die Gehaltszuschüsse für die Diasporageistlichen aus dem Ausgleichsfonds[656]. Zahlungen an die Diasporaausgleichskasse in Paderborn erfolgten nicht[657].

c) Abgabe zur Versorgung von Angehörigen geistlicher Haushalte

Eine vom Bistum getragene zusätzliche Altersversorgung für Hausangestellte über die Reichsversicherung oder eine vom Pfarrhausherrn freiwillig abgeschlossene Lebensversicherung o.ä. hinaus wurde nicht festgestellt[658].

d) Regelungen, die alle "Pflichtabgaben" betreffen

Zu den Abgaben der Priester gibt der Generalvikar 1924 Resolutionen einer außerordentlichen Dekanekonferenz vom Mai1924 in Wormditt als verbindlich bekannt, die die Zustimmung des Bischofs gefunden haben[659]. Insgesamt gab es an Abgaben der Geistlichen neben den Beiträgen zur RuhegehaltsK und zum "Diasporaausgleichsfonds", noch die "Lastalien" (Abgaben an das Priesterseminar) und die Rechnungsrevisionsgebühren; Lastalien und Rechnungsrevisionsgebühren hatten schon vor 1914 bestanden, wohl auch die Beiträge zur RuhegehaltsK[660]. Alle diese Abgaben zählen zu den "Diözesangeldern (Kollekten, Diözesansteuern, Ruhegehaltskassenbeiträge usw.)", die über die Dekane an die Bistumskasse (BistumsK) zu zahlen sind[661]. Die Beiträge für RuhegehaltsK und Ausgleichsfonds werden als persönliche Abgaben gekennzeichnet[662]. Die Klerikerabgaben werden teils gesondert[663], teils zusammen in einer Summe[664] festgesetzt. Die Namen der Säumigen im Pastoralblatt zu veröffentlichen, wird "vorbehalten"[665].

(in: Abl 63 [1931] 70: Nr.114 Satz 1) und ORD.29.12.31. In: Abl 64 (1932) 110: Nr.14 Abs.1 und 2 Satz 1.

656 Vgl. ORD.17.7.31. In: Abl 63 (1931) 70: Nr.114 Satz 1.

657 Vgl. A. KÖTTER: DiaspPriesterausgleichsK 20f.

658 Auf diese Versorgungsmöglichkeiten werden die Geistlichen hingewiesen. Vgl. dazu ORD.15.6.36. In: Abl 68 (1936) 233f: Nr.133. Vgl. auch W. SCHWICKERATH: Finanzwirtschaft 185 mit Fn.282.

659 Vgl. ORD.18.5.24. In: Abl 56 (1924) 303: Nr.6. Abgedr. in: AfkKR 104 (1924) 100f.

660 Vgl. ORD.18.5.24. Abl 56 (1924) 303: Nr.6. Abgedr. in: AfkKR 104 (1924) 100f.

661 Vgl. ORD.22.10.24. In: Abl 56 (1924) 345: Nr.7 Satz 1-4.

662 Vgl. ORD.28.2.31. In: Abl 63 (1931) 34: Nr.52 Satz 1.

663 Vgl. ORD.18.5.24. In: Abl 56 (1924) 303: Nr.6 Ziffn.1-4. Abgedr. in: AfkKR 104 (1924) 100f.

664 Vgl. ORD.28.1.29. In: Abl 61 (1929) 20: Nr.8 Abs.1. Betr. RuhegehaltsK und AusgleichsF (bei Pfarrern auch die sog. Lastalien): Für Pfarrer mit Dienstzulage 360 RM (bisher 300), ohne Dienstzulage 300 RM (240), für Kuraten und Geistliche in ähnlicher Stellung (Domvikare usw.) 48 RM (36) und für Kapläne 36 RM (24).

665 Vgl. ORD.22.10.24. In: Abl 56 (1924) 345: Nr.7 Satz 5.

Während 1924 noch Zahlung durch die Geistlichen vorgesehen ist, werden 1928 bei den Pfarrern, die Staatsbeihilfe erhalten, "wie bisher" die bezüglichen Beträge, auch die Nachzahlungen, bei der monatlichen Zuschußanweisung abgezogen; die anderen (Pfarrer wie Nichtpfarrer) führen in vierteljährlichen Raten der BistumsK zu; bei Rückständen erfolgt am Ende des Vierteljahres Einziehung durch Nachnahme ohne besondere vorhergehende Aufforderung[666]. Als ab 1930 der Staat als untunlich bezeichnet, die betreffenden Abgaben (zum Ausgleichsfonds, zur RuhegehaltsK usw.) bei der Überweisung der Staatszuschüsse von der Regierungshauptkasse einzubehalten und dann direkt der Bistumskasse in einer Summe zuzuführen, werden die vollen Beträge des Staatszuschusses an die Kirchengemeinde überwiesen; im Gegenzug sind die besagten Abgaben - möglichst gleich nach Empfang des Staatszuschusses - direkt an die BistumsK abzuführen, damit keine unerträgliche Verzögerung in den Gehaltszahlungen an die Kuraten in der Diaspora eintreten muß[667].

§20. Erzbischöfliche Delegatur bzw. Apostolische Administratur Tütz bzw. Freie Prälatur Schneidemühl

Der Jurisdiktionsbezirk umfaßte vor allem die nach 1918 deutsch gebliebenen Teile der Erzdiözese Gnesen-Posen und ihres Suffragans Kulm. In diesen zum Bereich des preußischen Episkopats gehörenden Diözesen wird das Ruhegehaltswesen wohl auf die Grundlage der Grundzügeregelung von 1909 gestellt und auf dieser Grundlage weitergeführt worden sein[668].

Ab Oktober 1926 wurde in dieser sogenannten "Grenzmark" die 3%ige "Selbstbesteuerung" als Diasporadiözesanabgabe eingeführt[669]. In Ausführung des Beschlusses der Vertreter-Konf. der Zuschußdiözesen/Dezember1929 in Berlin hat auch das Ordinariat Schneidemühl ein Indult bei der SCConc erbeten und erhalten[670].

---

666 Vgl. ORD.28.1.29. In: Abl 61 (1929) 20: Nr.8 Abs.1 Bem.2.

667 Vgl. ORD. 28.12.30. In: Abl 62 (1930) 2: Nr.5 Abs.1f.

668 Siehe dazu *oben §7. Regelungen, die alle Diözesen etc. Fnn.1-15.*

669 Vgl. Jahresber.1926. In: PJH [1927] 53-68, 61f.

670 Vgl. Jahresber.1930. In: PJH [1931] 63-72, 63. Die Abl ("Amtliche Bekanntmachungen der Freien Prälatur Schneidemühl". Angeführt bei W. SCHWICKERATH: Finanzwirtschaft 397) wurden nicht eingesehen, so daß eine evtl. Veröffentlichung des Indultes nicht ermittelt wurde. Zu rechtlichen Gründen für die Erforderlichkeit eines Indults siehe *oben §3. Bonifatiusverein etc. Fnn.45-51.*

C. Diözesen der ehemaligen Berliner Bischofskonferenz[1]

§21. Fürstbischöfliche Delegatur bzw. Diözese bzw. Erzdiözese Berlin

Die jetzige Erzdiözese gehört einerseits zum preußisch geprägten Rechtskreis[2]. Andererseits ist die Rechtslage in diesem Erzbistum als früherem Delegaturbezirk im Zusammenhang mit der in Breslau zu sehen[3].

a) Beitrag zur Ruhegehaltskasse

Dieser Beitrag wird als bestimmter Jahresbeitrag eingehoben, gestaffelt nach Dienststellung und weiteren Kriterien[4]. 1946 wird darauf aufmerksam gemacht, daß sämtliche dem Bistum Berlin inkardinierten[5] Priester nach wie vor zur Beitragszahlung zur Ruhegehaltskasse (RuhegehaltsK) verpflichtet sind[6]. Die Beiträge sind von den Geistlichen an die Erzpriester und von diesen unter Beifügung einer Einzelaufstellung an die Bistumskasse (BistumsK) zu zahlen[7].

Die Wiedereinführung der gesetzlichen Besoldung für die Geistlichen in Westberlin ab April 1957 hat auch zu einer wesentlichen Steigerung der Ruhegehaltslasten geführt, so daß die Beiträge zur RuhegehaltsK entsprechend anzupassen waren. Alle beitragspflichtigen Geistlichen zahlten einheitlich 2% des Grundge-

---

[1] Zur Darstellung der Diözesen dieses Konferenzgebiets wie ein eigener "Rechtskreis" siehe *oben §2. Gegenstand und Gang der Untersuchung lit.b.* Zur Rolle der über 40jährigen eigenen pastoralen Entwicklung bei der Neuordnung der Zirkumskription von Diözesen und Kirchenprovinzen im Norden und Osten Deutschlands vgl. H. SCHMITZ: Jurisdiktionsbezirke 244f. Wieweit es hier zur Ausbildung eines eigenen "Rechtskreises" von ähnlicher Bedeutung wie die herkömmlich sog. "Rechtskreise" kommt, bleibt abzuwarten. Vgl. etwa die Bildung einer "Kommission zur Ordnung des diözesanen Arbeitsvertragsrechtes" (Regional-KODA Nord-Ost), die für die (Erz-) Bistümer Berlin, Dresden-Meißen, Erfurt, Görlitz, *Hamburg* [!] und Magdeburg durch die KODA-Ordnung für die Region Nord-Ost. EB.4.11.96. In: Abl Hamburg 2 (1996) 169-173, 169: Nr.150 §1 Abs.1.

[2] Daher ist auf die Regelungen zu verweisen, die alle Diözesen des preußisch geprägten Rechtskreises betreffen. Siehe *oben Abschn.B.I. §7.*

[3] Vgl. auch *oben §8. Osnabrück etc. Fn.1.*

[4] Vgl. Abl 1 (1929) 46 und Abl 5 (1933) 19. Zit. bei W. SCHWICKERATH: Finanzwirtschaft 273 mit Fn.680f.

[5] Nicht beitragspflichtig zur Berliner RuhegehaltsK waren aus den Diözesen der Ostgebiete stammende und im Bereiche der Diözese Berlin wohnende Priester, auch dann nicht, wenn sie dort eine Anstellung als Kuratus oder Kaplan erhalten haben oder sonst mit Wahrnehmung der Seelsorge beauftragt worden sind. Das Verhältnis dieser Priester zu ihrer Heimatdiözese wurde durch ihre Anstellung im Bistum Berlin nicht berührt. Vgl. Abl 19 (1947) 47: Nr.125 Abs.5.

[6] Vgl. ebd. Abs.1. Die Beitragshöhe ist gestuft für Pfarrer (25 RM), Kuraten und Lokalkapläne (15 RM) und Kapläne (10 RM). Vgl. ebd. Abs.2

[7] Vgl. ebd. Abs.3. Nachzuzahlen waren lediglich seit Juli 1945 rückständige Beträge. Vgl. ebd. Abs.4.

haltes einschließlich des jeweiligen Teuerungszuschlages; die Abführung der Beiträge erfolgt über die Erzpriester[8], wird aber wenige Jahre später einbehalten[9].

Für die im Gebiet der sowjetischen Besatzungszone bzw. der DDR liegenden Diözesananteile war nach der 1946 erfolgten Erinnerung an die Beitragspflicht nichts festzustellen. Möglicherweise waren Beiträge der Priester in der Arbeitsvertragsordnung und solche der Diakone durch die Berliner Bischofskonferenz (BerlBischKonf) geregelt[10].

b) Abgabe für die Diasporahilfe

Als Delegaturbezirk wie als Bistum ist Berlin Diasporagebiet. Anfragen aus Berlin (1927) um einen eigenen Zuschuß für den Delegaturbezirk stießen auf Bedenken, da mit gleichem Recht die sächsischen Kommissariate und die norddeutschen Missionen von ihren Bistümern abgelöst werden und einen Sonderzuschuß von der Ausgleichskasse (AusgleichsK) hätten verlangen können[11]. Da die Ausgleichsk ohnehin nicht von sich aus die ihr von der Fuldaer Bischofskonferenz (FuldBischKonf) gegebenen Richtlinien ändern konnte, sollte die Frage vom Generalvorstand der BischKonf vorgelegt werden[12]. Weil diese Richtlinien die Zuschüsse der AusgleichsK von der 3%igen Selbstbesteuerung der auskömmlich Besoldeten des betreffenden Bistums abhängig machten, die Delegatur Berlin aber zum Fürstbistum Breslau gehörte, mußte die AusgleichsK die Diasporageistlichen des Delegaturbezirkes zunächst an das engere Bistum verweisen. Dort war die Abgabe (noch) freigestellt und der Klerus brachte tatsächlich nur wenig mehr als 0,5% auf, so daß die AusgleichsK keinen Zuschuß geben konnte, obwohl der Delegaturbezirk die 3%ige Abgabe anstrebte und fast 2% erreichte[13]. Erst nach der Errichtung des Bistums erhielt die bisherige Delegatur daher Zuschüsse aus Paderborn[14]. Das Ordinariat folgte dem Konferenzbeschluß der am 4.12.1929 zu Berlin versammelten Zuschußdiözesen und suchte bei der SCConc um die Ermächtigung nach, die 3%ige Abgabe allen auskömmlich Besoldeten pflichtmäßig aufzuerlegen[15], die sie auch erhielt[16].

---

[8] Funktionszulagen, wie z.B. die Zulagen für eine Erzpriestertätigkeit oder für die Mitarbeit im Ordinariat, sowie ein evtl. bezogenes Wohnungsgeld unterlagen nicht der Beitragsberechnung. Vgl. Abl 30 (1958) 21: Nr.76 Ziff.1 Abs. 1f.

[9] Vgl. BesoldungsO §16, in Bezug genommen in: Abl 36 (1964) 24: Nr.75.

[10] Zur Beschäftigung der Priester in der DDR auf Grund einer Arbeitsvertragsordnung und zur Lage der Diakone vgl. H. SCHMITZ: Diözesanklerus 56 mit Fn.186.

[11] Vgl. Jahresber. des Bonifatiusvereins 1927. Erläuterungen. In: PJH [1928] 3-36, 34.

[12] Vgl. ebd.

[13] Vgl. Jahresber.1928. In: PJH [1929] 30-41, 38.

[14] Vgl. Jahresber.1929. In: PJH [1930] 67-77, 76 und GEN.VERS. In: Auszug aus dem Bericht der 29. Ordentl. Generalvers. 1929. In: PJH [1929] 91-101, 100.

[15] Vgl. Jahresber.1930. In: PJH [1931] 63-72, 63.

[16] SCCONC.3.3.30. Zit. bei E. EICHMANN: Lehrbuch II 158 Fn.1. Dort wird allerdings von einer 2%igen Abgabe gesprochen. Vgl. auch Abl [1930] 154. Zit. bei W. SCHWICKE-

Die Diasporapriesterhilfe wurde 1945 im Bistum Berlin mit der Begründung eingestellt, der Diözesanklerus müsse selbst sehr starke Kürzungen seines Gehaltes auf sich nehmen, um die Seelsorge auch in finanziell schwerer Zeit aufrechtzuerhalten und die Mitbrüder, die aus anderen Diözesen nach Berlin kamen, in die Besoldung einzubeziehen[17]. Für Berlin als Diasporabistum bedeutete dies entsprechend dem Beschluß der FuldBischKonf/1926 die Einstellung der innerdiözesanen Abgabe.

In West-Berlin folgte 1958 die Wiedereinführung, wenn auch als freiwilliger Beitrag.

> "Nachdem nun der Teil unseres Klerus, der in den Westsektoren von Berlin angestellt ist, wieder nach gesetzlichen Grundlagen besoldet wird, halten wir es für unsere Pflicht, den Klerus der Westsektoren zu bitten, wieder wie früher durch das Opfer der *freiwilligen Besteuerung* mit dazu beizutragen, daß den Geistlichen leistungsschwacher Gemeinden im Gesamtbereich der Diaspora genügend Mittel zur Besoldung zur Verfügung gestellt werden können. Wir hoffen, daß keiner der hochw. Herren sich von diesem Opfer ausschließen wird und bitten, ab 1.4.1958 für die Diasporapriesterhilfe 3% des Bruttogehaltes ... jeweils mit den Kollektenabrechnungen an die Bistumskasse einzusenden."[18]

Spätestens 1964 qualifiziert die BesoldungsO den Beitrag als "Pflichtabgabe"[19]. Die Beitragshöhe bleibt bei 3%[20].

Für das außerhalb West-Berlins liegende Diözesangebiet war, abgesehen von der genannten Einstellung 1945, zur Diasporaabgabe teilkirchenrechtlich nichts festzustellen[21].

c) Beiträge zum Notstandsfonds

Der "Notstandsfonds[22] in Westberlin" für Unterstützungen an ehemalige Haushälterinnen wird in seiner Leistungsfähigkeit verbessert, indem im Zusammen-

---

RATH: Finanzwirtschaft 166f Fn.173. Zu rechtlichen Gründen für die Erforderlichkeit eines Indults des ApStuhls siehe *oben §3. Bonifatiusverein etc. Fnn.45-51*.

[17] Vgl. Abl 30 (1958) 20: Nr.72 Abs.1f.

[18] Ebd. Abs.3f [Hervorhebung nicht im Original].

[19] BesoldungsO §16, in Bezug genommen in: Abl 36 (1964) 24: Nr.75.

[20] Vgl. für 1973 A. KÖTTER: DiaspPriesterausgleichsK 23.

[21] Vgl. dazu, daß Zahlungen für überdiözesane Einrichtungen von den russisch besetzten Diözesen nicht verlangt wurden *oben §3. Bonifatiusverein etc. bei Fn.62*. Seit Anfang der 90er Jahre geben auch Priester im Osten 3% des Gehalts (zuletzt 84% des im Westen üblichen) ab. Vgl. nur DIASP.KOMM.: Jahresbericht [1996] 6.

[22] Vgl. zum "Notstandsfonds" den *§18. Breslau lit.c*. Die Einrichtung bestand schon zur Zeit des Delegaturbezirks. Vgl. ebd.

hang mit der Wiedereinführung der gesetzlichen Besoldung für die Geistlichen in Westberlin die bisherigen Sätze ab April 1958 verdoppelt werden[23].

> "Wir weisen ausdrücklich darauf hin, daß durch die Erhöhung der Beiträge der Rechtscharakter des Notstandsfonds nicht verändert wird, d.h. die Beitragsleistungen bleiben freiwillig und die Unterstützungen an ehemalige Haushälterinnen werden weiterhin ohne Rechtsanspruch gewährt."[24]

1964 gibt es schon den "Pfarrhaushälterinnenfonds", zu dem Abgaben zu leisten sind, die als "Pflichtabgaben" qualifiziert werden[25].

Für das außerhalb West-Berlins liegende Diözesangebiet war eine entsprechende Abgabe nicht festzustellen. Hier wie in den anderen Jurisdiktionsbezirken war den Priestern die Sorge für ihre Hausangehörigen im Rahmen des Testaments in Erinnerung gerufen[26].

d) Regelungen, die alle "Pflichtabgaben" betreffen

Auch hier wirkt sich die politische Teilung des Diözesangebietes aus[27]. Seit 1964 werden die drei "Pflichtabgaben" in West-Berlin bei der Gehaltszahlung einbehalten[28]. Im Ostteil des Bistums war die Besoldung und Versorgung der Kleriker ohnehin ein besonderes Problem, für Abgaben wird das Gehalt kaum

---

23 Vgl. Abl 30 (1958) 21: Nr.76 Ziff.2 Abs.1. Sie betragen jetzt für Pfarrer 20 und für Kuraten und Ruheständler 10 DM je Viertelj.

24 Ebd. Abs.2.

25 BesoldungsO §16, in Bezug genommen in: Abl 36 (1964) 24: Nr.75.

26 Vgl. Abl Dresden-Meißen 3(1954) 85f: Nr. 148 Ziff.II. Es handelt sich um "Kirchliches Amtsblatt für die Bistümer und die Erzbischöflichen bzw. Bischöflichen Kommissariate im Gebiet der Deutschen Demokratischen Republik. Ausgabe des Bistums Meißen". Siehe im einzelnen *§22. Dresden-Meißen lit.c.*

27 Auswirkungen der politischen Teilung auf die Rechtslage der diözesanen Abgaben zeigt auch die Anerkennung bzw. Versagung der Freiheit der Beiträge von der staatlichen Lohnsteuer. Die 1948 ausgesprochene Bestätigung der zuvor immer anerkannten Steuerfreiheit wurde 1950 im Sowjet-Sektor von Groß-Berlin aufgehoben, in West-Berlin jedoch später bestätigt und erweitert. Die Lohnsteuerfreiheit der Beiträge zu Ruhegehaltskasse und Priesterhilfe (vgl. für die Diözese die Mitteilung des staatl. Aktes [RFinMin.15.8.1935] in: Abl 9 [1937] 101: Nr.194) wird erneut 1948 wegen ihres Charakters als sogenannte durchlaufende Gelder anerkannt (vgl. die Hinweise auf den staatl. Akt [Landesfinanzamt 7.4.1948] in: Abl 22 [1950] 53 Nr.146 und in: Abl 30 [1958]20 Nr.76 Ziff.1 Abs.3), diese Entscheidung im Sowjet-Sektor von Groß-Berlin jedoch 1950 aufgehoben (Vgl. die Mitteilung des staatl. Aktes [Magistrat von Groß-Berlin 2.10.50] in: Abl 22 [1950] 53: Nr.146). Für die Besteuerung von Diasporapriesterhilfe und Ruhegehaltskassenbeiträgen gilt in den Westsektoren dagegen weiter der gleiche Gesichtspunkt, nämlich die Entscheidung von 1948 (vgl. Abl 30 [1958] 20: Nr.72 Abs.5), die 1964 auch auf die Beiträge für den Pfarrhaushälterinnenfonds erstreckt wird (vgl. die Mitteilung des staatl. Aktes [Senator für Finanzen 9.4.64] in: Abl 36 [1964] 24: Nr.75).

28 Vgl. ebd.

ausgereicht haben[29]. Die Besoldungsordnung/1990 für die Geistlichen im ehemaligen Ostteil des Bistums enthält keine Bestimmungen über Pflichtabgaben[30].

§22. Diözese Meißen bzw. Dresden-Meißen

a) Beitrag zur Pensionsergänzungskasse

Die 1928 zu einem gewissen Abschluß gekommene Ruhegehaltsregelung, die auch um 1940 noch bestand, behielt dem Ordinariat vor, den Diözesanpriestern Beiträge zur Aufbringung der Ruhegehälter aufzuerlegen[31]. 1932/4 war die Einhebung von Beiträgen zu einer Pensionsergänzungskasse festzustellen[32].

b) Abgabe für die Diasporahilfe

Die Normalbesoldeten zahlten bereits 1926 die vom Episkopat befürwortete Abgabe[33]. Durch Reskript der SCConc hat auch der Bischof von Meißen die Ermächtigung erhalten, "Zwangsbeiträge" zur Unterstützung der Diasporapriester zu erheben[34]:

> "Beatissime Pater!
> *Christianus Schreiber*, Episcopus dioecesis Misnensis in Germania humiliter exponit:
> Congruae sustentationi sacerdotum dioecesis Misnensis ita provisum est ut sacerdotes curam animarum exercentes ex tributis ecclesiasticis omnibus fidelibus catholicis impositis et a Gubernio in favorem ecclesiae exactis sustentationem iuxta scalam ab Episcopo approbatam recipiant. Gubernium ipsum pro sustentatione parochorum et vicariorum totius dioecesis nihil solvit. Qua de causa parochi et vicarii dioecesis Misnensis multo minores proventus percipiunt quam parochi aliarum dioecesium Germaniae, in quibus Gubernium vel proventus ipsos vel saltem magna subsidia solvit. Pro sublevanda inopia cleri dioecesis Misnensis tributa ecclesiastica augeri minime possunt, ne plures fide-

---

29 Vgl. H. SCHMITZ: Diözesanklerus 56f sowie *§3. Bonifatiusverein etc. v.a. Fnn.76-80.*

30 Vgl. BISCH.18.9.90. In: Abl 63 [1990] 14: Nr.6.

31 Vgl. Abl 7 (1928) 19. Zit. bei W. SCHWICKERATH: Finanzwirtschaft 179 mit Fn.239. Die genannte Regelung von 1928 hob die PensionsK für die römisch-katholischen Geistlichen der sächsischen Oberlausitz vom 28.12.1908 auf. Vgl. ebd.

32 Vgl. Abl 11 (1932) 10. Zit. bei W. SCHWICKERATH: Finanzwirtschaft 274 mit Fn.698. Vgl. Abl 13 (1934) V.8. Diese Fundstelle wird im Zusammenhang mit Mitteilungen über die Steuerfreiheit der Abgaben zur PensionsergänzungsK und zur DiaspHilfe genannt. Vgl. Abl 16 (1937) 3: Nr.7.

33 Vgl. ebd.

34 Zu rechtlichen Gründen für die Erforderlichkeit einer solchen "Erlaubnis" siehe *oben §3. Bonifatiusverein etc. Fnn.45-51.*

les ab ecclesia deficiant eo fine ut liberi evadant a tributis ecclesiasticis. Aliae oblationes desunt, quia catholici dioecesis plerique pauperes, immo pauperrimi sunt. Hinc est, quod plures paroeciae sustineri nequirent atque catholici inter heterodoxos dispersi omni pene spirituali cura destituerentur, nisi caritas catholicorum in felicioribus Germaniae partibus eorum inopiae subveniret. Non opus est, ut Sanctitati Vestrae repetam, quantopere Societas Bonifatiana hac de re merita est.

Quoad personalem Cleri sustentationem, cui Gubernium subsidia non solvit, instituta est apud Societatem Bonifatianam "Capsa compensationis seu distributionis" (Ausgleichskasse), ad quam sacerdotes dioecesium totius Germaniae, qui a Gubernio vel aliunde sufficientem sustentationem percipiunt, unam saltem quotannis centiesimam partem (1%) redituum suorum contribuunt. Quae capsa compensationis illis dioecesibus, in quibus regiones diasporae existunt, ita praecipue dioecesi Misnensi, utpote veri nominis diasporae, quotannis certam summam assignat ad supplendum salarium sacerdotum egentium diasporae ea tamen sub lege, ut et ipsi sacerdotes dioecesium diasporae, non exceptis episcopo, canonicis, sacerdotibus in scholis publicis et institutis, aliisque, qui congruis redditibus fruuntur, quotannis ternas saltem partes centesimas (3%) redituum suorum ad hunc finam conferant. Haec norma ab Episcopis Fuldae congregatis anno 1926 tamquam praeeminens officium nobile et caritativum cleri approbata et statuta est.

Ut vero accuratius normae supra expositae respondeatur et ut meliori ac stabiliori modo sacerdotes egentes in diaspora laborantes adjuventur, iam Episcopi quarundam dioecesium Germaniae Sanctitatem Vestram rogaverunt, ut Sanctitas Vestra ne dedignetur concedere facultatem imponendi cum vi obligandi omnibus et singulis sacerdotibus dioecesanis, non exceptis episcopo, canonicis aliisque, qui ad id pares inveniuntur, taxam seu tributum generale pro egentibus sacerdotibus diasporae, quotannis solvendum ternarum vel etiam quinarum partium centesimarum = 3%-5% = redituum prout et in quantum necessitas ed exigat servata in omnibus aequitate et proportione.

Quam facultatem etiam pro dioecesi Misnensi enixe petitur. Etsi in ipsa dioecesi Misnensi pauci tantum sint sacerdotes, qui congruam sustentationem a Gubernio recipiant, utpote scholis publicis et curae militari addicti, opportunum tamen non videtur, quod isti sacerdotes liberi a supradicto tributo maneant, dum sacerdotes aliarum dioecesium obligantur tributa solvere pro egentibus sacerdotibus diasporae.

Attenta inopia sacerdotum in diaspora dioecesis Misnensis laborantium atque maxima difficultate aliter providendi enixe petit, ut Sanctitas Vestra benignissime concedere dignetur, ut per impositionem tributi de quo supra aliqua saltem compensatio fieri possit inter proventus illorum sacerdotum, qui salarium sufficiens a Gubernio vel aliunde percipiunt, et redditus illorum, qui ex oblationibus vel tributis fidelium tantum sustentantur. Itaque etiam commendare liceat Episcopo dioecesis Misnensis, quae tota est diaspora, ut Sanctitas Vestra praedictam facultatem imponendi tributum pro egente clero diasporae etiam ceteris Episcopis Germaniae benignissime concedat, in quorum dioecesibus sacerdotes maiori ex parte a Gubernio sufficienter sustentantur. Plures sacerdotes diasporae praesertim dioecesis Misnensis sustineri non possunt nisi subsidia percipiant ac illa Capsa compensationis Societatis Bonifatianae.

Sacra Congregatio Concilii, attentis expositis, benigne tribuit Ordinario oratori facultates iuxta preces ad quinquennium.

Datum Romae die 3 Martii 1930.

+ *D. Card. Sbaretti, Praefectus*
+ *Julius ep.tit. Lamsacen., Secretarius.*"[35]

c) Abgaben für Angehörige des geistlichen Haushalts

Inhaltliche Hinweise zur Sorge für die Angehörigen des geistlichen Haushaltes enthält auch die in den Jurisdiktionsbezirken auf dem Gebiet der ehemaligen DDR veröffentlichte Verlautbarung über die Verpflichtung des Priesters zur Errichtung eines Testaments[36]: Der Priester wird angewiesen zur Prüfung, ob und welche Pflichten der Gerechtigkeit und der Liebe bestehen. Als mögliche Erben oder Vermächtnisempfänger in diesem Zusammenhang werden genannt eine Schwester, die den Haushalt führt, Haushälterin, Pfarrkirche, Bonifatiusverein, Wohltäter und kirchliche Einrichtungen.

d) Regelungen, die alle "Pflichtabgaben" betreffen

Das Diasporabistum hatte die niedrigsten Gehälter aller deutschen Diözesen[37]. Diese mußten fast vollständig aus der Kirchensteuer bestritten werden, die ausnahmslos der Bistumskasse zufloß, so daß im Wege des Ausgleichs die steuer-

---

[35] Abl 9 (1930) 21. Abgedr. in: AfkKR 110 (1930) 666f.

[36] Vgl. Abl 3(1954) 85f. Nr. 148 Ziff.II. "Über den Inhalt dieser Überprüfung und der eventuell zu fertigenden letztwilligen Verfügungen sei allgemein folgendes gesagt: 1. Wenn die gesetzliche Erbfolge den beabsichtigten Verfügungen entspricht, ist an sich kein Testament nötig ... Ist also zum Beispiel nur eine Schwester da, die den Pfarrhaushalt führt, so erübrigt sich - abgesehen von Legaten - ein Testament. ... 2. Fast immer ist ein Testament nötig, wenn Legate (= Vermächtnisse) an Nichterben, zum Beispiel Haushälterin, Pfarrkirche, Bonifatiusverein angebracht sind. Dazu bestehen oft Pflichten der Gerechtigkeit und der Liebe. Nur wenn diese Dinge bereits rechtswirksam anderweitig geordnet sind (zum Beispiel Lebensversicherung oder Sparbuch einwandfrei zugunsten der Haushälterin, ... usw.) kann von einer testamentarischen Verfügung abgesehen werden. ... 3. ... 4. Inhaltlich frage sich der Priester bei Prüfung seiner Ordnungspflicht und Errichtung eines Testamentes: a) Welche Pflichten der Gerechtigkeit und der Liebe bestehen gegen Haushälterin, Verwandte (verarmte), Wohltäter, kirchliche Einrichtungen? b) ..." Ebd.

[37] Vgl. Jahresber.1925. In: PJH [1926] 8-16, 15.

kräftigen Gemeinden den steuerschwächeren zu Hilfe kommen konnten[38]. Selbst die zehn Pfründepfarreien der Diözese bedurften eines mehr oder weniger großen Zuschusses. 1926 konnten als normal besoldet nur fünf vom Staat besoldete Geistliche (Religionslehrer, Militärpfarrer) angesehen werden, während die anderen 145 ein einheitliches, nach Dienstjahren abgestuftes Gehalt aus der BistumsK erhielten, das zusammen mit den Meßstipendien das einzige Einkommen darstellte und als insuffizient für einen standesgemäßen Unterhalt bei den teuren Lebensverhältnissen des industriereichen Landes angesehen wurde[39]. Die Besoldungsordnung/1955 sagt nichts über Pflichtabgaben[40].

§23. Bischöfliches Amt Erfurt-Meiningen bzw. Diözese Erfurt

Für den bis zur Errichtung als Diözese[41] größtenteils zum Bistum Fulda gehörigen Jurisdiktionsbezirk konnten aus der Zeit bis 1945 neben der gemeinsamen Entwicklung auch Besonderheiten für den thüringischen Bistumsteil ermittelt werden[42]. Für die Zeit nach 1945/49 gilt das zum Ostteil des Bistums Berlin und zur Diözese Dresden-Meißen Gesagte[43]. Auch Auswirkungen der Suspension der Jurisdiktion der Bischöfe von Fulda und Würzburg 1973 wurden nicht festgestellt. Die Neuordnung der Zirkumskription[44] schließt den Untersuchungszeitraum[45] ab.

§24. Apostolische Administratur bzw. Diözese Görlitz

Die Rechtslage in dem nun als Diözese Görlitz errichteten[46] Jurisdiktionsbezirk ergibt sich angesichts der Zugehörigkeit zum Erzbistum Breslau für die Zeit

[38] Vgl. A. SAUER: Gegenwärtige Lage der sächsischen Diaspora. In: PJH [1926] 25-32, 25-27.

[39] Vgl. ebd.

[40] Vgl. Abl 6 (1957) 17: Nr.45. Zur Besoldung und Versorgung in den Jurisdiktionsbezirken auf dem Gebiet der ehemaligen DDR vgl. H. SCHMITZ: Diözesanklerus 56f.

[41] Vgl. JOHANNES PAUL II: CA *Quo aptius* v.27.6.1994. In: AAS 87 (1995) 221-224. Abgedr. in: AfkKR 163 (1994) 446-449.

[42] Siehe *oben §10. Fulda.*

[43] Siehe *oben §21. Berlin* und *§22. Dresden-Meißen.* Die BesoldungsO/1957 und /1988 galten nur für den Westteil des Bistums Fulda. Siehe *oben §10. Fulda lit.d.*

[44] Zur Geschichte des Jurisdiktionsbezirks und der unmittelbaren Vorgeschichte der Diözesanerrichtung vgl. H. SCHMITZ: Jurisdiktionsbezirke 248-250.

[45] Siehe *oben §2. Gegenstand und Gang der Untersuchung bei Fn.11.*

[46] Vgl. JOHANNES PAUL II: CA *Solet usque* v.27.6.1994. In: AAS 87 (1995) 219-221. Abgedr. auch in: AfkKR 163 (1995) 444-446.

bis 1945/49 aus dem dort Dargestellten[47]. Für die Zeit danach entsprechen die Feststellungen der Lage in Erfurt[48].

§25. Bischöfliches Amt bzw. Diözese Magdeburg

Der Jurisdiktionsbezirk, rechtlich bis zur Errichtung als Diözese[49] Teil des Erzbistums Paderborn, war in unterschiedlichem Gebietsumfang Kommissariat schon seit Anfang des 19. Jahrhunderts. Für die Entwicklung vor 1945/49 wurden keine Besonderheiten gegenüber Paderborn[50], für die danach keine gegenüber Erfurt[51] festgestellt. Auffällig war lediglich die Regelung, wonach die Festsetzung des 2%igen Satzes der Abgabe zum Haushälterinnenhilfswerk spätestens seit 1963 für das "Gesamterzbistum Paderborn" gilt[52].

§26. Bischöfliches Amt Schwerin bzw. Anteil der Erzdiözese Hamburg

Dieser Jurisdiktionsbezirk, bis zur Errichtung des Erzbistums Hamburg[53] Teil der Diözese Osnabrück, wurde - anders als Erfurt und Fulda - in gewisser Weise wieder mit seiner früheren Diözese "vereinigt", indem er zum Gebiet der vormaligen Norddeutschen Missionen[54] zurück kam, zu dem das Gebiet der heutigen

47 Siehe *oben §18. Breslau.*

48 Vgl. *oben §23. Erfurt.* Zur Geschichte des Jurisdiktionsbezirks und der unmittelbaren Vorgeschichte der Diözesanerrichtung vgl. H. SCHMITZ: Jurisdiktionsbezirke 242. Feststellungen zu den Pflichtabgaben im Zusammenhang mit der Bildung der Apostolischen Administratur 1972 wurden nicht gemacht.

49 Vgl. JOHANNES PAUL II.: CA *Cum gaudio* v.27.6.1994. In: AAS 87 (1995) 225-228. Abgedr. auch in: AfkKR 163 (1994) 449-452.

50 Siehe *oben §9. Paderborn.*

51 Siehe *oben §23. Erfurt.* Zur Geschichte des Jurisdiktionsbezirks und der unmittelbaren Vorgeschichte der Diözesanerrichtung vgl. H. SCHMITZ: Jurisdiktionsbezirke 250f. Die Abgabe für die interdiözesane Diasporahilfe, die von den Diözesen mit Anteilen im Gebiet der BerlBischKonf allein in Paderborn erhoben wurde (von 5% insg. 3% für inter-, 2% für innerdiözesane Hilfe bis 1973, danach sinkt der Gesamtsatz, vgl. *oben §9. Paderborn Fnn.43-46*), wurde seit 1945 wie andere Zahlungen für überdiözesane Einrichtungen von den russisch besetzten Diözesen nicht mehr verlangt. Vgl. *oben §3. Bonifatiusverein etc. bei Fn.62.*

52 Vgl. GV.20.9.63. In: Abl 106 (1963) 141: Nr.226 a.E. Möglicherweise waren hier aber allein die westlichen Diözesanteile in den Bundesländern NRW, Hessen und Niedersachsen gemeint. Die Paderborner PfBO/1960 gilt ebenso wie die PrVBO/1993 nur für den westlichen Teil der Erzdiözese. Vgl. *oben §9. Paderborn v.a. Fnn.150ff.*

53 Vgl. JOHANNES PAUL II: CA *Omnium fidelium* v.24.10.1994. In AAS 87 (1995) 228-230. Abgedr. auch in: AfkKR 163 (1995) 442-444. Betroffen ist neben der Errichtung der Kirchenprovinz auch die Errichtung des Erzbistums.

54 Siehe *oben §8. Osnabrück und Norddeutsche Missionen Fnn.35f.*

Erzdiözese Hamburg - jedenfalls größtenteils - gehörte. Für die Zeit des Bischöflichen Kommissariates (seit 1946) und des Bischöflichen Amtes (seit 1973) kann auf Erfurt verwiesen werden[55]. Ob und wieweit die in den westlichen Osnabrükker und jetzigen Hamburger Bistumsteilen geltenden Regelungen zu den Pflichtabgaben auf das Gebiet des Schweriner Amtes erstreckt werden, war den bisher erschienenen Amtsblättern nicht zu entnehmen.

[55] Siehe *oben §23. Erfurt.* Zur Geschichte des Jurisdiktionsbezirks und der unmittelbaren Vorgeschichte der Diözesanerrichtung vgl. H. SCHMITZ: Jurisdiktionsbezirke 251.

D. Diözesen des bayerischen Rechtskreises

§27.
I. Regelungen, die alle Diözesen des bayerischen Rechtskreises betreffen

a) Beitrag zur Emeritenanstalt

Die wohl ältesten in Bestand und Organisation überdiözesan einheitlichen Institutionen für die Altersversorgung der Kleriker sind in Deutschland die Emeritenanstalten des bayerisch geprägten Rechtskreises. Die seit 1842 gegründeten diözesanen Einrichtungen hatten nach und nach Pflichtmitgliedschaft und Beiträge eingeführt. Als 1908 das Emeritenwesen neugeordnet wurde, gab es meist schon seit langem die Pflichtbeiträge, deren Erhebung nun auch Bedingung für die Erhöhung der staatlichen Zuschüsse und Emeritenpensionen war.[1] Die Mitgliedschaft ist grundsätzlich Zwangsmitgliedschaft, und die Mitglieder haben nach Versetzung in den Ruhestand einen Anspruch auf Ruhestandbezüge[2].

Die Satzung/1923, nach langen Verhandlungen für die Emeritenanstalt der bayrischen Diözesen vereinbart[3], galt bis zum Inkrafttreten der Satzung/1976[4]. Die Emeritenanstalt der jeweiligen Diözese ist auch jetzt Körperschaft des öffentlichen Rechts. Sie gewährt ihren Mitgliedern für den einstweiligen oder dauernden Ruhestand Versorgungsbezüge nach beamtenrechtlichen Grundsätzen im Sinn des staatlichen Versicherungsrechts[5] und erfüllt dadurch die Verpflichtung des Oberhirten aus dem Weihetitel nach can.979 §2 und can.981 §2 CIC/1917[6] bzw. zur Vorsorge nach c.281 §2 CIC/1983[7]. Die zur Erfüllung dieses Zweckes erforderlichen Mittel erhält die Emeritenanstalt neben Einkünften aus eigenem

---

[1] Vgl. M. ERZBERGER: Klerus und Gehaltsfrage 40-45; W. SCHWICKERATH: Finanzwirtschaft 177; H. SCHMITZ: Diözesanklerus 39f.

[2] Vgl. nur W. SCHWICKERATH: Finanzwirtschaft 178.

[3] Vgl. PASSAU.26.7.23. In: Abl [1923] 107. Abgedr. in: Sammlung [1935] 723f: Nr.472. Die Satzung war als Einheitssatzung unter dem 14.7.1923 von der bayerischen Staatsregierung genehmigt worden. Vgl. ebd.

[4] Vgl. BISCH.v.REGENSBURG.18.3.76. In: Abl [1976] 37-39, 39: [Satzung/1976] nach §18. Die Satzung ist auch in den anderen Amtsblättern veröffentlicht. Vgl. etwa BISCH.v. PASSAU.27.7.65. In: Abl 106 (1976)108-110, 109: Nr.129 v.a. §§4 und 15.

[5] Die Satzung bezieht sich auf §6 Abs.1 Ziff.4 AVG und des §169 Abs.1 RVO. Die Regelung ist von Bedeutung für die Freistellung der betreffenden Geistlichen von der staatlichen Versicherungs- und Beitragspflicht.

[6] Vgl. BISCH.18.3.76. In: Abl Regensburg [1976] 37-39, 37: [Satzung etc.] §1. Die Satzung/1976 hat der Bischof als zuständiger Gesetzgeber gemäß can.335 CIC nach Zustimmung bzw. Anhörung der zuständigen Gremien erlassen. Vgl. ebd. vor §1.

[7] Vgl. BISCH.25.11.85. In: Abl Augsburg 96 (1986) 1-16, 2: [Satzung etc.] §1 Abs.1 Satz 2.

Vermögen und Rücklagen sowie Staatszuschüssen durch Beiträge der Mitglieder und Zuschüsse der Diözese aus Diözesansteuermitteln[8].

Die Mitgliedschaft ist grundsätzlich Pflichtmitgliedschaft[9]. Mitglieder sind die in die Diözese inkardinierten Priester sowie die in die Diözese inkardinierten Diakone, soweit ihr Anspruch auf gleichwertige Ruhestandsversorgung nicht anderweitig gesichert ist[10]. Befreiung von der Pflichtmitgliedschaft besteht in verschiedenen Fällen, in denen die Ruhestandsversorgung anderweitig gesichert ist oder durch Rückversetzung in den Laienstand oder durch Entlassung aus der Anstalt[11].

---

[8] Vgl. BISCH.18.3.76. In: Abl Regensburg [1976] 37-39, 37: [Satzung etc.] §2 Abs.1. Die Staatsaufgabe ist durch Art.10 §1 lit.i BayK/1924 konkordatsrechtlich abgesichert. Vgl. dazu H. SCHMITZ: Diözesanklerus 39f, 40.

[9] Vgl. BISCH.18.3.76. In: Abl Regensburg ebd. §3 Abs.1.

[10] Vgl. ebd. §3 Abs.2 litt.a-c Satz 1.

Pflichtmitglieder sind außerdem heimatvertriebene Priester deutscher Abstammung, die zwar einer anderen Diözese angehören, für die aber die Diözese nach den Richtlinien zur Regelung der Versorgung der heimatvertriebenen Geistlichen als Aufnahmediözese gilt. Vgl. ebd. Die Erstreckung auf die auf einer Seelsorgestelle verwendeten Flüchtlingsgeistlichen erfolgte 1950 durch eine Ergänzung der Einheitssatzung/1923. Vgl. AGR. In: Abl München und Freising [1950] 188: Nr.115. Zur sonstigen dienstrechtlichen Eingliederung: "Heimatvertriebene Priester aus den Ostgebieten, welche in unserer ED in der Seelsorge tätig sind, aber gemäß der Weisung des Heiligen Stuhles zur Zeit noch nicht inkardiniert werden können, haben nunmehr nach Anordnung Sr. Eminenz die Möglichkeit, sich um jede erledigte Pfarrei in der ED zu bewerben, sofern die allgemeinen Voraussetzungen des kanonischen Rechts und die des Art.13 §1 BayK (bayerische oder deutsche Staatsangehörigkeit, Reifezeugnis eines vollwertigen humanistischen Gymnasiums und das kirchlich vorgeschriebene philosophisch-theologische Studium an einer deutschen Hochschule oder einer entsprechenden anderen Hochschule) erfüllen. Sie können jedoch nur als ständige Pfarrvikare mit dem Gehalt eines Pfarrers nach der in der Diözese geltenden GehaltsO angestellt werden." Vgl. Abl München und Freisung [1954] 4: Nr.3.

Die Ruhestandsversorgung wird bei nebenberuflich tätigen Ständigen Diakonen mit Zivilberuf nicht von der Diözese übernommen. So BISCH.18.3.76. In: Abl Regensburg [1976] 37-39, 37: [Satzung etc.] §3 Abs.2 lit.c) Satz 2 unter Berufung auf Ziff.21 MP "Sacrum Diaconatus Ordinem" vom 18.6.1967 (AAS 69[1967] 701). Hauptamtlich tätige Ständige Diakone werden bei Beginn ihres Dienstes für die Diözese Mitglieder der EmeritenA, soweit nicht eine anderweitige gleichwertige Ruhestandsversorgung nachgewiesen und anerkannt wird. Vgl. ebd. Satz 3.

[11] Vgl. ebd.37f: §3 Abs.3, §7. Die Entlassung eines Mitglieds aus der EmeritenA durch den Bischof kann nur wegen solcher Gründe erfolgen, die kirchenrechtlich den dauernden Verlust eines Anspruchs auf Leistung von Bezügen zur Folge haben, oder aufgrund einer besonderen förmlichen Vereinbarung mit der Diözese. Ein gesetzlicher Anspruch auf Alters- und Invalidenversorgung durch Leistung von Nachversicherungsbeträgen bleibt im Falle einer Beendigung der Mitgliedschaft unberührt. Mit der Leistung der Nachversicherungsbeiträge durch die Diözese sind sämtliche Ansprüche an diese und an die EmeritenA abgegolten. Vgl. ebd.38: §8.

Die Beiträge sind persönliche Abgaben der Kleriker, nicht Lasten der Pfründe[12]. Seit 1924 durften die monatlichen Beiträge zum Emeritenfonds nach staatlicher Vorgabe einstweilen nicht zu Unterstützungszwecken verwendet werden, weil der Fonds wegen der Geldentwertung mittellos war[13]. Die eingehenden Beiträge wurden demnach zeitweise admassiert, also dem Vermögen zugeschlagen. 1931 sollen die Mitgliederbeiträge der Geistlichen zum Emeritenfonds, die bisher zur Aufstockung des Fondsvermögens verwendet wurden, nunmehr an die Emeriten verausgabt und in gleichem Umfang die staatlichen Zuschüsse zum Emeritenfonds gekürzt werden[14]. Zunächst bestand an Beiträgen ein einmaliges Eintrittsgeld sowie ein fortlaufender Jahresbeitrag in der Höhe von je 2% des gesamten Jahreseinkommens und eine Beförderungsabgabe von 2% der Mehrung dieses Einkommens[15]. Die Satzung/1976 nennt Eintrittsgeld und Beförderungsabgabe nicht mehr[16]. Heute sind die Mitglieder der Emeritenanstalt nach wie vor zur Beitragsleistung verpflichtet, doch kann die Diözese nach Maßgabe des Haushalts die Beiträge an Stelle der Mitglieder leisten[17], was seit Anfang der

---

12 Sie können daher im Rahmen der Berechnung des Reineinkommens der Pfründe, das für die Ermittlung der Gehaltsaufbesserung ermittelt wird, nicht als Lasten der Pfründe abgesetzt werden. Vgl. im einzelnen unten die *§28. München und Freising sowie §30. Passau jew. lit.d.*

13 Vgl. ORD.29.10.24. In: Abl [1924] 97. [EmeritenA].

14 Dabei wird auf Art.10 §1 lit.i des Konkordats hingewiesen. Die Bezüge der Emeriten selber werden durch diese Maßnahme nicht gekürzt. Vgl. KONF.d.BAY.EPISKOPAT.9.9.31. In: Protokoll der Konf.v.8./9.9.1931. In: L. VOLK: Akten Kard. Faulhaber: 563-579, 576: Ziff.5. 1932 soll eine Eingabe an das Ministerium gerichtet und neuerdings ersucht werden, daß 3% der Mitgliederbeiträge der EmeritenA für Verwaltungskosten verwendet werden dürfen. Vgl. KONF.d.BAY.EPISKOPAT.7.9.32. In: Prot. der Konf.v.6.-7.9.1932. In: L. VOLK: Akten Kard. Faulhaber: 614-623, 623: Ziff.4.

15 Vgl. nur Abl Augsburg [1939] 61, 262, 280 sowie Abl München [1930] 24 und Abl Würzburg 77 (1931) 123. Alle zit. bei W. SCHWICKERATH: Finanzwirtschaft 274 mit Fn.700.

16 Vgl. nur BISCH.1.12.75. In: Abl Augsburg (1976) 106-112: [Satzung etc.].

17 Vgl. BISCH.18.3.76. In: Abl Regensburg [1976] 37-39, 37: [Satzung etc.] §4 Abs.1. Die Höhe der zu leistenden Beiträge wird auf Vorschlag des Verwaltungsausschusses von der Diözese festgesetzt. Vgl. ebd.39: §15.

Ruht die Mitgliedschaft oder ist sie beendet, ohne daß Versorgungsbezüge in Anspruch genommen worden sind, werden Beiträge nur zurückerstattet, wenn dies in vergleichbaren Fällen nach der RVO vorgesehen ist, oder wenn Beiträge bisher freiwillig gezahlt wurden. Vgl. ebd.37: §4 Abs.2. 1965 war in Regensburg klargestellt bzw. interpretiert worden: "Werden Geistliche vom Staat als Beamte auf Lebenszeit übernommen, endet die Mitgliedschaft, so daß vom betreffenden Tag an die Beitragspflicht entfällt. Laut Titel II, §12 der Statuten für die EmeritenA der Diözese Regensburg findet ein Rückersatz der geleisteten Pflichtbeiträge nicht statt. Auch durch - den Geistlichen unbenommene - freiwillige Zahlungen zur Förderung der EmeritenA können keinerlei Ansprüche gegenüber der Diözesanemeritenanstalt entstehen oder aufrecht erhalten werden." AGR.26.7.65. In: Abl Regensburg [1965] 93: [Mitgliedschaft bei der Diözesanemeritenanstalt].

fünfziger Jahre in den verschiedenen Diözesen in unterschiedlichem Maße geschieht[18].

b) Höhe und Modalitäten der Staatsleistungen

Als ab April 1927 die Bezüge aus staatlicher Einkommensergänzung[19] nach dem bayerischen Seelsorgereinkommensergänzungsgesetzes von 1925 von der oberhirtlichen Stelle und nicht mehr von der Staatskasse (StaatsK) direkt an die Seelsorger ausgezahlt wurden[20], hat dies nicht nur vielfach erst zur Gründung einer besonderen Finanzverwaltung (diözesane Besoldungskasse, Finanzkammer) oder zu deren Neuordnung geführt[21]. Für die Ordinariate war damit die Möglichkeit einer generellen Regelung von Gehaltsabzügen geschaffen.

Einfluß auf die kirchlichen Gehaltsregelungen hatten naturgemäß auch die allgemeinen Gehaltskürzungen auf Grund der sogenannten Notverordnungen, allen voran die 1. Notverordnung[22]. In Bayern mußten etwa auf Grund staatlicher Bestimmung die Bruttobezüge der Geistlichen (also unter Einrechnung des Stelleneinkommens!) von der Gehaltsüberweisung Februar 1931 an um 6% gekürzt werden[23].

1933 erfolgte für den Bereich des bayerischen Episkopats die Verleihung päpstlicher Privilegien für die Erhebung zweier Abgaben, als der staatliche Aufwand für die Seelsorgereinkommensergänzung vermindert wurde, so daß der Lastenanteil der katholischen Kirche an der Einkommensergänzung erhöht und seine Aufbringung neu organisiert werden mußte; nach längeren Verhandlungen kam ein Übereinkommen zwischen den zuständigen Ministerien und der katholischen Kirche in Bayern über dessen Zusammensetzung zustande[24].

---

[18] Vgl. dazu nur *unten §28. München und Freising, §29. Augsburg und §33. Eichstätt jeweils lit.a.*

[19] Diese ist von den staatlichen Dotationsleistungen zu unterscheiden, wenn sie auch zusammen zur Auszahlung gelangen. Vgl. LENZ: Sammlung [1935] 171-181: Nr.83 lit.a Ziff.II. Abs.1.

[20] Vgl. Art.12 Abs.IV SEEG i.d.F. vom 7.4.1925. In Bezug genommen in: ORD.15.1.27, In: Abl Passau [1927] 2. Abgedr. in: LENZ: Sammlung [1935] 201-207. Vgl. auch ORD.13.1.27. In: Abl München [1927] 4f: Nr.6. Zur weiteren Entwicklung von Einkommensergänzung und diesbezüglichen Staatsleistungen vgl. *oben §1. Wandel etc. Fn.3.*

[21] Vgl. W. SCHWICKERATH: Finanzwirtschaft 163.

[22] Vgl. VO des Reichspräsidenten zur Sicherung von Wirtschaft und Finanzen v.1.12.1930. In: RGBl I517.

[23] Vgl. ORD.DIR.16.1.31. In: Abl München [1931] 7: Nr.11 Ziff.1. Dort wird auch die staatliche Bestimmung mitgeteilt, nämlich §8 der VO des GESAMTSTAATSMIN.BAYERN über die Gehaltskürzung v.31.12.1930.

[24] Vgl. EB.v.BAMBERG.23.9.33. In: Abl Passau [1933] 115 (26.10.33), abgedr. in: Sammlung Passau [1935] 203-205: Nr.94 lit.b Abs.1f. Vgl. zur Abminderung des Staatsaufwands für die Einkommensergänzung sowie zur kirchlichen Abgabe insgesamt auch ORD.

Unter anderem sollte eine kirchliche Abgabe vom Einkommen sämtlicher Geistlichen, gleich in welcher Stellung und welchem Dienstverhältnis, in Höhe von 5% aus dem von ihnen bezogenen Berufseinkommen eingeführt werden[25]. Die Freisinger Bischofskonferenz vom August 1933 (FreisBischKonf/August 1933)[26] stimmte dem gesamten Übereinkommen zu und beschloß zur Einführung der genannten Abgabe,

> "auf Grund des den Bayerischen Ordinarien unter dem 12. Juli erteilten Päpstlichen Privilegs allen Geistlichen ihrer Diözesen, gleichviel in welcher Stellung und in welchem Dienstverhältnis sie sich befinden, mit einziger Ausnahme der Emeriten, eine Abgabe von 5% aus dem von ihnen bezogenen Berufseinkommen, und zwar vom 1. April 1933 an gerechnet, aufzuerlegen und zu bestimmen, daß zur nachträglichen Erhebung dieser Abgabe für die Monate April mit Juli in den Monaten August 1933 bis März inkl. je 7% vom Einkommen zu erheben sind." [27]

Die Abgabe der Seelsorgegeistlichen war von den bischöflichen Finanzämtern bei Zahlung der Einkommensergänzung einzubehalten; den Geistlichen, die in einem staatlichen Beamtenverhältnis standen und ihre Bezüge aus der StaatsK erhielten, war sie vom Staat bei Auszahlung der Bezüge abzuziehen; von den übrigen Geistlichen, die ihr Einkommen von Städten, Stiftungen oder auf Grund einer anderweitigen Anstellung beziehen, wurde die Abgabe durch die Ordinariate erhoben[28].

Wohl auch durch päpstliches Privileg ermöglicht war die - im gleichen Beschluß enthaltene - Einführung eines Grundbeitrages der Ortskirchengemeinden von 132 Mk. für jeden Seelsorgegeistlichen, der aus der Kirchenkasse direkt an den betreffenden Seelsorger auszuzahlen war, und dessen Betrag bei der Auszahlung der Gehaltsergänzung durch die Ordinariate abgezogen wurde; zur leichteren Aufbringung dieses Grundbeitrages wurde den Ortskirchengemeinden das Recht zur Erhebung des sogenannten Kirchgeldes verliehen[29].

DIR.13.10.33. In: Abl München [1933] 223f: Nr.124. Vgl. weiter ORD.DIR.27.11.33. In: Abl München [1933] 256: Nr.153.

25 Vgl. ebd. Abs.2 Ziff.4.

26 Der Beschluß vom 30.8.33 wurde unter dem 23.9.1933 auftrags und namens der Bayerischen Ordinarien vom EB von Bamberg bekannt gemacht und dadurch in Kraft gesetzt. Vgl. ebd. a.E.

27 Vgl. ebd. Abs.3. Die Bekanntmachung des EB.v.Bamberg enthält den Wortlaut des Privilegs nicht. Vgl. die ebengenannten Fundorte für Passau sowie für München und Freising.

28 Vgl. ebd. Abs.5.

29 Vgl. ebd. Abs.6. Auf ähnliche Weise ist in Preußen der sog. Kirchensteuerpflichtbeitrag der Kirchengemeinden zur Ergänzung des Pfründeeinkommens zustandegekommen, doch wurde im Zusammenhang damit kein Hinweis auf Apostolische Vollmachten ermittelt. Vgl. W. SCHWICKERATH: Finanzwirtschaft 153.

II. Diözesanrecht

§28. Erzdiözese München und Freising

a) Beitrag zur Emeritenanstalt

Ab 1921 wird der 2%ige "Pflichtbeitrag" zur Emeritenanstalt vom tatsächlichen Berufseinkommen, nicht mehr wie bisher vom fassionsmäßigen berechnet, um die Leistungsfähigkeit der Anstalt zu steigern[30]. Ab 1930 wurde bei jeder Gehaltsmehrung eine Beförderungsabgabe in Höhe von 2% der Mehrung der gesamten Jahreseinkünfte erhoben[31]. 1972 bestand Anlaß, auf den Anspruch der in der Erzdiözese inkardinierten[32] Geistlichen auf Altersversorgung gegenüber der Emeritenanstalt und die Pflicht der aktiven Mitglieder der Anstalt zur Leistung des Beitrags in Höhe von 2% des gesamten Jahreseinkommens sowie darauf hinzuweisen[33], daß ein Versorgungsanspruch nur gewährleistet bleibt, wenn die Beiträge jährlich regelmäßig entrichtet werden[34]. Der Beitrag ist unaufgefordert an die Erzbischöfliche Finanzkammer (EFK) zu entrichten, wird aber für die Seelsorgegeistlichen, die ihre Bezüge durch die EFK erhalten, entsprechend verrechnet[35].

b) Diasporabeitrag

Seit 1923, auch 1926 noch, war der Diasporapriesterverein Treuhänder der AusgleichK und wurde durch behördlichen Aufruf unterstützt[36]. Im Anschluß an die Freisinger Bischofskonferenz von 1926 (FreisBischKonf/1926) hat die Dekanskonferenz vom November 1926[37] beschlossen:

"Nunmehr spricht sich im Einvernehmen mit Sr. Eminenz die Dekanskonferenz dafür aus, daß vom Hilfspriester 10.- Mk, vom Pfarrer 20.- Mk., vom

---

30 So auf Wunsch der Mitgliederversammlung des DiözPriesterV ORD.DIR.7.8.20. In: Abl [1920] 144f, 144: [Ermittlung des tatsächlichen Einkommens etc.] Ziff.II.

31 So unter Hinw. auf §6 Abs.I lit.b Satzung die Verw der Eb EmeritenA.30.1.30. In: Abl [1930] 24: Nr.28.

32 1973 wird ein Kirchengesetz für die Altersversorgung bestimmter Geistlicher im Dienst der ED erlassen, das v.a. nicht in die ED inkardinierte Geistliche ohne oder ohne ausreichende Altersversorgung gegenüber einem anderen Träger erfaßt. Dort sind keinerlei Beitragsfragen geregelt. Vgl. EB.1.12.73. In: Abl [1973] 529/531: Nr.281.

33 Vgl. AGR. In: Abl [1972] 421: Nr.275 Abs.1f.

34 Vgl. ebd. Abs.6.

35 Vgl. ebd. Abs.3f. DiözGeistliche, die nicht verbeamtet sind und ihre Bezüge nicht von der EFK ausbezahlt erhalten, haben ihren Beitrag (2% des Gehaltes) unaufgefordert an die EFK zu überweisen. Vgl. ebd. Abs.5.

36 Vgl. A. KÖTTER: DiaspPriesterausgleichsK 14. Zum behördlichen Aufruf vgl. Abl [1925] Nr.15. Zit. in: Jahresber.1926. In: PJH [1927] 53-68, 63.

37 Sie wird als "eine Art Zwischensynode" zwischen der DiözSyn [1920] und der DiözSyn [1930] bezeichnet. Vgl. DIÖZ.SYN. [1930] 5f.

Domkapitular 30.- Mk und den übrigen nach Selbsteinschätzung ein Jahresbeitrag für die Diaspora zu Händen des St. Bonifatiusvereins geleistet werde. Der Jahresbeitrag wird auf Wunsch der Dekanskonferenz in zwei Raten vom Gehalt abgezogen."[38]

Der Gehaltsabzug ist - auch zeitlich - im Zusammenhang mit der Änderung im Verwaltungsablauf bei der staatlichen Einkommensergänzung zu sehen[39]. Mit diesem Vorgehen ist der Diasporapriesterverein nicht mehr Treuhänder, und das Ordinariat behandelt die Beiträge de facto wie die zum Seminar und zum Ruhegehalt, die Diaspora wie eine Diözesanangelegenheit[40]. Doch geht auch aus der diözesanen Rechtslage[41] die Freiwilligkeit hervor, wenn die Geistlichen, denen der Beitrag nicht abgezogen wurde, "ersucht (werden) in Bälde eine Spende einzusenden, falls sie pro 1927 noch nicht dazu gekommen sind"[42].

1968 erhöht die Erzdiözese als erste die Beiträge und wechselt zur prozentualen Abgabe, die 1973 und wohl auch noch heute 1% beträgt[43]. Die Diasporaabgabe wird jedoch nicht unter den Pflichtbeiträgen aufgeführt, sondern bleibt der Disposition der Geistlichen anheimgestellt[44].

c) "Caritative Notstandshilfe", Werk der Martha-Hilfe, Verenahilfswerk

Im Zusammenhang mit dem zur Behebung der wirtschaftlichen Notlage ins Leben gerufenen Verein der Pfarrhausangestellten heißt es 1925:

> "Wir möchten den hochwürdigen Diözesanklerus dringend ermahnen, dem Diözesanverein für Pfarrhausangestellte als recht tatkräftige Ehrenmitglieder vollzählig beizutreten, auch jene Priester, die noch keinen Haushalt führen. Wir betrachten den vollzähligen Beitritt als eine Pflicht der Gerechtigkeit und der Liebe."[45]

Weiter wird auf zwei Unternehmungen hingewiesen, nämlich auf eine zur genügenden Versicherung geschaffene Fürsorgekasse sowie auf die geplante Bildung einer karitativen Notstandshilfe seitens der Geistlichen durch "Abgabe" 1% ihres

---

38 DEKANSKONF.18.11.26. In: Abl [1926] Beilage zum Abl Nr.16, 2-8, 8: [Protokoll] Ziff.III.

39 Siehe dazu gleich.

40 So die Wertung des Jahresber.1926. In: Ebd.64.

41 Zur Sicht der FreisBischKonf vgl. *§3. Bonifatiusverein etc. bei Fnn.70-75.*

42 ORD.30.12.27. In: Abl [1927] 173: Nr.169.

43 Vgl. A. KÖTTER: DiaspPriesterausgleichsK 10 und 15f.

44 "Bei den Gehaltsabrechnungen, die durch die EFK erstellt werden, bleiben bei den Geistlichen, die diesen Beitrag vom Gehalt *einbehalten lassen*, bei der Berechnung der Lohn- und Kirchensteuer außer Ansatz." AGR. In: Abl [1970] 257: Nr.161 Abs.1 Satz 2 [Hervorhebung nicht im Original]. Darauf wird auch später verwiesen. Vgl. etwa Abl [1971] 436: Nr.310.

45 ORD.27.2.25. In: Abl [1925] 35f, 35: [Verein der Pfarrhausangestellten] Abs.3.

Einkommens, um in besonderen Notfällen zu helfen und mittellosen ehemaligen Pfarrhaushälterinnen die Nachzahlung zur Versicherungskasse zu ermöglichen[46]:

> "Wieweit der Klerus sich an diesen beiden Unternehmungen beteiligen will, müssen wir in Anbetracht der erforderlichen, ziemlich hohen Belastungen ihm selbst überlassen."[47]

1954 ruft der Priesterverein der Erzdiözese den Klerus zum Beitritt zu einem freiwilligen Hilfswerk (HilfsW) (Werk der Martha-Hilfe) für ehemalige Haushälterinnen auf, die durch den Tod ihres Geistlichen oder durch vorzeitige Invalidität stellenlos geworden, durch die Währungsreform um ihre kleinen Ersparnisse gebracht, jetzt auf eine Rente angewiesen seien, die kaum das Existenzminimum bietet[48]. Ab 1955 gewährt die Erzdiözese dann auf karitativer Grundlage eine finanzielle Beihilfe in Form einer Ergänzung der Sozialversicherungsrenten. Die Mittel werden laut dieser Verordnung von 1955 aus dem Haushalt der Erzdiözese zur Verfügung gestellt; von Beiträgen der Priester ist noch nicht die Rede[49]. Unter der Überschrift "Rechtsgrundlage" heißt es, daß die gesamte zusätzliche Versorgung auf Grund ihres sozialen und karitativen Charakters eine freiwillige Leistung ohne Anerkennung einer Rechtsverbindlichkeit ist und auf die zuvor näher bezeichneten Versorgungsleistungen daher kein klagbarer oder sonstiger Rechtsanspruch besteht[50].

Mit Wirkung ab 1963 errichtet der Priesterverein im Einvernehmen mit dem Ordinariat das VerenahilfsW für die Zusatzversorgung der Haushälterinnen von Geistlichen, die im Dienst der Erzdiözese stehen, mit dem Zweck der Gewährung einer Ergänzungsbeihilfe zur Sozialrente staatlichen Rechts, mithin der Sicherung eines sorgenfreien Alters[51]. Die Aufbringung der Mittel erfolgt nach der Satzung/1963 aus zwei Quellen: Für alle von der Diözese besoldeten und für die im Verwaltungsdienst der Diözese tätigen Priester wird der Beitrag durch einen Zuschuß aus Diözesanmitteln jährlich abgegolten; die übrigen Diözesanpriester können sich am HilfsW *freiwillig* beteiligen, was ihnen dringend nahegelegt wird; jedenfalls hört die Beitragspflicht mit der Ruhestandsversetzung auf[52]. Soweit sich diese Priester nicht beteiligen, werden sie *verpflichtet*, dies den Haushälterinnen mitzuteilen und sie davon zu unterrichten, daß sie nicht in den Genuß der

---

[46] Vgl. ebd. 36: Abs.5f.

[47] Ebd. Abs.6 Satz 2.

[48] Vgl. Abl [1954] 88: Nr.85 Abs.1f.

[49] Vgl. AGR.26.8.55. In: Abl [1955] Beilage [zu Abl] Nr.10. Abgedr. in: AfkKR 127 (1955) 134f.: Ziffn.1f. Im Bezug auf das Fehlen solcher Beiträge ist die zeitliche Nähe zur 1953 erfolgten Übernahme der DiözAbgaben der Seelsorgegeistlichen durch die DiözesanK wegen gestiegender Lebenshaltungskosten auffällig. Siehe *unten Fn.53*.

[50] Vgl. AGR.26.8.55. In: Ebd. Ziff.8.

[51] Vgl. PriesterV.22.10.62. In: Abl [1963] 283-286. Mit der Genehmigung der Satzung wurde vom Ord. die VO/1955 aufgehoben. Vgl. ebd. 286: §10 Satz 2.

[52] Vgl. ebd. 284f: §5 litt.a-b. Soweit sie sich beteiligen, leisten sie monatliche Beiträge gestaffelt nach Besoldungsdienstjahren. Vgl. ebd.

Zusatzrente aus dem VerenahilfsW gelangen können[53]. 1970 hat die Erzdiözese dann auf Antrag dieser "Selbstzahler" deren Beitragsverpflichtung in Anerkennung der seelsorglichen Mithilfe in den Pfarreien aufgehoben. Auch nach der Satzung/1963 besteht kein klagbarer Rechtsanspruch auf Leistungen, doch ist Beschwerde an das Ordinariat zulässig[54]. 1974 übernimmt die Erzdiözese das bis dahin vom Priesterverein getragene VerenahilfsW[55], und die Ordnung/1974 löst die Satzung/1972 ab. Die Mittel werden weiter allein durch die Erzdiözese aufgebracht[56]. Das HilfsW gewährt freiwillige Leistungen[57]. Darüber hinaus findet sich noch keine besondere Vorschrift über den Ausschluß eines Rechtsanspruchs. Die Ordnung/1980 normiert dann den Ausschluß ausdrücklich[58].

d) Regelungen, die alle "Pflichtbeiträge" betreffen

Bei Gehaltsüberweisungen kamen eine Reihe von Gebühren und Beiträgen in Abzug (Beitrag und Vorrückungsgebühr zum Emeritenfonds, Seminaristikum, Diasporapriesterhilfe, heilige Öle, Amtsblatt, Pfarramtsblatt), die über die verschiedenen Monate verteilt wurden[59]. Als ab April 1927 die Bezüge aus staatli-

---

53 Vgl. dazu und zur Freiwilligkeit der Beteiligung Abl [1962] 274f, 274: Nr.133 Abs.4.

54 Vgl. PriesterV.22.10.62. In: Abl [1963] 283-286, 286: §8.

55 Vgl. zur Satzung/1972 Abl [1972] 62: Nr.31, wonach dem Abl für alle Priester der Diözese je ein Exemplar für den Seelsorger und eines für die Pfarrhaushälterin beiliegt.

56 Vgl. GV. In: Abl [1974] 58-61, 59: Nr.27 §4. Die Übernahme und die Zusatzversorgung hängt zusammen mit der Absicherung der Haushälterinnen durch einen öffentlichen Tarif und der Anerkennung der Diözesen als Quasi-Arbeitgeber im Sinne der Regeln der Bayerischen Versicherungskammer. Vgl. dazu B. WALDHERR: Priesterverein. In: Klerusblatt 75 (1995) 135-138, v.a. 136-138.

57 Vgl. GV. In: Abl [1974] 58-61, 58: Nr. 27 §1 Abs.2.

58 "Die Pfarrhaushälterinnen haben keinen Rechtsanspruch auf Leistungen durch die Erzdiözese. Auch durch wiederholte bzw. regelmäßige Zahlungen des Verena-Hilfswerkes wird kein Rechtsanspruch gegen die Erzdiözese begründet. Alle Zahlungen der Erzdiözese erfolgen freiwillig mit der Möglichkeit des jederzeitigen Widerrufs. Jede Leistungsempfängerin hat eine schriftliche Erklärung darüber abzugeben, daß ihr bekannt ist, daß die Leistungen des Hilfswerkes bzw. der Erzdiözese freiwillig sind. Die Erklärung hat sich auch darauf zu erstrecken, daß die Leistungsempfängerinnen mit dem Ausschluß jeden Rechtsanspruchs und der Möglichkeit des Erwerbs von Rechtsansprüchen durch wiederholte oder regelmäßige Zahlungen einverstanden sind." Siehe EFK. In: Abl [1980] 110-115, 114: Nr.70 §11.

59 Monatlich: Beitrag zum EmeritenF, Gehaltssteuer. Januar: Abl, RM. 7,-. März: Hl. Öle RM. 1.- bis RM. 5.- je nach Seelenzahl. April: Halbprozentiges Seminaristikum für 1. Hj. 1946. Mai: RM. 6,- Regie für 1946. Juni: DiaspPriesterhilfe für 1946. Oktober: Halbprozent. Seminaristikum für 2. Hj. 1946. Bei Gehaltsvorrückungen und Beförderungen werden 2% des Mehrgehaltes als Vorrückungsgebühr zum EmeritenF laut Satzung berechnet. Vgl. AGR. für 1946 in: Abl [1945] 61: Nr.5. Für 1947 (Abl [1946] 144: Nr.128), 1948 (Abl [1947] 149: Nr.133) und 1949 (Abl [1948] 176: Nr.135) kommt bei im übrigen -auch in DM- gleichbleibenden Abzügen zum monatlichen Abzug die Kirchensteuer sowie 1950 (Abl [1949] 202: Nr.131 Abs.1), 1951 (Abl [1950] 306: Nr.157 Abs.1) und 1952 (Abl [1951] 310: Nr.174 Abs.1) und 1953 (Abl [1953]18: Nr.16) zum monatlichen Abzug das Notopfer Berlin und im

cher Einkommensergänzung von der oberhirtlichen Stelle auszuzahlen waren, bestimmte das Ordinariat eine generelle Regelung des Gehaltsabzugs[60]:

"Im Interesse der Geschäftsvereinfachung gedenken wir die von den Seelsorgepriestern jährlich zu leistenden Zahlungen bei der Zuweisung der Gehälter in Abzug zu bringen, und zwar..."[61] "Sollten einzelne Seelsorgepriester gegen diese beabsichtigten Abzüge besondere, begründete Bedenken haben, so wollen sie dieselben umgehend der oberhirtlichen Stelle gegenüber zum Ausdruck bringen."[62]

Aus Rücksicht auf die gestiegenen Lebenshaltungskosten werden ab April 1953 die bisher von den Gehaltsbezügen der Seelsorgegeistlichen einbehaltenen Beiträge zur Emeritenanstalt, für Seminaristikum, Diasporapriesterhilfe u.a. nicht mehr erhoben und auf die Diözesankasse übernommen[63]. Besoldungsordnungen (BesoldungsO)/1956[64] und /1961[65] enthalten keine Normen über Gehaltsabzüge bzw. Diözesanabgaben. Die BesoldungsO[66]/1975[67], 1978[68], 1982[69] enthält den

---

Februar ein Abzug für das Pfarramtsblatt (DM. 8.-) hinzu, wobei ab 1951 bei der DiaspPriesterhilfe der Betrag (Pfarrer 20 DM, Hilfspriester 10 DM) angegeben wird.

Bis 1953 wird das 1/2%ige Seminaristikum halbjährlich erhoben. Später gibt es nur die Sammlung für die DiözSeminarien, die herkömmlich für den Korbinians-Sonntag (z.B. 20.11.1955), festgesetzt wird. Vgl. AGR. In: Abl [1955] 161: Nr.132. Für die DiözSeminarien findet jährlich eine Sammlung des St.-Korbinians-Vereins statt, die gut vorbereitet und den Gläubigen wärmstens empfohlen werden soll. Vgl. nur AGR. In: Abl [1961]248: Nr.110 und Abl [1962] 237: Nr.121.

60 Vgl. ORD.13.1.27. In: Abl [1927] 4f: Nr.6.

61 Ebd. Abs.2. Genannt wurde noch nicht der DiaspBeitrag, sondern 1. die treffende Steuer monatlich, 2. Beiträge zum EmeritenF monatlich, 3. Seminaristikum 0,5% halbj., 4. LandesKirchSt aus der Gehaltsaufzahlung und die in der Einkommensabrechnung verrechnete VerwGebühr ..., 5. Kosten für Amtsblatt ganzjährig ab 1928, 6. Verpflegsatz für die Hilfspriester, der beim Hilfspriester monatlich abgezogen und zum Gehalt des Pfarrers hinzugerechnet wird. Vgl. ebd. Genannt wird der DiaspBeitrag jedenfalls 1929, von da ab als Abzug vom Juni-Gehalt. Vgl. ORD.18.1.29. In: Abl [1929] 8: [Gehaltsabzüge] Ziff.6.

62 Ebd. Abs.3.

63 Vgl. AGR.27.3.53. In: Abl [1953] 82: Nr.49 Abs.1. Dementsprechend werden sie 1954 bei den Gehaltsabzügen nicht mehr genannt.vgl. AGR. In: Abl [1954] 12: Nr.24.

64 Vgl. AGR. In: Abl [1956] 127-129: Nr.95 Abs.1.

65 Vgl. AGR. In: Abl [1960] 208f: Nr.151.

66 Es wurde wohl nicht jede Fassung der BesoldungsO im Abl publiziert, 1969/70 etwa dem Abl nur für jene Priester beigelegt, die Gehalt oder Versorgungsbezüge von der EFK beziehen. Vgl. AGR. In: Abl [1969] 351: Nr.245 und Abl [1970] 104f, 105: Nr.78 Abs.2. Für Geistliche, die nicht durch die EFK besoldet werden, aber Bezüge im Anhalt an diese BesoldungsO erhalten, können die Dienststellen die jetzt gültige BesoldungsO anfordern. Vgl. ebd. Abs.2.

67 Vgl. EFK. In: Abl [1975] 237-241, 241: Nr.111 Ziff.11.

68 Vgl. EFK. In: Abl [1978] 284-289: Nr.148.

69 Vgl. EFK. In: Abl [1981] 376-282: Nr.228.

Satz: "Pflichtbeiträge für a) Emeritenanstalt b) Seminaristicum c) Hilfswerk für die Haushälterinnen werden vorerst nicht erhoben." Nicht unter den Pflichtbeiträgen aufgeführt bleibt die Diasporaabgabe. Eine Änderung der BesoldungsO in puncto "Pflichtbeiträge" nach Inkrafttreten des CIC/1983 ist im Amtsblatt nicht festzustellen.

Die Fassion enthielt bis 1953 die Rubrik "Lasten für Diözesanzwecke". Während Abgaben zur Emeritenanstalt hier noch nie abzugsfähig waren, konnten das Seminaristikum[70] sowie die aus dem Jahr 1925 stammenden[71] Regiebeiträge für die Verwaltung in der genannten Rubrik eingeschrieben werden, wurden aber nun von der EFK für alle Seelsorgepriester übernommen[72], so daß die Rubrik verschwand[73].

Das anhand der Fassionen festgestellte Stelleneinkommen der Pfründeinhaber unterlag, ob unzureichend oder nicht, teilweise größeren Schwankungen. Einige Pfründen mit hinreichendem Stelleneinkommen bestanden auch im 20. Jahrhundert. So waren 1961 in der Erzdiözese 21 Inhaber pfarrlicher Benefizien in der Lage, ihre congrua sustentatio aus den Pfründeerträgnissen zu bestreiten[74]. Ab April 1957 wird nach der Neuregelung der Gehaltszahlung durch die Zusammenfassung der Pfründeeinnahmen in die BesoldungsK erreicht, daß jedem Seelsorgegeistlichen sein volles Gehalt monatlich durch die EFK ausbezahlt werden kann; vorausgegangen war ein entsprechender Beschluß der Dekanskonferenz vom 13.11.1956 und die Zustimmung der Pfründeinhaber[75]. Die Regelung gilt für alle Seelsorgestellen mit eigenem Stelleneinkommen, ausgenommen u.a. Pfründeinhaber mit einem Stelleneinkommen, das das zustehende Gehalt übersteigt[76].

---

[70] Fraglich ist, ob hier das 1919 vereinheitlichte "Seminaristikum seu Alumnatikum" gemeint ist oder die 1922 eingeführte außerordentliche Hilfeleistung durch ein "Seminaristikum gemäß can.1355 §2". Vgl. zur Unterscheidung auch *§23. Passau Fnn.186f.*

1919 führten die Teuerungsverhältnisse und große Unterschiede (etwa im alten Salzburger Teil teilweise Seminaristika bis zu 200 fl.) zu ORD.DIR.7.7.19. In: Abl [1919] 89: [Seminaristika seu Alumnatika]. "Es entspricht der Billigkeit, daß Pfründen und Stiftungen in dem ganzen Erzbistume gleichgehalten werden." Ebd.

Ab 1922 war ein Seminaristikum nach can.1355 §2 CIC/17 in Höhe von 1,5% allen Priestern mit wenigstens dem durch die staatliche Einkommensergänzung festgelegten Einkommen pflichtmäßig auferlegt worden. Vgl. ORD.DIR.19.12.22. In: Abl [1922] 191f, 192: [Außerordentliche Hilfeleistung etc.] Ziff.5. Die DekansKonf/Nov.1926 beschließt die Beibehaltung. DEKANSKONF.18.11.26. In: Abl [1926] Beilage zum Abl Nr.16, 2-8, 2f: [Protokoll] Ziff.I Abs.2.

[71] Vgl. Abl [1925] 57: Nr.39.

[72] Vgl. AGR.27.3.53. In: Abl [1953] 82: Nr.49.

[73] Vgl. AGR. In: Abl [1954] 56-59, 57: Nr.63 Ziff.I Abs.3.

[74] Vgl. R. STRIGL: Rechtspersonalität im Ämterrecht. In: AfkKR 131 (1962) 3-14, 8 Fn.19.

[75] Vgl. AGR.22.3.57. In: Abl [1957] 62-64, 62: Nr.40 vor Abschn.A Abs.1.

[76] Vgl. ebd. Abs.3 Ziff.1. Zu letzteren siehe *unten lit.e) a.Anf.*

Die Möglichkeit des Gehaltsabzugs ist gegeben, weil die Dotationen des Staates wie bisher von der Staatskasse an die EFK gehen[77]. Außerdem ist Kapitalvermögen an die Liga Regensburg[78] zu übertragen und Pacht- und Erbbauzinsen von der Pachteinhebestelle bei der Liga einzuheben; alle Zinsen werden an die EFK weitergeleitet[79].

e) Abschöpfung von Mehreinnahmen aus den Pfründen

Hinsichtlich der ebengenannten[80] 21 Benefizien gewährte die SCConc 1957 die *facultas* zur teilweisen Abschöpfung der Mehrerträge:

"N.22862/A

SACRA CONGREGATIO CONCILII

Beatissime Pater,

Archiepiscopus Monacensis, ad pedes Sanctitatis Vestrae provolutus, exponit ea quae sequuntur:

In Archidioecesi 677 beneficia paroecialia exstant, quorum 656 sufficienti dote non gaudent. Quam ob rem omnes fere parochi ab Ordinario, ex tributo lege civili fidelibus ad subveniendas ecclesiasticas necessitates imposito, quocumque mense stipendium accipiunt, quod continetur, juxta ordinem promotionis ad sacerdotium, inter 488 et 672 D.M. A qua pecuniae summa abstrahuntur reditus provenientes ex fructibus beneficii. Tali modo omnes et singuli parochi eiusdem ordinis promotionis ad sacerdotium eodem stipendio fruuntur.

Sed 21 beneficia paroecialia silvis aliisque fundis tam frugiferis dotata sunt ut eorum fructus stipendium supradictum, pro parochis statutum, longe excedant.

Cum eiusmodi superabundantibus fructibus graviora onera in cura animarum exercenda ac in administrando beneficio minime respondeant, justitiae congruere non videtur nonnullos parochos eiusdem ordinis plus percipere quam alios.

Quibus causis commotus, Archiepiscopus Monacensis a Sanctitate Vestra humiliter postulat ut parochi, quorum beneficia supercongruentes fructus pro-

---

77 Vgl. ebd. Abschn.A Ziff.1.

78 Hierbei handelt es sich um die - so der Name seit 1937 - "LIGA Spar- und Kreditgenossenschaft eGmbH Regensburg", die zunächst "Verband katholischer Ökonomiepfarrer" (1917), dann "Wirtschaftlicher Verband der katholischen Geistlichen Bayerns eGmbH, Regensburg" (1919), später mit dem Zusatz "LIGA" (1924), der auch allgemein als Kürzel verwendet wird. Vgl. zur Geschichte M. WAGNER-BRAUN; A. HIERHAMMER: Vom "Verband katholischer Ökonomiepfarrer" zur größten Genossenschaftsband Bayerns. Vgl. den Überblick bei H. SCHMITZ: Diözesanklerus 45 mit Fn.155.

79 Vgl. AGR.22.3.57. In: Abl [1957] 62-64, 63: Nr.40 Abschn.A: Ziffn.3 und 5.

80 Vgl. R. STRIGL: Rechtspersonalität im Ämterrecht. In: AfkKR 131 (1962) 3-14, 8 Fn.19.

ducunt, obligatione teneantur cedendi Ordinario saltem tres quartas partes fructuum, qui commune pro parochis stipendium exsuperant, ut suppleantur pecuniae summae quae aliis parochis solvuntur et augeantur opera pro cura animarum rite exercenda, quae imprimis in suburbio civitatis Monacensis instantissime desiderantur.

SACRA CONGREGATIO CONCILII, attentis expositis ab Eminentissimo Cardinali Archiepiscopo Monacensi, Eidem facultatem benigne tribuit parochis memoratis obligationem imponendi juxta preces, ad triennium, dummodo accedat consensus Capituli metropolitani et Consilii dioecesani administrationis, servatis de cetero servandis.

Datum Romae, die 4 Maji 1957

gez. P.Card.Ciriaci, Praef."[81]

1986 erfolgte dann mit dem PfrWG ein Schritt, der die Umsetzung des c.1272 CIC/1983 beabsichtigte[82]. Weder die Freisinger noch die Bayerische Bischofskonferenz[83] sind als Bischofskonferenzen im Sinne des c.447 CIC/1983 konstituiert[84]. Das PfrWG ist daher nicht als Recht der Bischofskonferenz, sondern als gemeinsames bayerisches Diözesanrecht zu qualifizieren, das auch jeweils als Diözesangesetz auf Vorschlag der bayerischen Bischöfe promulgiert wurde[85].

Das Gesetz, das Amt und Pfründe trennt, beläßt das Recht zum Gebrauch der Pfründe beim Inhaber[86], doch werden die Mehrerträge im Ergebnis völlig abgeschöpft[87].

"Die Besoldung der im Dienst der Erzdiözese stehenden Geistlichen erfolgt unabhängig von der Höhe der Pfründeeinnahmen einheitlich nach der Besol-

---

81 SCCONC.4.5.57. Das Reskript wurde 1960 nochmals um drei Jahre verlängert. Zu den rechtlichen Gründen für die Erforderlichkeit dieser Vollmacht siehe *§9. Paderborn Fn.159/62*.

82 Vgl. EB.20.6.86. In: Abl [1986] 292-296: Nr.173. Abgedr. auch in: F. FAHR; H. WEBER u.a.: Ordnung 137/140. Vgl. dazu allgemein H. SCHMITZ: Benefizialrecht und U. KAISER: Neuordnung des Pfründewesens in Bayern.

83 Falls man, wie es in der Praxis manchmal geschieht, die bayerischen Diözesen (ohne Speyer) mit einem Begriff zusammenfassen will, könnte man von BayBischKonf sprechen.

84 Vgl. H. SCHMITZ; F. KALDE: Deutschsprachige Bischofskonferenzen 9 mit Fn.8.

85 Vgl. H. SCHMITZ: Benefizialrecht 455f. Vgl. weiter H. SCHMITZ; F. KALDE: Deutschsprachige Bischofskonferenzen 116; DIESS.: Partikularnormen [1996] 183. Ebenso im Ergebnis U. KAISER: Neuordnung des Pfründewesens in Bayern 613. Vgl. allerdings den Befund in Bamberg und Würzburg. Siehe *unten §§.32 und 34 jeweils lit.e.*

86 Vgl. EB.20.6.86. In: Abl [1986] 292-296, 293f: Nr.173 §5 Abs.1 Satz 2 und Abs.2. Abgedr. auch in: F. FAHR; H. WEBER u.a.: Ordnung 137/140.

87 Zu diesen Regelungen und ihrer Einbettung in die gesamtkirchlichen Normen (Artt.20 und 21 Abs.1 PO, cc.281, 1272 und 1274 §1 CIC/1983 sowie can.1480 CIC/1917 siehe U. KAISER: Neuordnung des Pfründewesens in Bayern 617-619. Dort wird auch auf die seit Jahrzehnten bewährte Praxis der Zusammenfassung der Pfründeeinnahmen in die BesoldungsK erwähnt, auf die Frage der Mehrertragsabschöpfung aber nicht gesondert eingegangen (618f).

dungsordnung der Erzdiözese."[88] "Pfründeinhaber, die sich der zentralen Pfründeverwaltung durch die Erzdiözese nicht angeschlossen haben, sind verpflichtet, den gesamten Ertrag der Pfründe an die Erzdiözese abzuführen, die dafür ihre Besoldung nach der Besoldungsordnung übernimmt. Als Entgelt für die Verwaltung der Pfründe wird ein in jedem Einzelfall zu bestimmender Betrag dem Pfründeinhaber erstattet."[89]
Die auf der Herbstkonferenz der bayerischen (Erz-) Bischöfe vom 8.11.1984 vorgeschlagene Regelung ist vom Apostolischen Stuhl gebilligt mit Schreiben der SCCler am 8. Januar 1986[90].

§29. Diözese Augsburg

Von den zur Freisinger Bischofskonferenz (FreisBischKonf) gehörigen Suffraganbistümern läßt sich die Entwicklung am besten in dieser Diözese nachzeichnen[91].

a) Beitrag zur Emeritenanstalt

Seit 1940/41 sind auf Vorschlag der Bischöflichen Finanzkammer (BFK) die Arbeits- und Rechtsbeziehungen zwischen der Emeritenanstalt und der Besoldungskasse (BesoldungsK) neu geregelt[92]. Die BesoldungsK sorgt für Einbehalt bzw. Einziehung der laufenden Beiträge von den Seelsorgegeistlichen, deren Ge-

---

[88] EB.20.6.86. In: Abl [1986] 292-296, 294: Nr.173 §6 Abs.1.

[89] Ebd.295: §8 Abs.3.

[90] SCCLER.8.1.86 (Nr.177189/I). In: Ebd. 296: §12 Abs.1. Die Billigung scheint an alle bayerischen Ordinarien ergangen zu sein, ähnlich wie die Regelung von 1933. Siehe oben *§27. Regelungen, die alle Diözesen etc. bei Fnn.24/7.* Hier liegt allerdings keine Regelung vor, die alle Diözesen betrifft, sondern je eigene Regelungen der einzelnen Diözesen.

[91] Das liegt an der redaktionellen Gestaltung des Amtsblattes, das durch besondere Ausführlichkeit unter den bayerischen Amtsblättern hervorragt.

Zu dem seit 1933 in Bayern bestehenden sog. Grundbeitrag der Kirchengemeinde siehe oben *§27. Höhe etc. der Staatsleistungen bei Fn.29.* In Augsburg wurde seit 1942 bei der Bemessung dieses Beitrags die allgemeine Finanzlage der Diözese wie die besondere Leistungsfähigkeit vermögender Kirchenstiftungen und Kirchengemeinden durch die Möglichkeit der besonderen Festsetzung eines erhöhten Grundbeitrags durch die kirchliche Oberbehörde Rechnung getragen. Vgl. GV.22.9.41. In: Abl [1941]263f, 264: Nr.7 Ziff.III Abs.1. Im Zuge der Besoldungsumstellung ab 1965 (siehe unten *lit.d*) sollte der allgemeine Grundbeitrag als eigener Besoldungsbestandteil in Wegfall kommen, da sich seit der Währungsumstellung (20.6.1948) gezeigt hatte, daß meist auch die Aufbringung der Mittel für den Grundbeitrag nur in einem höheren Zuschuß aus der Diözesansteuerkasse über den ordentlichen Haushalt erfolgt. Dagegen blieb die Möglichkeit der besonderen Festsetzung des erhöhten Grundbeitrags bestehen, der dann als sog. Pfarrbeitrag unmittelbar an die BesoldungsK zu überweisen war. Vgl. GV.6.11.64. In: Abl [1964] 321f: Nr.9 Ziff.IIf.

[92] Vgl. GV.27.3.41. In: Abl [1941] 90-92, 90: Nr.8 Abschn.I vor Ziff.1.

haltsbezüge sie zu ordnen oder auszuzahlen hat, die Emeritenanstalt - mit Hilfe der Dekane - nur für Einziehung von den Geistlichen, für deren Gehaltsregelung die BFK nicht zuständig ist[93]. Die Dekane sorgen auch für die Einzahlung der sogenannten Ingreßgelder unmittelbar an die Emeritenanstalt[94]. Die Leistung der Beförderungsabgaben entfällt gleichzeitig wegen Unvereinbarkeit mit der außerordentlichen Gehaltskürzung seit 1939 und der allgemeinen Durchführung der Festbesoldung[95].

Beitragspflichtig sind Diözesanpriester, seit 1951 auch die Flüchtlingsgeistlichen[96]. Stelleninhaber, die das 70. Lebensjahr vollendet haben, mußten ab August 1941 bis auf weiteres keinen Beitrag zur Emeritenanstalt mehr leisten[97].

Die Beiträge von 2% des nach der jeweils geltenden BesoldungsO zustehenden Jahresgehalts[98] sind monatlich[99], von den Inhabern der sogenannten Überschußstellen einmalig für das ganze Jahr zu zahlen[100]. Die jeweilige Beitragssumme kann aus einer Tabelle abgelesen werden[101]. Inhaber der Überschußstellen erhalten durch die BFK eine eigene Mitteilung über das Beitragssoll[102]. Im übrigen kann die BFK - BesoldungsK für die Einbehaltung oder Einziehung von den gleichen Maßnahmen Gebrauch machen, die ihr auch zur aufsichtlichen Regulierung von Pfründe- und Besoldungsangelegenheiten zur Verfügung stehen[103]. Ab Juni 1953 wird der Emeritenbeitrag im Zuge der Verwaltungsvereinfachung nicht mehr beim einzelnen Geistlichen einbehalten, sondern in einem Pauschbetrag insgesamt monatlich an die Diözesanemeritenanstalt abgeführt[104].

Ab Juni 1969, als die Gehälter der Seelsorgegeistlichen in Anpassung an die ca.5%ige Erhöhung der staatlichen Beamtengrundgehälter erhöht werden, werden die Beiträge zur Emeritenanstalt zusätzlich von der Diözese getragen, also nicht

---

93 Vgl. GV.27.3.41. In: Abl [1941] 90-92, 90f: Nr.8 Abschn.I Ziff.2 und Abschn.II. Ziff.1 Abs.1.

94 Vgl. GV.27.3.41. In: Abl [1941] 90-92, 91: Nr.8 Abschn.II Ziff.1 Abs.1.

95 Vgl. GV.27.3.41. In: Abl [1941] 90-92, 90: Nr.8 Abschn.I Ziff.3. Zum 1939 erfolgten Wegfall der staatlichen Einkommensergänzung siehe *oben §1 Wandel bei Fn.3*. Zur Durchführung der Festbesoldung siehe *unten Fnn.139-157*.

96 Vgl. GV.18.10.50. In: Abl [1950] 200: Nr.18 Ziff.II Satz 1.

97 Vgl. GV.25.7.41. In: Abl [1941] 204f: Nr.5.

98 Vgl. GV.27.3.41. In: Abl [1941] 90-92, 91: Nr.8 Abschn.II Ziff.6 Abs.1.

99 Vgl. ORD.7.1.42. In: Abl [1942] 19: Nr.2 Abs.2.

100 Vgl. GV.24.11.41. In: Abl [1941] 336f, 336: Nr.7 Ziff.3.

101 Vgl. GV.27.3.41. In: Abl [1941] 90-92, 92: Nr.8 Abschn.II nach Ziff.7. Die sich aus der Tabelle ergebenden Beiträge sind gestaffelt nach Dienststellung (Kapläne, Vikare, Pfarrer) und Diensteinkommen (Pfarrer bei vollem und bei wegen geringer Seelenzahl um 120.-, 180.- oder 240.- RM gekürztem Jahresgehalt). vgl. ebd.

102 Vgl. GV.27.3.41. In: Abl [1941] 90-92, 91f: Nr.8 Abschn.II Ziff.6 Abs.2.

103 Vgl. GV.27.3.41. In: Abl [1941] 90-92, 90: Nr.8 Abschn.II Ziff.5. Vgl. zu diesen Maßnahmen *unten Fnn.142/44*.

104 Vgl. GV.3.6.53. In: Abl [1953] 151: Nr.10 Abs.2. Für die nicht von der diözesanen BesoldungsK besoldeten Geistlichen bleibt es bei der bisherigen Regelung. Vgl. ebd. Abs.3.

verrechnet[105]. Nach der im wesentlichen mit den Ordnungen der übrigen bayerischen Diözesen übereinstimmenden[106] Besoldungsordnung (BesoldungsO)/1978 wird der Beitrag vorerst weiterhin nicht erhoben[107].

In der Satzung/1976 wie in der Satzung/1986 sind Mitglieder der Emeritenanstalt neben den in die Diözese inkardinierten Priestern und den heimatvertriebenen Priestern deutscher Abstammung, für die die Diözese nach den Richtlinien zur Regelung der Versorgung der heimatvertriebenen Geistlichen als Aufnahmediözese gilt unter Umständen auch die in die Diözese inkardinierten Diakone, vor allem die hauptberuflich tätigen Ständigen Diakone, deren Versorgung nicht anderweitig gleichwertig gesichert ist[108]. Im Gegensatz zur Satzung/1976, die die Verpflichtung der Mitglieder zur Beitragsleistung eigens festsetzt und die Möglichkeit der Übernahme durch die Diözese nach Maßgabe des Haushalts normiert[109] sieht die Satzung/1986 zwar Beiträge der Mitglieder und ihre Festsetzung durch den Verwaltungsrat wie bisher vor[110], die ausdrückliche Bestimmung über die Beitragspflicht und die Möglichkeit der diözesanen Übernahme findet sich jedoch nicht mehr.

b) Beitrag für die Diasporahilfe

Die Abgabe leisten die aktiven Geistlichen der Diözese, während Emeriten und heimatverwiesenen Priestern die Teilnahme am Liebeswerk überlassen bleibt. Von Soldaten wurde die Abgabe nicht erhoben. Die Beitragshöhe ist in festen Sätzen bestimmt und gestaffelt nach Dienststellung und Diensteinkommen (Domherren und Professoren; Pfarrer und Pfarrvikare mit Pfarrergehalt; Hilfsgeistliche und Pfarrvikare mit Pfarrvikarsgehalt).

Nach anfänglicher Treuhänderschaft des Bayerischen Diasporapriestervereins, der auch seinen Sitz in Augsburg hatte, übernahm in Augsburg bald die Bischöfliche Behörde die Einziehung[111]. Ursprünglich sandten dabei die Geistlichen die Beiträge an die Dekane und diese die eingegangenen Gelder mit Hilfe der Kollektenlisten weiter an das Bischöfliche Siegelamt[112]. Soweit die BesoldungsK für die Ordnung der Bezüge der betreffenden Geistlichen zuständig war, erfolgte die Erhebung durch Abzug von der Einkommensergänzung[113] oder der sonstigen

[105] Vgl. GV.16.6.69. In: Abl [1969] 194f, 195: Nr.5 Abs.1f.

[106] Vgl. BISCH.27.9.78. In: Abl 88 (1978) 317-328, 318 Nr.1 Abschn.I Satz 4.

[107] Vgl. ebd.323: Abschn.XIV Abs.If.

[108] Vgl. BISCH.1.12.75. In: Abl [1976] 106-112, 107: [Satzung etc.] §3 Abs.2. Vgl. weiter BISCH.25.11.85. In: Abl 96 (1986) 1-16, 3: [Satzung etc.] §3 Abs.1.

[109] Vgl. BISCH.1.12.75. In: Abl [1976] 106-112, 107: [Satzung etc.] §4 Abs.1.

[110] Vgl. BISCH.1.12.75. In: Abl [1976] 106-112, 107: [Satzung etc.] §2 Abs.1 lit.c), §15. Vgl. weiter BISCH.25.11.85. In: Abl 96 (1986) 1-16, 3: [Satzung etc.] §2 Abs.1 lit.c), §9.

[111] Vgl. Jahresber. 1926. In: PJH [1927] 53-68, 64.

[112] Vgl. GV.6.6.47. In: Abl [1947] 84f, 85: Nr.5 Abs.2.

[113] Vgl. GV.6.6.47. In: Abl [1947] 84f, 85: Nr.5 Abs.2.

Auszahlung bzw. bei Inhabern von Überschußstellen durch Verrechnung am Ende des Kalenderjahres[114]. Direkt an das Siegelamt leisteten Domherren, Professoren, Militärpfarrer sowie jene Seelsorgegeistlichen, die über die vorgesehenen Sätze hinaus Leistungen vornehmen wollten[115]. 1945 und 1946 waren die Beiträge mit Rücksicht auf die Zeitumstände nicht eingehoben worden, später aber vom Diasporakommissariat um wenigstens teilweise Nachzahlung gebeten worden[116]. Ab 1947 wurde wieder auf die ursprüngliche Art des Einzugs zurückgegriffen, da der Abzug "untunlich" sei, also über die Dekane, die auch die im Dekanat wohnenden geistlichen Professoren um Leistung der Abgabe ersuchen[117]. 1960 wurden die seit über zwanzig Jahren gleichgebliebene Beitragshöhe angehoben[118]. Ab Juni 1969 wird der Beitrag in Höhe von 1% durch Gehaltsabzug vorgenommen[119]. Nach der im wesentlichen mit den Ordnungen der übrigen bayerischen Diözesen übereinstimmenden[120] BesoldungsO/1978 wird der Beitrag weiterhin erhoben[121].

c) Abgabe zum Verenawerk

Vorläufer waren in gewisser Weise der 1920 gegründete, mit dem Priesterverein eng verbundene "Verena-Verein" der Pfarrhausangestellten, der neben der allgemeinen Förderung des Berufsstandes von 1925 bis zur Währungsreform umfangreiche Unterstützungen an Pfarrhausangestellte in Notlagen leistete, teils aus Zuwendungen des Klerus, teils aus Mitgliederbeiträgen der Pfarrhausangestellten[122]. Als Vorschrift zum priesterlichen Haushalt heißt es allerdings noch 1947 lediglich:

> "Die Entlohnung der Haushälterinnen und etwaiger Hilfskräfte hat gerecht und pünktlich monatlich zu erfolgen; für ihre Sozialversicherung ist Sorge zu tragen."[123]

Die 1948/49 erfolgten Planungen einer Zusatzrenten- und Hilfskasse, die nach dem Vorbild der in den Diözesen Rottenburg, Freiburg und Mainz damals schon fast 25 Jahre bestehenden Rentenkasse aufgebaut sein sollte, und vom Priester-

---

114 Vgl. GV.23.1.43. In: Abl [1943] 5: Nr.6 Ziff.1.

115 Vgl. ebd. Ziff.2 Abs.1.

116 Vgl. GV.6.6.47. In: Abl [1947] 84f, 85: Nr.5 Abs.1.

117 Vgl. GV.6.6.47. In: Abl [1947] 84f, 85: Nr.5 Abs.2f.

118 Von 25 (Domherren und Professoren), 10 (Pfarrer) und 3 RM bzw. DM (Hilfsgeistliche und Pfarrvikare) auf 30 (Domkapitulare und Professoren), 20 (Pfarrer und Pfarrvikare mit Pfarrvikarsgehalt) und 10 DM (Hilfsgeistliche und Pfarrvikare mit Pfarrvikarsgehalt). Vgl. GV. In: Abl [1939] 251. Zit. nach GV.6.6.47. In: Abl [1947] 84f, 84: Nr.5 Abs.1. Vgl. weiter GV.12.2.60. In: Abl [1960] 34: Nr.5 v.a. Abs.1.

119 Vgl. GV.16.6.69. In: Abl [1969] 194f, 195: Nr.5 Abs.3.

120 Vgl. BISCH.27.9.78. In: Abl 88 (1978) 317-328, 318 Nr.1 Abschn.I Satz 4.

121 Vgl. ebd.323: Abschn.XIV Abs.If.

122 Vgl. H. LUTZ: Priesterverein 118.

123 DIÖZ.SYN. [1947] Richtlinie 4 lit.c). In: GV.28.12.47. In: Abl [1947] 193-200, 194.

verein auf einer Klerusversammlung vorgestellt und besprochen wurde[124], fanden auch die Unterstützung des Ordinariats, das sich nicht

> "der Erkenntnis [verschloß], daß eine Unterstützung derselben [unschuldig verarmter ehemaliger Haushälterinnen] auf nur karitativem Wege keine würdige und ausreichende Lösung einer Frage darstellt, die von weltlicher Seite besser und ehrenvoller gelöst wird. Eine Versorgung durch Lebensversicherungen ist wiederhoft gescheitert und der Weg einer freiwilligen höheren Versicherung bei der A.V. [Angestelltenversicherung] oder I.V. [Invalidenversicherung] ist jetzt nicht mehr zu empfehlen."[125]

Dem Klerus wird in der Beilage des Amtsblattes ein Satzungsentwurf für eine Rentenkasse samt Erläuterungen und ein statistischer Meldebogen zugesandt mit Termin zur Rücksendung von Meldebogen und zur zustimmenden, ablehnenden oder mit Abänderungsvorschlägen versehenden Stellungnahme binnen ca. zwei Wochen:

> "Von den hochw. Herrn, die sich nicht äußern, wird angenommen, daß sie gegen den in der Beilage dargelegten Plan keine Erinnerung erheben wollen. Wenn nicht eine größere Zahl von Ablehnungen eintrifft, beabsichtigen wir, die RK. [Rentenkasse] nach dem beiliegenden Satzungsentwurf bei unserer Finanzkammer zu errichten."[126]

Die überwiegende Mehrzahl der Geistlichen hat sich gegen den Satzungsentwurf ausgesprochen, so daß die Frage nach der Durchführung solcher sozialer Fürsorgemaßnahmen zurückgestellt wird[127].

1950 errichtet dann das Ordinariat mit Zustimmung des Bischofs und Wirkung ab 1951 bei der BFK eine "sozial-cariative Altersfürsorge" für die Hausangestellten des Klerus mit dem Namen "Verenawerk der Diözese Augsburg"[128]. Um die vorgesehenen bescheidenen Leistungen dauernd zu sichern, müssen alle Geistlichen einen "Pflichtbeitrag" leisten, doch ist ein Zuschuß der Diözese vorgesehen, um diesem Beiträg möglichst niedrig zu halten[129]. Ein Teil des Pflichtbeitrags in Höhe von 1,5% wird für die bereits vor der Errichtung des Verenawerk (VerenaW) hilfsbedürftig gewordenen Haushälterinnen verwendet[130]. Auch die Geistlichen ohne eigenen Haushalt haben den Pflichtbeitrag zu leisten, da das Werk eine sozial-karitative Einrichtung des ganzen geistlichen Standes zu Gunsten der gesamten Berufsgruppe der Hausangestellten des Klerus ist[131]. Keinen Beitrag

---

124 Vgl. Abl [1949] 23: [Klerus-Versammlung etc.]. Vgl. weiter Abl [1949] 139: [Unterstützungskasse-Auskunftsstelle etc.].

125 GV.23.12.49. In: Abl [1949] 259f, 259: Nr.5 Abs.1f.

126 Vgl. GV:23.12.49. In: Abl [1949] 259-260: Nr.5 Abs. 3.

127 Vgl. GV.11.2.50. In: Abl [1950] 31: Nr.14.

128 Vgl. GV.27.11.50. In: Abl [1950] 274f: Nr.8 Abs.1 und 3.

129 Vgl. ebd. Abs.2.

130 Vgl. ebd. Abs.3 Ziff.1.

131 Vgl. ebd. Ziff.2.

haben die Hausangestellten zu leisten[132]. Ab 1953 können jedoch zusätzlich sowohl Geistliche als auch Haushälterinnen freiwillige Beiträge an das VerenaW leisten[133].

Ab Juni 1969 wird der Beitrag in Höhe von 2% durch Gehaltsabzug vorgenommen[134]. Seit Juli 1976 können neue Versicherungsverhältnisse nicht mehr begründet werden[135]. Nach der im wesentlichen mit den Ordnungen der übrigen bayerischen Diözesen übereinstimmenden[136] BesoldungsO/1978 wird der Beitrag zum VerenaW vorerst weiterhin nicht erhoben[137]. 1988 sieht die Satzung für die "Verenawerk-Pfarrhaushälterinnenversorgung (ehemals Unterstützungskasse)" unter den Pflichten der Geistlichen keine Beitragsleistung vor[138].

d) Regelungen, die alle "Pflichtabgaben" betreffen

Das System der vollen Einkommensbevorschussung[139] wurde nach und nach entwickelt bzw. langfristig vorbereitet[140]. In der Diözese besteht seit 1940/41 ein Abrechnungs- und Verrechnungswesen mit Ausgleichswirkung[141], mit dessen Hilfe eine Besoldungsordnung unter den schwierigen Verhältnissen starker allgemeiner Gehaltssenkungen aufrechterhalten und auch durchgesetzt werden sollte[142]. Ihm liegt der Gedanke zugrunde, daß

> "nach alter allgemeiner Rechtsregel ... Vorschüsse durch regelmäßige Einzahlung(en) abzudecken, zurückzuzahlen oder anzurechnen (sind) ..."[143]
>
> "Wer die ihm nach seiner (haupt- oder neben-) amtlichen Stellung obliegenden Pflichten hinsichtlich ... des Abrechnungs- und Ausgleichsverfahrens ... nicht richtig und rechtzeitig zu erfüllen bereit ist, stellt sich damit selbst außer-

---

132 Vgl. ebd. Ziff.3.

133 Vgl. Abl [1957] Beilage nach S.138: [Rechenschaftsbericht etc.].

134 Vgl. GV.16.6.69. In: Abl [1969] 194f, 195: Nr.5 Abs.3.

135 Vgl. den Hinweis auf die entsprechende Satzungsänderung bei: GV.23.2.77. In: Abl [1977] 68f: Nr.5.

136 Vgl. BISCH.27.9.78. In: Abl 88 (1978) 317-328, 318 Nr.1 Abschn.I Satz 4.

137 Vgl. ebd.323: Abschn.XIV Abs.If.

138 Vgl. BISCH.26.7.88. In: Abl 98 (1988) 573-585, 575: [Satzung etc.] §19. Die 1951 als rechtliche unselbständige Einrichtung der Diözese ins Leben gerufene VerenaW-UnterstützungsK mußte im Hinblick auf die Entwicklung und die satzungsrechtlichen Bestimmungen vergleichbarer Einrichtungen der übrigen bayerischen Diözesen überarbeitet und neugefaßt werden. Vgl. ebd.574: [Einleitung] Abs.4. 1984 war eine "Verenawerk-Pensionskasse" mit Genehmigung des Bayer. Staatsministeriums für Wirschaft und Verkehr aufgelöst und die Verpflichtungen durch die Diözese übernommen worden. Vgl. GV.9.3.84. In: Abl 94 (1984) 123f: Nr.6.

139 Vgl. zu diesem System allgemein oben *§1 Wandel etc.*

140 Vgl. GV.23.11.64. In: Abl [1964] 344-347, 346: Nr.1 Ziff.IV Satz 1f.

141 GV.21.4.41. In: Abl [1941] 130-133, 132: Nr.4 Abschn.B Ziff.I zu n) Abs.1f.

142 Vgl. GV.1.5.42. In: Abl [1942] 139-144, 145f: Nr.8 zu o) Satz 1.

143 GV.23.11.64. In: Abl [1964] 344-347, 346: Nr.1 Ziff.IV Satz 1.

halb der gegebenen Gemeinschaftsordnung und kann nicht länger auf regelmäßige Auszahlung bezw. Verrechnung von Bezügen durch die Besoldungskasse rechnen."[144]

Während vor 1940/1 Stelleneinkommen begrifflich vielfach mit Reinertrag der Pfründe gleichgesetzt wurde, wird das - nicht zentralisierte - Stelleneinkommen nunmehr definiert als "... der Bestandteil des dem betreffenden Seelsorgegeistlichen nach der jeweils geltenden Besoldungsordnung zustehenden festen Jahresgehalts, der von ihm auf Grund und in Höhe der Zuweisung durch die Bischöfliche Finanzkammer dem Erträgnis der für ihre Rechnung zu verwaltenden Pfründe an Ort und Stelle zu entnehmen ist ... Der Rest des Reinertrags, der nicht so an die Stelle einer Auszahlung durch die BesoldungsK tritt, ist zur Verfügung der Bischöflichen Finanzkammer zu halten."[145] Schon vor 1940/1 gab es bei einem Teil der Stellen zentralisiertes Stelleneinkommen, also solches, das unter Abgleich etwaiger regelmäßig anerkannter Lasten vor Ablauf des Kalenderjahres an die diözesane BesoldungsK einzuschicken war[146]. Inhaber von sogenannten Überschußstellen hatten lediglich Zahlungen zum Abgleich der von der BesoldungsK verauslagten öffentlichen Lasten (weltliche Steuern und Abgaben) zu tätigen[147].

1958 wird bei der BFK ein Fonds der vereinigten Pfründekapitalien in der Diözese Augsburg gebildet, dem sämtliche Wertpapiere der verschiedenen Vermögensmassen, auch der Pfründen zuzuführen waren und dessen Verwaltung anstelle und zugunsten der Pfründe- und Stelleninhaber der BFK obliegt. Der Aufwand an Verwaltungsarbeit und -kosten stand schon nach der Inflation und vollends nach der Währungsumstellung in keinem Verhältnis mehr zu dem verbliebenen Restvermögen und dessen Erträgnissen.[148]

Zur Vorbereitung einer ab 1965 vorgesehenen zentralen Gesamtbesoldung ordnet das Ordinariat 1964 die zentrale Einhebung der Pründeerträgnisse, und zwar nicht nur der schuldrechtlichen Pachtverträge, sondern auch der dinglichen Sondernutzungen wie Erbbaurechte und Reallasten an[149].

---

144 Ebd. Satz 2. "Soweit Abhilfe nicht mit anderen Mitteln rasch, wirksam und nachhaltig erreicht werden kann, sind die im Abl 1938 S. 101, 1939 S. 130 und 1940 S. 146 (vgl. Abl 1941 S. 295) vorgesehenen Maßnahmen mit Wirkung ab 1.4.42 ohne Einschränkung zulässig. Die zahlenmäßige Begrenzung im Abl 1940 S.146 a.E. fällt weg." Vgl. ebd. Satz 3f.

145 GV.21.4.41. In: Abl [1941] 130-133, 132: Nr.4 Abschn.B Ziff.I zu n) Abs.1f.

146 Nämlich bei allen Stellen im Stadtdekanat Augsburg sowie bei anderen Stellen, die laut gesonderter Verfügung der BFK zentralisiert wurden. Vgl. GV.24.11.41. In: Abl [1941] 336f, 336: Nr.7 Ziff.1.

147 Vgl. GV.24.11.41. In: Abl [1941] 336f, 336: Nr.7 Ziff.4.

148 Vgl. die Anordnung GV.19.12.57. In: Abl [1957] 314f, 315: Nr.6 Ziffn.IIf. Vgl. im einzelnen die Ausführungsvorschriften GV.4.1.58 (in: Abl [1958] 13f: Nr.11), GV.7.2.58 (ebd.83: Nr.5) und GV.16.3.59 (in: Abl [1959] 70: Nr.13).

149 Vgl. GV.22.9.64. In: Abl [1964] 278f: Nr.8.

Die seit 1965 - zunächst versuchsweise durchgeführte[150]- Besoldungsumstellung bedeutet in gewisser Weise Zentralisierung der Besoldung, aber nicht allgemeine Zentralisierung der Verwaltung[151]. Nunmehr werden auch die öffentlichen Lasten der Pfründestiftungen, wie zuvor zum großen Teil praktisch bereits geschehen, von der BFK getragen[152]. Die besondere Stellenabrechnung (Fassion) entfällt[153]. Zusammen mit den Neuerungen von 1958 und 1964 ist damit die vor allem in der Erzdiözese München und Freising schon vorher verwirklichte Anpassung des "altüberkommenen kanonistische(n) Pfründesystem(s) (vgl. can.1472 sequ. CJC[/1917]) ... (an die) ... Erfordernisse einer modernen einheitlichen Besoldung"[154] vollendet.

Dieser Stand blieb auch nach Inkrafttreten des CIC/1983 erhalten[155]. Nach den 1984 und 1985 abgedruckten Anmerkungen zum Diözesanhaushalt befindet sich die diözesane Sachlage im Einklang mit der gesamtkirchlichen, in c.1272 in Verbindung mit c.1274 §1 CIC/1983 normierten Rechtslage, da die standesgemäße Besoldung der Kleriker durch das Kirchensteueraufkommen und konkordatäre Leistungen als gesichert anzusehen und der Pfründekapitalienfonds seit seiner 1958 erfolgten Bildung so ausgebaut sei, daß er als ein Instrument nach und im Sinne des c.1274 angesehen werden könne[156]. 1986 wird dann das Pfründewesengesetz (PfrWG) auch in Augsburg geltendes Recht[157].

e) Abschöpfung von Mehreinnahmen der Pfründen

Eine Abschöpfung von Mehreinnahmen besser dotierter Pfründen, die in Augsburg "Überschußstellen" genannt werden, war - jedenfalls als generelle Regelung - nicht feststellbar[158]. Die eben angeführten Anmerkungen zu den Haushaltsplä-

---

150 Vgl. GV.12.2.65. In: Abl [1965] 28-30, 29: Nr. 10 Ziff.IV.

151 Vgl. GV.19.5.65. In: Abl [1965] 127f, 127: Nr.27 Abs.3.

152 Vgl. GV. 23.11.64. In: Abl [1964] 344-347, 345: Nr.1 Ziff.II Abs.4.

153 GV. 12.2.65. In: Abl [1965] 28-30, 29: Nr.10 Ziff.IV Satz 1f.

154 GV. 23.11.64. In: Abl [1964] 344-347, 344: Nr.1 Ziff.I Abs.1

155 So verweisen die umfangreichen Anmerkungen zum jeweiligen Diözesanhaushalt kurz vor Inkrafttreten (ORD.18.8.81 in: Abl 91 [1981] 203-252, 213: Nr.2 Fn.8) und kurz danach (ORD.17.8.83 in: Abl 93 [1983]221-233, 222f: Nr.2 Fn.8) und auch noch 1994 (ORD. in: Abl 104 [1994] 189-236, 196: [Haushalt etc.] Fn.8) auf den eben zitierten Erlaß zur Besoldungsumstellung vom 23.11.1964.

156 Vgl. ORD.24.8.84. In. Abl 94 (1984) 223-272, 236: Nr.2 Fn.23 Abs.2. Vgl. auch ORD.19.8.85. In: Abl 95 (1985) 264-325, 277 und 288: Nr.2 Fn.23.

157 Das PfrWG als Diözesangesetz wurde promulgiert durch BISCH.4.7.86. In: Abl 96 (1986) 445-450: [PfrWG]. Zum Inhalt vgl. *oben §28. München Fnn.82-90.*

158 Vgl. die ziterten Normen zu den sog. Überschußstellen *eben §29. Fnn.100, 114, 147.*

nen deuten darauf hin, daß nach Inkrafttreten des CIC/1983 erst die Vorschriften des PfrWG eine solche Abschöpfung ermöglicht haben[159].

§30. Diözese Passau[160]

a) Beitrag zur Emeritenanstalt

Zu den Abgaben für die Altersversorgung waren Besonderheiten im Vergleich zu den anderen bayerischen Diözesen nicht feststellbar[161].

b) "Diasporabeihilfe"

In Passau war wie in Regensburg der Bayerische Diasporapriesterverein wenig eingebürgert und wurde daher nicht Treuhänder der Ausgleichskasse (AusgleichsK)[162]. Der Diözesan-Priesterverein unterstützte das Hilfswerk (HilfsW), und das Ordinariat rief den Klerus 1926 zu geschlossener Beteiligung mit 24 RM (Pfarrer) bzw. 12 RM (Hilfsgeistliche) p.a. auf[163]. Der auf der Freisinger Bischofskonferenz (FreisBischKonf/1926) getroffenen Vereinbarung entsprechend und nach dem Beispiel anderer Diözesen ordnete der Bischof 1927 an, daß zur Unterstützung der notleidenden Diasporaseelsorger auch vom Klerus der Diözese Passau "in Erfüllung des Gebotes christlicher Nächstenliebe" die obengenannten Beiträge in monatlichen Raten abgezogen werden; Priester, welche wegen ihrer persönlichen Verhältnisse diesen Monatsbeitrag nicht leisten zu können glaubten, hatten dies im Laufe des nächsten Monates mitzuteilen[164]. Die Beitragshöhe schwankte: Anfangs ein höherer Durchschnittssatz als der Freisinger Be-

---

159 Das PfrWG als Diözesangesetz wurde promulgiert durch BISCH.4.7.86. In: Abl 96 (1986) 445-450: [PfrWG]. Die Augsburger Fassung zitiert dasselbe Schreiben der SCCler wie die Münchner Fassung. Vgl. ebd.450.

160 Die Abgabenregelungen der Diözese entsprechen weitgehend denen der anderen bayerischen Bistümer.

Mit der Besoldung ab Juli 1964, die dem Beschluß der BayBischKonf zur einheitlichen Regelung der Besoldung der Seelsorgegeistlichen und Emeriten entspricht, entfällt die Leistung des Grundbeitrages durch die Kirchengemeinden, entsprechend auch die Beihilfen des DiözSt-Verbands an die leistungsunfähigen Kirchenstiftungen. Vgl. GV.5.6.64. In: Abl [1964] 71f, 71: Nr.85 vor Ziff.1 Satz 1f und Ziff.4.

161 Siehe oben *§27. Regelungen, die alle Diözesen etc. lit.a.* Die Abgaben zur EmeritenA sind ebenso wie solche zu Kranken- und InvalidenK und Unfallversicherungen persönliche Leistungen und können darum in die Fassion nicht als abziehbare Lasten vorgetragen werden. Vgl. LENZ: Sammlung [1935] 171-181: Nr.83 lit.a Ziff.III. Abs.5.

162 Vgl. Jahresber.1926. In: PJH [1927] 53-68, 63.

163 Vgl. Abl [1926] Folge 14 vom 10.9.26. Zit. nach: Jahresber.1926. In: PJH [1927] 53-68, 64.

164 Vgl. Abl [1927] 4. Zit. nach: LENZ: Sammlung [1935] 171-181, 179f: Nr.83 lit.b Ziff.2 Abs.2.

schluß/1926, dazu noch hohe Einzelspenden, 1934 Halbierung dieses höheren Satzes, ab 1935 dann wieder Erhöhung der "Diasporabeihilfe" auf die Richtlinie der FreisBischKonf[165]. Bei der Erhebung als absolute Pauschalen ist es - soweit überhaupt - wohl bis 1968 geblieben[166]. Ab 1969 soll 1% des Gehaltes bezahlt worden sein[167].

c) Beitrag zur Wohlfahrtskasse bzw. zum Sozialen Hilfswerk für Haushälterinnen

Entsprechend dem Herkommen, das die Vorsorge für Angehörige geistlicher Haushalte der Eigeninitiative des Geistlichen überläßt, war 1915 in einer Anordnung über Testamente der Geistlichen bestimmt worden:

> "Es entspricht dem Geiste der Kirche, würdigen armen Verwandten ein Vermächtnis zu bestimmen und brave Dienstboten mit einer entsprechenden Lebensrente zu bedenken; einer Haushälterin jedoch ein größeres Barvermögen zu vermachen, macht keinen guten Eindruck auf das Volk. Auch wird durch die Auswerfung einer jährlichen Rente der Lebensunterhalt eines alten Dienstboten besser sichergestellt als durch das Vermächtnis einer Barsumme."[168]

Ab 1955 wird in Passau ein Gehaltsabzug zur Fürsorge für ehemalige Pfarrhaushälterinnen eingeführt mit dem Bemerken, die Altersversorgung der Pfarrhaushälterinnen sei im ähnlichen Sinn schon in fast allen bayerischen Diözesen geregelt[169]. Über den entsprechenden Lohn und die Leistung des gesetzlichen Versicherungsbeitrags hinaus wurde daher über die "Diözesancaritasstelle", die alle hilfsbedürftigen Pfarrhaushälterinnen erfaßt, die zusätzliche Hilfe organi-

---

[165] Vgl. Jahresber.1930 (in: PJH [1931] 63-72, 64) und 1934. In: PJH [1935] 66-71, 67f. "Die große Notlage unserer Mitbrüder in den Diasporagebieten, die sich auch durch die Einführung des Landjahres, durch die Verschickung der katholischen Kinder in die Diaspora stark auswirkt und eine vermehrte Arbeit und vermehrte Auslagen für dieselben mit sich bringt, nötigt uns, die im Vorjahre beschlossene Herabminderung der Beiträge zur Priesterhilfe wieder aufzuheben und unsere Beiträge denen des hochwürdigen Klerus in den übrigen bayerischen Diözesen anzugleichen, demzufolge die Herren Pfarrvorstände 20.- RM, die Hilfspriester 10.- RM an die Ausgleichskasse des Generalvorstandes des Bonifatiusvereins abzuliefern haben ..." ORD.7.11.34. In: Abl [1934]162. Abgedr. in: LENZ: Sammlung [1935] 322: Nr.170.

[166] Vgl. A.KÖTTER: DiaspPriesterausgleichsK 15.

[167] Auch 1973. Vgl. ebd. 10 und 15f.

[168] ORD.9.9.15. In: Abl [1915] 93. Abgedr. in: LENZ: Sammlung [1935] 52-54, wo es u.a. auch heißt: "Der Seelsorger kommt häufig in die Lage, die Gläubigen an die Pflicht zu erinnern, ihr Haus rechtzeitig und richtig zu bestellen. Der Geistliche soll aber auch hierin mit gutem Beispiel vorangehen: die zeitige Fertigung eines gültigen Testamentes und die Art der Bestimmung über sein Vermögen wirken als gute oder schlimme Lehre lange über sein Grab hinaus. ... Am liebsten wird der Priester in seinem letzten Willen der kirchlichen Anstalten und Einrichtungen gedenken, denen er im Leben sein Almosen gerne zugewendet hat, z.B. seiner armen Kirche, der einfachen und vielleicht mit Lasten überhäuften Pfründe, der Diözesananstalten (Seminarien, Emeritenanstalt), der Wohltätigkeitsanstalten und sozialen Einrichtungen der Diözese (z.B. Diözesan-Arbeiter-Sekretariat), Missionsanstalt, Bonifatiusverein usw. ..."

[169] Vgl. GV.18.5.55. In: Abl [1955] 48: Nr.87, v.a. letzter Satz.

siert[170]. Der Priesterverein hat daher an das Ordinariat den Antrag gestellt, diesen Abzug vom Gehalt durchzuführen; sollte ein Priester mit dem Gehaltsabzug nicht einverstanden sein, so möge er das bei der Bischöflichen Finanzkammer (BFK) bis 6.6.1955 melden[171]. Kurz nach Ablauf der genannten Frist werden die Satzungen der WohlfahrtsK für Haushälterinnen der Geistlichen veröffentlicht[172]. Die Wohlfahrtskasse (WohlfahrtsK) bezweckt, die Altersversorgung der Hausangestellten des Klerus, die durch den Tod des geistlichen Dienstherrn oder Auflösung des geistlichen Haushaltes stellenlos geworden sind, zu verbessern, so daß die Kasse keine zusätzliche Alters-, sondern nur Stellenlosenrente gewährt[173]. Die WohlfahrtsK hat karitativen Charakter; Verwaltung und Verteilung liegt in den Händen des "Caritasverbandes"[174]. Zu den Beiträgen normiert die Satzung/1955:

> "Es wird angenommen, daß jeder Geistliche der Diözese durch Leistung von monatlich 3 DM die Wohlfahrtskasse unterstützt. Den Seelsorgegeistlichen, welche die Teilnahme nicht direkt abgelehnt haben, wird der monatliche Beitrag von der Finanzkammer eingehalten und dem Caritasverband zugeführt. Die übrigen Geistlichen leisten ihren Beitrag direkt an die Caritasstelle."[175]

Die Verbindung von Gehaltsabzug und Widerspruchsregelung entspricht dem Vorgehen bei der Diasporapriesterhilfe[176]. Die Sorge für die Altersversorgung ihrer Haushälterin ist - so der Priesterverein im Amtsblatt - eine Gewissenspflicht für alle Diözesanpriester[177].

Auf der Diözesansynode von 1960 (DiözSyn/1960) wurde das "Soziale Hilfswerk für die Hausangestellten der Diözese Passau" gegründet. Anlaß war die Neuregelung der Rentenversicherung, wonach sich für viele Haushälterinnen nur eine unbefriedigende Altersversorgung ergab, weshalb auf diözesaner Grundlage durch die Mithilfe aller Diözesanpriester karitative Hilfe geleistet werden mußte[178]. Daher faßte die DiözSyn/1960 einstimmig folgenden Beschluß[179]:

---

[170] Vgl. ebd. a.Anf.: Wenn jeder Priester sich monatlich 3 DM Gehalt abziehen ließe, könnte denselben eine zusätzliche Rente von mindestens 20 DM im Monat gewährt werden, was wirklich dringend notwendig wäre.

[171] Der PriesterV bittet auch diejenigen Geistlichen, welche ihr Gehalt nicht von der Bischöflichen BesoldungsK bekommen, sich dieser Aktion anzuschließen. Vgl. ebd.

[172] Vgl. GV.15.7.55. In: Abl [1955] 62f. Nr.116.

[173] Vgl. ebd. Ziff.1 Satz 1f. Die Möglichkeit der besseren Altersversorgung liegt in der zusätzlichen Höherversicherung oder einer zusätzlichen Versicherung bei anderen Kassen. Vgl. ebd. Satz 3.

[174] Vgl. ebd. Ziff.2 Satz 1f.

[175] Ebd. Ziff.3.

[176] Siehe eben.

[177] Auf die Gewissenspflicht des geistlichen Arbeitgebers, seiner Hausangestellten einen der Arbeit und den Geldverhältnissen angemessenen Lohn zu zahlen, weist GV. In: Abl [1961] 49: Nr.65 Abs.2 Satz 1 hin.

[178] Vgl.ebd. Satz 3-5: Neuregelung der staatlichen Rentenversicherung.

"Jeder Geistliche der Diözese, ganz gleich, ob er gegenwärtig einen selbständigen Haushalt besitzt oder nicht, ist verpflichtet, einen monatlichen Beitrag zu diesem Hilfswerk zu leisten. Dieser Beitrag beträgt für Pfarrer oder Geistliche mit höherem Gehalt monatliche DM 20,-, alle übrigen Geistlichen (Expositus, Kooperator, Geistliche im Ruhestand) DM 10,-. Die Beiträge werden von der Bischöflichen Finanzkammer bei der Gehaltszahlung einbehalten; die von anderen Kassen besoldeten Priester führen ihren Beitrag mit den übrigen Diözesanabgaben an die Bischöfliche Finanzkammer ab."[180]

Nunmehr wird die Sorge für die entsprechende Altersversorgung seiner Angestellten als selbstverständliche Gerechtigkeitspflicht des Geistlichen bezeichnet[181].

Nach langen Verhandlungen wurden in Anlehnung an eine gemeinsame Regelung in den bayerischen Diözesen alle aktiven vollbeschäftigten Pfarrhaushälterinnen der Diözese für die Zeit ab 1974 bei der Bayerischen Versicherungskammer - Zusatzversorgungskasse - angemeldet[182]. Die Beiträge der Arbeitgeber (Pfarrer) werden von der BFK bei der Gehaltsabrechnung verrechnet und von der BFK an die Versicherungskammer weitergeleitet[183]. Jedenfalls seit 1975 wird der Pflichtbeitrag zum Sozialen HilfsW nicht mehr in der Besoldungsordnung (BesoldungsO) genannt oder auch genannt, aber nicht erhoben[184].

d) Regelungen, die alle "Plichtabgaben" betreffen

Mit der Auszahlung der Einkommensergänzung durch die oberhirtliche Stelle ab April 1927[185] waren Gehaltsabzüge durch die BesoldungsK jedenfalls bei unzureichenden Pfründeerträgen möglich. Ab 1927 wurde neben der Reichs- und Landeskirchensteuer sowie den Beiträgen zur Emeritenanstalt und dem Seminaristikum[186] auch die Diasporapriesterhilfe einbehalten[187]. Ab 1933[188] zählen un-

---

179 Vgl. ebd. Abs.5.

180 Ebd. Abs.3.

181 Vgl. GV. In: Abl [1962] 90: Nr.122 Abs.3.

182 Vgl. GV. In: Abl 105 (1975) 83: Nr.83 Abs.1 Satz 1. Diese Anmeldung bewirkte nicht eine sofortige Einstellung der Leistungen aus dem Sozialen HilfsW, sondern für Dienstzeiten bis zum 31.12.1973 wird die Altersversorgung entsprechend der Satzung des Sozialen HilfsW garantiert. Vgl. ebd. Abs.3.

183 Vgl. ebd. Abs.5 Satz 2.

184 Siehe gleich.

185 Siehe *oben §27. Regelungen, die alle Diözesen etc. Fn.19f.*

186 Das Seminaristikum wurde ab 1927 bei neugeweihten Priestern von ihrer ersten Anstellung ab erhoben. Vgl. ORD.15.1.27. In: Abl [1927] 4. Abgedr. in: LENZ: Sammlung [1935] 171-181, 179f: Nr.83 lit.b Ziff.2 Abs.1 Satz 2.

187 Vgl. ebd. Ziff.2 sowie ORD.19.11.26. In: Abl [1926] 165. Abgedr. in: LENZ: Sammlung [1935] 208f: Nr.96.

ter die monatlichen Gehaltsabzüge der Seelsorgegeistlichen neben Emeritenanstaltsbeitrag (2%) und Seminaristikum (1%) sowie Priesterhilfe des Bonifatiusvereins[189] aufgrund des päpstlichen Indults/1933 die 5%-Abgabe und 11 RM Kirchengemeindebeitrag, der dem Geistlichen aus der KirchenK ersetzt wird[190]. Nicht genannt sind Alumnatikum und Kathedratikum, wohl weil es sich um abziehbare Pfründelasten handelt[191]. Die bayernweit grundsätzlich einheitlichen BesoldungsO nennen jedenfalls seit 1975 auch "Pflichtbeiträge", nämlich in Passau die Abgabe für die Emeritenanstalt und das Seminaristikum, die beide "vorerst weiterhin nicht erhoben" werden[192]. 1982 werden wieder alle drei Beiträge genannt, wobei der Pflichtbeitrag zur Emeritenanstalt und das Seminaristikum "z.Zt. nicht gesondert erhoben" werden, während die Pflichtbeiträge für das Soziale HilfsW für die Pfarrhaushälterinnen ohne derartigen Zusatz genannt werden[193].

Nach dem Vorbild anderer Diözesen führt Passau ab April 1960 für die Seelsorgegeistlichen eine Neuordnung der Gehaltszahlung durch, wonach sämtliche Pfründeeinnahmen bei der BFK zentralisiert und an die Besoldungskasse abgeführt werden müssen, also nicht mehr den einzelnen Stelleninhabern zufallen[194]. Die Regelung nennt keine Ausnahmen. Insbesondere sind auch die Pfründeinhaber mit Mehrertrag nicht als ausgenommen genannt, anders als 1957 in der Erzdiözese München und Freising[195]. Die oft recht unangenehmen Nachzahlungen

---

Nicht mehr abziehbar sind seit 1930 im Gegensatz zur bisherigen Handhabung auch nicht mehr die 1923 eingeführten Seminarbeiträge (d.h. das *seminaristicum* i.S. des can.1355f CIC/1917, nicht das dem herkömmlichen Alumnatikum entsprechende Seminaristikum). Die Einführung erfolgte durch oberhirtliche VO vom 18.9.1923, die Feststellung, daß das Einstellen unter die abziehbaren Lasten nicht mehr möglich ist, durch MinEntschl vom 18.9.1930. Vgl. ORD.16.12.30. Mitteilung des staatl. Aktes in: Abl [1930] 136. Abgedr. in: LENZ: Sammlung [1935] 171/181, 180f: Nr.83 lit.d.

Abziehbar bleibt dagegen das Alumnatikum, womit das Seminaristikum im Sinne des Formblattes für die Fassion gemeint ist; ebenso das Kathedratikum. Alumnatikum und Kathedratikum sind durch die Dekanalämter einzusenden. Vgl. ebd.

[188] Auch noch 1935 und von da an wohl bis auf weiteres. Vgl. ORD.26.10.33. In: Abl [1933] 115. Abgedr. in: LENZ: Sammlung [1935] 201-207: Nr.94 lit.b.

[189] Vgl. ebd. lit.a. Aus dem Restbetrag der Gehaltsergänzung nach Vornahme vorstehender Abzüge und der Dotation wird dann die Lohnsteuer und aus ihr 8% Kirchenumlage berechnet. Vgl. ebd.

[190] Siehe *§27. Regelungen, die alle Diözesen etc. bei Fn.29.*

[191] Siehe *oben Fn.2.*

[192] Vgl. GV.26.5.75. In: Abl 105 (1975) 67-70, 67: Nr.63 Abschn.A. Ziff.11.

[193] Vgl. GV. In: Abl 112 (1982) 93-95, 94: Nr.102 Abschn.XII.

[194] Vgl. BFK. In:Abl [1960] 32f, 33: Nr.35 Ziff.1 und vor Ziff.1. Rechtlich verbleiben die Pfründevermögen selbständige juristischen Personen in der Verwaltung der Pfründeinhaber. Ebd. Satz 3.

[195] Vgl. *§27. München und Freising Fn.76.*

bzw. Rückzahlungen aus den Pfründeabrechnungen entfallen, und die Seelsorgegeistlichen erhalten künftig ihr Monatsgehalt in voller Höhe (freilich unter Abzug des Grundbeitrags der Kirchengemeinden), ohne Anrechnung des Pfründeertrags, durch die BFK[196].

e) Abschöpfung von Mehreinnahmen der Pfründen

Das Pfründewesengesetz von 1986 ist auch in Passau geltendes Recht[197].

§31. Diözese Regensburg

Besonderheiten im Vergleich zu den anderen bayerischen Diözesen[198] sind vor allem in Hinblick auf die Diasporaabgabe feststellbar.

a) Beitrag zur Emeritenanstalt

Zu den Abgaben für die Altersversorgung war über die im Bereich des bayerischen Episkopats gleichlautenden Regelungen hinaus nichts besonderes feststellbar[199].

b) Beitrag für die Diasporahilfe

In Regensburg war wie in Passau der Bayerische Diasporapriesterverein wenig eingebürgert und wurde daher nicht Treuhänder der Ausgleichskasse (AusgleichsK)[200]. Das Ordinariat förderte das Hilfswerk und zog durch die Bischöfliche Administration die Priesterhilfsgelder ein[201].

Zur Ausführung des Beschlusses der Fuldaer Bischofskonferenzen/1947/48, der referiert wird ("selbstverständliche Liebes- und Ehrenpflicht" etc.), ohne den 3%-Satz zu nennen, ordnet der Generalvikar die Beitragspflicht aller Diözesangeistlichen zur Diasporapriester- und Bauschädenhilfe mit insgesamt 5% vom Bruttoeinkommen an, ohne Unterschied, ob die Gehaltsbezüge von einer kirchlichen oder nichtkirchlichen Stelle geleistet werden[202]. Für Geistliche, die Gehalts-

---

196 Vgl. ebd. Ziff.6 litt.c-e. Auch viel Verwaltungsarbeit, v.a. die Vorlage der jährlichen Pfründeabrechnungen, entfällt. Vgl. ebd. lit.b. Benefizien mit Mehrertrag werden nicht angesprochen.

197 BISCH.16.9.86. In: Abl 116 (1986) 74f. Siehe *§28. München und Freising lit.e a.E.*

198 Ab 1973 wird der Grundbeitrag der Kirchenstiftung zur Besoldung der Geistlichen von der BFK übernommen. Vgl. BFK. In: Abl [1972] 104: [Grundbeitrag etc.]. Er betrug zuletzt DM 50 monatlich.

199 Siehe oben *§27. Regelungen, die alle Diözesen etc. lit.a.*

200 Vgl. Jahresber.1926. In: PJH [1927] 53-68, 63.

201 Vgl. ebd.64 und Jahresber.1927 In: PJH [1928] 39-45, 41.

202 Vgl. GV.23.10.48. In: Abl [1948] 77: [Beiträge zur DiaspHilfe] Abs.1f und 3.

bezüge durch das Bischöfliche Finanzamt erhalten, behält dieses den Beitrag zur Diasporahilfe ein; jene Pfründeinhaber, welche zur Einkommensteuer veranlagt sind und keine Gehaltsergänzung durch das Bischöfliche Finanzamt erhalten, oder diejenigen, die von einer anderen Kasse besoldet werden, führen den Beitrag an das Bischöfliche Finanzamt ab[203]. Der Beitrag erfolgt ab Oktober 1948; ab dann entfallen auch die bisherigen Beiträge einzelner Priester zur Diözesanausgleichskasse sowie deren bisherige Diasporabeiträge - hier gab es offenbar inner- und interdiözesane Ausgleichsleistungen, die nicht alle Priester einbezogen[204].

1965 ordnete der Bischof an, wieder Beiträge zu erheben, nachdem "in den vergangenen Jahren" die Einhebung eines Betrages zur DiasporapriesterausgleichsK in der Diözese unterblieben war[205]. Die Leistung der Beiträge, deren Höhe gestuft und pauschal festgesetzt ist[206], erfolgt wo möglich durch Gehaltsabzug, sonst durch Einzahlung[207]. Die Einbehaltung dieser Beiträge war von der SCConc unter Nr.95957/A vom 26.1.1965 genehmigt worden[208], wobei sich dieses Indult möglicherweise an alle bayerischen Ordinarien richtete. Diese Regensburger Regelung ist im Zusammenhang mit dem Beschluß der Freisinger Bischofskonferenz vom April 1965 zu sehen, dessen Durchsetzung aber offensichtlich nicht gelang[209], so daß auch Regensburg bald wieder zur freiwilligen Abgabe zurückkehrte[210]. Für 1973 wird dann über eine Abgabenleistung von 1% des Gehaltes berichtet[211].

c) Beitrag zur Pfarrhaushälterinnenhilfskasse

Hier war wenig feststellbar. Die Beiträge zur Pfarrhaushälterinnenhilfskasse wurden ab 1972 von der Diözese voll getragen, so daß bei der BFK besoldeten Geistlichen der Abzug entfiel und die anderen Geistlichen die Beiträge nicht mehr an die Besoldungsstelle überweisen mußten[212].

---

203 Vgl. ebd. Abs.4-6.

204 Vgl. ebd. Abs.7.

205 Vgl. BFK.6.4.65. In: Abl [1965] 53: [DiaspPriesterausgleichsK] Abs.1.

206 Vgl. ebd. Abs.2. Vgl. ebenso BFK. In: Abl [1968] 132: [DiaspAusgleichsF] Abs.1.

207 Vgl. FD.6.4.65. In: Abl [1965] 53: [DiaspPriesterausgleichsK] Abs.3.

208 So die Angabe ebd. Abs.4. Ob sich das Indult wie 1933 (siehe oben *§27. Regelungen, die alle Diözesen etc. bei Fnn.24-29*) an alle bayerischen Ordinarien richtete oder nur an den Bisch.v.Regensburg, geht aus der vorliegenden Verlautbarung nicht hervor.

209 Vgl. oben *§3. Bonifatiusverein etc. Fnn.71-75*. Zu rechtlichen Gründen für die Erforderlichkeit einer Genehmigung durch den ApStuhl siehe *oben §3. Bonifatiusverein bei Fnn.45-51* und *§12. Münster bei Fn.274*.

210 Vgl. A. KÖTTER: DiaspPriesterausgleichsK 15f.

211 Vgl. ebd. 10.

212 Vgl. BFK. In: Abl [1972] 6: [Beiträge zur PfarrhaushHilfsK].

d) Regelungen, die alle "Pflichtbeiträge" betreffen

Die Besoldungordnung[213] sieht 1975 wie 1978 unter der Überschrift "Pflichtbeiträge" solche für Emeritenanstalt, Haushälterinnenhilfswerk und Seminaristikum vor, die aber "vorerst weiterhin" bzw. "zur Zeit" nicht erhoben werden[214]. Allerdings wird gleichzeitig das alljährliche Seminaristikum bestimmt, das nicht nur von Kirchen, Kapellen und Bruderschaften, sondern auch von Pfarrern, Pfarrkuraten, Kuratbenefiziaten und Expositi sowie von sonstigen aktiven Geistlichen zu leisten ist, und zwar als "persönliches Seminaristikum", das bei Besoldung durch die Bischöfliche Finanzkammer von dieser einbehalten wird, ansonsten an die Bischöfliche Administration einzusenden ist[215].

e) Abschöpfung von Mehreinnahmen aus den Pfründen

Das Pfründewesengesetz von 1986 ist mit den Vorschriften, die die Abschöpfung betreffen, auch in Regensburg geltendes Recht[216].

§32. Erzdiözese Bamberg

a) Beitrag zur Emeritenanstalt

Abweichungen von der Rechtslage der anderen bayerischen (Erz-) Diözesen waren nicht feststellbar. Beiträge zur Emeritenanstalt führen die Besoldungstabellen 1971 und 1976 - anders als die Diasporaabgabe und den Beitrag zur "caritativen Altershilfe" - nicht mehr an[217].

b) Diasporaabgabe

Die Erzdiözese hatte den Diasporapriesterverein als Treuhänder und Sammelstelle der Ausgleichsgelder zunächst beibehalten, die Beiträge auf die pauschalen Freisinger Sätze ermäßigt und "warm empfohlen", bald aber die Beiträge vom

---

213 Die BesoldungsO wurde teilweise nicht im Abl veröffentlicht, sondern mit Erläuterungen als Beilage zur Buchungsanzeige der LIGA den Geistlichen zugesandt. Vgl. BFK. In: Abl [1969] 66: [BesoldungsO].

214 Vgl. BFK. In: Abl [1975] 55f, 56: [BesoldungsO etc.] Ziff.9; Abl [1978] 86-89, 87: [BesoldungsO etc.] Ziff.11; Abl [1982]39/41,41: [Geistlichen-BesoldungsO] Ziff.XII.

215 Vgl. GV. In: Abl [1978] 85: [Seminaristikum (cc. 1355 und 1356)] Abs.1f und 3. Das Kathedratikum dagegen wird nicht von den Geistlichen persönlich, sondern von den Benefizien wie von allen Kirchenstiftungen und kirchlichen Vereinen, die eine eigene Kirche oder öffentliche Kapelle besitzen, entrichtet. Vgl. nur GV. In: Abl [1978] 85: [Kathedratikum (c.1504)] Abs.1.

216 Vgl. BISCH.30.9.86. In: Abl [1986] 101-103. Siehe im einzelnen *oben §27. München lit.e.*

217 Vgl. ORD.18.1.71. In: Abl 94 (1971) 24-30, 24-28: [Besoldung etc.] [div. Tabellen].

Erzbischöflichen Finanzamt einbehalten lassen[218]. 1968 erhöhte die Erzdiözese als erste in Bayern neben der Erzdiözese München und Freising die Priesterhilfe[219]. 1971-1982 weisen die Besoldungstabellen als "Diasporaabgabe" 1% des Bruttoeinkommens aus[220]. 1985 wird sie nicht mehr eigens in der Besoldungstabelle ausgewiesen[221].

c) Beitrag zur "Zusätzlichen caritativen Altershilfe für Pfarrhaushälterinnen"

Auf der Diözesansynoode von 1946 (DiözSyn/1946) schildert der Bericht frühere gescheiterte Versuche der Alterssicherung der Hausangestellten, zunächst aufbauend auf dem Grundsatz des freien Zutritts, dann ab Dezember 1942 mit Hilfe eines Gruppenversicherungsvertrages[222]. Vereinzelt hatte man sich auch "für ein alle Diözesangeistlichen verpflichtendes Obligatorium eingesetzt"[223]. Daher werden u.a. folgende Vorschläge gemacht und "von der Synode zu Beschlüssen erhoben"[224]:

> "Zur Gründung einer Altersfürsorge für Haushälterinnen in geistlichen Diensten werden vom Erzbischöflichen Finanzamt von den Gehalts- bzw. Ruhestandsbezügen monatlich einbehalten bei den Kaplänen 2.- RM, bei den übrigen Geistlichen 5.-RM."[225] "Diözesanpriester, die seitens der Erzdiözese keine Bezüge erhalten, werden verpflichtet, die genannten Beträge monatlich an das Erzbischöfliche Finanzamt einzuzahlen."[226] "Die Zuschüsse dieser Alters-

218 Vgl. Abl 49 (1926) 250: Nr. 38. Zit. in: Jahresber.1926. In: PJH [1927] 53-68, 65. Vgl. zum Einbehalt Jahresber.1928. In: PJH [1929] 30-41, 37.

219 Vgl. A. KÖTTER: DiaspPriesterausgleichsK 10. Vgl. auch §*3. Bonifatiusverein etc. Fnn.70/5*.

220 So die Bemessungsgrundlage bei Pfarrern, Kuraten und Kaplänen mit eigenem Haushalt, während bei anderen Kaplänen die Barvergütung unter Berücksichtigung des Verpflegungssatzes und bei Ruhestandsgeistlichen des Brutto-Bezuges maßgeblich ist. Vgl. ORD.18.1.71. In: Abl 94 (1971) 24-30, 24-28: [Besoldung etc.] [diverse Tabellen] jew. vorletzte Sp. Vgl. weiter ORD.14.7.76. In: Abl 99 (1976) 583-592, 585-592: [Erhöhung etc.] [diverse Tabellen]. 1976 ist bei demselben Beitragssatz als Bemessungsgrundlage das Grundgehalt (Pfarrer, Kuraten und Kapläne mit eigenem Haushalt), auch im Ruhestand, bzw. die Vergütung (Kapläne ohne eigenen Haushalt). Vgl. ebd.

Ebenso nennen die Tabellen die 1%ige DiaspAbgabe 1978, 1979, 1980, 1981 und 1982. Vgl. zuletzt ORD.23.7.82. In: Abl 105 (1982) 165-172, 166-172: [Erhöhung etc.] [div. Tab.] jew. rechte Sp.

221 Vgl. GV.15.1.85. In: Abl 108 (1985) 9-17, 10-17: [Erhöhung etc.] [div. Tab.]. Die Amtsblätter 106 (1983) und 107 (1984) enthalten keine Besoldungstabellen. Vgl. ebenfalls ohne Ausweisung der DiaspAbgabe die Besoldungstabelle ab 1987. In: GV.22.5.87. In: Abl 110 (1987) 112f: [Erhöhung etc.].

222 Vgl. DIÖZ.SYN. [1946] 42f: Referat v. Domkapitular G. Köhler zur Altersversorgung.

223 Ebd.

224 Vgl. ebd. §§106-110. §110 überträgt die Verw der Altersfürsorge der DiözEmeritenA.

225 Ebd. §106.

226 Ebd. §107.

fürsorge an dienstunfähige und bedürftige Haushälterinnen, ... sind seitens der Erzdiözese freiwillige Unterstützung und beruhen nicht auf rechtlicher oder vertraglicher Verpflichtung."[227]
Die "Zusätzliche caritative Altershilfe für Pfarrhaushälterinnen der Erzdiözese Bamberg" ist eine Wohlfahrtseinrichtung der Erzdiözese mit dem Zweck der Verbesserung der Altersversorgung jener Pfarrhaushälterinnen des Klerus, die nach dem Tod ihres Dienstherrn infolge Alters (Altersinvalidisierung) ihren Beruf nicht mehr ausüben können[228]. Anlaß für die Satzung/1962 war wohl eine Änderung der Sozialrente staatlichen Rechts, wonach bis Ende 1961 eine günstigere Berechnung galt[229]. Die Aufbringung der Mittel erfolgte durch einen solidarischen karitativen Beitrag der Geistlichkeit[230]. Bei Geistlichen, welche ihre Bezüge über die Erzbischöfliche Finanzkammer (EFK) erhielten, wurde 1962 als Beitrag 2% des Besoldungseinkommens (ohne Einrechnung der freien Wohnung bzw. eines Wohnungsgeldes sowie der Dienstaufwandsentschädigung einbehalten; andere Geistliche hatten ihren Beitrag in gleicher Höhe an die EFK einzuzahlen[231]. Der Bischof setzte die Satzung/1962 in Kraft, nachdem die SCConc die nötige Vollmacht mit folgendem Schreiben erteilt hatte[232]:

> "66783/A
> Beatissime Pater,
> Episcopus Bambergensis humiliter licentiam petit qua omnibus sacerdotibus saecularibus dioecesanis aut in Dioecesi degentibus taxam imponere valeat favore mulierum, quae in domibus paroecialibus eisque similibus munere famularum funguntur, 4% redituum non excedentem sive hi reditus ex beneficiis ecclesiasticis vel ex capsa dioecesana sive ex aerario Status vel civitatis vel cuiuscumque Instituti proveniant.
>
> Petit insuper ut memoratam taxam imponere possit etiam religiosis quorum interest, illis sc. qui v.g. "oeconomiam propriam" habent.
>
> SACRA CONGREGATIO CONCILII, attentis expositis, Episcopo Bambergensi licentiam concessit memoratam taxam sacerdotibus saecularibus impo-

---

227 Ebd. §108.

228 Vgl. EB.21.12.61. In: Abl 85 (1962) 1-5, 1: [Satzung etc.] Ziff.I Abs.1. Als karitative Einrichtung kann sie keinen Rechtsanspruch auf ihre Leistungen einräumen. Auch bei wiederholten Zuwendungen können die Empfängerinnen sich nicht auf ein Gewohnheitsrecht berufen. Vgl. ebd.2 Abs.3.

229 Vgl. ebd.4: Ziff.III lit.C Satz 1.

230 Außerdem durch einen Beitrag der ED. Vgl. ebd.4f: Ziff.IV Abs.1 Nr.1 vor lit.a und Nr.2 Satz 1. Der Beitrag der ED ist als ein Bestandteil der Besoldung der Geistlichen zu betrachten und unter dem entsprechenden Titel des Haushaltes zu verrechnen. Vgl. ebd.5: Ziff.IV Abs.1 Nr.2 Satz 2.

231 Vgl. ebd.4f: Ziff.IV Abs.1 Nr.1 lit.a-b.

232 Vgl. ebd.5: Ziff.IV Abs.2. Zu rechtlichen Gründen für die Erforderlichkeit einer Vollmacht des ApStuhls siehe *oben §9. Paderborn Fn.139f.*

nendi juxta preces, dummodo accedat concensus Capituli cathedralis ac Consilii dioecesani administrationis. Quoad vero religiosos, curet idem Episcopus rem componere cum Superioribus respectivis. Praesentibus valituris ad triennium.

Datum Romae, die 28 Novembris 1961

P. card. Ciriaci, Praefectus
H. Crovella, Subsecr."[233]

Angesichts der günstigen Besoldungslage schien es zumutbar, von jedem Diözesanpriester ab 1971 (wieder?) einen Beitrag in Höhe von 2% des Besoldungseinkommens (ohne Einrechnung der freien Wohnung sowie der Dienstaufwandsentschädigung) zu erheben[234]. Ab 1978 entfällt dann der Beitrag zur "caritativen Altershilfe"[235]. Nach der ab 1980 geltenden Ordnung der Zusatzversorgung, die - einheitlich für alle Diözesen in Bayern - an die derzeitigen Zeitverhältnisse angepaßt wurde[236], bringt die Mittel für das Werk die Erzdiözese auf[237].

---

233 SCCONC.28.11.61. In: Ebd.5f: Anlage.

234 So die Entscheidung nach Beratung der Ordinariatssitzung v.14.1.71. Vgl. ebd.29: [Beitrag etc.] Abs.1.

Zur 7%igen allgemeinen Erhöhung vgl. ORD.18.1.71. In: Abl 94 (1971) 24-30, 24-27: [Besoldung etc.] [diverse Tabellen]. Zur Erhöhung der Kaplansvergütung von 75% auf 85% von A13 vgl. ebd.26: [Tabelle Kapläne].

Bemessungsgrundlage ist bei Pfarrern, Kuraten und Kaplänen mit eigenem Haushalt das Bruttoeinkommen, bei den anderen Kaplänen die Barvergütung, bei allen abzüglich einer Aufwandsentschädigung von 100 DM, bei den Ruhestandsgeistlichen der Brutto-Bezug. Vgl. ebd.24-28: [div. Besoldungstabellen] jew. rechte Sp. 1976 wird bei gleichem Beitragssatz als Bemessungsgrundlage das Grundgehalt genannt abzüglich der Aufwandsentschädigung (bzw. ggf. abzüglich des Seelsorgefreibetrages bei Ruhestandsgeistlichen), wobei bei Kaplänen ohne eigenen Haushalt zusätzlich der Verpflegsatz berücksichtigt wird. Vgl. ORD.14.7.76. In: Abl 99 (1976) 583-592, 584-592: [Erhöhung etc.] [diverse Tabellen].

235 Vgl. ORD.22.11.77. In: Abl 100 (1977) 338: [Beiträge zur caritativen Altershilfe etc.] Abs.1. Die Ordinariatssitzung v.12.11.77 hatte folgenden Beschluß gefaßt: "Nach einstimmiger Genehmigung in der Diözesansteuerausschußsitzung am 12.11.1977 wird durch die Mitglieder des Allgemeinen Geistlichen Rates ebenfalls genehmigt, daß die Beiträge der Geistlichen zur "caritativen Altershilfe" ab 1978 nicht mehr erhoben werden". Ebd. Abs.2.

236 Vgl. ORD.28.12.79. In: Abl 102 (1979) 391-393, 396: [Ordnung etc.] a.E. Die Ordnung löst die Satzung der "Zusätzlichen caritativen Altershilfe für Pfarrhaushälterinnen etc." vom 1.1.1974 ab. Vgl. EB.20.12.73. In: Abl 97 (1974) 1-6: [Satzung etc.]. Weder die Ordnung/1979 noch die Satzung/1974 nehmen Bezug auf ein Indult zur Abgabe.

237 Vgl. EB.18.12.79. In: Abl 102 (1979) 391-393, 392: [Ordnung etc.] §4. Nach wie vor gilt: "Die Empfänger (Haushälterinnen) haben keinen Rechtsanspruch auf Leistungen der Zusatzversorgung durch die Erzdiözese. Auch durch wiederholte bzw. regelmäßige Zahlungen von einer Zusatzversorgung wird kein Rechtsanspruch gegen die Erzdiözese begründet. Alle Zahlungen der Erzdiözese erfolgen freiwillig mit der Möglichkeit jederzeitigen Widerrufs. Jeder Leistungsempfänger hat eine schriftliche Erklärung darüber abzugeben, daß ihm bekannt ist, daß die Leistungen der Erzdiözese freiwillig sind. Die Erklärung hat sich auch darauf zu

d) Regelungen, die alle "Pflichtbeiträge" betreffen

Hatte die DiözSyn/1926 noch beschlossen, daß das Pfründewesen beibehalten werden sollte, und auch die teilweise gewünschte Zentralverwaltung der Pfründegüter gleich ob durch staatliche oder kirchliche Stellen abzulehnen sei[238], mußte der Referent auf der DiözSyn/1946 voraussetzen, daß die wenigsten Pfründen die Leistungsfähigkeit haben, ihrem Inhaber das volle Gehalt bieten zu können[239]. Ab 1971 wurde die Besoldung der bepfründeten Seelsorgegeistlichen umgestellt, um das "altüberkommene kanonische Pfründesystem mit den Erfordernissen einer modernen einheitlichen Besoldung zusammenzustimmen", ohne daß deswegen die den Pfründestiftungen dotationsmäßig zufließenden Einkünfte und die bei sorgfältiger Verwaltung zu erzielenden Erträgnisse des Pfründevermögens für den bestimmungsgemäßen Zweck der Unterhaltssicherung verlorengehen. An Stelle des bisherigen Ergänzungssytems trat ein System der vollen Einkommensbevorschussung, das die etwa noch vorhandenen kleinen Schwankungen bei der bisherigen Ergänzung vollends beseitigt und dem Pfründeinhaber regelmäßig Anfang des Monats den Bezug des ihm nach der jeweiligen Besoldungsordnung (BesoldungsO) zustehenden Gehaltes als Anteil am vollen "Besoldungseinkommen" gewährleisten will[240]. Die Durchführung erfolgt in derselben Weise wie schon zuvor bei den Suffraganen Würzburg ab 1969 und Eichstätt ab 1970[241].

d) Abschöpfung von Mehreinnahmen aus den Pfründen

Eine Regelung der Abschöpfung von Mehreinnahmen aus den Pfründen war nicht festzustellen[242].

---

erstrecken, daß die Leistungsempfänger mit dem Ausschluß jeden Rechtsanspruchs und der Möglichkeit des Erwerbs von Rechsansprüchen durch wiederholte oder regelmäßige Zahlungen einverstanden sind." Ebd. §11.

238 Vgl. DIÖZ.SYN. [1926] 30f: Leitsatz des Referenten und Beschl. §60.

239 Vgl. DIÖZ.SYN. [1946] 41f: Referat des Geistl. Rats A. Rieht-Buttenheim.

240 Vgl. ORD.13.7.70. In: Abl 93 (1970) 233-236, 233: [Besoldungsumstellung etc.] Abs.1f.

241 Vgl. ebd.234-236: Abs.4-12 und die *§33. Eichstätt und §34. Würzburg, jew. lit.d.*

242 Weder die Beschlüsse der bayerischen Bischöfe/1983 noch die Bamberger Verordnung zur Anpassung des Diözesanrechts an den CIC/83 enthalten Normen über Klerikerabgaben oder Abgaben von Pfründemehrerträgen. Vgl. EB.22.11.83. In: Abl 106 (1983) 331-333: [Bekanntmachung etc.] und [Verordnung etc.]. Bzgl. der Pfründemehrerträge kommt wieder das PfrWG in Betracht, soweit es für die ED Bamberg gebilligt und in Kraft gesetzt wurde. Eine Promulgation durch Veröffentlichung im Abl war nicht feststellbar. Vgl. auch die Nachweise H. SCHMITZ; F. KALDE: Deutschsprachige Bischofskonferenzen 116; DIESS.: Partikularnormen [1996] 183. Anders als in *Würzburg* (vgl. *unten §34. Fn.286*) war eine solche Veröffentlichung im *Bamberg* auch nicht im Zusammenhang mit der Promulgation der Kirchenstiftungsordnung von 1988 zu ermitteln. Vgl. Abl 111 (1988) 117-194.

§33. Diözese Eichstätt[243]

a) Beitrag zum Emeritenfonds

Abweichungen von der Rechtslage der anderen bayerischen (Erz-) Diözesen waren nicht feststellbar. Die Beiträge zum Emeritenfonds wurden ab Juni 1969 in vollem Maß von der Finanzabteilung beim Ordinariat übernommen, so daß der Gehaltsabzug bei den Seelsorgegeistlichen entfiel[244].

b) Diasporaabgabe

Treuhänder der Ausgleichskasse (AusgleichsK) war auch hier der Diasporapriesterverein[245]. 1926 lag zunächst keine Entscheidung über die Ausführung des Beschlusses der Freisinger Bischofskonferenz von 1926 vor, doch ab Januar 1927 wurde im Einverständnis mit der Geistlichkeit der Beitrag bei der Gehaltszahlung vom bischöflichen Finanzamt einbehalten[246]. Die Diasporaabgabe betrug 1970 und 1973 etwa 1% und wird in den ab 1970 auf der Grundlage der Elektronischen Datenverarbeitung (EDV) erstellten Gehaltsabrechnungen betragsmäßig aufgeführt[247], in der Besoldungsneuregelung/1969[248] aber ebensowenig genannt wie in der Besoldungsordnung/1975[249], 1978[250], 1982[251], wonach "Pflichtbeiträge ... für a) Emeritenanstalt b) Seminaristicum c) Hilfswerk für die Haushälterinnen vorerst weiterhin nicht erhoben" werden.

c) Beiträge zum Verenahilfswerk

Nach Vorbereitungen 1963[252] wird als Zusatzkasse zur staatlichen Altersversorgung der Pfarrhaushälterinnen auf der Ebene der Diözese das Verenahilfswerk (VerenaHilfsW) ab Januar 1964 ins Leben gerufen, zu dessen Mitteln die Geistli-

---

243 Zu den hier besprochenen Abgaben waren Besonderheiten im Vergleich mit den anderen bayerischen Diözesen nicht feststellbar.
Der Grundbeitrag zum Einkommen der Seelsorgepriester aus der KirchenstiftungsK wurde 1949 erneut ermäßigt. Vgl. ORD.28.7.49. In: Abl 96 (1949) 103: [Grundbeitrag etc.].

244 Vgl. Abl 116 (1969) 142-145: Nr.54 Ziff.3. Eichstätt folgte hier der Empfehlung der BayBischKonf. Vgl. ebd. und oben *§27. Regelungen, die alle Diözesen etc. Fnn.17f.*

245 Wie in den meisten bayer. Diözesen. Vgl. A KÖTTER: DiaspPriesterausgleichsK 14.

246 Vgl. Jahresber.1926 (in: PJH [1927] 53-68, 64f) und 1927. In: PJH [1928] 39-45, 41.

247 Vgl. A KÖTTER: DiaspPriesterausgleichsK 10 und GV.21.4.70. In: Abl 117 (1970) 91f, 91: Nr.62 Abs.4.

248 Vgl. Abl 116 (1969) 142-145: Nr.54.

249 Vgl. Abl 122 (1975) 7f, 8: Nr.7 Ziff.6.

250 Vgl. 125 (1978)169-175, 173: Nr.124 Ziff.11.

251 Vgl. GV.18.1.82. In: Abl 131 (1981) 49-54: Nr.33 Ziff.XII. Die BesoldungO entspricht der Vereinbarung der bayerischen (Erz-) Diözesen vom 12.10.1981. Vgl. ebd. nach Ziff.XVII.

252 Statistische Erhebungen (Meldekarten etc.). Vgl. Abl 110 (1963) 23f: [ZusatzK etc.].

chen bis 1971 Beiträge in Höhe von 2% des Gehalts leisten[253]. Die ab 1975 erfolgende Anmeldung zur ZusatzversorgungsK bei der Bayerischen Versicherungskammer wird langfristig zur Einstellung der Leistungen aus dem VerenaW führen[254]. Die Ordnung für die Zusatzversorgung von 1980 erwähnt keine - auch keine ruhende - Beitragspflicht der Geistlichen mehr[255].

d) Regelungen, die alle "Pflichtabgaben betreffen

Ab 1970 gilt die Neuregelung von Pfründeabrechnung und Gehaltszahlung[256].

e) Abschöpfung von Mehreinnahmen aus den Pfründen

Das Pfründewesengesetz ist seit 1986 auch in Eichstätt geltendes Recht[257].

§34. Diözese Würzburg

a) Beitrag zur Emeritenanstalt

Abweichungen von der Rechtslage der anderen bayerischen Diözesen wurden nicht festgestellt. Beiträge zur Emeritenanstalt sind 1970 nur für Geistliche genannt, die nicht von der Bischöflichen Finanzkammer (BFK) besoldet werden[258].

b) Beitrag für die Diasporahilfe

Nach der anfänglichen Treuhänderschaft des Diasporapriestervereins für die Ausgleichskasse[259] und einem behördlichen Aufruf im Jahr 1926[260], wurde in

---

253 Vgl. GV.13.12.63. In: Abl 110 (1963) 174: [Altersversorgung etc.]. Zur Satzungsbestimmung über die Beitragsleistung (§9) vgl. GV.25.3.66. In: Abl 113 (1966) 124: [Verena-HilfsW] Abs.1 Satz 2. Zum Wegfall ab 1972 vgl. GV.25.4.72. In: Abl 119 (1972) 64-66, 66: Nr.61 Ziff.5 Abs.1 Satz 1.

254 Vgl. GV.3.3.75. In: Abl 122 (1975) 99f: Nr.53. Die Abführung der Beiträge zur ZusatzversorgungsK erfolgt über die Diözese. Vgl. ebd.

255 Vgl. BISCH.13.11.79. In: Abl 127 (1980) 1-5: Nr.1 §4.

256 Vgl. GV.14.8.69. In: Abl 116 (1969) 159-162: Nr.63. Die Umstellung entspricht der in Bamberg und Würzburg. Siehe *oben §32. und unten §34, jeweils lit.d.*

Nebenbei ist aufgefallen, daß über längere Zeit Seminaristikum und Kathedratikum (vgl. nur ORD.7.12.42 in: Abl 98 [1942] 89f, 89: [Pfründeabrechnung etc.] Ziff.1) sowie wohl seit 1933 Regiebeiträge eingehoben wurden, wenigstens letztere auch durch Abzug von der Gehaltszahlung. Vgl. ORD.15.6.46. In: Abl 93 (1946) 73f: [Porti und Regiebeiträge].

257 Vgl. BISCH.1.11.86. In: Abl 133 (1986) 215-218, 215: Nr.154 vor §1. Vgl. *oben §28. München lit.e.*

258 Vgl. Abl 116 (1970) 92: [Beiträge etc.] Ziff.2. Vgl. im übrigen *§27. Regelungen, die alle Diözesen etc. lit.a, v.a. Fn.17f.*

259 Vgl. A. KÖTTER: DiaspPriesterausgleichsK 14.

260 Vgl. Abl 72 (1926) Nr.27 v.12.7.26. Zit. bei: Jahresber.1926. In: PJH [1927] 53-68,63.

Würzburg zunächst der Beitrag dekanatsweise gesammelt und an das Ordinariat abgeführt[261], später dann vom bischöflichen Finanzamt bzw. der BFK bei der Gehaltszahlung einbehalten[262]. 1950 werden, wie in früheren Jahren[263], 20 DM (Pfarrer) und 10 DM (Hilfsgeistliche) einbehalten[264], ebenso 1954, wo es erläuternd heißt:

> "Die erhöhten Aufwendungen infolge der neuen Besoldungsordnung verwehren es uns, diese Beträge wie in den Vorjahren auf die Diözesankasse zu übernehmen."[265]

1957 erfolgt wieder dieselbe "alljährliche besondere Abgabe"[266], und 1963 werden auch die nicht von der BFK besoldeten Priester ersucht, den Betrag von 20 DM an die BFK zu überweisen[267]. Schließlich kam es wohl zu Gehaltsabzügen von 1%[268].

c) Beitrag zum St.-Thekla-Werk bzw. Theklawerk

Das Theklawerk (TheklaW) bestand seit April 1951 zur Versorgung der Haushälterinnen für die Zeit des Alters und der Arbeitsunfähigkeit über die Sozialversicherungen hinaus als zusätzliche Versorgung[269]. Mit Rücksicht darauf, daß die Gehälter der aus der diözesanen Besoldungskasse oder Emeritenanstalt besoldeten Geistlichen, bis zur Neuregelung ab Juni 1969 20% und mehr unter der vergleichbaren Gruppe der Beamtenbesoldung lagen, wurden von diesen keine Beiträge erhoben[270]. Nachdem die Gehälter an die Besoldungsgruppe A13 angeglichen sind und die BesoldungsK der Diözese dadurch bis zur Grenze ihrer Leistungsfähigkeit belastet ist, behält die BFK "ebenso wie in anderen Diözesen" ab 1970 2% von den Gehältern ein; die übrigen Diözesanpriester, deren Hausangestellte zur Unterstützung beim TheklaW vorgemerkt und die nicht aus der Bistumskasse besoldet sind, werden gebeten, monatlich nicht nur 14 DM wie bisher, sondern 2% ihres Bruttogehalts an die BFK zu überweisen[271]. Schon ab

---

[261] Vgl. Jahresber.1927. In: PJH [1928] 39-45, 41.

[262] Vgl. RÖSGEN: Priesterhilfe 69. Vgl. auch A. KÖTTER: DiaspPriesterausgleichsK 14f.

[263] Vgl. zum Bereich des bayerischen Episkopats insgesamt *§3. v.a. Fn.33, 39f, 70/5.*

[264] Vgl. Abl 96 (1950) 54: [Priesterhilfe etc.] Abs.1.

[265] ORD.1.7.54. In: Abl 100 (1954) 110: [Gehaltsergänzung] Nr.2 Satz 2.

[266] Vgl. ORD.1.6.57. In: Abl 103 (1957) 89: [DiaspAbgabe].

[267] Vgl. ORD.1.6.63. In: Abl 109 (1963) 87: [DiaspAbgabe].

[268] Vgl. A. KÖTTER: DiaspPriesterausgleichsK 10.

[269] Vgl. Abl 97 (1951) 70f: [Haushälterinnen etc.] Ziff.II Abs.2. Die Satzung sollte den Geistlichen demnächst zugehen. Vgl. ebd. Die Neufassung der Satzung wurde Zug um Zug gegen die Einsendung aller bisher hinausgegebenen Satzungen zugesandt. Vgl. Abl 97 (1970) 92f, 93: [TheklaW] Ziff.2.

[270] Vgl. ebd. Ziff.1 Abs.3.

[271] Vgl. ebd. Ziff.1 Abs.4. "Die Diözese wird nach wie vor einen bedeutenden Zuschuß zu leisten haben." Ebd. Ziff.1 Abs.5.

1972 wird "vorerst" die Beitragszahlung zum TheklaW von zuletzt 2% aus dem Bruttogehalt nicht mehr erhoben[272].

d) Regelungen die alle "Pflichtabgaben" betreffen

Zum Gesamt der diözesanen Abgaben sind verschiedene interessante Einzelheiten aufgefallen[273].

Seit 1952 erfolgte in gewisser Weise eine Erweiterung der Gehaltsergänzung und damit auch eine erweiterte Möglichkeit für die Gehaltsabzüge. Weil die Pfründeerträge sehr unregelmäßig, zuweilen erst am Jahresende eingingen, sollten größere Pachterträgnisse nach Einhebung durch die Liga Regensburg und staatliche Naturalreichnisse unmittelbar dem Bistum gutgeschrieben und in die monatliche Gehaltsergänzung einbezogen werden[274].

> "Wir nehmen das Einverständnis aller Pfründnutznießer an, soweit sie sich nicht gegenteilig äußern. Die ablehnende Äußerung soll schriftlich geschehen und uns bis spätestens ... vorliegen. Die Verhandlungen mit der Liga wegen Überlassung der eingehenden Pachtgelder werden von uns selbst geführt."[275]

---

[272] Vgl. Abl 117 (1971) 282: [Beitrag TheklaW]. Die Umstellungen bis hin zur Anmeldung zur ZusatzversorgungsK der Bayerischen Gemeinden erfolgten dann ohne weitere Erhebung eines Beitrages von Geistlichen. Vgl. die Ordnungen/1973 (vgl. BISCH.15.12.73 in: Abl 119 (1973) 396-399, 397: [Ordnung etc.] §4) und BISCH.5.9.77. In: Abl 123 (1977) 281/84, 283: [Ordnung etc.] §4.

[273] Erwähnenswert ist der Zusammenhang, der zwischen can.1473 CIC/1917 und der "Quota funeralis" hergestellt wird. Die DiözSyn/1954 auferlegt dem Priester in den Dekreten und Richtlinien über die Priesterpersönlichkeit die Pflicht zur Abfassung und Hinterlegung eines Testamentes. "Es entspricht dem Geist des can.1473, wenn die Priester die vielfältigen piae causae der DiözEinrichtungen in ihrem Testament bedenken." Nach der Begründung steht diese Norm im Zusammenhang mit dem Wunsch der Kommission, die sog. "Quota funeralis" nicht mehr zu erheben. Die "Abgabe" wurde auf Grund von Herkommen beim Tod des Geistlichen erhoben, erregte manchmal Anstoß bei den Erben und wurde von der Bisch. Behörde zuletzt auch sehr nachsichtig und zurückhaltend geltend gemacht. Vgl. DIÖZ.SYN. [1954] 204: Dekr.I Nr.9.

Erlasse und Mitteilungen in Besoldungssachen erfolgen häufig direkt an die Betroffenen, etwa über die Dekanate (z.B. BesoldungO/1952 und /1954) oder mit den Gehaltsabrechnungen (z.B. Tabellen/1990). Vgl. ORD.15.12.51 (in: Abl 97 [1951] 215: [Besoldung]) und ORD.15.12.53. In: Abl 99 (1953) 186: [Besoldung etc.] Satz 1 (Ord.15.12.53). Vgl. auch Abl 136 (1990) 23: [Besoldungs- und Ruhestandsbezüge etc.].

Die Beiträge der Kirchengemeinden zur Besoldung der Seelsorgegeistlichen entfallen 1954. Vgl. ORD.15.12.53. In: Abl 99 (1953) 186: [Besoldung etc.] Satz 3.

Lasten der Pfründe für DiözZwecke, die in der Fassion intra lineas vorzutragen wären, sind in der Diözese jedenfalls seit 1955 nicht erhoben worden. Durchgesehen sind Anleitungen zur Fassion von 1955, 1956, 1957, 1966, 1967, 1968. Vgl. nur Abl 102 (1956) 48-50, 49: [Abrechnungen 1955] Ziff.II Nr.3. Vgl. als letzte Anleitung Abl 114 (1968) 64-66, 65: [Pfründeabrechnungen etc.] Ziff.II Nr.5.

[274] Vgl. Abl 97 (1951) 178f, 178: Abs.1f.

[275] Ebd. Abs.3.

Die jährliche Fassion blieb wie bisher zu erstellen[276] und die "vollständige und sorgfältige Verrechnung der Stellenerträgnisse ist Gewissenspflicht"[277]. 1969 erfolgt - noch vor der Erzdiözese Bamberg - die Neuordnung der Pfründeabrechnung und Gehaltszahlung. Danach gehen die Erträgnisse der einzelnen Pfründen unmittelbar an die BFK, die auch die Regelung der Lasten übernimmt und den Seelsorgern das ihnen zustehende Gehalt ohne Rücksicht auf die Höhe des Stellenertrages voll ausbezahlt[278]. Für Pfründeinhaber und -verweser entfällt viel Verwaltungsarbeit, v.a. die Fertigung der Fassion, doch müssen sie vor allem in Grundstücksangelegenheiten weiter die Verhandlungen führen und die Pfründe vertreten[279]. Die Durchführungsanordnungen sind im wesentlichen folgende[280]: Alle Leistungen "nichtkirchlicher" Pflichtiger (Gemeinden, Patrone u.ä.) werden direkt an die BFK überwiesen[281]. Kapitalvermögen (Wertpapiere etc.) ist an die Liga Regensburg zu übertragen sowie Pacht- und Erbbauzinsen von der Pachteinhebestelle bei der Liga einzuheben; alle Zinsen werden an die BFK weitergeleitet.

> "Die BFK, die auf die gewissenhafte und fristgemäße Durchführung ihrer Anordnungen angewiesen ist, wird sich bemühen, das Vermögen und die Erträgnisse einer jeden einzelnen Pfründe ständig evident zu halten, so daß sich der Pfründeinhaber jederzeit darüber informieren kann und er seiner Pfründe nicht entfremdet wird."[282]

Insgesamt werden nach den Besoldungsordnung seit 1974 "Pflichtbeiträge für die Altersversorgung der Priester und die Zusatzversorgung der Pfarrhaushälterinnen (= St.-Thekla-Werk) vorerst weiterhin nicht erhoben"[283]. Die Regelung wird 1986 wiederholt[284].

e) Abschöpfung von Mehreinnahmen aus den Pfründen

Zu einer Abgabe überhöhter Pfründeerträge ist bei der eben geschilderten Besoldungsumstellung nichts direkt gesagt, doch fehlt auch die Ausnahme der Pfründeinhaber, deren Stelleneinkommen das zustehende Gehalt übersteigt[285]. 1988 erfolgt eine als "Ausführungsdekret" zur Anpassung an den CIC/1983, vor allem an c.1272 bezeichnete Regelung zur Neuordnung des Pfründewesens "entsprechend einem gemeinsamen Vorschlag der Bayer. Bischöfe auf ihrer Herbstkon-

---

276 Vgl. ebd. Abs.4 Ziff.2 Satz 1.

277 Abl 114 (1968) 64-68, 64: [Pfründeabrechnungen etc.] a.E. nach Ziff.III.

278 Vgl. Abl 114 (1968) 191-194, 192: [Neuregelung etc.] Abs.2.

279 Vgl. ebd. Abs.1 und 5.

280 Vgl. ebd. Abs.4.

281 D.h. staatliche Dotationen und Reichnisse (wie schon seit 1952), Leistungen anderer Pflichtiger wie politischer Gemeinden, Patronats- und Gutsherrschaften etc.

282 Ebd. Abs.6.

283 Vgl. nur ORD.10.4.74. In: Abl 120 (1974) 127/9, 129: [BesoldungsO etc.] Art.IV lit.d.

284 Vgl. GV.9.4.86. In: Abl 132 (1986) 174-184, 178: [BesoldungsO etc.] Ziff.11.

285 Vgl. *§27. München und Freising Fn.76.*

ferenz vom 8. November 1984"[286], ohne daß die durch die SCCler erteilte Billigung des Apostolischen Stuhls vom 8.1.1986 erwähnt wird[287].

"Die Besoldung der im Dienst der Diözese Würzburg stehenden Geistlichen erfolgt unabhängig von der Höhe der Erträgnisse einzelner Pfründen einheitlich nach der Besoldungsordnung für Geistliche in der Diözese Würzburg."[288] "Pfründeinhaber, welche sich der zentralen Pfründeverwaltung nicht anschließen wollen, müssen den gesamten Ertrag ihrer Pfründe an die Bischöfliche Finanzkammer abführen, welche dafür die Besoldung nach der diözesanen Regelung übernimmt. Als Entgelt für die Verwaltung der Pfründe kann ein in jedem Einzelfall zu bestimmender Betrag dem Pfründeinhaber erstattet werden."[289]

§35. Diözese Speyer

a) Beitrag zur Emeritenanstalt

Abweichungen von der Rechtslage der anderen bayerischen Diözesen waren im allgemeinen nicht feststellbar[290]. Beitragspflichtig sind alle der Diözese inkardinierten Priester[291] mit Ausnahme der im Ruhestand befindlichen und auf Lebenszeit verbeamteten mit 2% des Grundgehaltes[292]. Dieser Satz ist auch noch 1972, 1975 wohl nicht mehr zu leisten[293]. Nach der seit Januar 1984 geltenden Satzung erfüllt die Emeritenanstalt durch die Gewährung der Versorgungsbezüge die sich aus dem Weihetitel ergebende Verpflichtung des Bischofs nach c.281 §2 CIC/1983[294]. Die Mitglieder der Emeritenanstalt sind verpflichtet, Beiträge zu leisten, die Diözese kann diese aber nach Maßgabe des Haushaltes an Stelle der Mitglieder übernehmen[295].

---

286 Vgl. BISCH.1.7.88. In: Abl 134 (1988) 421-423, 421: Nr.VI vor §1. Der Einleitungssatz nimmt versehentlich c.1271 in Bezug.

287 Vgl. *oben §28. München und Freising Fn.76.*

288 Ebd. BISCH.1.7.88. In: Abl 134 (1988) 421-423, 422: Nr.VI §5 Abs.1.

289 Ebd. §6 Abs.3.

290 Siehe oben *§27. Regelungen, die alle Diözesen etc. lit.a.*

291 Pflichtmitglieder sind neben den inkardinierten diejenigen Priester, für die die Diözese nach den Richtlinien der Altersversorgung der im Bistum tätigen, aber nicht inkardinierten Priester als Aufnahmediözese gilt. Vgl. Abl 69 (1976) 317ff. Zit. nach BISCH.29.12.83. In: Abl 77 (1984) 102-107, 102: [Satzung etc.] §3 Abs.1.

292 So die Regelung zu den DiözAbgaben insgesamt in: Abl 59 (1966) 198-202, 202: Nr.189 Ziff.1 Abs.2f. Vgl. zum Abgabensatz von 2% in den Jahren zuvor auch unten *Fn.299f.*

293 Vgl. die Ausweisung in der Besoldungstabelle (1972, 1975). In: Abl 65 (1972) 67f, 67: Nrn.41-42 Abs.2 und in: GV.5.6.75. In: Abl 68 (1975) 202f: Nrn.91f v.a. Ziff.2.

294 Vgl. BISCH.29.12.83. In: Abl 77 (1984) 102-107, 102: [Satzung etc.] §1.

295 Vgl. ebd. §4 Abs.1. Eine Rückerstattung erfolgt bei Ruhen oder Beendigung nicht, auch wenn keine Versorgungsbezüge in Anspruch genommen werden. Vgl. ebd. Abs.2. Dem Verwaltungsrat obliegt die Beitragsfestsetzung. Vgl. ebd. §13 Abs.1 lit.c.

b) Beitrag für die Diasporapriesterhilfe

Treuhänder der Ausgleichskasse war zunächst der Bayrische Diasporapriesterverein, und der Generalvorstand bereitete durch Werbearbeit, namentlich durch Abhaltung von PriesterKonf in fast allen Dekanaten der Pfalz die Erzielung höherer Beiträge vor[296]. Ein Einbehalt bei der Gehaltsauszahlung erfolgt nicht[297]. Schon verhältnismäßig früh wird eine prozentualer Hebesatz eingeführt[298]. Beitragspflichtig sind alle Geistlichen der Diözese, auch die Geistlichen anderer Diözesen, die im Auftrag des Bischofs von Speyer in unserer Diözese tätig sind[299].

Feststellbar war ein Satz von 1,5% ab 1956, der 1957 auf 2% angehoben wurde[300]. 1966 wird der Beitrag zur Diasporapriesterhilfe, der zu den "Diözesanabgaben" zählt, von 2% auf 4% von Grundgehalt bzw. Versorgungsbezügen erhöht, wovon die Diözese jedoch die zusätzlichen 2% übernimmt, so daß keine Mehrbelastung entsteht[301]. Ein Anstoß für diese Regelung mag der Beschluß der Freisinger Bischofskonferenz vom 7.-8.4.1965 gewesen sein[302]. 1995 geschieht nach wie vor der finanzielle Beitrag der Priester zum Lebensunterhalt der Kleriker in der skandinavischen Diaspora und den Bistümern auf dem Gebiet der ehemaligen Berliner Bischofskonferenz in der Form eines monatlichen Gehaltsabzuges in Höhe von 2% des Bruttogehaltes, höchstens jedoch 100 DM[303].

c) Beitrag zur "Zusätzlichen Altersversorgung für die weiblichen Pfarrhausangestellten"

War von einer zusätzlichen Altersversorgung der weiblichen Pfarrhausangestellten auf der Diözesansynode von 1939 noch nicht die Rede gewesen, lediglich von der pflichtmäßigen staatlichen Versicherung, so gerieten durch die Währungsumstellung manche ehemalige Pfarrhausangestellte in Not, weil ihre Ersparnisse zusammengeschrumpft und die Pflichtsozialversicherungsrenten meist auch für eine bescheidene Lebenshaltung zu niedrig waren. Daher wurde nach Vorbereitungen 1949 mit Wirkung ab Oktober 1950 die "Zusätzliche Altersversorgung für die weiblichen Pfarrhausangestellten" eingerichtet[304]. Ab 1951 wurden "Unkostenbeiträge" bei der Überweisung der Gehälter einbehalten und konn-

---

296 Vgl. Jahresber.1926. In: PJH [1927] 53-68, 63.

297 Vgl. nur Jahresber.1928 (in: PJH [1929]30-41,37) und 1935. In: PJH [1936]56/59,58f.

298 Vgl. A. KÖTTER: Diaspora-PriesterausgleichsK 15.

299 Abl 59 (1966) 198-202, 202: Nr.189 Abschn. [DiözAbgaben] Ziff.2 Abs.1.

300 Vgl. die Nachweise unten *Fnn.318-320*.

301 Vgl. ebd. Abs.2.

302 Vgl. dazu oben *§3. Bonifatiusverein etc. Fn.72*. Jedenfalls fällt der zeitliche Zusammenhang auf.

303 Vgl. Abl 88 (1995) 302: Nr.130 Abs.1.

304 Vgl. zu Vorgeschichte und den ersten Jahren des Werkes bis zur ersten Beitragzahlung DIÖZ.SYN.[1957] 124-126, 124f: Vortrag des Domkapitulars B. Thiebes.

ten von den Pfarrhausangestellten angefordert werden[305]. Die erforderliche Bedarfsumme wurde bis Dezember 1955 aus Diözesanmitteln aufgebracht, doch war seit Januar 1956 die Bedarfssumme bedeutend höher als vorher und mußte deshalb auch durch Beiträge des Diözesanklerus in Höhe von 1,5% der Bruttobesoldungsbezüge gedeckt werden[306]. Nach der abschließenden Aussprache[307] beschloß die Synode:

> "Für die zureichende Altersversorgung ihrer Pfarrhausangestellten Sorge zu tragen, ist unabdingbare Rechts- und Gewissenspflicht der Geistlichen selbst. Die von der Diözese gewährte Altersversorgung hat nur zusätzlichen Charakter und beruht auf der Grundlage der Freiwilligkeit." [308]
>
> "Die nachfolgenden Paragraphen der `Richtlinien für die Zusätzliche Altersversorgung für die weiblichen Pfarrhausangestellten in der Diözese Speyer´ vom 1.10.1950 erhalten folgende Fassung: ... §9 Die Zusätzliche Altersversorgung für die weiblichen Pfarrhausangestellten in der Diözese Speyer beruht auf caritativer Grundlage und trägt Unterstützungscharakter. §10 Der für die Altersbeihilfen an Pfarrhausangestellten im Ruhestand benötigte Jahresbedarf wird durch entsprechende Beiträge der aktiven Diözesanpriester und der Emeriti aufgebracht." [309]

Beitragspflichtig sind alle Geistlichen der Diözese Speyer, auch wenn sie eine Haushälterin nicht beschäftigen[310]. 1966 wird Beitrag auf 3% von Grundgehalt bzw. Versorgungsbezügen erhöht, wovon 1% die Diözese übernimmt, so daß nur 2% zu entrichten sind[311]. 1975 werden wohl keine Beiträge mehr erhoben [312].

---

305 Vgl. Abs 44 (1951) 339: [Zusätzl. Altersversorgung etc.] Satz 1. Der Einbehalt erfolgt unter Bezugnahme auf §3 Abs.3 der genannten RiL und die Erläuterungen Abs.4. Vgl. ebd.

306 Vgl. DIÖZ.SYN. [1957] ebd. Seit dieser Zeit wurde allen im Ruhestand befindlichen Pfarrhausangestellten ohne Rücksicht auf sonstige Einkünfte und Vermögensbestände ein einheitlicher Beihilfsbetrag gewährt. Vgl. ebd. Die staatliche Rentengesetzgebung/1957 würde sich mit der ab 1962 greifenden Umstellung auf die Rentenberechnung nach dem Leistungsprinzip, d.h. nach der Höhe des Arbeitseinkommens ungünstig auswirken. Neben zusätzlichen Maßnahmen der geistlichen Arbeitgeber (Höherversicherung bei der Angestelltenversicherung, private Versicherungsverträge) müßten die Unterstützungswerke der deutschen Diözesen ab 1962 für die älteren Pfarrhausangestellten, denen auch durch diese Maßnahme die normale Mindestpflichtrente nicht mehr gesichert würde, entsprechend höhere Zusatzleistungen gewähren als bisher. Gemeinsame und einheitliche Maßnahmen seien bereits eingeleitet. Vgl. ebd.125f.

307 Vgl. ebd.127: Aussprache. Im Vergleich zur "Selbsthilfe" des Deutschen Caritasverbandes sei die diözesane Einrichtung kein starres System, für die Sicherheit ihrer Leistungen könne Vertrauen bestehen und die geistlichen Arbeitgeber sollten darum auch hier zu höheren Beiträgen bereit sein. Vgl. ebd.

308 Ebd.157f. Beschl.76.

309 Ebd. Beschl.77 §§9f.

310 Abl 59 (1966) 198-202, 202: Nr.189 Ziff.3.

311 Das gilt auch 1971 noch. Vgl. ebd. und Abl 64 (1971) 554/6, 545: Nr.112 Ziff.1 Abs.3.

1990 wird eine neue Regelung der zusätzlichen Alters- und Hinterbliebenenversorgung geschaffen. Die Versorgung wird durch Anmeldung bei der kirchlichen Zusatzversorgungskasse des Verbandes der Diözesen Deutschlands (VDD) gewährleistet. Die Diözese trägt die Beiträge sowie die darauf entfallende Lohn- und Kirchensteuer, ohne daß hierdurch ein Arbeitsverhältnis zwischen der Diözese und der Haushälterin begründet wird.[313] Nach der bisherigen diözesanen Regelung (Hilfswerk für Pfarrhaushälterinnen) können seit dieser Zeit grundsätzlich keinerlei Ansprüche oder Anwartschaften mehr erworben werden[314].

d) Regelungen, die alle "Pflichtabgaben" betreffen

Seit 1954, also - teilweise sehr viel - früher als in den anderen bayerischen Diözesen, erfolgt hier die umfassende Besoldungsumstellung. Ohne daß dies gesagt wurde, bestand damit die Möglichkeit für Abzüge vom vollen Gehalt, nicht nur von einer etwaigen Einkommensergänzung:

> "Um auch den Inhabern von Pfarrpfründen monatlich gleichmäßige Einkünfte zukommen zu lassen, wird mit Wirkung vom 1.1.1954 kein Stelleneinkommen in den Gehalt eingerechnet, sondern volles Gehalt nach der Besoldungsordnung ausgezahlt. Der Pfründereinertrag ist daher in voller Höhe nach der Verbescheidung durch die Bischöfliche Finanzkammer an diese abzuführen. In den Fällen, in denen die Pfründe größeres Reinerträgnis abwirft, wird den Inhabern die Abführung von Teilbeträgen empfohlen."[315]

Die Leistungen der Geistlichen zu Emeritenanstalt, Hilfskasse (HilfsK) für die weiblichen Pfarrhausangestellten (HaushHilfsK) und Diasporapriesterhilfe sind als "Abgaben", "Monatsbeiträge", "Diözesanabgaben" und "Diözesanbeiträge" bezeichnet[316]. Die Regelungen gelten jeweils für den Gesamtbereich der Diözese[317].

Nach der Neuordnung der Besoldung 1956 werden die errechneten Bezügesätze zum Ausgleich der Abgaben zusätzlich bei Pfarrern und Expositi um 5% (2% Emeritenanstalt, 1,5% HaushHilfsK, 1,5% Diasporapriesterhilfe), bei Kaplänen um 3,5% (2% Emeritenanstalt, 1,5% Diasporapriesterhilfe) und bei den Emeriti

---

312 Vgl. die Besoldungstabelle 1975, die nur noch die DiaspPriesterhilfe als einzigen Diöz-Beitrag nennt. In: GV.5.6.75. In: Abl 68 (1975) 202f: Nrn.91f v.a. Ziff.2.

313 Vgl. BISCH.1.7.90. In: Abl 83 (1990) 122f: Nr.53 Art.1 §14 Abs.5 Satz 1 und 3.

314 Vgl. BISCH.1.7.90. In: Abl 83 (1990) 130-132, 130: Nr.53 Ziff.2 Abs.2.

315 Abl 47 (1954) 66: [Gehaltszahlung und Pfarrpfründeertrag].

316 Vgl. Abl 49 (1956) 56f: [NeuO etc.] Ziffn.I Spp.4/6 und II Spp.4f; Abl 57 (1964) 299: [Diözesanabgaben].

317 Vgl. Abl 49 (1956) 53-55, 55: [NeuO etc.] Ziff.III Abs.2; Abl 50 (1957) 505-508, 505 und 507: [NeuO etc.] Ziffn.10f; Abl 56 (1963) 333-336, 333f: [Änderungen etc.] Ziff.10. Für den saarländischen Teil werden die Beträge bis zur Währungsumstellung (vgl. Abl 52 [1959]414/416: [Besoldung etc.]) in französische Franken umgerechnet. Vgl. ebd.

um 3% (je 1,5% für HaushHilfsK und Diasporapriesterhilfe) erhöht[318]. Als 1957 die BesoldungsO unter Beibehaltung der Prozentsätze des Seelsorgereinkommensergänzungsgesetz von 1925 (etwa 80% beim Pfarrer) die Besoldungsgruppe A13 zugrundelegte, wurden die Monatsbeiträge in den bisherigen Sätzen nicht auf die Bruttogehälter aufgeschlagen, sondern von den Bruttogehältern errechnet und - abzugsweise - einbehalten[319]. Als 1963 die Gehaltsbezüge der Pfarrer auf 100% von A13 und auch die der Kuraten und Kapläne erhöht werden, steigen die Monatsbeiträge auf je 2%, nämlich für aktive Geistliche insgesamt 6% zu Emeritenanstalt, Diasporapriesterhilfe und HilfsK (jetzt auch Kapläne!) und für Emeriten insgesamt 4% (HilfsK und Diasporapriesterhilfe)[320]. 1966 steigen die Abgaben auf insgesamt 10%, nämlich 2% Emeritenanstalt, 4% Diasporapriesterhilfe, 3% HaushHilfsK sowie 1% für das neue bischöfliche Werk JUVATE FRATRES; doch übernimmt die Diözese die gesamte Differenz, so daß die Geistlichen gegenüber der früheren Regelung nicht mehr belastet sind[321].

Nicht von der BFK besoldete Geistliche sind zur Beitragszahlung verpflichtet nach den in der Diözesanbesoldungsordnung entsprechend dem Weihealter festgelegten Sätzen, und zwar die für den Pfarrer geltenden Sätze, wenn ihr Gehalt das eines Kaplans oder Kuraten übersteigt[322].

Nach der Besoldungstabelle/1972 werden als "Diözesanbeiträge" Diözesanabgaben in Höhe von insgesamt 6% einbehalten; dabei ist lediglich eine Summe genannt, jedoch von Beiträgen bzw. Abgaben im Plural gesprochen[323]. 1975 nennt die Besoldungstabelle nur noch einen einzigen "Diözesanbeitrag", und zwar 2% für die Diasporapriesterhilfe[324]. Die Besoldungs- und VersorgungsO/1986 enthält keine Vorschriften zu Diözesanabgaben bzw. Monatsbeiträgen[325].

---

318 Die Sätze nach der NeuO/1956 ergeben sich aus den Sätzen der BesoldungsO/1928 nebst zweimal 20% Teuerungszuschlag, so daß insgesamt dann 145, 143.5 bzw.143 % der BesoldungsO/1928 zu zahlen sind. Vgl. Abl 49 (1956) 53-55, 53 und 55: [NeuO etc.] Ziff.I Abs.1 und Ziff.II. Der Wechsel vom Einbehalt *mit* zum Einbehalt *ohne* vorherigen Aufschlag der Abgabenbeträge war in den anderen, den jetzt allein bayerischen Diözesen der FreisBischKonf nicht festzustellen.

319 Demnach ergaben sich z.B. für den Pfarrer 80% von A13, gekürzt um 5% Monatsbeiträge, beim Emeritus grundsätzlich 80% von den 80% des Pfarrers von A13, gekürzt um 3% Monatbeiträge. Vgl. Abl 50 (1957)505/508, 505 und 507: [NeuO etc.] Ziffn.1f und 9.

320 Vgl. Abl 56 (1963) 333-336, 333f: [Änderungen etc.] Ziffn.1,4 und 8f.

321 Vgl. Abl 59 (1966) 198-202, 199: Nr.189 Ziff.3.

322 Vgl. Abl 54 (1961) 339: [Beiträge etc.].

323 Vgl. Abl 65 (1972) 67f, 67: Nrn. 41f Abs.2.

324 Vgl. GV.5.6.75. In: Abl 68 (1975) 202f: Nrn.91f v.a. Ziff.2. Ab 1976 wird der Diöz-Beitrag für die DiaspPriesterhilfe in Höhe von 2% auf dem Gehaltsstammblatt als Privatabzug in Feld 1 ausgewiesen. Vgl. zuerst Abl 69 (1976) 157-159, 157f: Nrn.107f lit.b.

325 Vgl. BISCH.16.12.85. In: Abl 79 (1986) 31-37: Nr.6.

e) Abschöpfung von Mehreinnahmen aus den Pfründen

Mehrerträge, die die Regelung der Besoldungsumstellung von 1954[326] nicht explizit anspricht, sind, soweit vorhanden, als "Pfründereinertrag" mit an die BFK abzuführen.

[326] Siehe *oben bei Fn.315*.

Zusammenfassung und Ausblick

§36. Zusammenfassung

a) Zur allgemeinen Entwicklung der jeweiligen Abgaben

Die Entwicklung der "Pflichtabgaben" zu Ruhegehaltskassen/Emeritenanstalten, Diasporapriesterhilfe und Haushälterinnenzusatzversorgung sowie die Abschöpfung von Mehrerträgen aus den Pfründeeinkünften wurde im Zusammenhang eingehend dargestellt.

Pflichtbeiträge für die Altersversorgung der Geistlichen sind seit 1908/9 in jeweils für den preußisch geprägten und den bayerischen Rechtskreis vereinheitlichter Form normiert und bestehen bei zwischenzeitlichen Wandlungen der gesamtkirchlichen Weisungen bis heute im Kern unverändert fort. Seit der Zeit der Währungsumstellung 1948 trat neben den persönlichen Beitrag des Stelleninhabers zur Ruhegehaltskasse in vielen Diözesen ein Stellenbeitrag der Kirchengemeinde. Die Kirchengemeinde konnte - teilweise schon vorher - auch den persönlichen Beitrag des Stelleninhabers übernehmen. In anderen Bistümern übernahm die Diözese wegen der Verwaltungsvereinfachung oder der gestiegenen Lebenshaltungskosten den Beitrag, in einigen bayerischen Diözesen schon 1953. Anfang der 70er Jahre wurde die Erhebung vielfach unter dem Vorbehalt des Widerrufs ausgesetzt. Auch wenn die Beiträge heute vielfach nicht mehr erhoben werden, ist das Recht auf Beitragserhebung durchgehend vorbehalten. Die einschlägigen diözesanen Satzungen und Ordnungen stützen nach Inkrafttreten des CIC/1983 wie vorher eine etwaige Erhebung.

Im Hinblick auf die Diasporapriesterhilfe wurde der Forschungsstand zur Funktion der Ausgleichskasse in Paderborn, vor allem nach den Beschlüssen der Bischofskonferenzen/1926/1947 bestätigt. Neue Einsichten haben sich zur Entstehung der innerdiözesanen Hilfe der Diasporabistümer wie auch der interdiözesanen Hilfe des Paderborner Werkes ergeben. Insbesondere haben bei der Gründung des letzteren (1923) die Diözesen Osnabrück (1921) und vor allem Paderborn (1922) als Vorbilder gedient sowie die vom Bonifatiusverein her bekannten Prinzipien der Hilfe unter den jeweiligen "Ständen" (z.B. Priester für Priesterbesoldung, Kinder für Religionsunterricht) über Diözesangrenzen hinweg auf der Grundlage der Selbsthilfe der Empfängerbistümer. Der genaue Blick auf die Umstände der Entstehung und Entwicklung dieser Hilfswerke ermöglicht differenziertere Fragestellungen auf Gaben und Abgaben im Spannungsfeld von Freiwilligkeit und Pflichtmäßigkeit sowie von Liebes- und Rechtspflicht, in dem sich die heute immer noch erhobene oder erbetene Abgabe nach wie vor bewegt[1].

---

[1] Siehe dazu unten lit.b, v.a. 4°-5°.

Daß der Priester auch seinen Hausangehörigen aufgrund des Einkommens an Pfründerträgen bzw. Gehalt wenigstens einen bescheidenen Lebensunterhalt verschaffen konnte, war nach Benefizialsystem und Weihetitelrecht vorausgesetzt - jedenfalls zu Lebzeiten des geistlichen Dienstherrn. Vorsorge für die Versorgung der Hausangehörigen für den Fall der Not, v.a. nach dem Tod des Geistlichen, war dessen individueller Initiative und Fähigkeit überlassen (v.a. Testament, Lebens- und andere private Versicherungen oder durch Höherversicherung bei der Sozialversicherung staatlichen Rechts mittels Einzahlung höherer Beiträge durch Arbeitgeber und/oder Arbeitnehmer). Der Währungsverfall verminderte den Wert privater Ersparnisse, Lebensversicherungen und Renten so sehr, daß die ehemaligen Hausangehörigen in Not gerieten. Daher wurden seit Anfang der zwanziger Jahre Rentenkassen gebildet, die mangels hinreichender Ausstattung mit Vermögen durch Beiträge der Priester finanziert wurden. Vorreiter waren die Diözesen des oberrheinischen Rechtskreises. Neben deren als dauerhafte Einrichtungen konzipierten Hilfswerken gab es als vorrübergehend gedachte Notstandsaktionen Abgaben der Priester, teils obligatorisch (so Breslau zunächst), teils freiwillig (so München und Freising), teils kombiniert obligatorisch und freiwillig (so etwa Breslau später). Nachdem sich nach dem 2. Weltkrieg der Währungsverfall und seine geschilderten Folgen für die Versorgungslage des ganzen Berufsstandes wiederholt, die oberrheinischen Rentenkassen sich aber als krisenfest erwiesen hatten, kam es zu einer neuen Welle der Gründung diözesaner Hilfswerke Anfang der 50er bis Anfang der 60er Jahre, begünstigt durch eine Reform der Sozialversicherung staatlichen Rechts mit negativen Auswirkungen auf die Rentenberechnung der Haushälterinnen. Die Finanzierung der Hilfswerke erfolgte durch eine Abgabe der Geistlichen und durch Zuschüsse der Diözese. Die Abgabe wurde, ähnlich wie der Beitrag für die Altersversorgung, in etlichen Bistümern zeitweise von der Diözese übernommen, etwa Anfang der 50er und Anfang der 70er Jahre oder, seit Ende der 80er Jahre, unter dem Vorbehalt des Widerrufs ausgesetzt. Seit den 70er Jahren laufen in vielen Diözesen der Freisinger Bischofskonferenz, seit Ende der achziger Jahre in anderen Diözesen die diözesanen Werke auf der Grundlage von Übergangsregelungen aus. Viele Diözesen melden die Haushälterinnen bei großen Zusatzversorgungskassen an, die nicht in diözesaner Trägerschaft stehen. Die Entwicklung der Abgabe zeigt Anwendungsfälle für das Verhältnis von Recht und Billigkeit und wirft Fragen zum Verhältnis von Recht und Gerechtigkeit auf[2].

Die Abschöpfung von Mehreinnahmen aus den Benefizien kann vereinzelt an Regelungen vor Inkrafttreten des CIC/1917 anknüpfen. Abgaben besser dotierter zugunsten schlechter dotierter Pfründen wurden 1919/20 im oberrheinischen Bereich (Freiburg) und 1923 in mehreren Diözesen auf der Fuldaer Bischofskonferenz versammelter Bischöfe (Breslau, Köln, Paderborn) festgestellt, dann erst

---

[2] Siehe dazu *unten lit.b, 4°*.

wieder ab 1957 (München) und 1958 (Köln). Zwischen 1926 und 1958 scheint es selbst in der Erzdiözese Köln Pfründen mit Mehrerträgen nicht gegeben zu haben. Die Regelungen der Jahre 1957/8 erlaubten wie die von 1923 dem Stelleninhaber, einen Teil der Mehrerträge zu behalten. Spätestens seit 1986 wurde auch dieser Teil schrittweise abgebaut. Die Entwicklung der Abschöpfung der Mehrerträge ist auch im Zusammenhang mit anderen innerdiözesanen Ausgleichsmaßnahmen zu sehen [3].

b) Ergebnisse zur Entwicklung aller Abgaben im Querschnitt

- 1° Abgabe bzw. Abzug (*tributum*) als Ausgleich (*distributio*) des Einkommens

Alle genannten Abgaben und Abzüge von Gehalt und Pfründeeinkünften dienen dem Ausgleich unzureichender Sustentation anderer Geistlicher und ihrer (ehemaligen) Hausangehörigen.

Außer bei der Abschöpfung der Mehrerträge, die lediglich bei Benefizialeinkünften in Betracht kommen[4], erfolgen bzw. erfolgten Abgaben bzw. Abzüge ohne Unterschied, ob bzw. zu welchem Teil die betroffenen Einkünfte aus Gehalt(szuschüssen) oder Benefizialerträgen stammen. Insofern betrifft der Wandel vom Benefizial- zum Gehaltssystem vor allem die Modalitäten der Abgabenleistung, also ob Abgabe durch die Pflichtigen oder Abzug von Gehalt(szuschüssen) vor Gehaltszahlung durch die betreffende Kasse erfolgt. Auf dem Weg dieses Wandels über das System der zunächst teilweisen, später vollen Einkommensbevorschussung erfolgte in verschiedenen, nach "Rechtskreisen" und zum Teil innerhalb der "Rechtskreise" nach Diözesen unterschiedlichen Schritten eine Bündelung der diversen Einkünfte der Pfründen beim Träger der gehaltszahlenden Kasse. Das betraf alle Bestandteile der Einkünfte der Priester im Zusammenhang mit dem Stellenvermögen, angefangen von Staatsleistungen - sowohl den vom Staat als pflichtmäßig anerkannten wie den als bloß freiwillig deklarierten - und ähnlichem (Leistungen von Gemeinden und Patronen) über die Einkünfte aus Pfründekapitalien bis hin zu den Grundstückspacht- und Erbbaurechtserträgen. Motiv oder auch Effekt dieser Bündelung von Pfründeeinkünften bei der gehaltzahlenden Kasse war neben Verwaltungsvereinfachung und dem Ausgleich schwankender Einkünfte der einzelnen Pfründe die Möglichkeit des Ausgleichs zwischen den verschiedenen (Einkunfts-) Gruppen der Priester. Anlaß für Aus-

---

[3] So erfolgte eine Ausgleichsabgabe in Trier wie in Paderborn zeitweise sowohl für bedürftige Priester der eigenen Diözese wie für die Paderborner AusgleichsK, in Paderborn für Diasporapriester, in Trier nicht nur für Diasporapriester der eigenen Diözese. Im Zusammenhang mit der Trierer DiözAusgleichsK stellt W. Schwickerath für Bayern fest, dort sei ein Ausgleich bereits über den Eingang der KirchenSt bei der und ihre Verteilung durch die Diözese vorhanden. Vgl. W. SCHWICKERATH: Finanzwirtschaft 275.

[4] Die das Pfarrgehalt in der Endstufe der jeweiligs einschlägigen diözesanen BesoldungsO u.U. übersteigenden Gehälter von Professoren und Domkapitularen sind Sonderfälle.

gleichsmaßnahmen im Wege von Abgabe und Abzug von den Einkünften der besser, normal oder wenigstens auskömmlich Besoldeten war nicht nur das Bestehen von Gruppen bedürftiger Geistlicher oder Hausangehöriger (z.B. Diasporageistliche), sondern auch anstehende Änderungen der Staatsleistungen (z.B. Erhöhung 1908/9 bei Altersversorgung, Kürzung und ihre Rücknahmen infolge der Notverordnungen 1930-1949).

- 2° Abgabenverhältnis: Empfänger und "Pflichtiger" [5] sowie Inhalt der Leistung

Die Abgaben sind an diözesane Einrichtungen zu leisten. Rechtsträger ist in aller Regel[6] der Bischöfliche Stuhl bzw. das Bistum, die Einrichtung rechtlich unselbständig. Dasselbe gilt für die interdiözesane Diasporaausgleichskasse in Paderborn. Als die Beiträge für die Diasporahilfe teilweise noch direkt nach Paderborn gezahlt wurden, war Treuhänder und Rechtsträger der Bonifatiusverein im Auftrag der Bischöfe. Als das Diasporakommissariat die Priesterhilfe übernahm, wurde die Abgabe bereits seit längerer Zeit von den einzelnen Diözesanbischöfen bzw. ihren Ordinariaten oder Generalvikariaten eingehoben.

Die erörterten Pflichtabgaben lasteten niemals auf der Pfründe in dem Sinn, daß die juristische Person Abgaben-"schuldner" war, sondern waren und sind aus dem persönlichen Einkommen des Priesters zu bestreiten, gleich ob und wieweit es aus Gehalt oder Pfründeertrag stammt. Das gilt für die Beiträge zu Ruhegehaltskasse und Emeritenanstalt, für die Diasporahilfe und für die Versorgung der Hausangehörigen wie für die Abschöpfung der Mehrerträge, aber auch für das als Klerusabgabe erhobene partikularrechtliche Seminaristikum[7].

Abgabepflichtig sind bestimmte Priester. Abgabepflichten von Diakonen wurden nicht festgestellt[8], obwohl auf der anderen Seite Diakone im Gebiet der ehemaligen Berliner Bischofskonferenz und der Nordischen Bischofskonferenz und vereinzelt auch Haushälterinnen unverheirateter Ständiger Diakone unterstützt wurden[9].

---

[5] Die Verwendung der Begriffe "Gläubiger" und "Schuldner" setzt eine Rechtspflicht voraus. Da das Vorliegen von Pflichtmäßigkeit bzw. Rechtscharakter der Pflicht aber teilweise fraglich ist, werden die genannten Begriffe gewählt.

[6] Eine Ausnahme bilden die Emeritenanstalten des bayerischen Rechtskreises nur insofern, als sie nach staatlichem Recht selbständige juristische Personen sind.

[7] (Abziehbare) Pfründelasten waren dagegen die alte auf der Pfründe lastende Pension (vgl. *oben §4. Freiburg bei Fn.6*), das gemeinrechtliche Kathedratikum und das hergebrachte Alumnatikum (ein älteres partikularrechtliches Seminaristikum) (vgl. *oben §28. München und Freising sowie §30. Passau jeweils lit.d)*.

[8] Ständige Diakone im Hauptberuf sind zwar u.U. Mitglieder der Emeritenanstalt, doch wurden in der Zeit seit den entsprechenden Satzungsänderungen (1976) wahrscheinlich überhaupt keine Beiträge erhoben.

[9] Vgl. zur Unterstützung hauptamtlicher Diakone etwa H. SCHMITZ: Diözesanklerus 57 mit weiteren Hinweisen, zur Hilfe an Haushälterinnen *oben §16. Trier bei Fn.559*.

Der Abgabenpflicht unterliegen zunächst die Diözesanpriester im Sinne von der Diözese inkardinierten Priestern, seit Ende der 40er Jahre auch heimatvertriebene bzw. Flüchtlingsgeistliche deutscher Abstammung, die im Auftrag des betreffenden Diözesanbischofs tätig sind bzw. für die die Diözese als Aufnahmediözese gilt, teilweise aber auch alle Priester, die in der Diözese ein Amt im Auftrag des Bischofs ausüben.

"Ausgenommen", "befreit", "dispensiert" von der Abgabenpflicht zu Ruhegehaltskasse und Emeritenanstalt sind generell Geistliche mit anderweitig gesicherter Altersversorgung, etwa staatliche Beamte mit Pensionsberechtigung und Ordenspriester. Von der Abgabe für die Diasporahilfe sind letztere nicht immer ausgenommen, soweit sie vom Bischof ein Amt übertragen haben. Die anderweitig gesicherte Versorgung der Hausangehörigen bzw. das Fehlen eines eigenen Haushalts (*oeconomia propria*) bzw. einer eigenen Haushälterin (*oeconoma propria*) führt nur in manchen Diözesen zu einer Befreiung von der Abgabenpflicht zum Hilfswerk für die Hausangehörigen. Meist ist diese Abgabe allen Diözesanpriestern auferlegt, aus Gründen der Solidarität, als Aufgabe des ganzen Standes gegenüber dem Berufsstand der Haushälterinnen und weil nur so die erforderlichen Finanzmittel dauerhaft zusammenkämen. Vereinzelt war eine Abgabenpflicht von Ordenspriestern mit eigenem Haushalt feststellbar, niemals aber von Ordensleuten ohne eigenen Haushalt. Eine zeitweise oder teilweise Befreiung im Einzelfall aus Härtegründen ist häufig ausdrücklich genannt, allerdings nur, wenn es um eine Reduzierung solcher Ausnahmefälle geht, und nie bei den Beiträgen für die Altersversorgung. Die Befreiungsmöglichkeit im Einzelfall wurde teilweise in beträchtlichem Umfang wahrgenommen. Die generelle Begrenzung mancher Abgaben, wonach nur Geistliche mit mindestens Pfarrergehalt, mit "Normal-" oder wenigstens mit "auskömmlichem" Gehalt herangezogen wurden, entfiel seit etwa Ende der 40er Jahre.

Die Höhe der Abgaben war teils in prozentual, teils in summenmäßig bestimmten Sätzen festgelegt. Bei beiden Varianten wurde nach Dienststellung und Dienstalter gestaffelt. Die im einzelnen oft näher bestimmte Bemessungsgrundlage war grundsätzlich das Grundgehalt bzw. Bruttogehalt bzw. die Summe der Versorgungsbezüge ohne Ortszuschlag, Wohnungsgeld, Mietwert der Wohnungen. Tatsächlich wurde die Bemessungsgrundlage durch Annäherung bzw. Angleichung an das Einkommen nach diözesaner Gehaltsordnung vereinheitlicht, einerseits indem unzureichende Pfründeerträge auf dieses Niveau aufgebessert bzw. ergänzt wurden, andererseits, indem Mehrerträge teilweise oder ganz abgeschöpft wurden. Einige Diözesen begrenzten die Abgabe nach oben auf einen maximalen Pflichtbeitrag bemessen am Pfarrergehalt in der Endstufe. In süddeutschen Diözesen war teilweise für Professoren und Domkapitulare eine eigene Stufe oberhalb der Stufe "Pfarrer und ähnlich besoldete Geistliche" vorgesehen.

Die Höhe der einzelnen Abgaben veränderte sich immer wieder, doch überstieg der Abgabensatz bezogen auf die Summe der auferlegten diözesanen Abgaben der Kleriker in den festgestellten Fällen nie die 10%-Grenze. Die Gesamtbelastung der Priester durch die verschiedenen diözesanen Abgaben und allgemeine Gehaltskürzungen wird immer im Auge behalten. In etlichen Beispielen wurde zur Einführung einer neuen Abgabe, etwa der für die Haushälterinnenversorgung, eine andere Abgabe gekürzt, etwa die für die Diasporahilfe. Ähnlich wurden Klerikerabgaben anläßlich von starken allgemeinen Gehaltskürzungen ausgesetzt oder anläßlich der Rücknahme von Gehaltskürzungen angehoben, teilweise selbst als Gehaltskürzungen bezeichnet.

- 3° Moralischer oder Rechtsanspruch, Beschwerde- oder Klagerecht der Begünstigten

Den Pflichtbeiträgen steht häufig kein oder kein voller Rechtsanspruch der durch die betreffende Kasse Begünstigten (Ruhestandsgeistliche, Diasporageistliche, Angehörige des geistlichen Haushalts) gegenüber, was Zweifel an der Legitimität der Pflichtbeiträge genährt hatte[10]. Für die Versagung von Rechtsansprüchen haben sich verschiedene Gründe ergeben. Die Besoldungs- und Versorgungsordnungen für Geistliche im preußisch geprägten Rechtskreis versagten einen Rechtsanspruch auf das ungekürzte Gehalt auch für Ruhestandgeistliche deshalb, weil der Staat die für die Leistung des Gehalts in dieser Höhe erforderlichen Mittel nicht rechtsverbindlich zugesagt hatte, unbeschadet der Verpflichtungen und Rechte auf Grund des Weihetitels[11]. Der Bonifatiusverein hat in seiner Eigenschaft als Treuhänder der interdiözesanen Diasporaausgleichskasse wie auch sonst bei seinerseits früher gewährten Gehaltsbeihilfen die Übernahme rechtlicher Verpflichtungen für Gehaltszahlungen mit Hinweis auf die rechtliche Sorgepflicht des Bischofs für die Sustentation seiner Kleriker abgelehnt. Bei den Hilfswerken für die Hausangehörigen wurde zwar kein vor zivilen Gerichten einklagbarer Rechtsanspruch auf Unterstützung gewährt, doch gleichzeitig immer wieder ein "moralischer", vereinzelt auch ein "kirchlich-rechtlicher" Anspruch bestimmt und die Beschwerde an das Ordinariat bzw. Generalvikariat oder auch an das Offizialat für möglich erklärt. Die Versagung von Rechtsanspruch und bürgerlichem Rechtsweg sei erforderlich, so wurde teilweise begründet, damit die Unterstützung so nicht von der staatlichen Fürsorge bzw. Sozialhilfe als Einkom-

---

[10] Vgl. H. SCHMITZ: Altersversorgung 157f mit Fn.82.

[11] Zum Verhältnis von Rechtsanspruch und moralischem Anspruch vgl. auch F. KOBER: Deposition 201 und W. SCHWICKERATH: Finanzwirtschaft 180. Der Demerit verliert seinen Rechtsanspruch aus dem Weihetitel auf Unterhaltsgewährung, doch gewährt ihm der Bischof ein Gnadengehalt, u.a. damit er dem Ansehen des geistlichen Standes nicht durch ungeziemenden Lebenserwerb noch weiter schadet; daher bestehe "wohl auch die moralische Verpflichtung zu seiner Unterstützung". Vgl. ebd. Zum moralischen Anspruch gegen das Bistum, soweit ihm Mittel zur Verfügung stehen, auf teilweise Deckung des Unterstützungsbedarfs in allgemeinen Notlagen (Krankheit etc.) vgl. ebd.182.

men angerechnet werden konnte, und weil sonst eine Unterstellung unter die staatliche Versicherungsaufsicht erforderlich gewesen wäre.

- 4° Recht und Billigkeit, Ehren- und Liebespflicht, Gerechtigkeitspflicht

Nur die Beiträge zu Ruhegehaltskasse und Emeritenanstalt waren im Untersuchungszeitraum immer als Rechtspflichten zu qualifizieren, nicht dagegen die anderen Abgaben. So wurde die angemessene Entlohnung der Hausangehörigen, die auch ausreichende Vorsorge umfassen sollte, etwa als Gerechtigkeitspflicht, nicht aber als Rechtspflicht bezeichnet. Nur nach und nach normierten, urgierten und kontrollierten auch die kirchlichen Autoritäten die Anmeldung und Beitragszahlung in der Sozialversicherung staatlichen Rechts als Rechtspflicht des geistlichen Dienstherrn. Die zusätzliche Vorsorge für den Fall der Not der Hausangehörigen war Forderung der Billigkeit, sowohl vor Schaffung der Zusatzversorgungswerke diözesanen Rechts als auch in ihrer Anfangsphase. Umgekehrt erteilte der Apostolische Stuhl den Bischöfen die Fakultäten zur Erhebung der verschiedenen Abgaben immer *servatis servandis*, teilweise unter ausdrücklichem Vorbehalt der Billigkeit (*in omnibus utique servata aequitate*). Insofern verpflichtete Billigkeit einerseits mehr als das Recht, andererseits begrenzte sie das Abgabenrecht. Die Diasporahilfe wurde in beiden grundlegenden Beschlüssen der Fuldaer Bischofskonferenz/1926 und /1947 sowie auch sonst immer wieder von den Bischofskonferenzen und den diözesanen Verlautbarungen als besonders wichtige Ehren- und Liebespflicht (*praeeminens officium nobile et caritativum*) qualifiziert. Rechtlich siedeln die einzelnen Diözesen die Erfüllung dieser Pflicht in unterschiedlicher Weise zwischen Freiwilligkeit und Pflichtmäßigkeit an.

- 5° "Pflichtabgabe" im Spannungsfeld zwischen Freiwillig- und Pflichtmäßigkeit

Die Entwicklung der "Pflichtabgaben" zeigt vielfältige, teilweise feine Übergänge im Spannungsfeld zwischen Freiwilligkeit und Pflichtmäßigkeit. Der mit Verpflichtungskraft (*cum vi obligandi*) auferlegten Pflicht steht die freiwillige Leistung aus eigenem Antrieb gegenüber, etwa wenn für die Diasporahilfe eine großzügige Spende über den vorgesehenen Satz hinaus erfolgt. Selbst bei unzweifelhafter Rechtsverpflichtung kann von einer Durchsetzung abgesehen werden - wenig wahrscheinlich, wenn der Berechtigte einen Abzug vom Gehalt(szuschuß) vornehmen kann, eher denkbar, wenn er den Pfründeinhaber zur Zahlung bewegen muß. Bei Nichtleistung von Beiträgen zu Ruhegehaltskasse oder Emeritenanstalt kommt ein Verlust der Versorgungsrechte in Betracht, der aber durch Nachentrichtung nebst Ausgleich von Zinsverlusten unter Umständen wieder rückgängig gemacht werden kann. Auch wo keine Rechtspflicht vorliegt, wird häufig unbeschadet der Freiwilligkeit gebeten oder ermahnt, nachdrücklicher wo dies unter Berufung auf Billigkeit, Liebe, Ehre, Gerechtigkeit, Solidarität, Gewissen geschieht. Es folgen weitere kleine Schritte weg von der Freiwilligkeit hin zur

Pflichtmäßigkeit. Der Ordinarius oder gar der Diözesanbischof selbst drängt zur Gabe, setzt in differenzierter Weise die Abgabenhöhe fest, fordert teilweise triftige Gründe für die Nichtleistung, manchmal sogar ihre schriftliche Angabe, wofür dann noch eine Frist gesetzt wird. Diese Schritte finden sich verstreut, aber nicht nur in Einzelfällen, etwa bei der Diasporahilfe, auch wo die betreffende Amtsblattverlautbarung sich allein auf die Liebes- und Ehrenpflicht beruft, oder bei der Haushälterinnenzusatzversorgung, wo der Geistliche ohne eigenen Haushalt aus Solidarität leisten soll. Eine wichtige Station im umrissenen Spannungsfeld ist der Gehaltsabzug freiwilliger Gaben. Die Freiwilligkeit wahrt eine, aus Gründen der Praktikabilität oft befristete Widerspruchsmöglichkeit. Nennen die einschlägigen Unterlagen (Amtsblattverlautbarung, Gehaltszettel, Gehaltsordnung etc.) die Widerspruchsmöglichkeit nicht mehr - was seit Ende der 40er Jahre kaum noch geschieht, obwohl sie nicht durch gesatztes Recht abgeschafft wurde, könnte dies vielleicht zur Entstehung einer gewohnheitsrechtlichen Abgabenpflicht führen. Dabei wäre auch zu prüfen, wer welche der genannten Schritte zwischen Freiwilligkeit und Pflichtmäßigkeit initiiert und akzeptiert hat (Gab es Widersprüche u.ä.? Haben Diözesansynoden und -konferenzen, Dekanate, Dekanekonferenzen die betreffenden Schritte angeregt oder befürwortet? etc.).

- 6° Konsoziative Spuren

Die besprochenen Kassen und Werke sind vielfach aus vereinsrechtlichen Bezügen herausgewachsen. Vereine und Vereinsbeiträge waren Vorläufer von diözesanen Einrichtungen der Altersversorgung mit Beitragspflicht. Bayerischer Diasporapriesterverein und Generalvorstand des Bonifatiusvereins waren Treuhänder der Diasporahilfe. Die Diasporaabgabe der Priester wurde zunächst als Erfüllung der Beitragspflicht in der Doppelpflicht des Bonifatiusvereins "Gebet und Almosen" angesehen. Die Jahresberichte der Priesterhilfe sprachen in den ersten Jahren nicht nur von Spenden, sondern immer wieder auch von der "Beteiligung des Klerus", der "Beteiligung der Dekanate". Diözesane Priestervereine waren Träger von Haushälterinnenhilfswerken, Priester- oder Karitasvereine sorgten für die Verteilung der eingehenden Mittel. Auch wo die Kasse oder das Werk diözesan getragen war, bestand nicht immer oder oft zunächst nicht Pflichtmitgliedschaft.

- 7° Synodale Spuren

Die Thematik der Pflichtabgaben wurde immer wieder auf Diözesansynoden und -konferenzen sowie auf Dekane/Dechanten- und Dekanatskonferenzen besprochen. Die großzügigen innerdiözesanen Diasporaabgaben vom Anfang der 20er Jahre wurden auf Diözesansynoden und -konferenzen geboren. Die Bischöfe und ihre Behörden berufen sich immer wieder auf Anregung und Befürwortung durch Dekanate, Konferenzen, Synoden, die auch bei der Umsetzung der Bischofskonferenzbeschlüsse von Bedeutung sind. Zum Beispiel betreibt ein Bischof die Umsetzung des Bischofskonferenzbeschlusses über die Dekane durch ein persönliches Schreiben, das auf Dekanatskonferenzen besprochen wird. Diese Konferenzen bereiten dann wiederum einschlägige Beratungen und Beschlüsse auf Dechantenkonferenzen und der folgenden Diözesansynode vor. Oder eine Dekanekonferenz bzw. Diözesankonferenz wird vom Bischof vor Umsetzung eines Votums der betreffenden Bischofskonferenz befragt. Der Bischof beschließt auf dieser und mit dieser die Umsetzung des Bischofskonferenzbeschlusses. Der Apostolische Stuhl hat vor seiner Entscheidung manchmal zustimmende Voten der Dekanate verlangt oder auf ihr Vorliegen hingewiesen.

Vereinsrechtliches und synodales Element gehen bisweilen Hand in Hand, etwa wenn der Bischof im Anschluß an einen Beschluß der Synode die Synodalen bittet, den Klerus in den Dekanaten zum Beitritt zum Synodenbeschluß aufzufordern; dies erfolgt, indem eine Beitrittsliste für einen Verein kursiert, wobei die Vereinsmitgliedschaft die Beitrittspflicht begründet.

- 8° Bischöfe, Bischofskonferenzen und Bonifatiusverein

Die festgestellten Beschlüsse der Bischofskonferenzen sind Vorschläge, Ratschläge, Richtlinien für die Bischöfe. Sie legen Höhe der Gabe und Kreis der Geber bei den aufzuerlegenden oder zu erbittenden bzw. anzumahnenden Abgaben detailliert fest[12]. Das gilt für die Bischofskonferenzen "alter Ordnung" wie für die als Bischofskonferenzen im Sinne des CIC/1983 konstituierten. Insofern binden sie die Diözesanbischöfe nicht. Dies kommt gerade bei der Umsetzung der Beschlüsse zur Diasporahilfsabgabe deutlich zum Ausdruck. Die Befolgung der Konferenzbeschlüsse bei den Abgaben für die Altersversorgung ergibt sich aus der Einbindung in die staatskirchenrechtliche Situation. Ein anderes Moment der stärkeren Einbindung der Bischöfe ergibt sich, wenn für alle Bischöfe einer Konferenz gemeinsam um Vollmachten des Apostolischen Stuhls nachgesucht wird (etwa preußischer Episkopat 1909 [Ruhegehaltskassenbeitrag], bayerischer Episkopat 1933 [5%-Abgabe], westdeutscher Episkopat 1968/74 [Diasporahilfe für nordische Länder], deutscher Episkopat 1995 [Diasporahilfe für mittel- und osteuropäische Länder]). Wirkung über bloßen Richtliniencharakter hinaus entfalten auch die Vereinbarungen der deutschen bzw. westdeutschen Bischöfe, wonach der Ortsbischof nicht nur die seiner Diözese inkardinierten Priester, sondern auch die anderer Diözesen mit Abgaben belegen kann, wenn sie in seinem Auftrag ein Amt in seiner Diözese ausüben. Auf der Grundlage dieser Vereinbarungen besteuert der Ortsbischof den fremden Diözesanklerus und erhält gegebenenfalls unter Berufung auf diese Vereinbarungen eine entsprechende Vollmacht des Apostolischen Stuhls.

---

12 Dies läßt an die erbetene Unterstützung (*subventiones rogatae*) des c.1262 CIC/1983 denken.

Der Bonifatiusverein bzw. sein Generalvorstand handelten bei der Organisation der interdiözesanen Diasporahilfe im Auftrag und als Treuhänder der deutschen Bischöfe, ebenso wie später das Diasporakommissariat. Die Richtlinien, an die die interdiözesane Paderborner Ausgleichskasse durch Auftrag und Treuhandverhältnis gebunden war, stammten von den Bischofskonferenzen. Im Verhältnis zu den einzelnen Bistümern konnte oder durfte der Bonifatiusverein von den Konferenzrichtlinien nicht abweichen.

- 9° *Facultas vel licentia imponendi tributa*

Daß der Apostolische Stuhl wegen der Klerikerabgaben angegangen wird, konnte für alle vier hauptsächlich untersuchten Abgabearten festgestellt werden[13], für die Ruhegehaltskassen zuerst 1909 für den preußisch geprägten Rechtskreis, für die Diasporahilfe zuerst 1930/31 für die Diasporadiözesen (vereinzelt zusammen mit einer erneuten Vollmacht für die Ruhegehaltskassenbeiträge) und seit 1955 für die Haushälterinnenzusatzversorgungswerke in verschiedenen Diözesen (vereinzelt allein, in der Regel zusammen mit den Beiträgen für Ruhegehaltskasse und Diasporapriesterhilfe). Die letzten Vollmachten wurden 1984 festgestellt, und zwar *ad quinquennium*. 1989 soll die Vollmacht für die Haushälterinnenzusatzversorgungsabgabe unter Hinweis auf c.1263 des CIC/1983 verweigert worden sein. Für Diözesen des bayerischen und oberrheinischen Rechtskreises wurden Vollmachten nur vereinzelt festgestellt. Für die Abschöpfung von Mehrerträgen fanden sich eingeholte Entscheidungen des Apostolischen Stuhls 1918-1923 in verschiedenen Diözesen, dann erst wieder vereinzelt (1957/1962) und schließlich 1986.

Der Apostolische Stuhl gewährt die *facultas*, manchmal auch die *licentia imponendi tributa*, in näher bestimmtem Umfang. Außer dem Reskript für die Abschöpfung von überhöhten Pfründeeinkünften von 1962 wurden alle im Wortlaut zugänglichen Entscheidungen *ad triennium* oder *ad quinquennium* erteilt. Eine Verlängerung konnte weder für die Serie von 1923 (Abschöpfung) noch für die von 1930/31 (innerdiözesane 3%ige Diasporahilfe) festgestellt werden, wohl aber für viele der seit Anfang der 50er Jahre festgestellten "Vollmachten". Etliche Vollmachten wurden wegen der Erhöhung bestehender Abgaben erbeten. Die Indulte wurden nicht immer in der vollen Höhe, vereinzelt gar nicht ausgenutzt. Der Apostolische Stuhl handelt in der Regel durch die Konzilskongregation, später durch die Kleruskongregation. Einige Entscheidungen sind als solche *Ex audien-*

---

[13] Es ist auffällig, daß bei den Studien zu dieser Arbeit keine Entscheidung des ApStuhls im Zusammenhang mit dem Seminaristikum ins Blickfeld gekommen ist. So nennt can.1356 in seiner abschließenden Aufzählung der Seminarsteuerpflichtigen keine physischen Personen. In der in deutschen Diözesen öfter erfolgten Heranziehung des Diözesanklerus liegt eine Erweiterung des Kreises der Pflichtigen, für die der Bischof eines päpstlichen Indults bedurft hätte. So E. EICHMANN: Lehrbuch II 86.

tia SSmi bezeichnet. Die Entscheidungen werden vielfach qualifiziert als "Reskript" oder "Indult", die Rede ist auch von einem durch Reskript erteilten Indult. Die deutschen Amtsblätter sprechen vor allem von "Vollmacht". Das Vorliegen des affirmativen Votums von Kathedralkapitel und Diözesanvermögensverwaltungsrat wird immer festgestellt, oder die *facultas* vorbehaltlich solcher Voten erteilt. Wo der Ortsbischof eine Vollmacht zur Belastung anderer Priester als Diözesanpriester erbittet, beruft er sich auf eine Absprache mit anderen Diözesen oder wird vom Apostolische Stuhl auf die Einigung mit dem betroffenen Oberen verwiesen. Nur vereinzelt war festzustellen, daß der Apostolische Stuhl die Voten der Dekanate forderte oder sich der Bittsteller auf solche Voten bzw. Beratungen berief.

Weshalb - in rechtlicher Hinsicht - der Apostolische Stuhl angerufen wird, sagen dessen im Wortlaut festgestellte Entscheidungen in keinem Fall. Auch in Text und Kontext der teilkirchlichen Regelungen finden sich nur ganz vereinzelt Hinweise auf etwa einschlägige Kanones, nämlich auf die cann.1429, 1473 und 1504 bis 1506 CIC/1917 sowie cc.1263 und 1272 CIC/1983. Eine Bewertung dahin, ob und warum die getroffene Regelung nur auf der Grundlage des Indults möglich oder erlaubt ist, sprechen die teilkirchlichen Rechtsnormen nicht aus[14].

§37. Ausblick

Die nachgezeichnete teilkirchenrechtliche Entwicklung der diözesanen "Pflichtabgaben" zeigt gewachsene Beispiele von Abgabe, Abzug und Ausgleich (*tributum* und *distributio*) im Zusammenhang mit Gehalts- und Pfründeeinkünften bei den Priestern, also Erfahrungen mit der Kompensation von Sustentationsdefiziten im Verhältnis zwischen verschiedenen (Einkommens-)Gruppen der Kleriker. Auf diese bei der Sicherung der Klerikerbesoldung in außerordentlich wechselhaften Finanzlagen gesammelten Erfahrungen sollte in Zeiten knapper werdender Finanzmittel ebenso wie bei einer Entspannung der Finanzsituation zurückgegriffen werden.

Liegen Sustentationsdefizite vor, verfehlt der Inkardinationsverband seine Aufgabe, die Sustentation zu gewährleisten, der Inkardinationsordinarius seine rechtliche Sorgepflicht für die Verwirklichung der angemessenen Sustentation. Müßte das Inkardinationsverhältnis, zu dessen Inhalt das Recht des Weltklerikers auf Sustentation zählt[15], nicht auch rechtliche Vorgaben für einen finanziellen Ausgleich zwischen verschiedenen (Einkommens-) Gruppen der Kleriker beinhalten? Wären auch Diakone einzubeziehen? Umfaßt das Inkardinationsverhältnis in die-

[14] Vgl. *oben §2 lit.a a.E.* und die Überlegungen in *§3 bei Fnn.45-51; §4 bei Fnn.64-70, 82f; §9 bei Fnn.85-92, 139f sowie 159/62; §12 bei Fn.274.*

[15] H. SCHMITZ: Diözesanklerus 98. C.281 CIC/1983 nennt Kriterien für die Bemessung der Sustentation, spricht aber nicht von Ausgleichsleistungen und ihrer Bemessung.

sem Zusammenhang auch die Versorgung von Hausangehörigen der Priester und unverheirateten Diakone sowie die Versorgung der Familie verheirateter Diakone?

Der CIC/1983 sieht verschiedene Gaben und Abgaben der Gläubigen vor[16], die in einem Spannungsverhältnis von Freiwilligkeit und Pflichtmäßigkeit stehen[17] und in gewissem Umfang vom teilkirchlichen Gesetzgeber gestaltet werden können[18]. Die aufgezeigte Entwicklung der "Pflichtabgaben" der Priester bewegt sich im Regelungsbereich der cann.1504 bis 1506 CIC/1917, die als Quellen des c.1263 CIC/1983 angesehen werden[19]. Bei einer etwa anstehenden teilkirchlichen Regelung kann jeweils überlegt werden, welcher Ort im Spannungsfeld zwischen Freiwilligkeit und Pflichtmäßigkeit dem Gesetzgeber zweckmäßig erscheint.

Die eingehende Untersuchung partikularrechtlicher Regelungen drängt zu der Frage, ob und wieweit auch Partikularrecht als *canonica traditio* im Sinne des c.6 §2 CIC/1983 und als *consuetudo* im Sinne einer *optima legum interpres* gemäß c.27 CIC/1983 angesehen werden kann. In Überlegungen dazu könnte das Partikularrecht des Apostolischen Stuhls, der Diözesanbischöfe und sonstiger Ortsordinarien einbezogen werden. Von Bedeutung könnten aber auch Äußerungen der Bischofskonferenzen "alter Ordnung" und Beschlüsse von Diözesansynoden[20], Diözesankonferenzen, Dekanekonferenzen und Dekanantskonferenzen sein.

Zum Schluß sei vor dem Hintergrund der an verschiedener Stelle angesprochenen Pflichten *ex caritate*, *ex iure* und *ex iustitia* die allgemeine Frage aufgeworfen, wie sich Karitas, Recht und Gerechtigkeit im Gaben- und Abgabenrecht sowie im Inkardinationsrecht mit der finanziellen Seite des Inkardinationsverhältnisses zueinander verhalten.

---

16 Vgl. v.a. cc.222 §1, 1261 §2, 1262, 1263 2. Halbsatz, 1264, 2° CIC/1983.

17 Zur Frage von Freiwilligkeit und Pflichtmäßigkeit bei diesen Normen vgl. jeweils W. SCHULZ: In. MK. c.1262/1, c.1263/5-8 und c.1264/5-7.

18 Vgl. CIC/1983 cc.1262 (*subventiones rogatae*), 1263 (*tributa*) und 1264, 2° (*oblationes*).

19 PCI: Codex Iuris Canonici fontium annotatione c.1263 nota.

20 Bei Diözesansynoden manifestieren sich Auffassungen der passiv gesetzesfähigen Gemeinschaft, auch wenn der Diözesanbischof und nicht die Synode der Gesetzgeber ist.

Abkürzungsverzeichnis[1]

(...)A	(...)anstalt
a.Anf.	am Anfang
a.E.	am Ende
AAS	Acta Apostolicae Sedis
abgedr.	abgedruckt
Abl/Abll	Amtsblatt/Amtsblätter
Abs.	Absatz
Abschn.	Abschnitt
AfkKR	Archiv für katholisches Kirchenrecht
AGR.	Allgemeiner Geistlicher Rat
AllgKirchSteuerK	Allgemeine Kirchensteuerkasse
AnPont	Annuario Pontificio
ApStuhl	Apostolischer Stuhl
Art./Artt.	Artikel
Aufl.	Auflage
AusgleichsK	Ausgleichskasse
AVG	Angestelltenversicherungsgesetz
bay.	bayerisch
BayBischKonf	Bayerische Bischofskonferenz
Bd./Bde.	Band/Bände
Bearb.	Bearbeiter
BerlBischKonf	Berliner Bischofskonferenz
BFK	Bischöfliche Finanzkammer
Bisch	Bischöflich
BISCH	Bischof
BischKonf	Bischofskonferenz
BischStuhl	Bischöflicher Stuhl
BonifatiusV	Bonifatiusverein
bzw.	beziehungsweise
c./cc.	Canon/Canones (CIC/1983)
CA	Constitutio Apostolica
can./cann.	Canon/Canones (CIC/1917)
CCler	Congregatio pro Clericis
CIC	Codex Iuris Canonici
COD	Conciliorum Oecumenicorum Decreta
col.	columna

[1] Im Textkörper sind viele der für die vorliegende Arbeit gebildeten Abkürzungen nicht verwandt, um die Lesbarkeit nicht allzustark zu beeinträchtigen. Die Verwendung erfolgt dagegen durchgehend in den Fußnoten.

Conc.	Concilium
CorpIC	Corpus Iuris Canonici
d.h.	das heißt
DBK	Deutsche Bischofskonferenz
DDR	Deutsche Demokratische Republik
Dekr.	Dekret
ders./dies.	derselbe/dieselbe
DiaspKomm	Diasporakommissariat
Diöz(...)	Diözesan(...)
DiözAnteil	Diözesananteil
DiözStat/DIÖZ.STAT.	Diözesanstatuten
DiözSyn/DIÖZ.SYN.	Diözesansynode
DIR.	Direktor
DM	Deutsche Mark
dt.	deutsch
EB	Erzbischof
Eb	Erzbischöflich
ebd.	ebenda
EbStuhl	Erzbischöflicher Stuhl
ED	Erzdiözese
Ed.	Editio, Editor
EFK	Erzbischöfliche Finanzkammer
Entw	Entwurf
etc.	et cetera
e.V.	eingetragener Verein
evtl.	eventuell
(...)F	(...)Fonds
f/ff	folgende Seite/fortfolgende Seiten
fl.	Floren/Florin, Bezeichnung verschiedener Sorten des Guldens
FinMin	Finanzminister
Fn./Fnn.	Fußnote(n)
FreisBischKonf	Freisinger Bischofskonferenz
FuldBischKonf	Fuldaer Bischofskonferenz
FuldPlenarKonf	Fuldaer Plenarkonferenz
(...)G	(...)Gesetz
GBO	GeistlichenbesoldungsO
GEN.VERS.	Generalversammlung
ggf.	gegebenenfalls
GV	Generalvikar, Generalvikariat
GVbl.	Gesetz- und Verordnungsblatt
Haush(...)	Haushälterinnen(...)

Hg./hg.	Herausgeber/herausgegeben
Hinw.	Hinweis
Hj.	Halbjahr
i.V.m.	in Verbindung mit
insg.	insgesamt
Jahresber.	Jahresbericht
jew.	jeweils
(...)K	(...)Kasse
KirchSt	Kirchensteuer
KODA	Kommission für die Ordnung diözesanen Arbeitsrechts
Konf	Konferenz
lit./litt.	litera/literae
LThK	Lexikon für Theologie und Kirche, 2. und 3. Aufl.
M./Mk.	Mark
m.w.N.	mit weiteren Nachweisen
Min	Minister
MK	Münsterischer Kommentar
MP	Motu Proprio
MThS.K	Münchener Theologische Studien: Kanonistische Abteilung
MThZ	Münchner Theologische Zeitschrift
NordBischKonf	Nordische Bischofskonferenz
NRW	Nordrhein-Westfalen
(...)O	(...)Ordnung
o.ä.	oder ähnlich
OKD	Ordnung der kirchlichen Dienste etc., Rottenburg
Ord/ORD.	Ordinariat
p.a.	per anno
PB	JOHANNES PAUL II.: CA "Pastor bonus" v.28.6.1988
PCI	Pontificia Commissio Codici Iuris Canonici authentice interpretando; Pontificium Consilium de legum textibus interpretandis
PensionsF	Pensionsfonds
PfarrHaush...	Pfarrhaushälterinnen...
PfBO	PfarrbesoldungsO
PfrWG	Pfründewesengesetz
PJH	Priesterjahrheft
PlenarKonf	Plenarkonferenz
PrBVO	Priesterbesoldungs- und -versorgungsO
PriesterV	Priesterverein
PRIM	Aktion `Priester helfen Priestern in den Missionen´
RGBl	Reichsgesetzblatt

RiL	Richtlinie
RM	Reichsmark
RVO	Reichsversicherungsordnung
S./SS.	Seite/Seiten
SCCler	Sacra Congregatio pro Clericis
SCConc	Sacra Congregatio Concilii
Schr.	Schreiben
SEDR	Sammlung des Essener Diözesanrechts
SEEG	SeelsorgereinkommensergänzungsG
SKZ	Schweizerische Kirchenzeitung
Sp./Spp.	Spalte/Spalten
SSE	Synodalstatuten Essen
staatl.	staatlich
Std.	Stand
SynStat/SYN.STAT.	Synodalstatuten
TRE	Theologische Realenzyklopädie
u.a.	und andere, unter anderem
(...)V	(...)verein
v.	von, vom
v.a.	vor allem
VDD	Verband der Diözesen Deutschlands
Verw	Verwaltung
vgl.	vergleiche
VO	Verordnung
Vorn.	Vorname
VKZG	Veröffentlichungen der Kommission für Zeitgeschichte
(...)W	(...)Werk
z.B.	zum Beispiel
Ziff./Ziffn.	Ziffer/Ziffern
zit.	zitiert

Literaturverzeichnis

Quellen und Quellensammlungen

Gesamtkirche, Apostolischer Stuhl

ALBERIGO, Josephus; DOSSETTI, Josephus A.; JOANNOU, Perikles-P.; LEONARDI, Claudius; PRODI, Paulus (Bearb.): Conciliorum Oecumenicorum Decreta, Editio tertia (Bologna 1973) [COD]

CODEX IURIS CANONICI Pii X Maximi iussu digestus Benedicti Papae XV auctoritate promulgatus. In: AAS 9 (1917) II, 1-521. - Corrigenda: AAS 40 (1948) 305f; AAS 46 (1954) 88 [CIC/1917]

CODEX IURIS CANONICI auctoritate Ioannis Pauli PP. II promulgatus. In: AAS 75 (1983) II, 1/317. - Corrigenda: ebd., 321-324; AAS 89 (1988) 1819 [CIC/1983]

CODEX IURIS CANONICI - Codex des kanonischen Rechts. Lateinisch-deutsche Ausgabe. Mit Sachverzeichnis. 4. Aufl. (Kevelaer 1994)

JOHANNES PAUL II.: CA "Pastor bonus" v. 28.6.1988. In: AAS 80 (1988) 841-934 [PB]

OCHOA, Xaverius: Leges Ecclesiae post codicem iuris canonici editae. Voll.I-VI (Roma 1966-1987) [X. OCHOA: Leges Ecclesiae I, II, ...]

Teilkirchenverbände, Teilkirchen

AACHEN, Diözese: Erste Diözesansynode Aachen. Band II. Diözesanstatuten des Bistums Aachen, hg. vom Bischöflichen Generalvikariat (Aachen o.J. [1959]))

BAMBERG, Erzdiözese: Diözesansynode 1926 (Bamberg 1927)

ESSEN, Diözese: Synodalstatuten der Diözese Essen 1961, hg. vom Bischöflichen Generalvikariat (Essen o.J.[1962])

- DIES.: Sammlung des Essener Diözesanrechts. Auf der Grundlage der Statuten der Diözesansynode von 1961 unter Berücksichtigung der nachkonziliaren Gesetzgebung zusammengestellt sowie durch Ergänzungen und Anmerkungen auf den heutigen Stand gebracht von Heinrich J.F. REINHARDT und Leonhard TAPPESER [seit Oktober 1993 von Dominik KITTA], hg. vom Bischöflichen Generalvikariat (Essen seit 1981 [Stand 1.4.1981; Januar 1982; Februar 1982; Dezember 1984; November 1986; Februar 1988; Oktober 1991; Oktober 1993; November 1994]) [SEDR/Std. ...]

FREIBURG, Erzdiözese: Diözesansynode vom 6. bis 9. September 1921, hg. im Auftrag des Erzbischofs (Freiburg i. Br. o.J.[1922])

- DIES.: Diözesansynode 1933 vom 25. bis 28. April 1933, hg. im Auftrag des Erzbischofs (Freiburg 1934)

- DIES.: Referate zur Freiburger Diözesansynode 1933, hg. im Auftrag des Erzbischofs (Freiburg 1934)
FULDA, Diözese: Die Diözesansynode des Bistums Fulda 1924 am 5., 6. und 7. August (Fulda 1927)
KÖLN, Erzdiözese: Bericht über die VI. Diözesan-Konferenz zu Köln am 23. November1932 (Köln 1932)
- Die Diözesan-Synode des Erzbistums Köln 1922 am 10., 11. und 12. Oktober (Köln 1922)
- Die Diözesan-Synode des Erzbistums Köln 1937 28. und 29. April, hg. vom Erzbischöflichen Generalvikariat (Köln 1937)
- Kölner Diözesan-Synode 1954, hg. durch das Erzbischöfliche Generalvikariat (Köln o.J.[1954])
MAINZ, Diözese: Mainzer Diözesansynode vom 5. bis 7. Januar, hg. vom Bischöflichen Generalvikariat (Mainz 1926)
- DIES.: Diözesanstatuten des Bistums Mainz, hg. vom Bischöflichen Ordinariat (Mainz 1957)
MÜNSTER, Diözese: Diözesansynode des Bistums Münster 1924 (Münster o.J. [1924])
OSNABRÜCK, Diözese: Die Osnabrücker Diözesansynode im Jahre 1920. III. Sammlung kirchenrechtlicher Bestimmungen mit besonderer Berücksichtigung des Partikularrechtes (Osnabrück 1925)
- DIES.: Protokoll über die Diözesan-Konferenz am 27. April 1949 im Priesterseminar zu Osnabrück (Osnabrück o.J. [1949]
PADERBORN, Diözese: Paderborner Diözesan-Synode 1922, hg. von dem Bischöflichen Generalvikariate (Paderborn 1923)
PADERBORN, Erzdiözese: Diözesansynode 1948, hg. vom Bischöflichen Generalvikariat (Paderborn 1949)
SPEYER, Diözese: Diözesansynode Speyer 1957, hg. vom Bischöflichen Ordinariat Speyer (Speyer 1958)
TRIER, Diözese: Bericht über die 1. Dechanten-Konferenz der Diözese Trier im Priesterseminar zu Trier am 30. und 31. Januar 1924, hg. vom Bischöflichen Generalvikariat (Trier o.J. [1924])
- DIES.: Bericht über die 2. Dechanten-Konferenz der Diözese Trier im Priesterseminar zu Trier am 13. und 14. Januar 1926, hg. vom Bischöflichen Generalvikariat (Trier o.J. [1926])
- DIES.: Bericht über die 5. Dechanten-Konferenz der Diözese Trier am 17. und 18. Januar 1938 im Priesterseminar Clementinum zu Trier, hg. vom Bischöflichen Generalvikariat (Trier o.J. [1938])
- DIES.: Diözesan-Synode des Bistums Trier 28.-30. September 1920, hg. vom Bischöflichen Generalvikariate (Trier o.J. [1921])
- DIES.: Diözesansynode 1933 (Trier 1933)

- DIES.: Synodalstatuten des Bistums Trier. Entwurf 1946, hg. vom Bischöflichen Generalvikariat (Trier 1946)
- DIES.: Synodalstatuten des Bistums Trier. Ergänzungs- und Änderungsvorschläge zu dem Entwurf 1946 (Trier 1956)
- DIES.: Synodalstatuten des Bistums Trier, hg. vom Bischöflichen Generalvikariat (Trier 1959)

WÜRZBURG, Diözese: Diözesansynode Würzburg 1954, hg. vom Bischöflichen Ordinariat Würzburg (Würzburg 1955)

CORSTEN, Wilhelm: Sammlung kirchlicher Erlasse, Verordnungen und Bekanntmachungen für die Erzdiözese Köln (Köln 1929) [CORSTEN: Sammlung 1929]; Ergänzungsband (Köln 1935) [CORSTEN: Sammlung 1935]; [Erzbischöfliches Generalvikariat Köln (Hg.)]: Sammlung von Erlassen und Verlautbarungen aus dem kirchlichen und weltlichen Bereich zu den Dekreten der Kölner Diözesan-Synode 1954 (Köln 1967) [CORSTEN: Sammlung 1967]

FAHR, Friedrich; KLEINDIENST, Eugen; WEBER, Helmut; BINDER, Josef (Bearb. und Hg.): Ordnung für kirchliche Stiftungen. 14. Aufl. (München 1995) [F. FAHR; H. WEBER: Ordnung]

GATZ, Erwin (Bearb.): Akten der Fuldaer Bischofskonferenz, Bd.III: 1900-1919 (Mainz 1985) [E. GATZ: Akten]

HUBER, Ernst Rudolf; HUBER, Wolfgang: Staat und Kirche im 19. und 20. Jahrhundert. Dokumente zur Geschichte des deutschen Staatskirchenrechts, Bd.I-IV, teilweise in zweiter Auflage (Berlin 1973-1990) [E. HUBER; W. HUBER: Staat und Kirche]

KLEYBOLDT, Chr. (Bearb.): Sammlung kirchlicher Erlasse[,] Verordnungen und Bekanntmachungen für die Diözese Münster. 2. Aufl. (Münster i. Westfalen 1925) [KLEYBOLDT: Sammlung 1925]; [Bischöfliches Generalvikariat Münster (Hg.)]: Sammlung kirchlicher Erlasse für die Diözese Münster. 3.Aufl. (Münster 1951) [KLEYBOLDT: Sammlung 1951]

KNAUPP, Karl (Bearb.;Hg.), Ordnung der kirchlichen Dienste. Kirchliche und staatliche Bestimmungen für die Seelsorge- und Verwaltungsaufgaben in der Diözese Rottenburg. In Verbindung mit den zuständigen Referenten im Bischöflichen Ordinariat ... (Rottenburg/Neckar 1960) [Loseblattsammlung Grundwerk März 1960] [OKD/Grundwerk Std.1960]

LENZ, Jakob (Hg.): Sammlung kirchlicher Erlasse und Verordnungen für die Diözese Passau (Passau 1935) [LENZ: Sammlung 1935]

LISTL, Joseph: Die Konkordate und Kirchenverträge in der Bundesrepublik Deutschland. Textausgabe für Wissenschaft und Praxis, Bd.I-II (Berlin 1987) [J. LISTL: KuK]

SCHMITZ, Heribert; KALDE, Franz: Partikularnormen der deutschsprachigen Bischofskonferenzen (Metten 1990) (Subsidia ad ius canonicum vigens appli-

candum 2) [H. SCHMITZ; F. KALDE: Deutschsprachige Bischofskonferenzen]
- DIESS.: Partikularnormen der Deutschen Bischofskonferenz. Text und Kommentar (Metten 1996) (Subsidia ad ius canonicum vigens applicandum 5) [H. SCHMITZ; F. KALDE: Partikularnormen 1996]
VOLK, Ludwig (Bearb.): Akten Kardinal Michael von Faulhabers 1917-1945. Bd.I (Mainz 1975) (VKZG 17) [L. VOLK: Fauhaber-Akten]
- DERS. (Bearb.): Akten deutscher Bischöfe über die Lage der Kirche 1933-45. Bd.5 1940-1942. Bd.6 (Mainz 1983; 1985) (VKZG 34;38) [L. VOLK: Akten V bzw. VI]

Sonstige Quellen

DIASPORAKOMMISSARIAT DER DEUTSCHEN BISCHÖFE (Hg.): Von Priestern für Priester. Deutschland. Nordeuropa. Mittel- und Osteuropa. Rechenschaftsbericht 1996 (Paderborn o.J. [1997]) [DIASP.KOMM.: Rechenschaftsbericht 1996]
FRIEDBERG, Aemilius (Ed.): Corpus Iuris Canonici, Pars I-II (Leipzig 1879, Nachdruck Graz 1959) [CorpIC, ed. Friedberg]
GENERALVORSTAND des Bonifatiusvereins (Hg.): Priesterjahrheft des Bonifatiusvereins (Paderborn seit 1926) [PJH]

Sekundärliteratur

BECKSCHÄFER, [o.Vorn.]: Die finanzielle Lage und die Gehaltsverhältnisse der Geistlichen in der mit der Diözese Osnabrück verbundenen Diaspora. In: PJH [1928] 32-36
EICHMANN, Eduard: Lehrbuch auf Grund des Codex Iuris Canonici. I. Band. Einleitung, Allgemeiner Teil, Personenrecht, Sachenrecht I. II. Band. Sachenrecht II-VI, Prozeßrecht, Strafrecht. 4. Aufl. (Paderborn 1934)
EICHMANN, Eduard; MÖRSDORF, Klaus: Lehrbuch des Kirchenrechts auf Grund des Codex Iuris Canonici. II. Band. Sachenrecht. 7.Aufl. (Paderborn 1953) [E. EICHMANN; K. MÖRSDORF: Lehrbuch II]
EMSBACH, Heribert: Rechte und Pflichten des Kirchenvorstandes. Eine Einführung in das Recht des Kirchenvermögens und seiner Verwaltung in den Bistümern des ehemals preußischen Staatsgebiets. 7.Aufl. (Köln 1994) [H. EMSBACH: Kirchenvorstand]
ERZBERGER, Matthias: Klerus und Gehaltsfrage. Beiträge zur Parität in den deutschen Bundesstaaten (Köln 1908) [M. ERZBERGER: Klerus und Gehaltsfrage]
FALTIN, Daniel: De obligatione impendendi fructus beneficii superfluos pro pauperibus aut piis causis (Romae 1963) [D. FALTIN: De obligatione]

FRECKMANN, W.: Die Ausgleichskasse, ein neues Hilfswerk. In: Bonifatiusblatt [1924] 37-46 [W. FRECKMANN: Ausgleichskasse]
DOLE, Georges: La protection sociale du clergé. Histoire et institutions ecclesiales (Paris 1980) [G. DOLE: La protection sociale du clergé]
GATZ, Erwin: Zur Alters- und Krankenversorgung des Kölner Weltklerus seit dem 19. Jahrhundert. Mit einem Ausblick auf die Entwicklung in den anderen deutschen Diözesen. In: AfkKR 152 (1983) 465-495 [E. GATZ: Kölner Weltklerus]
HEIMERL, Hans; PREE, Helmuth, unter Mitwirkung von PRIMETSHOFER, Bruno: Handbuch des Vermögensrechts der katholischen Kirche unter besonderer Berücksichtigung der Rechtsverhältnisse in Bayern und Österreich (Regensburg 1993) [H. HEIMERL; H. PREE: Vermögensrecht]
KAISER, Ulrich: Gesetz der bayerischen (Erz-)Bischöfe zur Neuordnung des Pfründewesens in Bayern. In: Iustitia in caritate. Festgabe für Prälat Ernst Rößler zum 25jährigen Dienstjubiläum als Offizial der Diözese Rottenburg-Stuttgart, hg. von Richard Puza und Andreas Weiß (Frankfurt am Main; Berlin; Bern; New York; Paris; Wien 1997) (Adnotationes in Ius canonicum 3) 609-642 [U. KAISER: Neuordnung des Pfründewesens in Bayern]
KINDERMANN, Adolf: Ostpriesterhilfe. In: LThK IX. 2. Aufl. (Freiburg i.Br. 1962) 1292 [A. KINDERMANN: Ostpriesterhilfe]
KOBER, Franz: Die Deposition und Degradation nach dem Grundsatz des kirchlichen Rechtes (Tübingen 1867) [F. KOBER: Deposition]
KÖTTER, Anton: Sechs Jahrzehnte Diaspora-Priesterausgleichskasse. In: PJH [1983] 26-27 [A. KÖTTER: Sechs Jahrzehnte]
- DERS.: 50 Jahre Diaspora-Priesterausgleichskasse. In: PJH [1973] 3-24 [A. KÖTTER: DiaspPriesterausgleichsK]
- DERS.: Satzungsänderungen beim Bonifatiuswerk - Marksteine und Wegweiser in 135 Jahren Vereinsgeschichte. In: PJH [1986] 43-60 [A. KÖTTER: Satzungsänderungen]
- DERS.: Zeittafel. In: PJH [1973].
LANDAU, Peter: Benefizium, in: TRE. Bd.5 (Berlin; New York 1980) 577-583 [P. LANDAU: Benefizium]
LEIMBACH, [o.Vorn.]: Besoldungsverhältnisse in der thüringischen Diaspora. In: PJH [1927] 69-72
LINNEBORN, Johannes: Zur Frage der Besoldung in der Diaspora. In: PJH [1927] 82-101 [J. LINNEBORN: Frage der Besoldung]
LUTZ, Hermann: Der Priesterverein für die Diözese Augsburg e.V. In: Klerusblatt 75 (1995) 117-121 [H. LUTZ: Priesterverein]
MCCLEAN, David: Staat und Kirche im Vereinigten Königreich. In: ROBBERS, Gerhard (Hg.): Staat und Kirche in der Europäischen Union (Baden-Baden 1995) 333-350 [D. MCLEAN: Staat und Kirche im Vereinigten Königreich]

MÖRSDORF, Klaus: Lehrbuch des Kirchenrechts auf Grund des Codex Iuris Canonici. II. Band. Sachenrecht. 12. Aufl. (München; Paderborn; Wien 1967) [K. MÖRSDORF: Lehrbuch II]

- DERS.: Streiflicher zum neuen Verfassungsrecht der Ostkirche. In: MThZ 8 (1957) 235-254 [K. MÖRSDORF: Streiflichter]

PIEPER, [o.Vorn.]: Diasporaabgabe der normal besoldeten Geistlichen der Diözese Paderborn. In: PJH [1926] 36-39 [PIEPER: Diasporaabgabe]

ROBBERS, Gerhard (Hg.): Staat und Kirche in der Europäischen Union (Baden-Baden 1995)

RÖSGEN, [o.Vorn.]: Die Priesterhilfe des katholischen Landes. In: PJH [1935] 68-71 [RÖSGEN: Priesterhilfe des katholischen Landes]

SAUER, A.: Gegenwärtige Lage der sächsischen Diaspora. In: PJH [1926] 25-32 [A. SAUER: Sächsische Diaspora]

SCHÄUBLE, J.: Priesterhilfswerke. In: LThK VIII. 2. Aufl. (Freiburg i.Br. 1963) 750f [J. SCHÄUBLE: Priesterhilfswerke]

SCHMITZ, Heribert: Besoldung und Versorgung des Diözesanklerus vom ausgehenden 18. Jahrhundert bis zur Rechtslage aufgrund des Codex Iuris Canonici von 1983 (Egelsbach; Frankfurt; Washington 1995) (Deutsche Hochschulschriften 1067) [H. SCHMITZ: Diözesanklerus]

- DERS.: Fragen des Inkardinationsrechts. In: SIEPEN, Karl; WEITZEL, Joseph; WIRTH, Paul (Hg.): Ecclesia et Ius. Festschrift Audomar SCHEUERMANN zum 60. Geburtstag (Paderborn 1968) 137-152 [H. SCHMITZ: Inkardinationsrecht]

- DERS.: Die Weisungen des Vaticanum II zur Altersversorgung der Presbyter in: MOSIEK, Ulrich; ZAPP, Hartmut (Hg.): ius et salus animarum. Festschrift für Bernhard PANZRAM (Freiburg i.Br. 1972) 139-158 [H. SCHMITZ: Altersversorgung]

- DERS.: Die Bestimmungen des c.1272 CIC zum Benefizialrecht. In: AfkKR 155 (1986) 443-460 [H. SCHMITZ: Benefizialrecht]

- DERS.: Die Jurisdiktionsbezirke der Katholischen Kirche - Region Ost - Streiflichter aus kanonistischer Perspektive. In: MThZ 42 (1991) 241-259 [H. SCHMITZ: Jurisdiktionsbezirke]

SCHMITZ, Heribert, KALDE, Franz: Partikularnormen der Deutschen Bischofskonferenz. Text und Kommentar (Metten 1996) (Subsidia ad ius canonicum vigens applicandum 5) [H. SCHMITZ; F. KALDE: Partikularnormen 1996]

SCHULER, Karl: Die Solidarität der Priester in der Schweiz. In: SKZ 145 (1977) 18-21 [K. SCHULER: Solidarität]

- DERS.: Die Solidarität der Schweizer Priester in der Bewährung. In: SKZ 148 (1980) 509f [K. SCHULER: Solidarität in der Bewährung]

SCHULZ, Winfried: Kommentar zu cc.1262-1264. In: Münsterischer Kommentar, hg. von Klaus Lüdicke. (Essen seit 1984) - Loseblattsammlung (Std: April 1996) [W. SCHULZ: c.1262 etc.]

SCHWENDENWEIN, Hugo: Die Aufnahme unter die Kleriker und die Zugehörigkeit zu einem geistlichen Heimatverband. In: LISTL, Josef; MÜLLER, Hubert; SCHMITZ, Heribert (Hgg.): Grundriß des nachkonziliaren Kirchenrechts (Regensburg 1980) [H. SCHWENDENWEIN: Aufnahme unter die Kleriker]

SCHWICKERATH, Wilhelm: Die Finanzwirtschaft der deutschen Bistümer (Breslau 1942) [W. SCHWICKERATH: Finanzwirtschaft]

STRIGL, Richard: Rechtspersonalität im Ämterrecht. In: AfkKR 131 (1962) 3-14 [R. STRIGL: Rechtspersonalität]

ÜLHOF, Wilhelm: Die Zuständigkeit zur Weihespendung mit besonderer Berück-sichtigung des Zusammenhangs mit dem Weihetitel und der Inkardination (München 1962) (MThStkan 15) [W. ÜLHOF: Weihespendung]

WAGNER-BRAUN, Margarete; HIERHAMMER, Alfons: Vom "Verband katholischer Ökonomiepfarrer" zur größten Genossenschaftsbank Bayerns. 75 Jahre LIGA (Regensburg-München 1992) [M. WAGNER-BRAUN; A. HIERHAMMER: Vom "Verband katholischer Ökonomiepfarrer" zur größten Genossenschaftsbank Bayerns]

WALDHERR, Bernhard: Der Priesterverein der Erzdiözese München und Freising: "Vorreiter" von Anfang an. In: Klerusblatt 75 (1995) 135-138 [B.WALDHERR: Priesterverein]

WENNER, Joseph: Kirchliches Vermögensrecht. Mit besonderer Berücksichtigung des Paderborner Diözesanrechts. 3. Aufl. (Paderborn 1940) [J. WENNER: Vermögensrecht]

- DERS.: Diaspora-Priesterhilfe. In: LThK III, 2.Aufl. (Freiburg i.Br. 1959) 346f [J. WENNER: Diaspora-Priesterhilfe]

Kanonesregister

CIC/1917

CIC/1983

Personenregister

Adnotationes in Ius Canonicum

Herausgegeben von Elmar Güthoff und Karl-Heinz Selge

Band 1 Anton Morhard: Die gerichtliche Berufung im kanonischen Recht. Eine Analyse des klassischen remedium iuris. 1995.

Band 2 Elmar Güthoff (Hrsg.): Der Schutz des geistigen Eigentums in den Schriften von Winfried Schulz. Festgabe für Theodor Schmitz zur Vollendung des 80. Lebensjahres. 1997.

Band 3 Richard Puza/Andreas Weiß (Hrsg.): Iustitia in caritate. Festgabe für Ernst Rößler zum 25jährigen Dienstjubiläum als Offizial der Diözese Rottenburg-Stuttgart. 1997.

Band 4 Ernst Freiherr von Castell: Alkoholismus in der Rechtsprechung der Rota Romana. 1997.

Band 5 Burghard Pimmer-Jüsten: Facultas vel licentia imponendi tributa sacerdotibus. Partikularrechtliche Untersuchung zu den diözesanen "Pflichtabgaben" der Kleriker. 1997.